Hilde Barisch
Sportgeschichte aus erster Hand

Hilde Barisch

Sportgeschichte aus erster Hand

Von der Antike bis zur Olympiade 1972 in München
Berichte von Augenzeugen und Zeitgenossen

Mit einem Geleitwort von Willi Daume,
Präsident des Organisationskomitees für die Spiele
der XX. Olympiade München 1972

1. Auflage 1971
© 1971 by Arena-Verlag Georg Popp Würzburg
Alle Rechte vorbehalten
Bildnachweis: Staatsbibliothek Berlin, Bildarchiv: S. 38 oben, 52 oben, 101, 102, 115 oben,
116, 165, 180, 244 oben; Deutsche Presse-Agentur: S. 37, 38 unten, 115 unten, 166, 179,
229 oben, 230, 243 oben, 244 unten, 293, 307, 308; Keystone: S. 51, 52 unten, 229 unten,
243 unten, 294
Schutzumschlag: Otmar Michel
Gesamtherstellung: Richterdruck Würzburg
ISBN 3 401 03593 2

Inhalt

Frühgeschichtliche Zeit

Sport bei den Griechen

Sport bei den Römern

Germanen und Mittelalter

Sport bei den Naturvölkern

Neuzeit

Sport im 20. Jahrhundert

Geleitwort

In der Bücherreihe »Geschichte aus erster Hand« erscheint mit diesem Buch auch eine »Sportgeschichte aus erster Hand«. Das ist ein Beweis dafür, wieweit der Integrationsprozeß des Sports in die moderne Gesellschaft und Kultur bereits fortgeschritten ist. Dem Arena-Verlag ist zu danken, daß er es mit dieser Herausgabe deutlich machte.

Das Buch führt von der frühesten Geschichte der Leibesübungen bis in die jüngste Vergangenheit. Der große Zeitraum und die Fülle des in dieser Frist angefallenen Stoffes zwingen natürlich zur Auswahl. Jede Auswahl ist – bei allem Willen zur Objektivität – individuell. Das ist um so weniger auszuschalten, wenn man eine Methode der Darstellung wählt, die – wie in diesem Buch – soweit wie eben möglich zeitgenössische Aussagen zur Kenntnis bringt. Diese sollten exemplarisch für die jeweilige Zeit und die Einstellung der Menschen dieser Zeit zum Sport verstanden werden.

So entsteht ein sehr buntes Mosaik. Für die Urgeschichte und die Antike kommen Könige, Dichter, Philosophen, Geschichtsschreiber und Reisebuchverfasser zu Wort. In der Neuzeit reicht das Spektrum von Karl Jaspers, Ortega y Gasset, Erich Kästner, Rudolf Hagelstange bis zu Carl Diem, Willy Meisl und Fritz Walter.

Diese Vielfalt und die Mischung von Schwergewichtigem und Leichtgewichtigem reizt zum Lesen, verpflichtet aber auch zu eigenem Nachdenken, zu kritischer Aufnahme. Allein schon wenn dies geschähe, wäre das Buch ein Gewinn. Ich gebe ihm ein freundliches Geleit.

(Willi Daume)
Präsident des Organisationskomitees
für die Spiele der XX. Olympiade München 1972

Vorwort

Eine Sportgeschichte, auf vierhundert Seiten zusammengedrängt, kann niemals den Anspruch erheben, ein chronologisch vollständiger Abriß eines Geschehens zu sein, das sich über Jahrtausende hinzieht. Über einen so großen Zeitraum erstreckt, kann sie die für die verschiedenen Völker und Epochen charakteristischen Erscheinungsformen der Leibesübungen nur in groben Umrissen darstellen.

Das gilt erst recht für eine »Sportgeschichte aus erster Hand«, in der nicht ein Autor, sondern eine Vielzahl von Autoren nach recht unterschiedlichen Gesichtspunkten aufzeigen, welche Bedeutung die Leibesübungen in ihrem Zeitalter gehabt haben. Staatsmänner, Philosophen, Ärzte, Schriftsteller, Geschichtsschreiber, Journalisten, Sportlehrer, Trainer und Fans kommen hier zu Wort. Sie alle sehen die Leibesübungen, die Körperkultur aus ihrer Sicht. So bietet sich ein buntes, vielgestaltiges Bild der zu keiner Zeit in der menschlichen Kultur fehlenden Übungen des Leibes dar, die wir heute Sport nennen.

Stellt man die Frage, wann der Mensch begonnen hat, Leibesübungen zu treiben, und wo die Uranfänge des Sports liegen, so gibt die Wissenschaft heute eine konkrete Antwort darauf. Archäologen, Geologen und Völkerkundler haben das Material zur Verfügung gestellt, das uns zu sagen berechtigt, daß die Leibesübungen so alt sind wie der Mensch selbst, daß sie stets untrennbar hineinverwoben waren in alles menschliche Tun. Höhlenfunde und Felsmalereien aus der frühesten Menschheitsgeschichte lassen da keine Zweifel aufkommen. Im Laufe der Jahrtausende durchmaß der Mensch viele Entwicklungsstufen; er wurde vom Jäger zum Bauern, er wurde seßhaft, und die ersten Stadtstaaten entstanden. Die bei zahlreichen Ausgrabungen gefundenen Überreste alter Kulturen erlauben uns Rückschlüsse auf deren Lebensformen. Wissenschaft und Kunst waren offensichtlich bereits hochentwickelt und treten uns in vielfältigen Formen entgegen. Und überall zeigt sich, daß Leibesübungen ein selbstverständlicher Bestandteil der kulturellen Entfaltung waren, daß sie das gesellschaftliche Leben der Völker stets mitgeprägt haben. Die um 2000 v. Chr. von ägyptischen Künstlern geschaffenen großen »Ringplätze« in den Grabstätten der Pharaonen und das von Hethiterkönig Kikkuli 1360 v. Chr. geschriebene Trainingsbuch für Wagenpferde sind eindeutige Beweise dafür.

Etwa 500 Jahre später, um 900 v. Chr., beschrieb der Dichter Homer die Leichenspiele, die Achilleus zu Ehren seines toten Freundes Patroklos veranstaltet hatte. Mit dieser Darstellung weist Homer auf die Anfänge der großen allhellenischen Wettkämpfe hin; ein neuer Zeitabschnitt – nicht nur in der Geschichte des Sports – hatte begonnen.

Bei den Hellenen, den Griechen, erleben die Leibesübungen eine Hochzeit wie niemals zuvor. Die gleichmäßige Bildung von Körper und Geist war ihr Erziehungsziel. Die regelmäßig wiederkehrenden großen allhellenischen Feste von Nemea, Korinth, Delphi und besonders von Olympia bedeuteten Höhepunkte im Leben der Griechen. Die Spiele der Antike waren kultischen Ursprungs. Die Opferzeremonien zu Ehren des Zeus bei den Spielen in Olympia waren ein Teil dieses Festes und gaben ihm seine Weihe. Gemäß dem Bildungsideal der Hellenen umfaßte das weitere Programm nicht nur Wettkämpfe der Athleten, sondern gleichermaßen Wettbewerbe der Dichter, Schriftsteller, Philosophen und Rhetoren – ein Programm also, das über das unserer heutigen Olympischen Spiele weit hinausging.

Bei den Römern, welche die Griechen auf der Weltbühne ablösten, kann man kaum von einer *Leibeserziehung* sprechen. Körperliche Übungen waren bei ihnen zweckbetont und erlangten nie die Bedeutung, die sie bei den Griechen hatten. Planmäßige und vielseitige Leibesübungen betrieben allein die Rekruten; der vornehme Römer übte nur so viel, wie es zur Gesunderhaltung des Körpers notwendig war.

Mit den Germanen trat ein neues Volk in den Lichtkreis der Geschichte. Antike Schriftsteller – vor allem Tacitus – schildern sie uns als außerordentlich körpergewandt und heben ihre Leistungen im Schwimmen besonders hervor. »Du übertriffst einen Heruler im Lauf, einen Salier im Springen und einen Franken im Schwimmen«, sagte der römische Dichter Sidonius Apollonaris zu seinem Freund, als er ihm ein besonderes Kompliment machen wollte.

Leibesübungen, Wettkämpfe und Wettspiele waren auch bei den Germanen ein Teil der Erziehung, einer Erziehung jedoch, die den Jüngling zum Krieger ausbildete. Spiele, wie sie die Griechen in Olympia feierten, lagen dem Wesen der Germanen fern. Sie nutzten statt dessen jede Zusammenkunft, jedes Thing, um ihre Kräfte in Wettkämpfen zu messen und ihrer Lebensfreude im Tanz Ausdruck zu geben.

Der Untergang der antiken Welt und die Gründung des Frankenreiches stehen am Beginn eines neuen Zeitabschnittes, des Mittelalters. Überschaut man die folgenden Jahrhunderte, so erkennt man, daß sich drei Stände eindeutig voneinander abgegrenzt haben: Bauern, Ritter und Bürger. Unterschiedlich waren ihre Lebensformen, unterschiedlich waren auch ihre Leibesübungen. Während die Bauern und niederen Bürger bei volkstümlichen Übungen und Tänzen Zerstreuung suchten, gehörten zur ritterlichen Erziehung vielseitige und planmäßig betriebene Leibesübungen; ihr Erziehungsziel kam dem der Griechen nahe. Glanzpunkte des ritterlichen Lebens waren Kampfspiele – Turniere –, bei denen mit Lanze und Speer gekämpft wurde. Die reichen Bürger suchten es den Rittern gleichzutun: sie brauchten eine körperlich gut geschulte Jugend, um ihre Städte erfolgreich verteidigen zu können.

Gegen Ende des Mittelalters verloren die Leibesübungen in allen Schichten mehr und mehr an Bedeutung. Eine Überbewertung des Geistigen, die ablehnende Haltung der Kirche gegenüber körperlichen Übungen mag viel dazu beigetragen haben.

Erst in den folgenden Jahrhunderten setzte sich langsam eine neue Einstellung zur Erziehung durch. Wissenschaftler und Pädagogen – man nannte sie Humanisten – forderten die Rückkehr zum Erziehungsziel der Antike, die gleichmäßige Schulung von Körper und Geist. Erreicht haben sie dieses Ziel nicht, aber sie bereiteten doch den Boden für eine neue Epoche in der Geschichte der Leibesübungen.

Noch war es ein weiter Weg bis zum Sport der Gegenwart. Viele bedeutende Männer waren seine Wegbereiter – Guts Muths, Jahn, Spieß, Coubertin, Diem –, um nur einige zu nennen. Spiele im Sinne von Olympia sind in unserer Zeit wieder das Ziel der Besten der Welt. Aber sind es wirklich noch echte sportliche Spiele, die wir heute veranstalten? Werden wir bei unserem sportlichen Tun dem eigentlichen Sinn der Leibesübungen noch gerecht? Haben nicht vielmehr Rekordsucht, kommerzielles Denken, Politik und Chemie dem Menschen die ursprüngliche Lust am sorglosen, freudebetonten Spiel genommen? Das sind Fragen, mit denen sich die Sport-Autoren der Gegenwart befassen.

Dem in diesem kurzen Abriß aufgezeigten roten Faden folgend, wurden Quellen aus vier Jahrtausenden geprüft und für dieses Buch ausgewählt. Gemessen an der Vielzahl der überlieferten Dokumente sind es nur wenige, die hier aufgenommen werden konnten. Und doch wird schon bei dieser kleinen Auswahl deutlich, daß die Leibesübungen in die Hoch- und Tiefzeiten, in das Kommen und Vergehen, welche den Lauf der Menschheitsgeschichte kennzeichnen, mit eingeschlossen sind, daß sie einen selbstverständlichen Bestandteil jeder menschlichen Kultur bilden.

Frühgeschichtliche Zeit

Die Urgeschichte der Leibesübungen *Ulrich Popplow*

Eine gesicherte, schriftliche Überlieferung für die Urgeschichte der Menschheit gibt es natürlich nicht. Und doch ist es den Wissenschaftlern in unendlich mühevoller Arbeit gelungen, das Dunkel der frühen Zeitalter mehr und mehr zu erhellen. Die prähistorische Archäologie und ihre Nachbarwissenschaften, die Geologie und die vergleichende Völkerkunde, haben, belegt durch Ausgrabungen und Höhlenfunde, die Grundzüge der Menschheitsgeschichte herausgearbeitet. Vergleiche mit den Sitten und Gewohnheiten der heute noch auf der Stufe der Steinzeit lebenden primitiven Völker haben ihre Forschungsergebnisse bestätigt.

Die gewonnenen Erkenntnisse lassen eine durch Jahrhunderttausende sich vollziehende langsame Aufwärtsentwicklung des Menschen deutlich werden. Sie bestätigen auch, daß das Üben und Messen der Kräfte – Leibesübung – so alt ist wie die Menschheit selbst.

Professor Ulrich Popplow hat die Geschichte der Leibesübungen bis in ihre Anfänge zurückverfolgt. In dem folgenden Ausschnitt aus seiner umfassenden Arbeit gewinnen wir einen Einblick in die Arbeitsweise der Forscher und erfahren, wie mühsam es ist, »von der Gegenwart den Weg in die Vergangenheit zu finden«. Folgen wir zunächst mit Popplow dem französischen Amateurforscher Norbert Casteret in eine Höhle bei Montespan in Frankreich.

War die erste Untersuchung des unterirdischen Wasserlaufes schon aufregend genug gewesen, so glückten die großen urgeschichtlichen Entdeckungen erst 1933, als Casteret die Höhle erneut aufsuchte. Jetzt konzentrierte er sich auf die weitverzweigten Höhlenräume. Wieder durchtauchte er den ersten Siphon. Wenige Meter vor dem zweiten Wasserengpaß verließ er den Bach und drang in einen Gang ein, der anfänglich 5 Meter breit und 4 Meter hoch war und ungefähr 200 Meter in den Berg hineinführte. Bald aber verengte sich der Gang immer mehr, so daß Casteret auf dem Bauch kriechen mußte. 30 Meter mochten hinter ihm liegen, als er wieder gebückt stehen konnte. Hier stieß er auf die ersten Spuren des urgeschichtlichen Menschen: auf ein Gerät aus Feuerstein. Der Gang wurde höher. Casteret folgte einem scharfen Knick und erhielt plötzlich einen Schlag gegen sein rechtes Knie, daß er strauchelte, die Kerze verlor und stürzte. Ein eisiger Schreck durchfuhr ihn. Er tastete den Boden ab und fand endlich die Kerze wieder. Was war geschehen? Er war über einen

Tonhaufen gestürzt. Doch bei genauerem Zusehen nahm der Block plötzlich die Form eines Tieres an: eines Bären.

Er war 1,10 Meter lang und 60 Zentimeter hoch. Doch das Tier hatte keinen Kopf. Zwischen seinen Vordertatzen lag der Schädel eines jungen Bären. Er war von dem Tonkörper abgefallen, an dem er mit einem Holzpflock befestigt gewesen war. Deutlich erkannte Casteret die Spuren des verfaulten Holzes. Der Bär wies zahlreiche Verstümmelungen auf: Er war von runden Löchern durchbohrt, die anscheinend von heftigen Speerwürfen auf die lebenswichtigen Teile des Bären herrührten.

Casteret wanderte weiter und entdeckte an den Wänden zwei große Löwen aus Ton, die wie der Bär zum Ausgang blickten, und Felszeichnungen von Mammut, Nashorn, Bison, Hirsch und vielen Pferden. In einer Ecke lag das Skelett eines riesigen Höhlenbären. Die Wände und Bilder waren stellenweise von den Bären mit ihren Tatzen zerkratzt worden.

Auf dem Boden fand Casteret neben zahlreichen Bärenspuren die Eindrücke nackter Menschenfüße. Auffallend war, daß die Tatzen- und Fußspuren unter- und übereinanderlagen.

Zwei Stunden lang folgte eine Entdeckung der anderen. Überall tauchten Tierbilder auf – die Gravierung eines Pferdes in den Lehm des Bodens, der Körper des Tieres übersät mit Pfeileinschüssen –, geheimnisvolle Wahrzeichen, das ganze aufregende, wundersame Epos einer um mehr als 20 000 Jahre zurückliegenden Zeit.

Die Entdeckung der Höhle von Montespan ist nicht nur eine der erstaunlichsten wissenschaftlichen und sportlichen Leistungen – für die Casteret auch von vielen Seiten geehrt und ausgezeichnet wurde –, sie ist nicht nur eine eindrucksvolle Begegnung von Gegenwart und Vorzeit, aus der sich Schlüsse von heute auf damals ziehen lassen, sie widerlegt auch nicht nur überzeugend die verfehlte Auffassung von der Urgeschichte als einer langweiligen, trockenen Wissenschaft, sondern sie hat – und das hebt sie aus der Vielzahl von Entdeckungen heraus – uns ein seit Jahrtausenden unberührtes Quellenmaterial bereitgestellt, das in seiner Aussagekraft und -breite viele Wissenschaftsbereiche berührt. So auch die Leibesübungen.

Um es noch einmal zu verdeutlichen: Wir haben als wichtigsten Fund eine aus Ton geformte Bärenplastik vor uns. Sie steht auf einer zugerichteten Plattform, die Oberfläche ist nur roh bearbeitet, der Kopf fehlt. Für ihn ist ein knöcherner Bärenschädel am glatten Hals des Tonkörpers mit einem Holzpflock befestigt gewesen, und der Tonplastik war, wie es scheint, das Fell eines erlegten Bären – an dem sich noch der Kopf befand – übergezogen worden. Den Leib des Bären bedecken mehr als sechzig runde, tiefe Schuß- oder Stichlöcher, die aussehen, als rührten sie von Speer- oder Lanzenwürfen her.

Die Oberfläche des Bären ist von einer dicken Kalksteinschicht überzogen, die sich im Laufe der Jahrtausende durch das von der Höhlendecke herabtropfende

Wasser gebildet hat. Ist das bereits ein Hinweis auf das hohe Alter, gestatten die im Raum gefundenen Steinartefakte noch eine genauere Datierung des Fundes: Er gehört in das jungpaläolithische Magdalénien und hat somit ein Alter von 15 000 bis 20 000 Jahren. Das bestätigt auch eine stilistische Prüfung der Zeichnungen an den Wänden des Höhlenraumes. Die Lage des Raumes im entlegensten Teil eines weitverzweigten Höhlensystems mit übereinanderliegenden Galerien gibt einen ersten Hinweis auf die Deutung.

Wir haben keine Wohnspuren im Raum, der Zugang erfolgte durch eisiges Wasser (mag auch der Wasserspiegel einmal tiefer gelegen haben). Die Beleuchtung durch steinerne Lampen – in die Tierfett gefüllt war – und durch Fackeln, reichte nur zur Aufhellung in ein Halbdunkel. Vor unser Auge tritt das Bild eines Raumes, in dem der flackernde Lichtschein gespenstische Schatten des Tieres über die Wände und die niedrige Höhlendecke huschen läßt; eines Raumes, in dem die Grenzen von Schein und Wirklichkeit verschwimmen und die Menschen sich für das Unwirkliche öffnen. Raum und Zeit als Einheit religiösen Erlebens; festliche Stunden, in der die Speere auf den kauernden Bären geschleudert werden und die Menschen innere Befreiung und Stärkung erfahren. Aber wir müssen uns von dem Bild losreißen und dürfen unserer Phantasie nicht allzu freien Lauf lassen. Fragen wir vielmehr, ob sich etwas von dem Gehalt des kultischen Vorganges aufspüren läßt. Man hat von einer magischen Jagd gesprochen, bei der das Tier gestellt und getötet werden sollte. Man hat unter Benutzung einer völkerkundlichen Parallele erwogen, ob die Einschußspuren bei der Bärenplastik nicht mit dem Wettschießen auf ein hinter dem Bären aufgestelltes Brett bei den Giljaken in Beziehung gebracht werden dürfen.

Und die Abdrücke von menschlichen Füßen und Bärentatzen im Lehm des Bodens? Haben hier Tier und eindringender Mensch miteinander gekämpft? Oder tanzte man um den Tonbären – vielleicht in Bärenverkleidung – und durchbohrte ihn dabei mit den Speeren? Und warum tanzte und tötete man? Sollte ein mythisches Urzeitgeschehen – wie das der ersten Jagd – wiederholt werden? Fragen, auf die wir keine Antwort wissen. Nur so viel deutet sich an: Wir stehen vor den Spuren eines kultisch-religiösen Vorganges. Und im Rahmen dieses Kults finden wir mit dem Speer- und Lanzenwurf eine Urform der Leibesübungen.

Soweit dieser Fund und seine Deutung. Es ist ein gutes Beispiel, um an ihm die Methode urgeschichtlicher Quelleninterpretation zu verdeutlichen.

Urgeschichte, das heißt Geschichte vor der geschriebenen Geschichte. Geschichte ohne Schriftquellen, Urgeschichte, die es mit Höhlen und Häuserresten, mit Gräbern und Tempeln, mit Festungen und Siedlungen, mit Plastiken und Schnitzereien, mit Scherben und Geweben, mit Waffen, Schmuck und Geräten zu tun hat – um nur einiges zu nennen.

Mit methodischem Rüstzeug müssen – und das ist die vordringlichste Aufgabe einer urgeschichtlichen Betrachtung der Leibesübungen – die archäologischen

Quellen nach ihrer Aussagemöglichkeit für die Leibesübungen befragt werden. Dabei dürfte es wohl angebracht sein, den Begriff Leibesübungen nicht gar so eng zu fassen. Es müssen alle Spuren geprüft werden, in denen sich die urgeschichtlichen Leibesübungen äußern konnten. Auch die unbewußten körperlichen Übungen sollten dazu gehören. Was heißt Leibesübung?

Leib meint den beseelten Körper; Leib und Seele bilden eine vitale Einheit des Menschen. Übung ist zweckgerichtetes Tun, dessen Ziel außerhalb des Tuns liegt. Übung in diesem Sinne birgt immer ein geistiges Moment in sich; sie entspringt einer geistigen Einstellung. Leibesübung wäre somit ein gerichteter Zweck- und zielbestimmter Bewegungsablauf, der der vitalen Einheit des Menschen entspringt.

Aus der Aufeinanderfolge geschichtlichen Geschehens heben sich gewisse Einheiten heraus, die sich gegeneinander abgrenzen, aber auch zueinander in Beziehung setzen lassen. In der Urgeschichte werden sie nach den materiellen Kulturresten als Stein-, Bronze- und Eisenzeit bezeichnet. Es ergeben sich die folgenden Zeitansätze für die urgeschichtlichen Epochen:

Eiszeitalter = Paläolithikum	600 000 bis 10 000 v. Chr.
(ab 80 000 v. Chr. Jungpaläolithikum)	
Mesolithikum	10 000 bis 3 000 v. Chr.
Vollneolithikum	3 500 bis 2 000 v. Chr.
Bronzezeit	2 000 bis 1 000 v. Chr.
Eisenzeit	1 000 v. bis 500 n. Chr.

Innerhalb dieser Perioden lassen sich wiederum einzelne Kulturen unterscheiden. Auch dieser Begriff ist zunächst zur Abgrenzung von Form- und Stilkreisen gewählt worden. Aber hinter den Kulturen oder Kulturkreisen verbirgt sich zumeist mehr als nur der Besitz gewisser Waffen und Geräte oder die Wahl bestimmter Grabformen und Bestattungsgebräuche. Die verschiedene Veranlagung der Menschen, das Gefühl der Zusammengehörigkeit und Gegnerschaft, die geographischen und klimatischen Verhältnisse, Eroberungen und Wanderungen sind die Ursachen für die unterschiedlichen Funde, wenn wir auch nur in den wenigsten Fällen sichere Aussagen über sie machen können. In den urgeschichtlichen Kulturen zeichnen sich vier Epochen urgeschichtlicher Leibesübungen ab.

Während im Altpaläolithikum die Menschen jagten – auch bereits in Form der Angriffsjagd – und wir durchaus auf körperliche Übungen schließen können, hebt mit dem Jungpaläolithikum – in den Jägerkulturen der Steinzeit – die erste Epoche menschlicher Leibesübungen an. Alle Bereiche der Kultur wandeln sich. Spezialisierung und Differenzierung führen zu einer neuen Lebensform, dem höheren Jägertum. Eine Vielfalt von Waffen und Werkzeugen – jetzt häufig aus Knochen, Geweih und Elfenbein – gehört ebenso zu diesem Neuen wie das Aufkommen von Speer und Bogen als Fernwaffen oder die Be-

vorzugung neuer Jagdmethoden: geschickt erdachte Fallensysteme, Beschleichen des Wildes in Tierverkleidung. Die Arbeitsteilung in die Sammeltätigkeit der Frauen und die Jagd der Männer verschaffte der männlichen Tätigkeit eine deutliche Vorzugsstellung. Treibjagden führten zu einem zeitlich begrenzten Zusammenschluß der Einzelfamilien zu größeren Verbänden. Möglicherweise ist dabei auch ein Oberhaupt eingesetzt worden. In der von Sträuchern und Bäumen durchsetzten späteiszeitlichen Tundra Westeuropas waren bei diesen Jagdunternehmen Rentier und Wildpferd die bevorzugten Jagdtiere, in der baumarmen Tundra Nord-, Mittel- und Osteuropas Rentier und Mammut.
Möglich ist es, daß diese größeren Gesellschaftsverbände auch an gemeinsamen Kultstätten zusammengekommen sind; vor allem dann, wenn die kultisch wie sozial wichtige Aufnahme der Knaben in den Kreis der jägerisch, religiös und sexuell vollwertigen Männer stattfand. Kunst und Kult sind die Bereiche, in denen sich der Charakter dieser Epoche »des höheren Jägertums« am stärksten ausdrückt. Malerei, Musik und Tanz brechen als unverlierbare Schöpfungen des menschlichen Geistes hervor.
Neben der Kultstätte in Montespan galt der im Halbkreis angeordnete Bilderfries von Le Roc (Charente) oder die Höhle von Tuc d'Audoubert (Département Ariège) als eindrucksvollste Stätte magischer Fruchtbarkeitsriten. Hier tanzten 700 Meter vom Eingang entfernt in einem kleinen Saal junge Menschen um ein in Hochrelief aus Ton modelliertes Bisonpaar. Hierher gehört weiter die Höhle von Trois-Frères (Département Ariège) mit dem tanzenden Zauberer in der Bisonmaskierung, der auf einem Mundbogen spielt. Flöten und Pfeifen aus Röhrenknochen wurden in mehreren Höhlen gefunden. Und hierher gehören auch die Tänzer in Gemsbockmaskierung auf einem Lochstab von Teyjat (Dordogne) und die rund 55 Darstellungen von oft tanzenden, in Felle gekleideten Menschen, die die Eiszeitkunst hervorgebracht hat. Nicht zuletzt erinnern wir uns der erst vor kurzem entdeckten Zeichnungen der ausgehenden Altsteinzeit in der Höhle von Addaura bei Palermo, wo zehn Menschen um zwei gefesselte Opfer herumtanzen.

Maskierung, Beschwörung, Gesang, Musik, Tanz, Speerwürfe und Pfeilschüsse – so ertasten wir die Anfänge menschlicher Leibesübung; einer Leibesübung, in der sich der Urspieltrieb des Menschen offenbart. Wir ahnen das freie, nicht durch physische Notwendigkeit erzwungene Handeln, das Heraustreten aus der Sphäre des Normalen und Alltäglichen in das »eigentliche« Leben. Wir empfinden die Rhythmik des kultischen Spiels, die bestimmte Reihenfolge, Verknüpfung und Lösung, die Ordnung und Spannung, Bewegung, Feierlichkeit und Begeisterung. Wir sehen die Wiederholung des Vorganges: das nach bestimmten Regeln, am bestimmten Ort und zur bestimmten Stunde erneuerte Spiel, das kultische Spiel als Festspiel.

Religiöse Feier zu Bubastis und Papremis *Herodot*

Etwa 3000 Jahre v. Chr., um die Zeit, als sich in Kleinasien die Stadtstaaten der Sumerer entwickelten, entstand am Nil die Hochkultur der Ägypter. Schriftliche Überlieferungen über den Sport im alten Ägypten, wie wir sie vom griechischen Sport in großer Fülle haben, gibt es nur wenige. Dafür haben uns ägyptische Künstler jedoch in unzähligen Wandmalereien in Tempeln und Grabkammern einen umfassenden Überblick über alle Formen des Sports gegeben.

Kräftig, mit hohen Schultern, breiter Brust, schmalem Leib und schlanken Beinen, so sehen wir den Ägypter auf diesen Bildern vor uns. Man sieht es deutlich, sein Körper ist geformt durch vielseitige Leibesübungen. Das Sportprogramm der Ägypter erweist sich tatsächlich als sehr umfangreich. Zahlreiche Abbildungen vom Tanz, von vielerlei Spielen, von der Leicht- und Schwerathletik, vom Ringen, Boxen, Bogenschießen, Schwimmen, Rudern und Stockfechten, mit zum Teil genauen Übungshinweisen, sind uns erhalten geblieben.

Der griechische Schriftsteller Herodot, der um 490 bis 424 v. Chr. gelebt hat und der der Vater der Geschichtsschreibung genannt wird, hat auch Ägypten bereist. Ihm verdanken wir eine Schilderung über das Stockfechten. Danach reicht die Fertigkeit, mit dem Stock zu fechten, bis in frühe Zeiten zurück und war ein durchaus ernsthafter Kampf Mann gegen Mann. Später wurde das Stockfechten zu einem beliebten Sport, von Königen und Soldaten ebenso betrieben wie von Schiffern und Bauern. Noch heute kann man die Fellachen zu Füßen der Pyramiden beim »nebhut«, dem Stockfechten, beobachten.

Die Ägypter halten nicht nur einmal, sondern vielmals im Jahr feierliche Zusammenkünfte zu Ehren der Götter ab.

In Bubastis opfern sie der Diana, in Buseris, das mitten im Delta liegt, der Isis, in Sais der Minerva, in Heliopolis, der Sonnenstadt, der Sonne, in Busis der Latone und in Papremis dem Mars.

Auf vielen Schiffen fahren Männer und Frauen gemeinsam nach Bubastis. Auf diesen Fahrten geht es geräuschvoll zu; einige Frauen haben Klappern, die sie eifrig gebrauchen, einige Männer pfeifen, solange die Schiffahrt währt, und die übrigen Frauen und Männer singen und klatschen dazu in die Hände.

Nähern sie sich einer Stadt, so lenken sie die Schiffe an Land und begrüßen die

Bewohner mit großem Lärm. Sie klappern, pfeifen, singen, tanzen und klatschen in die Hände.

Aber es gibt auch Frauen, die drängen sich an die Reling, heben ihre Röcke auf und beschimpfen die Frauen der fremden Stadt.

Wenn sie dann nach Bubastis kommen, feiern sie das Fest der Diana mit großen Opfern. Es wird an diesem Fest mehr Traubenwein verbraucht als im ganzen übrigen Jahr. Männer und Frauen, nicht aber die Kinder, ziehen in jedem Jahr wieder nach Bubastis. Und die Leute von Bubastis erzählen, daß es wohl siebenhunderttausend Personen sind, die da kommen, um zu Ehren der Diana ein großes Fest zu feiern.

Die Ägypter, die nach Heliopolis und Butis gehen, opfern nur. Zu Papremis werden zwar auch Opfer gebracht wie anderswo, wenn sich aber die Sonne zum Untergang neigt, so wird der Kampf mit den Stöcken ausgetragen.

Zu dieser Zeit befindet sich die Bildsäule des Mars, welche in einer kleinen hölzernen und übergoldeten Kapelle (*gemeint ist wohl ein Schrein*) steht, in einem heiligen Haus außerhalb des Tempels. Nur wenige Priester sind um das Götterbild beschäftigt. Die meisten Priester aber stehen am Eingang und in den Vorhöfen des Tempels und haben hölzerne Keulen in der Hand.

Die aber, die gekommen sind, um dem Gott zu opfern und das Gebet zu verrichten, stehen vor dem Tempel dicht beisammen, jeder mit einem Stock.

Die Priester, die bei dem Götterbild geblieben sind, heben nun die Kapelle mit dem Bildstock auf einen Wagen mit vier Rädern. Sie spannen sich davor, um den Gott in den Tempel zurückzubringen.

Die Priester in den Vorhöfen aber wollen den Wagen mit dem Gott nicht hineinlassen. Nun aber helfen die, die außen stehen und von weither gekommen sind, um ihr Gebet zu verrichten, oder die Gelübde zu vollziehen, dem Gott und suchen die Priester mit Schlägen vom Eingang zurückzutreiben. Es entsteht ein heftiges Gefecht mit den Stöcken; sie schlagen einander die Köpfe entzwei und, wie ich glaube, sterben viele an den Wunden, wiewohl die Ägypter vorgeben, daß keiner sterbe.

Die Eingeborenen sagen, dieses Fest und dieser Kampf mit den Stöcken habe einen besonderen Ursprung, und erzählen diese Geschichte so: In diesem Tempel wohnte einmal die Mutter des Mars. Dieser wurde auswärts erzogen. Später, als er das männliche Alter erreicht hatte, wollte er zu seiner Mutter zurückkehren. Aber die Bedienten seiner Mutter, die ihn niemals gesehen hatten, wollten ihn nicht in den Tempel hineinlassen und trieben ihn zurück. Er aber holte sich aus einer anderen Stadt Leute zu Hilfe und bedrängte die Bedienten so hart, daß sie ihn zu seiner Mutter hineinlassen mußten.

Und wegen dieser Begebenheit wird dem Mars zu Ehren dieser Kampf auf dem Fest ausgeführt.

Ringkampf im alten Ägypten

Herbert Wilsdorf

In den Gräbern und Tempeln aus den drei großen Epochen der ägyptischen Blütezeit hat man sehr viele Darstellungen vom Ringkampf gefunden. Den Sportfachmann wird das kaum wundern, denn Ringen ist ein natürlicher und überall in der Welt anzutreffender Sport.

Auf Wandmalereien in den Grabkammern der Vornehmen, in Tempeln oder einfach nur auf Scherben gestrichelt, sind nun eine Fülle von Kampfdarstellungen und Ringergriffen erhalten geblieben. Leicht zu deuten sind sie nicht, denn der Ägypter hatte eine besondere Zeichenweise. Er kannte keine Perspektiven, Verkürzungen erschienen ihm unwirklich. Der Mensch hat in seinen Darstellungen immer zwei gleich lange Arme und Beine, und es werden auch dann zwei Arme, zwei Schultern und zwei Beine gezeichnet, wenn sie wegen Überschneidung nach dem optischen Bild gar nicht erscheinen können.

Die Glieder des Menschen werden grundsätzlich so wiedergegeben, wie es für jedes einzelne charakteristisch ist: etwa die Füße und Beine von der Seite, Nabel und Schultern von vorn, Brust und Gesicht wieder von der Seite, das Auge aber wiederum von vorn. Die fünf Finger der Hand werden auch dann alle sichtbar, wenn sie etwas umfassen und damit verdeckt sind. Und noch eins muß man beim Betrachten der Ringergruppen beachten: In der ägyptischen Zeichenweise sind die Gruppen auseinandergezogen, jeder Ringer zeigt gewissermaßen den Griff für sich allein, während er in Wirklichkeit ganz eng mit seinem Partner verschlungen ist. So unbequem die fremde Zeichenweise für die rein sportliche Auswertung der Bilder sein mag, so wenig hat das zu bedeuten, wenn man bedenkt, daß wir hier durch Bilder aus dem sportlichen Leben viel vom Wesen und von den Eigenheiten eines alten Volkes erkennen. Herbert Wilsdorf hat versucht, die folgenden Bilder zu deuten und das sportliche Geschehen für uns verständlich zu machen.

Die drei Beischriften, die wir auf Abbildung 2 erkennen können, sind die Namen der Kämpfer – vor und nach Bild 6 und unter Bild 2. Die Richtung der ägyptischen Schriftzeichen zeigt, daß Bild 6 eigentlich das erste Bild der Reihe ist, denn auf Bild 6 werden wir gewissermaßen mit den Kämpfern bekannt gemacht. Der schon aus dem Stand gehobene Kämpfer heißt Tefu, und der bessere Ringer ist Ahthotep, der spätere Mitinhaber des Grabes.

Die beiden Kämpfer sind noch unbeschnitten, sind also höchstens 12- bis 14-

jährige Knaben; sie tragen noch die Kinderlocke. Daß die Ringergruppe an bevorzugter Stelle über dem Eingang des Grabbaues angebracht ist, zeugt für die besondere Bedeutung des Ringens.

Obwohl es Knaben sind, die da kämpfen, zeigt uns diese Gruppe aus der Zeit um 2450 v. Chr. schon, daß man nicht allein mit beliebigen Griffen zu ringen verstand, sondern daß man auf wohlberechnete Angriffe ebenso zu antworten wußte und durchaus in der Lage war, mit ausgefeilter Technik die Wirkung sehr gefährlicher Griffe abzuschwächen und aufzuheben. Die Darstellung beweist, daß man mit vollem Einsatz des Körpers kämpfte und zu einem außerordentlich hohen Stand ringtechnischer Leistungen gekommen war.

Das Fragment von el-Bersche ist besonders interessant, da es nicht nur die Ringenden, sondern auch einen Kampfrichter zeigt, der außer auf diesem Bild nur noch auf einer der vielen anderen Zeichnungen auftaucht (Abbildung 3). Die Beischriften auf dem Bild erweisen sich als Wechselrede zwischen dem Unparteiischen und den Ringenden.

Die Worte, die der Unparteiische hier den Ringenden zu sagen scheint, erscheinen uns heute sehr merkwürdig. Sie bedeuten: »Ich tue, was du liebst«, oder auch »Tue, was du liebst!«

In Beni Hasan waren die Bildfunde – wir unterscheiden Großer Ringplatz, Kleiner Ringplatz, Mittlerer Ringplatz – besonders ergiebig (siehe Abbildung Seite 22).

Die drei Ringplätze sind auf langen Wänden, über Darstellungen aus dem Soldatenleben, der Belagerung einer Stadt, Leichenhaufen, Bogenschießübungen und anderen angebracht.

Es darf daraus geschlossen werden, daß auch der Soldat im Ägypten des Mittleren Reiches im Ringen geschult wurde. Man hat die Bedeutung des Ringens für Ausbildung und Erhaltung körperlicher Leistungsfähigkeit klar erkannt. Es war nicht nur Zeitvertreib, sondern bewußter Zwecksport.

Die Ringplätze dürfen nicht als methodische Abbildungen zur Illustration eines Lehrplans aufgefaßt werden, sondern als freie Darstellungen der Künstler, als Erzählungen von Ringkämpfen, als Bildberichte von Kämpfen, die der Künstler mitangesehen hatte.

Daraus erklärt sich auch der bunte, völlig unmethodische Wechsel der Phasen und die Vorliebe für augenfällige Szenen, prächtige Sprünge und Überwürfe. Wie wir feststellen können, verraten uns die ägyptischen Ringer mit keinem Gesichtszug etwas von den Anstrengungen des Kampfes, von der Schmerzhaftigkeit der Griffe, von ihrer individuellen Stellungnahme zu ihrem Sport. Es widersprach dem ägyptischen Kunstgefühl, zufällige, individualistisch geprägte Besonderheiten des Mienenspiels und des seelischen Ausdrucks im Bild festzuhalten, wenn sie nur vorübergehende Erscheinungen waren.

Im ganzen erkennen wir auf den Bildern zwar wenig Sicheres über die Regeln und sonstigen Gebräuche beim Ringen – ob man sich eingeölt hat, was als definitiver Niederschlag galt, ob bestimmte Griffe verboten waren; aber das sind Dinge, die das Wesen des ägyptischen Ringkampfes nicht berühren. Von diesem Wesen gewinnen wir jedoch ein klares Bild: Es war ein harter, männlicher Kampf, der allseitigen Einsatz aller Fähigkeiten verlangte.

Die natürlichen schlanken Gestalten der Ägypter müssen bei der hohen technischen Stufe, die den ägyptischen Ringkampf auszeichnete, beim Kampf ein außerordentlich packendes Schauspiel von artistisch anmutender Gewandtheit geboten haben.

Das Trainingsbuch des Königs Kikkuli

Indogermanische Reitervölker drangen um 2000 v. Chr. in Kleinasien ein und siedelten im Gebiet von Anatolien, der heutigen Türkei. Sie vermischten sich mit der semitischen Urbevölkerung und begründeten die Hochkultur der Hethiter. Als Indogermanen unterschieden sich die Hethiter von den Völkerstämmen Kleinasiens. Sie hatten helles, lockiges Haar, das bis auf die Schultern herabfiel. Sie galten als redlich, fröhlich und humorvoll und waren vor allem als kampfesfrohes, gut geschultes Reitervolk bekannt.

Um 1910 hat man bei Ausgrabungen in der alten Hethiter-Hauptstadt Boghazköy eine Pferdetrainingsanweisung gefunden, die etwa um 1360 v. Chr. entstanden sein muß. Als Verfasser dieser Trainingsanleitung, die auf fünf Tontafeln niedergeschrieben worden ist, gilt König Kikkuli. Wahrscheinlich aber hatte er bei dieser Arbeit einen Stab von Mitarbeitern, denn vieles deutet darauf hin, daß jede dieser fünf Tafeln einen anderen Verfasser hat.

In dieser »Trainingsanweisung für Pferde an leichten Streitwagen« werden über 187 Tage hinweg die Trainingsbelastung, die Fütterung und die hygienischen Maßnahmen auf Tag und Stunde und bis in jede Einzelheit genau festgelegt. Jahrhundertealte Erfahrung liegt dieser Anleitung zugrunde. Und das erstaunliche ist, daß viele dieser Maßnahmen heute noch ebenso gültig sind wie damals.

Folgendermaßen spricht Kikkuli, der Pferdetrainer,
vom Lande Mitanni.

Wenn er die Pferde im Herbst aufs Gras   1. Tag
läßt, spannt er sie an. Er läßt sie 3 Meilen traben,
galoppieren aber läßt er sie über 7 Felder. Zurück aber
läßt er sie über 10 Felder galoppieren. Dann spannt er sie aus,
versorgt sie, und man tränkt sie.
Er schafft sie in den Stall.
Dann gibt er ihnen 1 Hand Weizen, 2 Hand Gerste, 1 Hand Heu
vermischt. Das fressen sie
auf. Sobald sie ihr Futter beendigen,
zieht er sie am Pflock empor.

Sobald es Abend wird,
schafft man sie aus dem Stall heraus.

Man spannt sie an. Dann läßt er sie 1 Meile traben,
galoppieren aber läßt er sie über 7 Felder.
Sobald er sie zurücktreibt, spannt man
sie aus. Er versorgt sie, und man tränkt sie.
Ferner schafft er sie in den Stall.
Dann gibt er ihnen 3 Hand Heu, 2 Hand Gerste,
2 Hand Weizen vermischt.
Sobald sie ihr Futter beendigen,
legt er ihnen den Maulkorb an.

Sobald es hell wird,
schafft man sie aus dem Stall heraus.
Man spannt sie an. Dann läßt er sie 1 Meile traben,
über 7 Feld aber läßt er galoppieren.
Sobald er sie zurücktreibt,
spannt man sie aus; er versorgt sie,
und man tränkt sie. Ferner schafft er sie in den Stall
hinein. Dann
gibt er 2 Hand Weizen, 1 Hand Gerste, 4 Hand Heu
ebenso vermischt an jeweils 2 Pferde.
Sobald sie ihr Futter beendigen,
fressen sie
die ganze Nacht hindurch Heu.

Sobald es tagt, schafft man sie aus dem Stall   2. Tag
heraus. Man spannt sie an.
Dann läßt er sie 2 Meilen und $^1/_2$ Meile traben,
galoppieren aber läßt er sie über 7 Felder; zurück aber
läßt er sie über 10 Felder galoppieren. Dann
legen sie 3 Meilen zurück.

Sobald er sie zurücktreibt, spannt man
sie aus. Er versorgt sie. Dann legt er ihnen den Maulkorb
an. Er zieht sie am Pflock empor.
Sobald der Mittag eintritt,
fressen sie (eine Zeitlang) Heu.
! ! ! !   Sobald sich
der Tag um 2 Ellen zurückwendet,
tränkt man sie. Ferner zieht man sie am Pflock
empor. Sobald es
Abend wird, spannt man sie an.
Dann läßt er sie 1 Meile traben. Sobald er sie zurücktreibt, spannt man sie aus;

man versorgt sie und schafft sie
in den Stall hinein. Dann fressen sie die ganze Nacht hindurch
Heu wie Stroh (= reichlich).

Sobald es tagt, schafft man sie aus dem Stall   3. Tag
heraus. Man spannt sie an.

Dann läßt er sie 2 Meilen traben. Sobald er sie
zurücktreibt, spannt man sie aus.
Man versorgt sie, und man tränkt sie nicht.
Ferner schafft man sie in den Stall.
Abends aber spannt man sie wieder an.
Dann läßt er sie 1 Meile traben. Sobald er sie
zurücktreibt, spannt man sie aus.
Er versorgt sie, aber man tränkt sie nicht.
Dann schafft er sie in den Stall.
Sie fressen die ganze Nacht hindurch
Heu.

Sobald es tagt, schafft man sie aus dem Stall   4. Tag
heraus. Man spannt sie an.
Dann läßt er sie 2 Meilen traben, galoppieren aber läßt er sie über 80 Felder.
Zurück aber kommen sie 1 Meile und 20 Feld galoppiert.
Sobald er sie zurücktreibt,
spannt man sie aus. Man bedeckt sie mit Decken,
Dann schafft man sie in den Stall
hinein. Der Stall aber ist hinterher
sehr warm. Sobald die Pferde
unruhig werden und ihr Schweiß
kommt, nimmt man ihnen den Stallhalfter
heraus, man nimmt ihnen die Decken
weg. Dann legt er ihnen die Trense (= Gespannhalfter)
auf.

Auf dem Herd aber wird Salz zerkleinert
und im Maischbottich zerquetschtes Malz
eingeweicht. Dann gibt er ihnen 1 Becher
Salzwasser und 1 Becher Wasser von zerquetschtem Malz.
Das saufen sie aus.
Ferner schafft man sie zum »Waschen«
zum Fluß hin. Dann »wäscht« man sie
und läßt sie untertauchen. Sobald man sie vom Fluß
zurückschafft, schafft man sie in den Stall
hinein. Dann gibt man ihnen wieder

1 Becher Salzwasser und 1 Becher Malzwasser zu saufen.
Sobald sie sich erholen,
schafft man sie wieder zum Fluß hin.
Man »wäscht« sie, läßt sie wieder untertauchen.

Sobald man sie vom Wasser herauf-.
schafft, gibt man ihnen 1 Hand Heu.
Sobald sie aufhören,
Heu zu fressen,
»wäscht« man sie wieder und läßt sie untertauchen.
Sobald man sie vom Wasser herauf-
schafft, ...-t man ihnen Wasser...
Dann »wäscht« man sie wieder
und läßt sie untertauchen. Den ganzen Tag hindurch
»wäscht« man wieder, und er läßt sie untertauchen.
...
...
Man gibt ihnen jedes Mal je 3 *hazzila* (Hohlmaß)
Wasser. Sobald es Abend
wird, schafft man sie vom Fluß zurück.
Man schafft sie in den Stall hinein.
Man gibt ihnen 1 Kelle Schrot mit Strohhäcksel
zusammengemischt.
Dann fressen sie
die ganze Nacht hindurch.

Sobald es tagt, schafft man sie aus dem Stall   5. Tag
heraus. Man schafft sie zum Fluß
hin zum »Waschen«.
5mal »wäscht« man sie und läßt er sie untertauchen.
Wenn der Mittag eintritt,

Sobald er sie aber aufs Gras läßt,   6.–8. Tag
»wäscht« man sie wieder 3 Tage lang 3mal,
und er läßt sie jeweils untertauchen. 4 Tage lang aber   9.–12. Tag
schirrt man sie an. Täglich je 1mal
»wäscht« man sie, und er läßt sie untertauchen,
und ihr Futter und Heu fressen
sie täglich ebenfalls. Am 5. Tag aber salbt man sie   13. Tag
mit Öl wie Stroh (= reichlich).

Dann schafft man sie in den Stall hinein.
Der Stall aber ist drinnen gefegt. 10 Tage lang   14.–23. Tag
stehen sie danach. Zwischen das Holz aber

treten sie. Diesseits ist ihnen Futter geschüttet,
jenseits ist ihnen gewaschene Gerste geschüttet,
und Heu fressen sie die Zeit hindurch.

Am 7. Tag aber schafft man sie aus dem Stall heraus.   20. Tag
Man wäscht sie mit warmem Wasser.
Dann fressen sie Heu.
Ferner salbt man sie mit Öl.
Dann schafft man sie in den Stall hinein.
Danach stehen sie 3 Tage lang.   21.–23. Tag
Den Stall aber fegt man drinnen.

Am 4. Tag aber schafft man sie aus dem Stall heraus.   24. Tag
Dann stehen sie den ganzen Tag
hungrig und durstig.

Sobald es Abend wird,
bewegt man sie 10 Felder zu Fuß hinab.

Sobald es Nacht wird, fressen sie
die ganze Nacht hindurch Heu.

Am nächsten Morgen schafft man sie aus dem Stall   25. Tag
heraus, in aller Frühe.
Man läßt sie mit warmem Wasser untertauchen,
und man läßt sie aufs Gras, und ihr Futter
fressen sie die Zeit hindurch. Dann bewegt man sie   26.–35. Tag
    10 Tage lang
zu Fuß je 2 Meilen im Trab hinab.
Am 11. Tag aber gehen sie wenig. Sobald man sie 2 Meilen   36. Tag
zu Fuß bewegt, schafft man sie zurück.
Man zieht sie am Pflock empor.
Dann stehen sie den ganzen Tag hindurch so.
Sobald der Mittag eintritt,
fressen sie Heu. Sobald es Abend
wird, spannt man sie an. Er läßt sie 30 Felder
traben. Sobald er sie zurücktreibt,
spannt man sie aus, man versorgt sie,
aber man tränkt sie nicht. Dann schafft er sie
in den Stall hinein. Die ganze Nacht hindurch
fressen sie Heu wie Stroh (= reichlich).

Am nächsten Morgen schafft man sie aus dem Stall heraus.   37. Tag
Man spannt sie an. Dann läßt er sie $1/_2$ Meile traben,
galoppieren aber läßt er sie nicht. Sobald er sie zurücktreibt,

spannt man sie aus. Man läßt sie mit warmem Wasser
untertauchen. Dann läßt man sie aufs Gras.
Man gibt ihnen zu ihrem Futter 1 Kelle Schrot
gemischt. Sobald sie
das Futter beendigen, spannt man sie wieder an.
Dann bewegt man sie 10 Tage lang je 2 Meilen im Trab,   37.–46. Tag
täglich läßt er sie wenig traben,
und sie fressen die Zeit hindurch die Gerste ihrer Ration.

Am 11. Tag aber zieht man sie am Pflock empor.   47. Tag
Dann stehen sie den ganzen Tag hindurch
so. Futter und Wasser gibt man ihnen nicht.
Sobald der Mittag eintritt,
gibt man ihnen 1 Hand Heu.
Sobald es Abend wird,
schafft man sie aus dem Stall heraus.
Man spannt sie an. Er läßt sie $1/_2$ Meile traben.
Sobald er sie zurücktreibt, spannt man sie aus,
man versorgt sie und gibt ihnen Wasser.
Ferner schafft man sie in den Stall hinein.
Dann fressen sie die ganze Nacht hindurch
Heu.

David schleudert den Stein
gegen Goliath

Wie alle Nomaden waren die Juden ausgezeichnete Reiter und Jäger. Aber erst nachdem sie seßhaft geworden waren – um 1500 v. Chr. –, erfahren wir auch von anderen körperlichen Übungen.

Die ersten Hinweise gibt uns die Bibel. Viele Stellen im Alten Testament berichten darüber: Nimrod Esau, der älteste Sohn Isaaks, erjagte den Hirsch im Lauf und fesselte ihn. Jakob nannte seinen Sohn, weil er ausdauernd und schnell laufen konnte, den »rehgleichen Boten«. Und in einem Psalm wird gar die Sonne mit einem Läufer verglichen, die »sich wie ein Held freut, die Bahn zu durchlaufen«. Aber die Juden waren nicht nur gute Läufer, sie waren ausdauernde Schwimmer, sie übten sich im Bogenschießen, im Speerwerfen und vor allem im Steinschleudern.

Die Schleuder war ein höchst einfaches Gerät: ein Strick aus Hanf, Leinen, Haaren oder Tiersehnen, der in der Mitte so breit war, daß man einen Stein dazwischenlegen konnte. Die beiden Enden des Strickes nahm der Schleuderer fest in die Hand und schwang so den Stein kreisförmig über seinem Kopf; genauso, wie wir es heute beim Hammerwerfen tun.

Gute Schleuderer sollen etwa 600 Fuß erreicht und ihr Ziel mit einer solchen Sicherheit getroffen haben, daß sie ein Haar spalten konnten.

Wie entscheidend ein Wurf mit der Steinschleuder die kriegerischen Auseinandersetzungen zwischen Juden und Philistern (um 1100 v. Chr.) beeinflußt hat, erfahren wir ebenfalls aus der Bibel. Es wird geschildert, wie der Hirtenjunge David den mit Rüstung und Schwert bewaffneten Philister Goliath mit einem Wurf aus der Steinschleuder niederstreckt und damit die Schlacht für sein Volk gewinnt.

Die Philister sammelten ihr Heer zum Kampf und kamen zusammen bei Socho in Juda und lagerten sich zwischen Socho und Aseka bei Ephes-Dammim. Und Saul und die Männer Israels kamen zusammen und lagerten sich im Eichgrund und rüsteten sich zum Kampf gegen die Philister. Und die Philister standen auf einem Berg jenseits und die Israeliten auf einem Berg diesseits, so daß das Tal zwischen ihnen war.

Da trat aus den Reihen der Philister ein Riese heraus mit Namen Goliath aus

Gath, sechs Ellen und eine Handbreit groß. Der hatte einen ehernen Helm auf seinem Haupt und einen Schuppenpanzer an, und das Gewicht seines Panzers war fünftausend Lot Erz, und hatte eherne Schienen an seinen Beinen und einen ehernen Wurfspieß auf seiner Schulter. Und der Schaft seines Spießes war wie ein Weberbaum, und die eiserne Spitze seines Spießes wog sechshundert Lot, und sein Schildträger ging vor ihm her. Und er stellte sich hin und rief dem Heer Israels zu: »Was seid ihr ausgezogen, euch zum Kampf zu rüsten? Bin ich nicht ein Philister und ihr Sauls Knechte? Erwählt einen unter euch, der zu mir herabkommen soll. Vermag er gegen mich zu kämpfen und erschlägt er mich, so wollen wir eure Knechte sein; vermag ich aber über ihn zu siegen und erschlage ich ihn, so sollt ihr unsere Knechte sein und uns dienen.« Und der Philister sprach: »Ich habe heute dem Heer Israels hohngesprochen, als ich sagte: ›Gebt mir einen Mann und laßt uns miteinander kämpfen.‹«

Als Saul und ganz Israel diese Rede des Philisters hörten, entsetzten sie sich und fürchteten sich sehr.

David aber war der Sohn jenes Ephrathiters aus Bethlehem in Juda, der Isai hieß. Der hatte acht Söhne und war zu Sauls Zeiten schon zu alt, um unter die Kriegsleute zu gehen. Aber die drei ältesten Söhne Isais waren mit Saul in den Krieg gezogen, und sie hießen: Eliab, der erstgeborene, Abinadab, der zweite, und Schamma, der dritte. Und David war der jüngste; die drei ältesten aber waren Saul gefolgt. Und David ging ab und zu von Saul hinweg nach Bethlehem, um die Schafe seines Vaters zu hüten. Aber der Philister kam heraus frühmorgens und abends und stellte sich hin, vierzig Tage lang. Isai aber sprach zu seinem Sohn David: »Nimm für deine Brüder diesen Scheffel geröstete Körner und diese zehn Brote und bringe sie eilends ins Lager zu deinen Brüdern; und diese zehn frischen Käse bringe dem Hauptmann und sieh nach deinen Brüdern, ob's ihnen gutgeht, und bringe auch ein Unterpfand von ihnen mit. Saul und sie und alle Männer Israels sind im Eichgrund und kämpfen gegen die Philister.«

Da machte sich David früh am Morgen auf und überließ die Schafe einem Hüter, lud auf und ging hin, wie ihm Isai geboten hatte, und kam zum Lager. Das Heer aber war ausgezogen und hatte sich aufgestellt zum Kampf, und sie erhoben das Kriegsgeschrei. Und Israel und die Philister hatten sich aufgestellt, Schlachtreihe gegen Schlachtreihe. Da ließ David sein Gepäck, das er trug, bei der Wache des Trosses und lief zu dem Heer, kam hin und fragte seine Brüder, ob's ihnen gutgehe. Und als er noch mit ihnen redete, siehe, da kam herauf der Riese mit Namen Goliath, der Philister von Gath, von dem Heer der Philister und redete dieselben Worte, und David hörte es. Und wer von Israel den Mann sah, floh vor ihm und fürchtete sich sehr. Und die Männer von Israel sprachen: »Habt ihr den Mann heraufkommen sehen? Er kommt herauf, um Israel hohnzusprechen. Wer ihn erschlägt, den will der König sehr reich machen und ihm seine Tochter geben und will ihm seines Vaters Hof frei machen von Lasten in Israel.« Da sprach David zu den Männern, die bei ihm standen: »Was wird man dem geben, der diesen Philister erschlägt und die Schande von Israel abwendet? Denn wer ist dieser unbeschnittene Philister, der das Heer des lebendigen Gottes verhöhnt?« Da sagte ihm das Volk wie vorher: »Das und das wird man dem geben, der ihn erschlägt.« Und als Eliab, sein ältester Bruder, ihn reden hörte mit den Männern, wurde er zornig über David und sprach: »Warum bist du hergekommen? Und wem hast du die wenigen Schafe dort in der Wüste überlassen? Ich kenne deine Vermessenheit wohl und deines Herzens Bosheit. Du bist nur gekommen, um dem Kampf zuzusehen.« David antwortete: „Was hab' ich denn getan? Ich habe doch nur gefragt!« Und er wandte sich von ihm zu einem anderen und sprach, wie er vorher gesagt hatte. Da antwortete ihm das Volk wie das erste Mal.

Und als sie die Worte hörten, die David sagte, brachten sie es vor Saul, und er ließ ihn holen. Und David sprach zu Saul: »Seinetwegen lasse keiner den Mut sinken; dein Knecht wird hingehen und mit diesem Philister kämpfen.« Saul aber sprach zu David: »Du kannst nicht hingehen, um mit diesem Philister zu kämpfen; denn du bist zu jung dazu, dieser aber ist ein Kriegsmann von Jugend auf.« David aber sprach zu Saul: »Dein Knecht hütete die Schafe seines Vaters; und kam dann ein Löwe oder ein Bär und trug ein Schaf weg von der Herde, so lief ich ihm nach, schlug auf ihn ein und rettete es aus seinem Maul. Wenn er aber auf mich losging, ergriff ich ihn bei seinem Bart und schlug ihn tot. So hat dein Knecht den Löwen und den Bären erschlagen, und diesem unbeschnittenen Philister soll es ergehen wie einem von ihnen; denn er hat das Heer des lebendigen Gottes verhöhnt.« Und David sprach: »Der HERR, der mich von dem Löwen und Bären errettet hat, der wird mich auch erretten von diesem Philister.« Und Saul sprach zu David: »Geh hin, der HERR sei mit dir!« Und Saul legte David seine Rüstung an und setzte ihm einen ehernen Helm auf sein Haupt und legte ihm einen Panzer an. Und David gürtete Sauls Schwert über seine Rüstung und mühte sich vergeblich, damit zu gehen; denn er hatte es noch nie versucht. Da sprach David zu Saul: »Ich kann so nicht gehen, denn ich bin's nicht gewohnt.« Und er legte es ab und nahm seinen Stab in die Hand und wählte fünf glatte Steine aus dem Bach und tat sie in die Hirtentasche, die ihm als Köcher diente, und nahm die Schleuder in die Hand und ging dem Philister entgegen.

Der Philister aber kam immer näher an David heran, und sein Schildträger ging vor ihm her. Als nun der Philister aufsah und David anschaute, verachtete er ihn, denn er war noch jung, und er war bräunlich und schön. Und der Philister sprach zu David: »Bin ich denn ein Hund, daß du mit Stecken zu mir kommst?« Und der Philister fluchte dem David bei seinem Gott und sprach zu David: »Komm her zu mir, ich will dein Fleisch den Vögeln unter dem Himmel geben und den Tieren auf dem Felde.« David aber sprach zu dem Philister: »Du kommst zu mir mit Schwert, Lanze und Spieß, ich aber komme zu dir im Namen des HERRN Zebaoth, des Gottes des Heeres Israel, den du verhöhnt hast. Heute wird dich der HERR in meine Hand geben, daß ich dich erschlage und dir den Kopf abhaue und gebe deinen Leichnam und die Leichname des Heeres der Philister heute den Vögeln unter dem Himmel und dem Wild auf der Erde, damit alle Welt innewerde, daß Israel einen Gott hat, und damit diese ganze Gemeinde innewerde, daß der HERR nicht durch Schwert oder Spieß hilft; denn der Krieg ist des HERRN, und er wird euch in unsere Hände geben.«

Als sich nun der Philister aufmachte und daherging und sich David nahte, lief David eilends von der Schlachtreihe dem Philister entgegen. Und David tat seine Hand in die Hirtentasche und nahm einen Stein daraus und schleuderte ihn und traf den Philister an der Stirn, daß der Stein in seine Stirn fuhr und er zur Erde fiel auf sein Angesicht. So überwand David den Philister mit Schleuder und Stein und traf und tötete ihn. David aber hatte kein Schwert in seiner Hand. Da lief er hin und trat zu dem Philister und nahm dessen Schwert und zog es aus der Scheide und tötete ihn vollends und hieb ihm den Kopf ab. Als aber die Philister sahen, daß ihr Stärkster tot war, flohen sie.

Sport bei den Griechen

Die Sportgesänge *Homer*

Homer hat in seinen beiden Epen »Ilias« und »Odyssee«, die um 800 v. Chr. niedergeschrieben worden sind, eine so eindrucksvolle Darstellung der Leibesübungen im griechischen Mittelalter gegeben, daß man ihn scherzhaft den »ersten Sportberichterstatter der Geschichte« genannt hat.

Ob es diesen Dichter Homer wirklich gegeben hat, ob »Ilias« und »Odyssee« einem einzigen Autor zuzuschreiben sind, darüber besteht unter den Wissenschaftlern noch keine rechte Klarheit. Zwei Meinungen stehen sich gegenüber: Während nach Meinung der einen Gruppe Homer allein der geniale Dichter der »Ilias« und »Odyssee« gewesen ist, sind nach Meinung der anderen die Homerischen Epen eine Volksdichtung und das Werk vieler Autoren.

Aber wem auch immer man die Gestaltung der Epen zuschreiben muß, sie sind für die Deutung der Leibesübungen jener Zeit eine wertvolle, unersetzliche Quelle.

Die Breite, mit der Homer die Wettkämpfe beschrieben hat, läßt ahnen, welche Bedeutung sie im gesellschaftlichen Leben der damaligen Zeit gehabt haben.

Der äußere Anlaß für die Wettkämpfe waren fast immer Leichenfeiern. Wie es dazu gekommen ist, am Grab eines Toten Wettkämpfe abzuhalten, kann man wohl nur vermuten. Wahrscheinlich war der Kern dieser Sitte ein blutiger Zweikampf am Grabe des Toten, um durch ein Gottesurteil den vermeintlichen Mörder herauszufinden. Im Verlauf von Jahrhunderten verlor dieser Brauch seinen eigentlichen Sinn, aus dem tödlichen Zweikampf wurden umfangreiche gymnastische Wettkämpfe.

Folgende Übungen werden von Homer in seinen Epen angeführt: Lauf, Sprung, Diskuswerfen, Speerwurf, Ringen, Faustkampf, Bogenschießen, Wagenrennen und Reigentänze. Damit sind außer Fünfkampf und Pankration bereits alle Wettkämpfe genannt, die wir aus der späteren klassischen Zeit kennen. Im folgenden Abschnitt aus der »Ilias« besingt Homer die Totenfeier, die Achilleus seinem Freund Patroklos ausrichtete.

Greis, da nimm und bewahre das Kleinod hier zum Gedächtnis
An des Patroklos Leichenbegängnis; du siehst ihn selber
Nimmer im Volke von Argos. Den Preis hier will ich dir schenken
Ohne Kampf; denn schwerlich versuchst du dich noch mit den Fäusten

Wagenrennen. Griechische Vase, um 530 v. Chr.

Ringkampfszene auf einem griechischen Fries, um 510 v. Chr.

Das antike Stadion in Olympia

Oder im Ringen, im Schleudern des Speers, noch willst du im Laufe
Rennen, denn schon bedrückt dich die Last des beugenden Alters.
Sprach's und gab in die Hand ihm die Schale; der nahm sie mit Freude
Hob die Stimme und sagte zu ihm die geflügelten Worte:
Wirklich, da hast du, mein Kind, gebührend in allem gesprochen!
Nicht mehr fest sind die Glieder, die Füße, mein Freund, und die Arme
Strecken sich nimmer auf beiden Seiten so leicht an den Schultern.
Wär' ich doch jung und sicher der Kraft wie zu früheren Zeiten,
Als die Epeier den herrschenden Herrn Amarynkeus begruben,
Dort in Buprasion einst seine Söhne bestimmten die Preise.
Keiner tat es mir damals gleich im Volk der Epeier,
Keiner der Pylier selbst noch auch der stolzen Aitoler.
Denn mit der Faust überwand ich des Enops Sohn Klytomedes
Und im Ringen Ankaios von Pleuron, der gegen mich aufstand.
Iphiklos dann überholt' ich im Lauf, den tüchtigen Renner,
Und übertraf mit dem Speer den Phyleus sowie Polydoros.
Nur mit den Rossen holten mich ein die Söhne des Aktor,
Denn sie trieben zu zweit sie voran, voll Neides zu siegen,
Weil die größten Preise dafür zurück noch geblieben.
Zwillinge waren die zwei; der eine lenkte beständig,
Führte die Zügel beständig, der andere trieb mit der Geißel.
So war ich einst; doch jetzt überlass' ich den jüngeren Männern
Solcherlei Taten und muß dem Zwange des leidigen Alters
Folgen. Wie strahlte ich damals hervor doch unter den Helden!
Geh und fahre nur fort, den Freund mit Kämpfen zu feiern.
Dies Geschenk aber nehme ich gern, und es freut mich im Herzen,
Daß du noch meiner Freundschaft gedenkst und nie mir die Ehre
Weigerst, die zu empfangen mir ziemt im Volk der Achaier.
Mögen die Götter dich segnen dafür mit reichlicher Gnade!
Sprach's; der Pelide eilte davon durchs Gewühl der Achaier,
Gleich nachdem er die lobende Rede des Nestor vernommen,
Setzte die Preise dann aus für den schwierigen Kampf mit den Fäusten,
Brachte ein arbeitskräftiges Maultier und band es am Platze,
Sechsjährig, ungezähmt, eine Stute, nur schwer zu bezähmen,
Setzte dann auch dem Besiegten noch aus einen doppelten Becher.
Aufrecht stand er und nahm das Wort vor den Männern von Argos:
Atreus' Sohn, und ihr anderen festgeschienten Achaier,
Laßt zwei Männer sich hier um die Preise, die tüchtigsten Kämpfer,
Schlagen mit hoch ausholender Faust, und welchem Apollon
Schenkt zum Siege die Kraft vor den Augen von allen Achaiern,
Dieser kehre zurück in sein Zelt mit dem kräftigen Maultier.
Doch der Geschlagene trage davon den gehenkelten Becher.

Also sprach er, und gleich erhob sich der mächtige große
Sohn des Panopeus, Epeios, geübt im Kampfe der Fäuste,
Faßte das kräftige Maultier an und redete also:
Rasch herbei, wer den doppelten Becher begehrt zu gewinnen!
Aber das Maultier entführt mir schwerlich ein andrer Achaier,
Der mit der Faust mich besiegt; ich rühme mich selbst als den ersten.
Ist's nicht genug, daß im Feld ich versage? Gewiß doch unmöglich
Könnte zu allen Werken ein Mann geschickt sich erweisen.
Das aber sag' ich voraus, und sicherlich wird es vollendet:
Gänzlich zerschlag' ich den Feind und hau' ihm die Knochen zusammen!
Mögen die Leichenbesorger versammelt am Platze nur bleiben,
Wegzuschaffen den Mann, sobald meine Faust ihn bezwungen.
Also sprach er, und alle im Kreis verstummten in Schweigen.
Nur Euryalos trat ihm entgegen, der göttliche Recke,
Sohn des Herrschers Mekisteus, der selbst von Talaos stammte.
Vormals kam er nach Theben zu Ödipus' Leichenbegängnis,
Welcher gestürzt, und besiegte daselbst die gesamten Kadmeier. —
Tydeus' speergewaltiger Sohn war um diesen beschäftigt,
Sprach ermunternd ihm zu, von Herzen den Sieg ihm ersehnend,
Tat ihm zuerst einen Schurz um den Leib und reichte ihm weiter
Festgeschnittene Riemen der Haut eines Stiers von der Weide.
Beide traten gegürtet hervor in die Mitte des Platzes.
Gegeneinander holten sie aus mit den kräftigen Armen,
Stießen zusammen; zusammen gerieten die wuchtigen Fäuste.
Schrecklich erklang das Knirschen der Kiefer, herab von den Gliedern
Überall strömte der Schweiß. Nun erhob sich der edle Epeios,
Schlug den Spähenden gegen die Wange, so daß er nicht länger
Stehen konnte und nieder ihm brachen die glänzenden Glieder.
So wie unter dem Schauer des Nords ein Fisch in die Höhe
Schnellt am Strande voll Tang, und wieder verschlingt ihn die Welle:
Also schnellte er hoch von dem Schlag; doch der kühne Epeios
Fing ihn im Arm und hob ihn empor. Die umringenden Freunde
Führten ihn über den Platz; er hinkte mit schleifenden Füßen,
Spie geronnenes Blut, den Kopf gesenkt auf die Seite.
Nieder zwischen sich legten sie dann den gänzlich Betäubten,
Gingen darauf, und brachten den Becher mit doppeltem Henkel.
Doch der Pelide sogleich bestimmte zum drittenmal Preise,
Setzte sie aus vor dem Danaervolk für den schwierigen Ringkampf:
Erstens ein großes Geschirr mit Füßen, aufs Feuer zu stellen,
Bei den Achaiern so hoch wie ein Dutzend Rinder bewertet.
Doch dem Besiegten stellt' er als Lohn ein Weib in die Mitte;
Viel in Künsten geübt, sie galt vier Rinder im Werte.

Aufrecht stand er und nahm das Wort vor den Männern von Argos:
Auf zum Ringen, wer darin auch sich möchte versuchen!
Sprach's; da erhob sich der mächtige Sohn des Telamon, Ajas,
Auch Odysseus erhob sich, der listige Meister in Ränken.
Beide traten gegürtet hervor in die Mitte des Platzes,
Packten einander und hielten sich fest mit den kräftigen Armen,
Wie die begegnenden Sparren, die hoch am Dach eines Hauses
Dicht aneinander der Zimmerer fügt, den Winden zum Trotze.
Beiden knackte der Rücken, vom Druck der verwegenen Arme
Hart gepreßt, und es troff der quellende Schweiß auf den Boden.
Viele Beulen schwollen empor an den Seiten und Schultern,
Rotgedunsen vom Blut; und immer noch rangen die beiden
Siegesbegierig im Kampf um den festgeschmiedeten Dreifuß.
Weder vermochte Odysseus im Fall ihn zu Boden zu bringen
Noch den anderen Ajas, gehemmt von der Kraft des Odysseus.
Als sie schon müde gemacht die wohlgeschienten Achaier,
Redete so zu diesen der Sohn des Telamon, Ajas:
Göttlicher Sohn des Laërtes, erfindungsreicher Odysseus,
Heb mich oder ich dich; das andre wird Zeus schon besorgen.
Sprach's und hob ihn empor; Odysseus aber, voll Arglist,
Stieß ihn von hinten ins Kniegelenk und lähmt' ihm die Glieder.
Rücklings fiel er zu Boden, es fiel auf die Brust ihm Odysseus
Nieder im Sturz; verwundert staunten da wieder die Männer.
Nun zum zweitenmal hob ihn der vielerprobte Odysseus,
Doch bewegt' er ihn kaum und brachte ihn nicht in die Höhe,
Krümmte ihm aber das Knie; da stürzten die beiden zu Boden,
Dicht aneinandergepreßt, und wurden vom Staube besudelt.
Und zum drittenmal standen sie schon und hätten gerungen,
Doch Achilleus erhob und hielt sie zurück mit den Worten:
Reibt euch länger nicht auf und macht ein Ende dem Drängen.
Beide verdienen den Sieg! Empfangt nun beide die gleichen
Preise und geht, damit auch andre Achaier noch kämpfen.
Also sprach er; sie hörten ihn an und folgten gehorsam,
Wischten den Staub sich ab und hüllten sich gleich in die Kleider.
Weiter bestimmte des Peleus Sohn die Gewinne des Wettlaufs:
Erst einen silbernen Krug, getrieben; er mochte sechs Maße
Fassen; an Pracht übertraf er die anderen sämtlich auf Erden
Weit; denn es hatten ihn kunstgeübte Sidoner gebildet,
Und Phoinikier führten ihn fort über neblichte Meere,
Brachten ans Land ihn im Hafen und schenkten ihn endlich dem Thoas.
Doch für des Priamos Sohn Lykaon gab ihn zum Tausche
Später an Patroklos dann der Sohn des Iason Euneos.

Diesen stiftete jetzt Achilleus, dem Freund zu Ehren,
Dem als Preis, der als Schnellster im eilenden Lauf sich erwiese,
Und einen großen Stier dem zweiten, der strotzte vom Fette,
Endlich ein halbes Talent von Gold als letzten der Preise.
Aufrecht stand er und nahm das Wort vor den Männern von Argos:
Schnell zum Kampfe, wer hierin auch sich möchte versuchen!
Sprach's und Ajas erhob sich, der hurtige Sohn des Oïleus,
Auch der einsichtsvolle Odysseus, Antilochos drittens,
Nestors Sohn, der im Laufe die Jünglinge alle besiegte.
Schnurgrad standen sie nun; da wies auf das Zeichen Achilleus,
Und sie liegen gestreckt vor der Schranke; der Sohn des Oïleus
Stürmte voraus, und hinter ihm folgte der edle Odysseus
Ebenso dicht, wie der Webestab dem gegürteten Weibe
Liegt an der Brust, den sie an sich zieht gewandt mit den Händen,
Wenn sie den Einschlag schießt an der Kette vorbei und dem Busen
Nähert den Stab: so nah war Odysseus im Lauf; seine Füße
Trafen von hinten die Spur, noch ehe der Sand sie verschüttet.
Über des Vorderen Kopf ergoß seinen Atem Odysseus,
immer im sausenden Lauf; da jubelten alle Achaier
Freudig dem Eilenden zu und stärkten sein Siegesverlangen.
Als sie dem Ende der Bahn sich nahten, da flehte Odysseus
Schnell im Herzen zur Göttin mit funkelnden Augen, Athene:
Höre mich, Göttin, und komm in Huld meinen Füßen zu Hilfe!
Also rief er und bat; es erhörte ihn Pallas Athene,
Machte die Glieder ihm leicht, die Füße und Arme darüber.
Als sie nun aber im Sprung den Preis schon wollten ergreifen,
Strauchelte Ajas im Lauf – denn es brachte zu Falle ihn Athene –,
Dort, wo sich häufte der Mist von geschlachteten brüllenden Rindern,
Welche zu Patroklos' Ehren der schnelle Achilleus getötet.
Gleich aber füllte der Rinderkot ihm den Mund und die Nase.
Doch den Kessel ergriff der vielerprobte Odysseus,
Weil er der schnellere war, und den Stier der stattliche Ajas.
Dieser stand, in den Händen das Horn des Stiers von der Weide,
Spie den Mist aus dem Mund und sprach vor den Männern von Argos:
Wehe, da hat mir die Göttin die Füße verwirrt, die von jeher
Mütterlich stets den Odysseus bewacht mit gnädigem Beistand!
Also sprach er; da lachten sie über ihn alle von Herzen.
Aber Antilochos trug nun den letzten der Preise von dannen,
Lächelnd, und nahm das Wort und sprach vor den Männern von Argos:
Freunde, so gut ihr es wißt, ich sag' es euch allen: auch jetzt noch
Zeichnen unsterbliche Götter doch aus die älteren Menschen.

Tägliche Gesundheitspflege
um 400 v. Chr.

Diokles

Der Arzt Diokles aus Karystos auf der Insel Euböa lebte um 300 v. Chr. Unter seinen zahlreichen Schriften, die leider nur bruchstückweise erhalten sind, ist auch eine Gesundheitslehre, die uns einen überraschenden Einblick in die Hygiene der damaligen Zeit gibt.
Wir erfahren, wieviel Zeit der vornehme Grieche darauf verwendet hat, um seinen Körper und seinen Organismus gesund und leistungsfähig zu erhalten. Daß dieser Zeitaufwand überhaupt möglich war, ist wohl nur damit zu er-klären, daß ein großer Teil der Arbeit von Sklaven erledigt wurde. Wenn auch die meisten Regeln des Diokles heute noch ihre Gültigkeit haben, so gibt es in unserer Zeit wohl nur wenige Menschen, die die Zeit haben für eine so intensive Körperpflege.

Unsere Behandlung der Gesundheitspflege beginnt mit dem Übergange vom Schlafen zum Wachen. Aufstehen soll man im allgemeinen, wenn die Speisen schon aus dem Magen in den Unterleib übergetreten sind; junge und voll-kräftige Leute etwas vor Sonnenaufgang, so viel Zeit man braucht, um zehn Stadien weit zu gehen – im Sommer fünf Stadien –, ältere Leute weniger Zeit vorher, im Sommer wie im Winter. Wenn man aufwacht, stehe man nicht sofort auf, sondern bleibe liegen, bis die Schwerfälligkeit und Trägheit, die vom Schlafen herkommt, nachgelassen hat. Nach dem Aufstehen ist es gut gegen die Genickschmerzen, wie sie von den Kopfkissen herkommen, den Kopf und den Nacken tüchtig zu reiben. Danach empfiehlt es sich – für diejenigen, die nicht gewohnt sind, sogleich den Leib zu entleeren, auch vor der Entleerung, für die anderen nach der Entleerung – sofort, ehe man etwas anderes unter-nimmt, den Körper ganz und gar mit wenig Öl durchzukneten – im Sommer, indem man Wasser beimischt, im Winter mit reinem Öle –, und zwar nicht geringe Zeit, doch gelind und gleichmäßig, wobei man, soweit möglich, alle Teile des Körpers oftmals streckt und beugt. Dies ist wertvoll ebenso im Hin-blick für die Gesundheit wie auf jegliche körperliche Anstrengung.
Danach bespüle und wasche man Gesicht und Augen mit kaltem, reinem Was-ser jeden Tag mit reinen Händen, reibe sanft Zahnfleisch und Zähne innen wie außen entweder einfach mit den bloßen Fingern oder mit dem Safte von zer-quetschtem Polei und wische die daran haftenden Speisereste ab. Dann fette man Nase und beide Ohren innen ein, möglichst mit einer guten Salbe, allen-

falls mit ganz reinem und wohlriechendem Olivenöle; auch von außen reibe man sie mit den Handflächen ein. Besondere Sorge jedoch muß man auf den Kopf verwenden; Kopfpflege aber besteht, kurz gesagt, in Kneten, Einölen, Wischen und Kämmen, ferner in kurzem Haarschnitt. Kneten und einreiben muß man ihn täglich, wischen und kämmen hin und wieder. Das Kneten macht die Haut kräftiger, das Einreiben weicher, das Wischen macht die Poren sauberer und arbeitsfähiger, das Kämmen kratzt den Haarboden, legt die Haare gleichmäßig und entfernt und nimmt weg, was lästig ist.

Nach der beschriebenen Behandlung gleich nach dem Schlafen mögen diejenigen, die etwas anderes zu unternehmen gezwungen sind oder sich vorgenommen habe, sich daran begeben; wer jedoch Zeit hat, für den ist es angebracht, zuvor eine Strecke zu gehen, die der Stärke seiner Leistungsfähigkeit angemessen ist. Ein etwas weiter ausgedehnter Gang vor der Nahrungsaufnahme entleert den Körper, macht aufnahmebereiter für die Speisen und fähiger, das Gegessene zu verdauen; ein Gang gleich nach dem Essen, der mäßig und ruhig ist, gleicht aus und mischt die Speisen und das Getränk, scheidet die Gase aus, die man mit ihnen aufgenommen hat, sowie die Auswurfstoffe, die dazu fertig sind, und macht somit den Leib weich und unterstützt ihn bei seiner Arbeit; weiter schafft er aus den oberen Därmen die Masse des Ballastes weiter nach unten und bewirkt damit bessere Empfindungen in der Kopfgegend und ruhigeren Schlaf. Vieles und schnelles Gehen jedoch ist nach dem Essen in keiner Hinsicht zu empfehlen, denn es erschüttert stark den Körper und scheidet und trennt die Speisen und Getränke voneinander, so daß es ein Kollern gibt und schwere Verdauung und vielfache Darmstörungen. Zweckmäßig ist es, wenn man sich nach dem Spaziergange hinsetzt und sich mit irgendeiner eigenen Angelegenheit beschäftigt, bis es Zeit wird, sich der Leibespflege zuzuwenden. Es ist gut, wenn die jungen Leute, die mehr Leibesübung brauchen, zum Turnen auf den Turnplatz gehen, die Älteren und Schwächeren dagegen in eine Badestube oder sonst ins Sonnenbad zum Einreiben. Für solche genügt auch, falls sie einen Übungsplatz ganz für sich haben, mäßige Knetung und ein wenig Bewegung des Körpers. Wenn man Knetung braucht, empfiehlt es sich, dabei weder zu stark eingerieben zu sein noch ganz trocken, sondern sich leicht einzuölen und gleichmäßig zu kneten, danach sich abzuschaben und ein angemessenes Bad zu nehmen; schwache und sehr alte Leute sollen sich stärker einölen und gleichmäßig ... Es empfiehlt sich, daß man sich möglichst selbst durchknetet, denn so turnt gleichzeitig mit der Knetung auch der Körper, indem er sich durch eigene Kraft bewegt; von einem anderen dagegen sich ganz und gar kneten zu lassen, das überlasse man Ermüdeten, Schwächeren und solchen, die es mit dem Turnen nicht sehr ernst nehmen.

Nach der Leibespflege begebe man sich zum Frühstück. Dabei ist klar, daß das Frühstück wie überhaupt die ganze Lebensweise im Sommer weder wärmend noch trocknend sein darf, im Winter dagegen weder kühlend noch feuchtend, im Frühling und Herbst etwa die Mitte halten soll. Wer ohne Beschwerde leben will, für den reicht im Sommer als Frühstück sowohl im Hinblick auf die Gesundheit wie auf den Tagesbedarf vollkommen aus eine mäßige Menge weißen Gerstenbreies, dazu als Getränk Weißwein, wohlriechend oder mit wenig Honig und mit Wasser gut gemischt, oder auch eine Suppe von nicht blähenden, leicht verdaulichen und trotzdem nahrhaften Sachen, mit etwas Honig kühl genossen. Wer nichts dergleichen verträgt, für den eignet sich zum Frühstück abgekühltes Brot, und zwar so viel, wie er bis zum Nachmittags-turnen zu verdauen vermag; als Beilage kann er gekochtes Gemüse, Kürbis oder Gurke haben oder sonst etwas, das der jeweiligen Jahreszeit entspricht und einfach abgekocht ist. Trinken mag er verdünnten Weißwein, bis der Durst gestillt ist. Ehe man die Speise zu sich nimmt, trinke man zuvor Wasser, wenn man Durst hat, mehr, sonst weniger.

Nach dem Frühstück lasse man eine kurze Zeit vergehen und lege sich dann nieder an einem schattigen oder kühlen, doch zugfreien Platze. Nach dem Auf-stehen beschäftige man sich wieder mit irgend etwas Eigenem, mache einen Spaziergang und gehe dann nach einer kurzen Ruhepause auf den Turnplatz. Kräftige und jüngere Leute mögen sich dann, wenn sie geturnt und sich mit Sand bestreut haben, unter der kalten Brause abwaschen; Ältere und Schwä-chere sollen sich erst einölen, kurz kneten und sich dann warm abwaschen, doch ohne den Kopf zu benetzen. Ebenso ist es für Gesunde selten oder niemals angebracht, den Kopf warm abzuwaschen; für Ältere ist es nicht einmal zu empfehlen, ihn allzu oft zu benetzen, sondern ihn vielmehr hin und wieder einzureiben, wobei man in das Öl im Sommer Wasser, im Winter Wein mische. Nachdem man sich recht lange und gut eingeölt hat, wische oder schabe man sich sauber ab, spüle sich kurz mit kaltem Wasser über und öle sich nach dem Trocknen wieder ein.

Zum Essen muß man mit leerem Magen gehen und nichts mehr unverdaut haben von dem, was man vorher gegessen hat; zu erkennen ist dies am besten an der Geruchlosigkeit und dem Ausbleiben des Aufstoßens und an der Weich-heit und Leichtigkeit der oberen Därme und des Leibes, ferner auch daran, daß die Lust zum Essen immer stärker wird. Als Hauptmahlzeit soll man im Sommer kurz vor Sonnenuntergang Brot, Gemüse und Brei genießen. Gemüse esse man, wenn es roh ist, zuerst, außer Gurke und Rettich – diese zuletzt –, gekochtes Gemüse gegen Anfang der Mahlzeit. Als Fischgericht esse man von den Fischen auf Steingrund, die mit reichlichem, lockerem Fleische, von den Weichtieren und anderen die mit den besten Säften, und zwar mög-lichst gekocht; an Fleisch Ziegen- und Hammelfleisch von ganz jungen, Schweinefleisch von eben ausgewachsenen Tieren, an Geflügel das Fleisch von jungen Hennen, Rebhühnern, zahmen und wilden Tauben, alles einfach ge-kocht; es steht auch nichts im Wege, von den anderen Speisen zu genießen, wozu man Lust hat, soweit sie nicht den genannten Dingen entgegengesetzte Wirkungen haben. Daß es aber zu jeder Jahreszeit angebracht ist für jemand, der leichten Stuhlgang hat, stopfende Speisen, soweit vorhanden, zu genießen, wer umgekehrt schweren Stuhlgang hat, abführende, wer Harnzwang, harntreibende Speisen, wer schmächtig ist, nahrhafte, das wird wohl jeder zugeben. Als Getränk nehme man vor der Mahlzeit und am Anfange Wasser, dann schmächtige Leute leichten Rotwein, nach der Mahlzeit Weißwein, vollfleischige Leute dagegen nur Weißwein, alle aber verdünnt; an Menge so viel, wie jeder Lust hat. Kastanien, Nüsse und dergleichen sind sämtlich schwer zu vertragen; verhältnismäßig am wenigsten Beschwerde machen sie, wenn man sie in kleinen Mengen vor dem Essen genießt. Was Obst angeht, so empfiehlt es sich bei den Feigen, die Haut abzuziehen, den Saft abzuspülen und sie in kaltes Wasser zu legen, ehe man sie genießt; wer sie gut verträgt, mag sie nach der Mahlzeit essen, die anderen vor der Mahlzeit; weiße Weintrauben dagegen auf jeden Fall während der Mahlzeit; als Nachtisch geröstete Kichererbsen oder eingeweichte Mandelkerne. Nach der Mahlzeit lege man sich sogleich schlafen, falls man schmächtig ist, zu Blähungen neigt und die Speisen nicht leicht verdaut; andernfalls gehe man noch langsam eine kürzere Strecke und gehe dann zur Ruhe. Als Lage ist für jeden, solange der Magen noch gefüllt ist, die auf der linken Seite zu empfehlen; wenn er weich geworden ist, mag man sich auch auf die rechte Seite legen; man liege übrigens weder ganz gestreckt noch stark gekrümmt. In Rückenlage zu schlafen, ist in keinem Falle ratsam. Unterleib und Füße warm zu halten, ist sehr angebracht, sowohl während des ganzen Essens wie beim Schlafen.

Bei den meisten gesunden Menschen wird eine solche Lebensführung durchaus angebracht sein. Daß man im Winter die Spaziergänge weiter ausdehnen muß und die sonstigen Übungen straffer durchführen als im Sommer – mit allmählicher Steigerung und Vorsicht vor dem Zuviel –, ist oben schon gesagt. Man nehme dann auch mehr Einölungen als Waschungen vor, wasche sich dann und wann kalt — und zwar mehr, wenn wärmeres Wetter ist –, warm nur Ermüdete und solche, die es nötig haben, in Schweiß zu kommen. Für fleischige und vollsäftige Leute ist es angebracht, vom Untergange bis zum Aufgange des Siebengestirns nur einmal zu essen; für alle übrigen ist es angebracht, zum Frühstück nur wenig Beilage zu essen, entweder etwas Honig oder Süßwein, und gar nichts zu trinken oder höchstens nach dem Frühstück etwas leichten und ziemlich milden Wein, nur mäßig gemischt. Danach lege man sich warm zugedeckt schlafen, doch nicht lange. Nach dem Aufstehen besorge man, wie im Sommer, seine Angelegenheiten, lasse jedoch das warme Bad und speise nach dem Turnen, wenn es dunkel wird, wobei man sich an einem Feuer wärme. Die Kinder, die noch gut Brei vertragen, mögen beides essen, jedoch mehr Brot; die anderen mögen den Brei ganz zurückstellen. Gemüse sind im großen und ganzen mehr im Winter als im Sommer angebracht; am meisten passend ist von Rohgemüse Raute, Rauke, zum Schlusse der Mahlzeit Rettich; von gekochtem Kohl, Ampfer und Kohlrübe, und zwar besser aufgewärmt. Was die Wildgewächse angeht, so sind deren Winterarten nicht schlechter als die Sommerarten, sowohl die roh eßbaren wie die gekochten. Besonders passen in dieser Jahreszeit Knoblauch, Zwiebeln, Pökelfische, Erbsenbrei und Linsen, und von den sonstigen Beilagen mehr Geröstetes als Gekochtes, und überhaupt mehr Trockenes als Flüssiges; für den Winter sind auch Kresse und Senf eher geeignet. Man trinke während der Mahlzeit einen leichten, ziemlich milden alten Rotwein, etwas weniger verdünnt. Zu dieser Jahreszeit sind gebrannte Mandeln, Myrtenbeeren, geröstete Speiseeicheln und gekochte wie geröstete Kastanien angebracht.

Wie man also im Sommer und im Winter leben soll, ist ausführlich beschrieben; im Frühling und im Herbst ist natürlich eine Lebensweise angebracht, die zwischen den beschriebenen Weisen die Mitte hält. Vorsehen muß man sich jederzeit vor ungewohnten, starken und schweren Speisen und vor zu großen Mengen; denn mit der Menge des Essens kann man öfters ebensogut seine recht große Schwierigkeiten haben wie mit der schweren Beschaffenheit. Man trinke auch nicht leichtsinnig und ungewohntes Wasser, denn das ist schwer zu vertragen und bedenklich, sondern vermischt mit Honig oder Wein oder Essig oder auch Mehl und Salz. Sehr kaltes Wasser und sehr viel in einem Zuge zu trinken, ist gefährlich, vor allem, wenn man sich angestrengt und der Sonne ausgesetzt hat und noch erhitzt ist.

Die Hauptsache im Hinblick auf die Gesundheit ist, daß nichts die Oberhand gewinne über den lebendigen Zusammenhang des Leibes. Zugleich mit dem Wechsel der Jahreszeiten wechsele man auch die Lebensführung, gehe dabei aber allmählich zum Gegensatz über und vollziehe nicht plötzlich einen großen Wechsel.

Der Ursprung
der Olympischen Spiele

Phlegon von Tralles

Von 776 v. Chr. bis 396 n. Chr. haben die Griechen zu Ehren ihres höchsten Gottes Zeus alle vier Jahre Olympische Spiele gefeiert. Der Ursprung der Spiele ist auch heute noch in Dunkel gehüllt. Es darf jedoch als sicher angenommen werden, daß sie bereits vor dem geschichtlich festgelegten Zeitpunkt – 776 v. Chr. – in Form von Leichenspielen gefeiert worden sind.

Alte Sagen geben sehr unterschiedliche Darstellungen über den Beginn der Spiele: War es Herakles, der zu Ehren seines Vaters Zeus den heiligen Hain absteckte, seine Brüder zu einem Wettkampf aufstellte und den Sieger mit einem Zweig vom wilden Ölbaum ehrte? Oder war es gar Zeus selbst, der die ersten Spiele abhielt und dabei seinen Vater Kronos im Ringkampf besiegte? Nach Überlieferungen, die Pausanias (um 150 n. Chr.) aufgezeichnet hat, »ordnete Pelops die Spiele dem olympischen Zeus zu Ehren glanzvoller als alle vor ihm«. Aber Pausanias scheint schon zu seiner Zeit Widersprüchliches über den Ursprung der Spiele erfahren zu haben, denn an einer anderen Stelle berichtet er, daß es der dorische Herakles war, der dem Pelops opferte und die Zeusspiele neu ordnete.

Einen aufschlußreichen Bericht über die Gründung der Spiele gibt uns Phlegon von Tralles (um 125 n. Chr.). Folgen wir seinen Darstellungen, dann begannen die Spiele nicht erst 776 v. Chr., sondern schon 888 v. Chr., ohne daß man jedoch den Namen des Siegers festgehalten hätte. Die Spiele waren verbunden mit dem olympischen Gottesfrieden, einer Weihezeit, in der die Waffen ruhten, Rechtsstreitigkeiten nicht ausgetragen und Todesurteile nicht vollstreckt wurden.

Von Phlegon von Tralles, dem Freigelassenen des Kaisers Hadrian, über die Olympischen Spiele. Es scheint mir unerläßlich, die Ursache anzugeben, die zur Gründung der Olympischen Spiele geführt hat. Nach Peisos und Pelops und ferner noch nach Herakles, die als erste die Festversammlung und den olympischen Kampf eingerichtet hatten, vernachlässigten die Peloponnesier den Kult eine Zeitlang. Dies währte bis zu dem Zeitpunkt, da man von Iphitos ab achtundzwanzig Olympiaden zählte bis zu Koroibos, dem Eleer. Wegen dieser Vernachlässigung kam es zu Unruhen im Peloponnes. Lykurgos, der

Lakedaimonier, Sohn des Prytanen Eurypon, des Sohnes des Soos, des Sohnes des Prokles, des Sohnes des Aristodemos, des Sohnes des Aristomachos, des Sohnes des Kleodaies, des Sohnes des Hyllos, des Sohnes des Herakles und der Deianeira einerseits, und Iphitos, Sohn des Haimon, oder, wie andere sagen, Sohn des Praxonides, eines der Nachkommen des Herakles, ein Eleer, andererseits, sowie Kleosthenes, Sohn des Kleonikes, ein Bewohner Pisas, die das Volk wieder zu Eintracht und Frieden zurückführen wollten, beschlossen, das olympische Fest wieder nach den alten Bräuchen zu feiern und einen Wettkampf (agon gymnikos) zu veranstalten. Sie schickten also eine Gesandtschaft nach Delphi, um den Gott zu befragen, ob er ihnen solches anrate. Der Gott erklärte, dieses werde ihnen zu großem Vorteil gereichen, und er schrieb ihnen vor, allen Städten, die am Kampfe teilnehmen möchten, einen Gottesfrieden zu verkünden. Nachdem dies ringsum in Griechenland bekanntgegeben worden war, wurde auch für den Gebrauch der Kampfrichter eine Inschrift auf dem Diskus eingraviert, wie die Olympischen Spiele abzuhalten seien. Da die Peloponnesier den Wettkampf nicht mit großem Beifall aufnahmen, sondern ihn mit Widerwillen von sich wiesen, verbreitete sich eine Pest; dazu verdarben die Feldfrüchte, wodurch ihnen großer Schaden entstand. Sie schickten daher aufs neue die Anhänger des Lykurgos nach Delphi und flehten um Erlösung und Errettung von der Pest. Die Pythia aber verkündete ihnen folgenden Spruch:

Aus der im ganzen Erdrund berühmten Hochburg des Pelops
Seid ihr als Boten gesandt, ihr, der Sterblichen Beste.
Nehmet zu Herzen aus meinem Munde die Weisung des Gottes:
Zorn hegt Zeus wider euch, einen Zorn, von dem er nicht abläßt,
Weil ihr nicht ehret das Fest des allesbeherrschenden Gottes,
Dem Peisos als erster Altäre errichtet und Ehre erwiesen;
Nach ihm tat's Pelops alsdann, das Land der Hellenen betretend,
Der Totenopfer und Kampfpreis dem Oinomaos gewährte;
Herakles war der dritte nach ihnen, Amphitryons Sprößling,
Totenspende und Kampfspiel bestimmt' er dem Ahn seiner Mutter,
Pelops, des Tantalos Sohn. Doch Agon und Feier erloschen;
Kund ward es. Darob entbrannte der Grimm im Herzen des Gottes;
Wegen der Frevel schickte er schreckliche Dürre und Seuche;
Diese Not könnt ihr wenden, wenn ihr das Fest wiederherstellt.

Als sie dies gehört hatten, berichteten sie es den Peloponnesiern. Jene aber mißtrauten dem Spruch und schickten nun ihrerseits nach gemeinsamem Beschluß aufs neue eine Abordnung nach Delphi, um den Gott eingehender über den Orakelspruch zu befragen. Und die Pythia tat ihnen folgendes kund:

Um den Altar sollt ihr schreiten, Männer des Peloponnes, und
Opfer spenden und stets gehorchen der Weisung der Seher.

Nachdem ihnen dieser Spruch erteilt worden war, gaben die Peloponnesier den Eleern den Auftrag, die Olympischen Spiele einzurichten und den Städten den Gottesfrieden zu verkünden. Als die Eleer nach diesen Begebenheiten den Lakedaimoniern Beistand leisten wollten, da diese Helos belagerten, sandten sie nach Delphi, um den Rat des Gottes einzuholen. Die Pythia aber tat ihnen folgendes kund:

> Führer ihr der Eleer, nach der Väter Satzung regierend,
> Schirmt euer eigenes Land und haltet fern euch vom Kriege.
> Führer seid den Hellenen in allumfassender Freundschaft,
> Sobald die Zeit der Freude fünfjährlich wiederum anhebt.

Nachdem den Eleern dieser Spruch zuteil geworden war, enthielten sie sich des Krieges und richteten ihr Augenmerk auf die Olympischen Spiele.

Segelyacht auf dem Bodensee

Fechtposition. Aus Diderots Enzyklopädie, Paris 1751

Moderner Fechtkampf

Über ein Jahrtausend Spiele in Olympia   *Apollonios*
Philostratos
Pausanias

An der Westküste des Peloponnes, in der Landschaft Elis, liegt Olympia, der Schauplatz der bedeutendsten griechischen Wettkämpfe der Antike. In einem langgestreckten Tal, zwischen dem von Ost nach West breit dahinfließenden Alpheios und dem von Norden kommenden Gebirgsbach Kladeios, lagen, auf kleinem Raum eng zusammengedrängt, die Tempel, Altäre, Schatzhäuser und Wettkampfstätten der Griechen. Sanft ansteigende, waldreiche Hügel begrenzen das Gebiet und geben ihm ein ruhevolles, abgeschlossenes Gepräge. Ein heute noch 132 Meter hoher Hügel schiebt sich von Norden her in das Tal hinein. Er galt als Sitz des Kronos, des Vaters des olympischen Zeus. Zur Blütezeit der Olympischen Spiele mag dieser Hügel wohl doppelt so hoch gewesen sein. Erdbeben und schwere Regengüsse bewirkten, daß seine Erdmassen in die Ebene hinab geschwemmt wurden und im Verlauf der Jahrhunderte die olympischen Kampfstätten unter sich begruben. 1172 Jahre haben die Griechen an diesem Ort ihr höchstes Fest gefeiert. Griechische Schriftsteller – Apollonios (um 295 v. Chr.), Philostratos (um 200 n. Chr.) und Pausanias (um 150 n. Chr.) – haben uns von Olympia und den im vierjährigen Zyklus gefeierten Spielen berichtet. Sie schildern das Vortraining in dem 300 Stadien (57 Kilometer) von Olympia entfernten Elis, beschreiben die Heiligtümer und Wettkampfstätten von Olympia und machen uns ausführlich mit dem Wettkampfprogramm bekannt.

Apollonios: Wenn die Zeit der Olympischen Spiele naht, halten die Eleer ihre Kämpfer 30 Tage in Elis zur Übung an, rufen sie dann zusammen und sagen ihnen, soweit sie durch Übung sich tüchtig gemacht für den Kampfplatz und nicht leichtsinnig und unedel sich gezeigt: »Auf nach Olympia! Wer aber nicht vorbereitet ist, der gehe, wohin er will!«
Pausanias: Zu den Sehenswürdigkeiten in Elis gehört ein altes Gymnasium. Was die Athleten, bevor sie nach Olympia gehen, zu tun haben, müssen sie in diesem Gymnasium tun. Innerhalb der Mauern wachsen zwischen den Rennbahnen hohe Platanen. Dieser ganze eingehegte Platz heißt Xystos, weil es dem Herakles, dem Sohn des Amphitryon, als Übung diente, täglich die dort wachsenden Dornen auszurotten.

Abgesondert ist eine Rennbahn für den Wettkampf der Läufer, eine andere für die, welche sich zum Pentathlon vorbereiten. Weiter ist im Gymnasium auch das Plethrion, wo die Hellanodiken die Athleten nach dem Alter oder auch je nach dem sie sich durch Übung ausgezeichnet haben, zusammenstellen. Es sind im Gymnasium auch Altäre der Götter; des Idäischen Herakles, mit dem Beinamen Parastates, des Eros und des Gottes, den die Eleer und Athener übereinstimmend Anteros nennen, ferner der Demeter und ihrer Tochter. Achilleus hat keinen Altar, sondern nach dem Orakelspruch ein leeres Ehrengrabmal.

Es gibt noch einen kleineren Gymnasiumsplatz, welcher an den größeren anstößt; sie nennen ihn nach seiner Gestalt den viereckigen. Darin sind die Übungsplätze für die Athleten. Es gibt noch einen dritten Platz in einem Gymnasium, der wegen seines weichen Bodens Maltho genannt wird; er wird in der ganzen Zeit der Festversammlung den Epheben überlassen. In diesem Gymnasium ist auch das Rathaus der Eleer; daselbst halten sie Wettkämpfe im Vortrag von freien Reden und von mancherlei Schriftwerken; sie nennen es Lalichmon nach dem Namen des Gründers. Ringsum sind Schilde aufgehängt, die zum Schmucke und nicht zum Kriegsgebrauch gemacht sind.

Philostratos: Unter allen Wettkämpfen, die üblich sind, hat das Pankration den Vorzug, obwohl es aus unvollkommenem Ringen und unvollkommenem Boxen zusammengesetzt ist. Alle geben ihm den Vorzug, außer den Eleern; sie sehen den Ringkampf als Kraftprobe und, um ein Dichterwort zu gebrauchen, für leidvoll an. Nicht nur wegen der Verschlingungen bei den Ringergriffen, die einen geschmeidigen und flinken Körper erheischen, sondern auch wegen des dabei vorgeschriebenen dreimaligen Wettkampfes. Während sie es für unerhört halten, daß beim Pankration und Faustkampf ohne wirklichen Kampf der Kranz verliehen wird, weisen sie den Ringer nicht zurück, da die Spielregel einen solchen Sieg ausdrücklich dem verschlungenen und mühevollen Ringkampf allein zugesteht.

Und mir nun ist der Grund klar, warum die Spielregel solches vorschreibt; denn ist die Teilnahme am Wettkampf in Olympia eine gewaltige Leistung, so ist das Training noch schwieriger. Was nämlich die leichten Übungen anbelangt, so wird der Dauerläufer etwa acht bis zehn Stadien trainieren, und der Fünfkämpfer irgendeine der leichten Übungen, der Läufer von den drei Arten des Laufes den Doppellauf oder den Stadionlauf oder beide. Schwierig ist von alldem nichts.

Der schwere Athlet jedoch wird von den Eleern in jener Jahreszeit trainiert, wo die Sonne am meisten den Schlamm im Tiefland Arkadiens sengt, und er muß einen Staub ertragen, heißer als den Wüstensand Äthiopiens, und ausharren vom Mittag angefangen. Und unter diesen mühevollen Übungen ist die anstrengendste das Ringen. Denn der Faustkämpfer wird, wenn seine Zeit im Stadion kommt, Wunden empfangen und austeilen und den Fußstoß gegen das Schienbein anbringen, beim Training aber wird er nur einen Scheinkampf ausführen; und der Pankratist wird im Ernstkampf alle Formen anwenden, die es beim Pankration gibt, im Training aber nur einmal dieses, einmal jenes. Das Ringen aber ist das gleiche im Probekampf wie auch im Ernstkampf, denn beide Male bietet es den Beweis, wieviel einer versteht und wieviel einer kann.

Pausanias: In bezug auf die Festordner ist der jetzige Gebrauch nicht mehr derselbe, wie er von Anfang an üblich war. Iphitos ordnete die Spiele für sich allein; ebenso ordneten sie nach dem Iphitos die Nachkommen des Oxylos. In der 25. Olympiade (680 v. Chr.) wurde die Anordnung der Olympischen Spiele zwei Männern übertragen, welche aus allen Eleern das Los dazu berief. Und so blieb für längere Zeit die Zahl der Agonotheten auf zwei festgesetzt.

In der 95. Olympiade (444 v. Chr.) stellten sie neun Hellanodiken an; dreien von ihnen wurde das Wettrennen mit Pferden übertragen, ebenso vielen anderen, Aufseher zu sein beim Pentathlon; den übrigen lagen die anderen Kampfarten ob.

In der zweiten Olympiade danach wurde der zehnte Athlothet hinzugefügt. In der 103. (368 v. Chr.) hatten die Eleer zwölf Phylen, und von jeder Phyle wurde ein Hellanodike bestimmt.

Im Kriege, von den Arkadiern bedrängt, verloren sie einen Teil ihres Landes, und so wurden sie in der 104. Olympiade (364 v. Chr.) auf die Zahl von acht Phylen zurückgeführt und eine den Phylen gleiche Zahl von Hellanodiken gewählt; in der 108. Olympiade (343 v. Chr.) erhoben sie sich wieder zu der Zahl von zehn Männern, und dabei blieb es bis zu unserer Zeit.

Im Hellanodikeon (zu Elis) wohnen zehn Monate hintereinander die erwählten Hellanodiken und werden von den Nomophylaken unterrichtet in allem, was das Kampfspiel angeht.

Philostratos: Die Örtlichkeit ist Arkadien, und zwar die schönste Arkadiens, woran Zeus seine größte Freude hat. Wir nennen sie Olympia.

Pausanias: Kommt man nach Olympia, so ist dort das Wasser des Alpheios in vollem Strome und lieblich anzusehen, da ja unter anderen sieben ganz bedeutende Flüsse sich in ihn ergießen.

Man kann in Griechenland wohl vieles sehen, auch manches hören, was der Bewunderung würdig ist; das wichtigste von allem ist bei den Kampfspielen in Olympia die göttliche Einwirkung. Den heiligen Hain des Zeus von Olympia nennen sie mit Verdrehung des Wortes Alsos von alters her Altis. Der Tempel und das Bild wurden dem Zeus von der Kriegsbeute errichtet, als die Eleer Pisa und die Perióken, welche mit den Pisäern abgefallen waren, mit Waffengewalt niederwarfen. Daß Phidas das Bild gemacht habe, dafür gibt eine Inschrift Zeugnis, welche unter den Füßen des Zeus geschrieben steht: »Phidas, Chermides Sohn, ein Athener, hat mich verfertigt.«

Der Altar des olympischen Zeus ist ungefähr ebensoweit vom Pelopion als vom Tempel der Hera entfernt, doch liegt er vorwärts vor beiden.

Einige sagen, er sei vom idäischen Herakles errichtet worden, andere glauben, von den einheimischen Heroen zwei Generationen nach dem Herakles. Er ist errichtet von der Asche der Schenkelknochen der Tiere, welche dem Zeus geopfert wurden. Es wird dem Zeus außer von der Festversammlung auch von Privatleuten und jeden Tag von den Eleern geopfert; alljährlich aber warten die Oberpriester den neunzehnten des Monats Elaphios (ungefähr März) ab und holen dann die Asche aus dem Prytaneion; nachdem sie dieselbe mit dem Wasser des Alpheios gemischt haben, tünchen sie damit den Altar.

Im Prytaneion selbst, in der Kapelle, wo der heilige Herd ist, steht rechts am Eingang ein Altar des Pan. Der Herd ist gleichfalls von Asche errichtet; auf ihm brennt den ganzen Tag und die ganze Nacht ein Feuer. Von diesem Herde bringen sie, wie schon gesagt, die Asche zum Altar des griechischen Zeus.

Am Ende der Bildsäulen, welche sie von den Strafgeldern der Athleten errichteten, ist der sogenannte »verborgene Eingang«; durch ihn sollen die Hellanodiken und die Kämpfer in das Stadion eintreten. Das Stadion ist ein Aufwurf von Erde; darin ist ein Sitz angebracht für die, welche den Wettkampf anordnen.

Den Hellanodiken gegenüber ist ein Altar von weißem Marmor. Auf diesem Altar sitzt eine Frau und sieht den Olympischen Spielen zu, nämlich die Priesterin der Demeter, Chamyne; es ist eine Ehrenstelle, welche die Eleer bald an diese, bald an jene Frau vergeben.

Geht man da, wo die Hellanodiken sitzen, über das Stadion hinaus, so ist da der Platz, der für das Wagenrennen bestimmt ist, mit den Ablaufschranken für die Pferde.

Im Gymnasium zu Olympia halten die Kämpfer und im Pentathlon die Wettläufer ihre Übungen ab. In einem anderen kleineren, umhegten Bezirk, links vom Eingang in das Gymnasium, haben die Athleten ihre Ringplätze.

Die Bildsäule des Zeus in dem Rathause wurde unter allen Bildern dieses Gottes besonders zum Schrecken für unehrliche Männer errichtet. Der Gott hat hier den Beinamen Horkios (Rächer des Eides) und hält in der einen Hand den Blitzstrahl. Bei diesem Bild des Zeus pflegen die Athleten, ihre Väter und Brüder, dazu auch die Gymnasten (Sportlehrer), über einem geschlachteten Eber zu schwören, daß sie die olympischen Wettkampfgesetze auf keine Weise verletzen wollen. Die Athleten schwören noch dazu, daß sie sich zehn Monate hintereinander in jeder Hinsicht aufs sorgfältigste vorbereitet haben. Es schwören auch alle die, welche die Knaben oder die Füllen für den Wagenkampf zu prüfen haben, daß sie nach Recht und ohne Geschenke anzunehmen die Prüfung anstellen und die Gründe der Billigung oder Nichtbilligung geheimhalten wollen. Vor den Füßen des Horkios befindet sich ein ehernes Täfelchen, worauf elegische Verse stehen, die den Meineidigen Furcht einflößen sollen.

Seit die ununterbrochene Aufzeichnung der Olympiaden besteht, wurde zuerst der Wettpreis im Laufe eingesetzt, und es siegte der Eleer Koroibos. Zwar befindet sich in Olympia keine Bildsäule des Koroibos, wohl aber an der Grenze von Elis sein Grab. In der 14. Olympiade (724 v. Chr.) wurde der Diaulos (Doppellauf) hinzugefügt. Hypenos aus Pisa errang im Diaulos den Olivenkranz. In der folgenden Olympiade ward der Dolichos (Langstreckenlauf) hinzugefügt. Es siegte Akanthos.

In der 18. Olympiade (708 v. Chr.) kam ihnen das Pentathlon und das Ringen in Erinnerung; in jenem erhielt Lampia, im Ringen Eurybatos den Sieg. Beide ebenfalls Lakedaimonier (Spartaner). In der 23. Olympiade (688 v. Chr.) verteilten sie Preise im Faustkampf. Es siegte Onomastos aus Smyrna, welches damals schon zum ionischen Bunde gehörte.

In der 25. Olympiade (680 v. Chr.) nahmen sie das Wagenrennen mit ausgewachsenen Pferden auf, und es wurde als Sieger ausgerufen Pagondas aus Theben.

In der achten Olympiade darauf (648 v. Chr.) nahmen sie das Pankration und das Pferderennen auf. Das Pferd des Kanonniers Krauxidas überholte die anderen. Die im Pentathlon Auftretenden besiegte Lygdamis aus Syrakus.

Was die Kampfspiele der Knaben betrifft, so gehen diese nicht auf die Erinnerung an eine ältere Einrichtung zurück, sondern die Eleer selbst setzten sie ein, weil es ihnen so gefiel. Es wurde also den Knaben in der 37. Olympiade (632 v. Chr.) für Lauf und Ringen Preise ausgesetzt. Der Lakedämonier Hipposthenes siegte im Ringen, der Eleer Polyneikes im Lauf.

In der 41. Olympiade (616 v. Chr.) riefen sie die Knaben zum Faustkampf auf den Kampfplatz, und es besiegte die Mitkämpfer der Sybarite Philetas.

Der Waffenlauf wurde beliebt in der 65. Olympiade (520 v. Chr.), nach meiner Meinung als Vorübung für den Krieg. Es siegte als erster Damaretos aus Heraia.

Das Wagenrennen mit zwei ausgewachsenen Pferden, man nennt es Synoris, wurde in der 93. Olympiade (408 v. Chr.) angeordnet; es siegte der Eleer Euagoras. In der 99. Olympiade (384 v. Chr.) beschloß man, auch mit einem Füllengespann zu kämpfen; den Ölkranz im Wagenrennen mit Füllen erhielt der Lakedaimonier Sybariades.

Es wurden in Olympia auch Kampfarten aufgehoben, wenn die Eleer zu dem Entschluß kamen, sie nicht mehr zu feiern.

Das Pentathlon für Knaben wurde in der 38. Olympiade (628 v. Chr.) angeordnet. Nachdem der Lakedaimonier Eutelidas den Kranz darin gewonnen, gefiel es den Eleern nicht mehr, daß ferner Knaben zum Pentathlon auf den Kampfplatz treten sollten.

Was das Rennen der Apene und der Kalpe betrifft, von denen jene in der 70. Olympiade (500 v. Chr.), die Kalpe in der darauffolgenden eingeführt wurde, so ließen die Eleer durch den Herold in der 84. Olympiade (444 v. Chr.) verkünden, daß weiterhin weder das Rennen der Kalpe noch das der Apene stattfinden solle. Bei dem Rennen mit der Kalpe bediente man sich einer Stute, bei dem letzten Lauf sprangen die Reiter ab, faßten die Zügel und liefen neben den Pferden her.

Das Rennen der Apene ist weder alt noch bietet es einen schönen Anblick; auch lag auf der Züchtung dieses Tieres für die Eleer von alters her eine Verwünschung. Die Apene ist nämlich der gleiche Wettkampf wie die Synoris, nur daß ein Maultier statt eines Pferdes eingesetzt wird.

Die jetzige Ordnung der Spiele sieht vor, daß die Opfer für das Pentathlon und das Pferderennen erst nach den übrigen Wettkämpfen dargebracht werden. Diese Ordnung wurde in der 77. Olympiade (472 v. Chr.) eingeführt. Vorher feierten sie den Kampf der Menschen und der Pferde beide an demselben Tag, und der Kampf der Pankratisten zog sich bis in die Nacht hin, da sie nicht zur rechten Zeit auf den Platz gerufen wurden. Ursache waren die Pferde und noch mehr der Wettkampf im Pentathlon. Fortan konnten dem Pankration weder das Pentathlon noch die Pferderennen hinderlich sein.

Die Leibesübung
mit dem kleinen Ball

Claudius Galen

Man darf wohl sagen, daß Galens sachkundige kleine Schrift »Die Leibes-
übung mit dem kleinen Ball« noch heute sehr aufschlußreich und interessant
ist. Galen geht nicht nur auf den physischen Übungsreiz der Ballübungen ein,
sondern betont immer wieder ihren charakterformenden Wert. Damit bestä-
tigt er das griechische Erziehungsideal, dessen Ziel es war, Körper und Geist
gleichermaßen zu schulen.
Claudius Galen wurde um 130 n. Chr. in Pergamum in Kleinasien geboren. Er
absolvierte ein umfassendes medizinisches und philosophisches Studium und
galt bei Griechen und Römern als ein hervorragender Arzt. 28 Jahre war er alt,
als er in seine Heimatstadt zurückkehrte, um dort als Arzt die Gladiatoren –
die Berufsfechter – zu betreuen. Später ging Galen nach Rom und wurde von
dem römischen Kaiser Marc Aurel zum Leibarzt berufen.
In seinen zahlreichen Schriften behandelte Galen eingehend die späthellenisti-
schen Leibesübungen. Immer wieder wandte er sich mit Abscheu gegen das
entartete Berufsathletentum seiner Zeit. Die Gedanken, die er in der folgenden
kleinen Schrift über das Ballspiel darlegt, können daher wohl als Mahnung an
seine Zeitgenossen verstanden werden, sich wieder den Leibesübungen zu-
zuwenden; in gewissem Sinne sind sie eine Aufforderung zum Sport.

Erstes Kapitel
Rechtfertigung der Untersuchung. Die besten Leibesübungen härten den Kör-
per ab und erheitern die Seele. Wechselwirkung zwischen Leib und Seele. Ab-
sicht: die Vorzüge, die das Ballspiel von anderen Leibesübungen unterscheidet,
darzulegen.
O Epigenes, wie groß der Segen der Leibesübungen für die Gesundheit und
wie notwendig dabei die richtige Ernährung ist, ist den besten Männern der
Vorzeit von den Philosophen und Ärzten hinreichend gesagt worden. Wie weit
aber über allen anderen die Übungen mit dem kleinen Ball stehen, das hat noch
keiner von ihnen bisher genügend dargelegt.
Es ist also recht und billig, daß wir das, was wir darüber wissen, sagen, damit
es von Dir, der Du der Erfahrenste von allen in der Kunst dieser Übungen bist,
beurteilt und an andere weitergegeben wird. Behaupte ich doch, von allen

Übungen seien jene die besten, die nicht nur den Körper durchzuarbeiten, sondern auch die Seele zu erfrischen vermögen.

Die Erschütterung der Seele übt ja eine solche Macht auf das Befinden des Menschen aus, daß viele durch bloße Freude von Krankheit befreit, andere dagegen durch Mißmut davon befallen werden. Jedenfalls wirken körperliche Leiden so stark, daß sie seelische Leiden auslösen. Keineswegs dürfen wir dabei die Regungen der Seele gleichgültig behandeln, von welcher Art sie auch seien. Wir müssen vielmehr auf sie besonders sorgfältig achten, weil die Seele bedeutende Macht über den Körper hat. Diese Erkenntnisse, verbunden mit der Freude an den Übungen, gelten für alle Leibesübungen. Was darüber hinaus besonders für die Übungen mit dem kleinen Ball gilt, will ich jetzt auseinandersetzen.

Zweites Kapitel

Das Ballspiel hat wegen seiner geringfügigen Ausrüstung den Vorzug vor anderen Leibesübungen. Es ist die vollkommenste Übung, weil es den ganzen Körper gleichmäßig übt. Im Parteienspiel werden besonders durch die Wendungen des Halses Kopf und Nacken geübt.

Da handelt es sich zunächst um die geringen Mittel, die notwendig sind, um das Ballspiel zu betreiben. Wenn Du erwägst, wieviel Aufwand und Zeit notwendig sind, wenn man das Waidwerk betreibt und Jagdzüge ausrüstet, so wirst Du klar erkennen, daß keiner, der sich mit Politik befaßt oder ein Handwerk betreibt, derartigen Leibesübungen nachgehen kann, weil ihm Geld und Zeit fehlen.

Bei den Übungen mit dem kleinen Ball ist das anders, man braucht weder Netze, Waffen, Pferde noch Jagdhunde, sondern einzig und allein eben diesen kleinen Ball. Und welche Übung könnte bequemer sein, da die Ausführung in allen Lebenslagen und Verhältnissen möglich ist.

Die auf das Waidwerk bezüglichen Übungen haben diesen Vorteil für uns nicht, eben weil sie großer Mittel bedürfen und viel Zeit kosten und auch der richtige Zeitpunkt der Ausführung abgepaßt werden muß.

Der Ausrüstungsbedarf für die Ballübungen dagegen ist sehr einfach. Daher finden auch die Vielbeschäftigten eine Gelegenheit, um sie auszuüben, und das ist ein besonderer Vorteil. Wie vollkommen diese Übungen gegenüber den anderen Leibesübungen sind, wirst Du sogleich einsehen, wenn Du jede einzelne betrachtest und erkennst, was sie bewirkt und von welcher Beschaffenheit sie ist. Du wirst finden, daß einmal – heftig oder gelinde – der untere Teil des Körpers mehr als der obere beansprucht wird, daß ein anderes Mal irgendein Körperteil – Hüfte, Kopf, Hände oder Brust – besonders geübt wird. Aber auch alle Teile des Körpers gleichmäßig zu bewegen, aufs heftigste anzuspannen, aufs gelindeste zu entspannen, sie nacheinander sehr schnell oder sehr langsam, sehr heftig oder sehr gelinde zu erschüttern, das vermag von den sonstigen

Übungen allein die Übung mit dem kleinen Ball. Und so kann man beim Spiel mit dem kleinen Ball alle Teile des Körpers gleichmäßig bewegen, wenn das zuträglich erscheint, oder die einen vor den anderen üben, wenn das bisweilen für gut befunden wird.

Drittes Kapitel

Das Ballspiel gewährt den Muskeln abwechselnd Anstrengung und Ruhe. Es übt das Auge und den Verstand. Nachteilige geistige Wirkung anderer Leibesübungen. Tadel der Athleten. Übertreibung einer Übung ist nicht gut. Der Lauf ist nicht so entscheidend für den Sieg. Wechsel zwischen höchster Anspannung und Entspannung.

Nicht nur für die Schenkel, auch für die Hände ist diese unsere Leibesübung die zweckmäßigste, weil man ja in jeder Körperhaltung den Ball sicher ergreifen muß. Werden doch in den verschiedenen Stellungen bald diese, bald jene Muskeln stärker angespannt, so daß sie abwechselnd Erholung und Ruhe haben. So bleiben sie weder gänzlich untätig, noch werden sie durch einseitige Beanspruchung überanstrengt.

Das Üben mit dem kleinen Ball übt das Auge. Denn das Fangen des Balles mißlingt, wenn man die Bahn des Balles nicht genau erkennt, wenn er von weither geschleudert wird. Es schärft obendrein den Verstand, weil man beim Spiel schnell entscheiden muß, ob man den Ball werfen oder halten will.

Das Denken allein macht schmächtig, wird es jedoch mit körperlichen Übungen und dem Willen etwas zu leisten verbunden, so löst es Freude aus, und das ist für den Körper in gesundheitlicher und für die Seele in geistiger Hinsicht vom größten Nutzen. Dieser Vorteil besteht, solange die Übung beide zu fördern vermag, den Körper sowohl als auch die Seele, und zwar in der ihr eigenen Trefflichkeit. Es können dann beide – Körper und Geist –, wie unschwer einzusehen ist, die größten Leistungen vollbringen. Man strebt doch unbewußt danach, im rechten Augenblick eine Sache schnell zu erfassen, die Vorteile der Gegner in eigene Vorteile zu verwandeln und sie gewaltsam oder überraschend für sich zu nutzen.

Gibt es wohl irgendeine andere Leibesübung, die so gut geeignet wäre, die Übenden daran zu gewöhnen, daß sie das Erreichte erhalten, das Unternommene gut zu Ende führen und die Absicht der Gegner rechtzeitig erkennen? Ich würde mich wundern, wenn das jemand behaupten könnte. Bewirken doch die meisten Leibesübungen das gerade Gegenteil; sie machen die Übenden träge, schläfrig und stumpfsinnig. Sie fördern in der Tat – auch wenn noch so viel in der Palästra geübt wird – mehr die Wohlbeleibtheit als die Seelengröße. Viele leiden so sehr, daß sie nur mit Mühe atmen können.

Nur die tüchtigen Führer, die Vorsteher der königlichen und staatlichen Angelegenheiten, nicht aber derartige Leute (*Galen meint die Berufsathleten*) eignen sich für den Krieg. Lieber würde man die Kriegsgeschäfte den Schweinen anvertrauen als ihnen. Vielleicht aber meinst Du, ich mißbillige grundsätzlich den Wettlauf und alle Leibesübungen, die den Körper schlank machen? Doch es verhält sich nicht so. Tadele ich doch überall nur das Übermaß und rate, angemessen zu üben und jede Übertreibung zu vermeiden.

Ich heiße die Wettläufe nur deswegen nicht gut, weil sie den Körper des Übenden schwächen und keine mannhafte Übung sind. Vermögen doch in der Tat nicht die schnellfüßigen Flüchtlinge zu siegen, sondern die Soldaten, die Mann gegen Mann kämpfen. Nicht deswegen konnten die Lakedaimonier sehr oft den Sieg davontragen, weil sie am schnellsten zu laufen, sondern weil sie kühn standzuhalten verstanden.

Wenn Du nach dem Gesundheitswert urteilst, so mußt Du zugeben, je ungleichmäßiger eine Übung die Teile des Körpers übt, desto ungesünder muß das sein. Man kann natürlich bei einer Übung einzelne Körperteile überanstrengen oder vernachlässigen. Keines von beidem ist gut. Beide nähren unvermerkt Krankheitskeime und schwächen die Körpersäfte.

Viertes Kapitel
Das Ballspiel fördert Körper und Seele. Es bewirkt weder übermäßigen Fettansatz noch allzu große Magerkeit. Die Leibesübungen müssen die richtige Mitte halten. Das Ballspiel ist gleich zweckmäßig für den Greis und das Kind. Die Anstrengung bei Wurf und Lauf. Aufgabe des Turnlehrers.

Am meisten billige ich also, wie gesagt, die Leibesübung, die geeignet ist, Gesundheit des Körpers, Ebenmaß der Körperteile und Trefflichkeit der Seele zu vermitteln.

Alle diese Vorteile bewirkt die Übung mit dem kleinen Ball. Die geistigen Kräfte werden gefördert, alle Teile des Körpers gleichmäßig geübt, was der Gesundheit sehr zuträglich ist, und ein Ebenmaß des Körperbaues erreicht.

Da die Übung weder Magerkeit noch außerordentlichen Fettansatz erzeugt, ist sie überall da geeignet, wo Kraft und größte Schnelligkeit verlangt werden. Somit bleibt sie in keinem Stück hinter allen anderen Übungen zurück.

Wiederum hat die Übung mit dem kleinen Ball, wenn man so will, einen sehr gelinden Grad der Anpassung. Seiner bedürfen wir in den Altersstufen, in denen die kraftvollen Anstrengungen noch nicht oder nicht mehr vertragen werden, oder wenn nach einer schweren Krankheit jede Anstrengung vermieden werden muß. Die Übungen müssen immer das richtige Maß halten. Sie sollen zwar allmählich schwieriger werden, trotzdem aber sollen die leichten Übungen nicht vergessen werden.

Damit der Körper nicht zu sehr angestrengt wird, sind weiche Massagen mit Öl und warme Bäder anzuwenden. Die Übung mit dem kleinen Ball ist von allen Leibesübungen die gelindeste. Sie ist durch die Möglichkeit, sich rasch zu erholen, auch für den Schwachen zuträglich und ist daher in gleicher Weise dem Greis und dem Kind zuträglich.

Kraftvolle und gelinde Anstrengungen werden also durch die Übungen mit dem kleinen Ball ausgelöst. Jeder, der die Übungen richtig ausführen will, sollte einiges über die Zusammenhänge wissen. Hast Du nämlich bei einer notwendigen Arbeit die oberen oder die unteren Teile des Körpers unmäßig angestrengt, so kannst Du nun durch unsere Übung die ermüdeten Teile ruhen lassen und die anderen kräftig üben.

So übt das schwungvolle Werfen aus genügender Entfernung Arme und Schultern sehr heftig, läßt aber die Beine ruhen. Das ausgedehnte, schnelle Hin- und Herlaufen aus großer Entfernung arbeitet dagegen die unteren Gliedmaßen durch. Ist die Übung dagegen beschleunigt und schnell, aber ohne kraftvolle Anstrengung, so übt sie mehr den Atem. Ist sie indes kraftvoll, aber nicht schnell, so spannt sie – wie bei den Fängen, Würfen und Griffen – den Körper besonders an und kräftigt ihn. Ist die Übung aber zugleich kraftvoll und schnell, so übt sie Körper und Atem und ist von allen Übungen die wirkungsvollste.

Wieweit jede einzelne Übung an- und entspannen soll, ist hier zu beschreiben nicht möglich. Darüber kannst Du lehrreiche Werke finden, in denen alles enthalten ist.

Fünftes Kapitel
Ein besonderer Vorzug des Ballspiels ist seine Ungefährlichkeit.
Es soll nun noch der Rest der Untersuchung dargelegt werden. Wünsche ich doch über alle Vorteile zu sprechen, die dieser unserer Übung eigen sind. Nicht übergehen möchte ich, daß sie frei von Gefahren ist, was man von den meisten anderen Übungen nicht sagen kann. Haben doch die Wettläufe schon viele Schnelläufer zugrunde gerichtet, weil während des Laufs ein lebensnotwendiges Blutgefäß riß.

Das laute und zugleich gewaltige Kampfgeschrei, plötzlich ausgestoßen, ist nicht für wenige die Veranlassung zu schwerstem Unglück geworden. Die anstrengenden Reitkünste verursachen Nieren- und häufig auch Brustleiden. Bisweilen werden auch die Samenleiter der Reiter geschädigt, wodurch sie häufig vom Pferd stürzen und zu Schaden kommen.

In gleicher Weise schädigt das Wettspringen, das Diskuswerfen und die Übungen des Herumfahrens um die Grenzsäulen in der Rennbahn *(Wagenrennen)* die Übenden. Es ist müßig, auch die Leute aus der Palästra aufzuzählen. Sind sie doch alle mehr oder weniger verletzt. Wie sagt doch jener Dichter: »Sie sind sowohl lahm als schielend« *(Homer)*.

So siehst Du also die Leute aus der Palästra lahm, schielend, zerquetscht und entweder gänzlich oder wenigstens zum Teil verstümmelt.

Wenn wirklich die Vorteile, von denen ich sprach, möglich sind, so werden sie uns durch die Übungen mit dem kleinen Ball zuteil. Da sie ganz ungefährlich sind, dürften sie von allen Übungen die nützlichsten sein.

Solon belehrt den
jungen Skythen Anacharsis

Lukian

Die Leibesübungen, die Gymnastik, wie der griechische Sammelbegriff lautet, waren ein wesentlicher Bestandteil der griechischen Erziehung. Lykurg in Sparta, Solon und Platon in Athen haben Aufgaben und Ziele der Gymnastik in ihren Gesetzen verankert. Es galten die Leitsätze: Keine Erziehung, keine Schönheit ohne Leibesübungen. Nur der körperlich ausgebildete Mensch ist erzogen, nur er ist wirklich schön. Das Schöne aber war – nach Sokrates – mit dem Guten wesensgleich.

Der Gymnastik waren körperliche, geistige und sittliche Ziele gesteckt. Der junge Grieche erlernte vielfältige körperliche Übungen, er lernte Schmerz ertragen, er entwickelte Besonnenheit, Mut, einen gesunden Ehrgeiz und vor allem Fairneß dem Gegner gegenüber. Die höchste Erfüllung bedeutete den Griechen jedoch die Teilnahme an den großen gymnastischen Festen, wo die Besten von ihnen als Sieger aus den Wettkämpfen hervorgingen.

Lukian, ein spätgriechischer Dichter – um 150 n. Chr. –, hat in einem sehr amüsanten Zwiegespräch, das er den Athener Staatsmann und Gesetzgeber Solon mit dem sehr kritischen jungen Skythen Anacharsis führen läßt, Sinn und Geist der griechischen Leibesübungen noch einmal aufleben lassen. Man darf wohl annehmen, daß auch zu Lukians Zeit im Volk noch das Verständnis für diese Dinge wach war, sonst hätte er kaum so eindrucksvolle Worte gefunden.

Anacharsis: Weswegen, bester Solon, tun dies bei euch die jungen Männer? Die einen umschlingen einander und stellen sich ein Bein, andere wieder packen sich an der Kehle, versuchen sich gegenseitig zu Boden zu werfen und wälzen sich wie Schweine im Kot. Zu Anfang aber – ich sah es selbst –, nachdem sie sich der Kleider entledigt hatten, salbten sie sich mit Öl, und einer rieb den anderen friedlich abwechselnd ein; darauf jedoch – ich weiß nicht, was sie anwandelte – rennen sie mit geducktem Kopf aufeinander zu und schmettern ihre Stirnen aneinander wie die Widder. Und sieh, wie der dort den Burschen an den Beinen aufgehoben und zu Boden geworfen hat, sich auf ihn stürzt und nicht mehr emporkommen läßt, ja ihn noch tiefer in den Lehm stößt; er schlingt endlich beide Beine um dessen Bauch, preßt den Ellenbogen auf seine Kehle und würgt den Armen. Der aber klopft ihm auf die Schulter und fleht ihn, glaub' ich, an, ihn nicht ganz zu erdrosseln. Nicht einmal das Öl hindert sie, sich zu besudeln, so daß man es bald gar nicht mehr bemerkt. Von Schmutz bedeckt und von Schweiß triefend, machen sie mich freilich lachen, wenn sie wie Aale einander aus den Händen schlüpfen. Andere treiben es ebenso draußen im Vorhof unter freiem Himmel, doch anstatt sich im Lehm zu wälzen, bewerfen sie einander mit dem Sand, der in einer tiefen Grube aufgeschüttet ist, und bestäuben sich aus freien Stücken wie scharrende Hähne, damit sie, so denk' ich, beim Ringen einander weniger leicht entgleiten, weil der Sand ihrer Haut die Schlüpfrigkeit nimmt und der trockene Leib ein festeres Zupacken gestattet. Andere hingegen stehen, mit Sand bedeckt, aufrecht, fallen ebenso übereinander her, stoßen und treten sich mit Füßen. Dieser Unglückliche da wird, so scheint es, auch bald seine Zähne ausspucken, so voll ist sein Mund bereits von Blut und Sand, da er, wie du siehst, mit der Faust einen Schlag in den Kinnbacken bekommen hat. Doch reißt sie der Gymnasiarch dort – aus seinem Purpurkleide schließe ich, daß es ein solcher ist – nicht einmal auseinander und macht ihrem Kampf ein Ende, sondern feuert sie noch an und lobt noch den, der den Schlag ausgeteilt hat. Dort drüben beschäftigen sie sich wieder auf andere Weise; sie springen mit einem Anlauf in die Höhe, verharren aber trotzdem auf derselben Stelle; allesamt springen sie in die Höhe und peitschen so förmlich die Luft. Ich möchte nun gern wissen, wofür das alles gut sein soll. Mir wenigstens scheint dieses Treiben mehr dem Wahnsinn zu gleichen, und man könnte mich nicht so leicht davon überzeugen, daß die, welche solches treiben, noch bei Verstand sind.

Solon: Mich wundert gar nicht, Anacharsis, daß du diese Übungen so siehst, denn sie sind dir fremd und von den skythischen Bräuchen sehr verschieden. Vermutlich lernt und tut auch ihr vieles, was uns Griechen verwunderlich vorkäme, wenn einer von uns zum erstenmal wie du jetzt dabeistünde. Doch beruhige dich, mein Lieber! Was du hier siehst, ist kein Wahnsinn: Diese jungen Leute schlagen und wälzen einander im Lehm oder bestreuen sich mit Sand nicht aus Übermut, sondern diese Übungen sind auf eine ergötzliche Weise recht nützlich und kräftigen den Körper nicht wenig. Wenn du nun – und ich hoffe, daß du diese Absicht hast – in Griechenland länger verweilst, so wirst du binnen kurzem auch selbst zu denen gehören, die sich mit Lehm beschmieren oder mit Sand bestreuen; so vergnüglich und nützlich zugleich wird dir dies vorkommen.

Anacharsis: Bleib mir vom Leibe damit, Solon! Behaltet für euch diesen Nutzen und Spaß; wenn mich aber einer von euch dazu bringen wollte, so soll er wissen, daß uns nicht umsonst ein Krummschwert am Gürtel hängt. Doch sage mir, wie nennt ihr das, was da geschieht, oder wie sollen wir das bezeichnen, was ihr hier treibt?

Solon: Den Ort selbst nennen wir Gymnasion, Anacharsis; er ist dem Apollon

Lykeios heilig. Du siehst ihn dort auch als Standbild, wie er sich an die Säule lehnt und in der Linken den Bogen hält, während die über den Kopf zurückgebogene Rechte uns zeigt, daß der Gott nach langer Anstrengung ausruht. Ringkampf heißt die Übung, die auf dem Lehmboden vorgenommen wird, allerdings siehst du auch einige im Sande ringen. Gehen sie in aufrechter Stellung aufeinander los, so sprechen wir vom Pankration. Es gibt bei uns aber auch noch andere Übungsstätten, solche für den Faustkampf, den Diskuswurf und das Springen. Für alle diese Künste veranstalten wir auch Wettkämpfe. Der Sieger gilt als der Beste unter seinen Zeitgenossen und trägt die Preise davon.

Anacharsis: Worin bestehen nun diese Preise bei euch?

Solon: Zu Olympia ist es ein Kranz vom wilden Ölbaum, auf dem Isthmos einer von der Fichte, in Nemea wird er aus Eppich geflochten, in Delphi sind es Äpfel von denen, die dem Gotte dort heilig sind; bei uns aber gilt an den Panathenäen das Öl vom heiligen Ölbaum als Preis. Warum lachst du, Anacharsis, oder kommen dir etwa diese Auszeichnungen zu geringfügig vor?

Anacharsis: O nein, Solon, gar ehrwürdige Kampfpreise hast du da aufgezählt, wert, daß die, welche sie aussetzen, sich auf ihre Großzügigkeit etwas zugute tun dürfen, und auch für die Wettkämpfer lohnt es sich gar sehr, sich um einen solchen Preis zu bemühen: um Äpfel und Eppich lebensgefährlich einander zu würgen und sich die Gliedmaßen zu brechen, als ob es nicht jedem möglich wäre, sich ohne viel Umstände Äpfel zu beschaffen, wann immer er danach Lust verspürte oder sich mit Eppich und einem Fichtenzweig zu bekränzen, ohne erst das Gesicht mit Lehm verschmieren zu müssen und von seinen Gegnern einen Stoß in den Bauch versetzt zu bekommen.

Solon: Aber, mein Bester, wir sehen beileibe nicht auf den äußeren Wert der Preise. Sie sind nur Kennzeichen und Merkmale des Sieges; der Ruhm aber, der sie begleitet, ist den Siegern so köstlich, daß es sich für sie lohnt, selbst Fußtritte in Kauf zu nehmen, da man ihn nur durch große Anstrengungen gewinnen kann. Ohne Mühe geht das nun einmal nicht, sondern wer nach solcher Auszeichnung strebt, muß zunächst viel Ungemach über sich ergehen lassen, um dann erst den nützlichen und auch erfreulichen Gewinn für seine Strapazen einzuheimsen.

Anacharsis: Unter einem angenehmen und zugleich nützlichen Gewinn verstehst du also, Solon, daß sie alle Leute bekränzt sehen und um ihres Sieges willen preisen. Während sie zuvor wegen der Schläge bemitleidet wurden, die sie erhielten, müssen sie sich nun geradezu glückselig schätzen, für ihre Mühen Äpfel und Eppich einzutauschen.

Solon: Du kennst unsere Sitten noch nicht recht. Bald jedoch wirst du von ihnen eine andere Meinung bekommen, wenn du erst an unseren Festen teilnimmst und dabei die vielen Menschen siehst, die sich da versammeln, nur um solche Männer zu sehen, zum Beispiel in den Theatern, die sich mit vielen

Tausenden füllen. Sie jubeln den Wettkämpfern zu und halten den Sieger unter ihnen geradezu für göttergleich.

Anacharsis: Das ist ja gerade das Erbärmlichste, Solon, daß sie das alles nicht nur unter den Augen weniger ertragen müssen, sondern daß so viele Zuschauer Zeugen ihrer Mißhandlung sind, die sie aber offenbar noch glücklich preisen, wenn sie sie blutüberströmt sehen oder wie sie von ihren Partnern gewürgt werden; denn das ist anscheinend das größte Glück, das ihrem Sieg beschert ist. Wenn bei uns Skythen aber, o Solon, jemand einen Bürger schlägt, ihn überfällt, ihn niederwirft und ihm dabei die Kleider zerreißt, dann erlegen ihm die Alten schwere Strafen auf, selbst wenn einer die Schmach nur vor wenigen Zeugen erlitte, geschweige denn vor so viel Zuschauern, wie du es vom Isthmos und auch von Olympia erzählst. Für die Wettkämpfer indessen ergreift mich noch Mitleid für das, was sie erleiden, jedoch wundere ich mich sehr über die Zuschauer, die, wie du behauptest, sich von überall her zu den Festveranstaltungen einfinden, daß sie ihre wichtigen Geschäfte beiseite lassen und für derartige Darbietungen Zeit finden. Auch kann ich nicht begreifen, daß es ihnen ein Vergnügen bereiten soll, Menschen zu sehen, die sich stoßen und boxen, sich zu Boden schmettern und gegenseitig zerschlagen.

Solon: Wenn jetzt, Anacharsis, die Zeit der Wettspiele in Olympia oder auf dem Isthmos oder die der Panathenäen wäre, so hätte dich das, was sich dort zuträgt, wohl belehrt, daß wir uns nicht vergebens um diese Sache bemühen. Durch die bloße Schilderung kann man dir nicht das Entzücken an all dem mitteilen, was sich dort abspielt. Du müßtest selbst unter den Zuschauern sitzen, dann sähest du den Mut der Männer, die Schönheit ihrer Körper, deren bewunderungswürdige Wohlgestalt, ihre eindrucksvolle Fertigkeit, ihre unbezwingliche Kraft, ihre Kühnheit, ihren Ehrgeiz, ihren unbeugsamen Sinn und ihr unentwegtes Streben nach dem Sieg. Ich weiß gar wohl, daß du dann nicht aufgehört hättest, sie zu loben, ihnen begeistert zuzurufen und in die Hände zu klatschen.

Anacharsis: Ja, fürwahr, Solon, aber auch, um dabei über sie zu lachen und zu spotten. Denn all das, was du aufzähltest, die vortreffliche Haltung, die Wohlgestalt, die Schönheit und die Kühnheit gehen euch, wie ich sehe, um keines wertvollen Zieles willen verloren, da weder euer Vaterland sich in Gefahr befindet noch euer Land verwüstet wird, noch auch Freunde oder Angehörige verschleppt und mißhandelt werden. Daher dürften sie mir noch lächerlicher erscheinen, da sie trotz der von dir behaupteten Vortrefflichkeit um nichts und wieder nichts solches über sich ergehen lassen müssen. Sie werden hart mitgenommen, lassen ihre Schönheit, ihre hochgewachsenen Gestalten durch den Sand und Backpfeifen entstellen, um durch den Sieg lediglich in den Besitz eines Apfels oder Ölzweiges zu gelangen. Du siehst, welches Vergnügen es mir macht, immer wieder an solche Kampfpreise zu denken. Doch sage mir, wird diese Belohnung allen, die sich am Wettkampf beteiligen, zuteil?

Solon: Keinesfalls, sondern nur dem einzigen, der alle überwunden hat.

Anacharsis: Also, Solon, um eines ungewissen und zweifelhaften Sieges willen plagen sich so viele ab, die zudem wissen, daß überhaupt nur einer siegen kann, gar viele aber zu den Unterlegenen zählen werden, die umsonst Schläge und Wunden hinnehmen mußten.

Solon: Von einer richtigen Staatsverfassung scheinst du noch so gut wie nichts zu verstehen, Anacharsis, sonst würdest du nämlich die schönste unserer Einrichtungen wohl nicht für so tadelnswert halten. Sollte dir aber einmal daran liegen zu erfahren, wie eine Stadt am zweckmäßigsten verwaltet werden muß, um die besten Bürger ihr eigen zu nennen, dann wirst du diese Übungen und den Ehrgeiz, den wir darauf verwenden, loben und zudem wissen, daß den damit verbundenen Mühen ein großer Nutzen anhaftet, wenn es auch jetzt für dich den Anschein hat, als betrieben wir sie umsonst.

Anacharsis: Aus keinem anderen Grunde, Solon, bin ich ja doch von Skythien her zu euch gekommen, habe eine so weite Strecke Landes durchwandert und das große, stürmische Schwarze Meer überquert, als um die Gesetze der Griechen kennenzulernen, eure Gebräuche zu beobachten und die beste Staatsverfassung zu studieren. Darum wählte ich dich vorzüglich zu meinem Freund und Gastgeber unter allen Athenern, weil ich hörte, du habest ihnen Gesetze gegeben, sie auf die besten Sitten hingewiesen, zu förderlichen Betätigungen geführt und ihnen überhaupt erst ein verfassungsgemäßes Zusammenleben ermöglicht. Möchtest du mich also nicht zuvor darüber aufklären und zu deinem Schüler machen: Gern möchte ich, ohne an Essen oder Trinken zu denken, an deiner Seite sitzen und, solange du selber zu sprechen vermöchtest, mit gespannter Aufmerksamkeit deinen Ausführungen über eure Verfassung und euer Gesetz lauschen.

Solon: Mein Freund, der Stoff in seiner Fülle läßt sich nicht leicht in Kürze durchnehmen, doch wenn du dich stückweise damit befassen willst, so wirst du nach und nach alles erfahren, was wir zum Beispiel über die Götter und über das Verhältnis zu den Eltern denken, auch über die Ehe und ähnliche wichtige Einrichtungen. Was wir aber von unseren jungen Männern denken und wie wir sie behandeln, wenn sie erst anfangen, das Bessere zu begreifen, und sich zu Männern entwickeln, so daß sie auch Anstrengungen auf sich nehmen, das will ich dir nun auseinandersetzen, damit du erkennst, warum wir ihnen diese Übungen auferlegt haben und sie zwingen, ihren Körper zu trainieren, nicht allein um der Wettkämpfe und der Preise willen, die sie dabei gewinnen können – denn dazu gelangen ja ohnehin nur sehr wenige –, sondern wir gewinnen für die ganze Stadt und sie selbst etwas Wertvolles: Allen guten Bürgern winkt in einem anderen Wettkampf ein Kranz, nicht aus Fichten-, Eppich- oder Ölzweigen, vielmehr ein Kranz, der die volle menschliche Glückseligkeit umfaßt, worunter ich die Freiheit eines jeden einzelnen verstehe, sowohl in seinem Privatleben als auch als Glied seines Vaterlandes, also Reichtum und Ruhm, den Genuß der von den Vätern ererbten heiligen Feste, das Wohl seiner Angehörigen, mit einem Wort das schönste, was sich jemand von den Göttern erflehen kann. All das ist in den Kranz, den ich meine, mitverflochten und erwächst aus jenem Wettkampf, zu dem diese Übungen und Anstrengungen führen.

Anacharsis: Und da sprichst du mir, seltsamer Mann, da du doch solch bedeutsame Kampfpreise anzuführen weißt, zuerst von Äpfeln, Eppich und einem Zweig vom wilden Ölbaum oder der Fichte?

Solon: Auch diese werden dir, Anacharsis, nicht mehr gering erscheinen, wenn du einmal ganz erfaßt hast, wovon ich rede. Denn auch sie entstammen der gleichen Gesinnung und sind insgesamt nur kleine Teile jenes größeren Wettkampfes und des allbeseligenden Kranzes, von dem ich sprach. Daß ich zuerst die Bräuche auf dem Isthmos, in Olympia und Nemea erwähnte, liegt an unserem Gespräch, das vielleicht die geordnete Reihenfolge der Gedanken übersprang. Doch werden wir beide leicht, da wir ja sonst nichts zu tun haben und du, wie du sagst, mir gern zuhören willst, zum Anfang zurückeilen, zu jenem Wettkampf aller, um dessentwillen, wie ich behaupte, all diese Übungen betrieben werden.

Anacharsis: So ist es besser, Solon; denn dann wird unser Gespräch eher geordnet fortschreiten, und vielleicht könnte ich mich dann eher bereden lassen, einen Mann, der mit seinem Kranz aus Ölbaumzweigen oder Eppichblättern großtut, nicht mehr lächerlich zu finden. Doch wenn es dir recht ist, so gehen wir dorthin in den Schatten und setzen uns auf eine der Bänke, damit uns nicht das Geschrei derer, die die Ringenden anfeuern, belästige. Außerdem ertrage ich, das muß ich dir gestehen, auch nicht leicht diese stechende und glühende Sonne bei unbedecktem Kopfe; meinen Hut nämlich beschloß ich daheim zu lassen, um nicht durch meine fremdartige Tracht unter euch Aufsehen zu erregen. Es ist jetzt gerade wohl die heißeste Jahreszeit, in der der Hundsstern, wie ihr ihn nennt, alles versengt, die Luft trocken und glühendheiß ist, und die Sonne, die zu Mittag senkrecht über unserem Haupte steht, eine dem Körper unerträgliche Hitze erzeugt. Ich wundere mich über dich, daß du in deinen Jahren weder schwitzest wie ich, noch überhaupt durch diese Temperatur belästigt zu werden scheinst. Du siehst dich nicht einmal nach einem schattigen Plätzchen um, das dir Unterschlupf gewährte, sondern nimmst die Sonnenglut leichthin auf dich.

Solon: Sieh, diese scheinbar zwecklosen Anstrengungen, lieber Anacharsis, das unablässige Wälzen im Lehm und die Strapazen im Sand unterm freien Himmel verleihen uns die Abwehr; wir brauchen keine Kopfbedeckung mehr, die die Sonne hindert, unsern Scheitel zu treffen. Laß uns aber dorthin gehen! Du brauchst dich aber an das, was ich dir sage, nicht wie an Gesetze zu halten, denen du unbedingten Glauben schenken müßtest, sondern widersprich mir sogleich, wenn dir etwas nicht einleuchtet, und berichtige meine Worte! Denn nur so dürften wir eines von beiden nicht gänzlich verfehlen: Gerade wenn du deine Einwände äußerst, wird es mir gelingen, entweder dich zu überzeugen, oder ich werde einsehen müssen, daß meine Sicht in der Sache nicht unbedingt richtig ist. Athen wird sich dann beeilen, dir hierfür seinen Dank ehestens zu bekunden: Denn mit allem, was du mir beibringst und worüber du mich eines Besseren belehrst, wirst du der Stadt wohl am meisten nützen. Ich werde den Athenern nichts verbergen, sondern sogleich dafür sorgen, daß alles, was du gesagt hast, Gemeingut werde. Ich werde auf der Pnyx auftreten und also sprechen: »Athener, ich habe euch Gesetze gegeben, die, wie ich glaubte, der Stadt am zuträglichsten seien, aber dieser Fremde hier« – dabei werde ich auf dich deuten, Anacharsis – »ist zwar ein Skythe, kraft seiner Weisheit hat er mich jedoch eines Besseren belehrt und mich mit Sitten und Einrichtungen, die besser als andere sind, bekanntgemacht. Daher betrachtet diesen Mann als euren Wohltäter, errichtet ihm ein Standbild aus Bronze und stellt es neben den Statuen der Stammesheroen auf oder in der Stadt neben die der Athene!« Und wisse wohl, daß sich die Athener nicht schämen werden, von einem Nichtgriechen und Fremden Nützliches zu lernen.

Um nun darauf zu kommen, was du vor allem zu hören wünschtest, so bilden wir sie in den Leibesübungen folgendermaßen aus: Wenn ihr Körper nicht mehr zu zart ist und schon eine gewisse Festigkeit gewonnen hat, dann nehmen wir ihnen, wie gesagt, die Kleider ab und finden es für richtig, daß sie sich der Temperatur jeder Jahreszeit anpassen, so daß ihnen weder die Hitze etwas anhaben kann noch daß sie bei Kälte versagen; dann lassen wir sie sich mit Öl salben und geschmeidig machen, damit sie mehr Spannkraft erlangen; denn es wäre widersinnig, wenn wir nicht glaubten, daß Leder, obwohl es ein toter Stoff ist, mit Öl gefettet, schwerer breche und weit haltbarer werde, und nicht sähen, daß der lebendige Leib durch Salben in eine noch bessere Verfassung gebracht werden kann. Daher dachten wir uns mannigfaltige Übungen aus, haben für jede von ihnen einen Trainer bestellt und lassen nun den einen das Boxen beibringen, anderen wieder den damit kombinierten Ringkampf, damit sie sich daran gewöhnen, die damit verbundenen Anstrengungen auszuhalten, auf die Schläge hin loszugehen und nicht aus Furcht vor Verwundungen auszukneifen. Dies verschafft uns doppelten Nutzen: Es macht sie mutig angesichts der Gefahren, so daß sie ihre Person nicht schonen, und außerdem werden sie stark und kräftig. Durch das Ringen mit gesenktem Kopf lernen sie hinzufallen, ohne Schaden zu nehmen, aber auch wieder leicht aufzustehen, sie machen Bekanntschaft mit Stößen, Verrenkungen und Beugungen; sie lernen, wie man sich würgen lassen kann, und auch wie man den Gegner in die Höhe hebt. Alles, was sie treiben, ist nicht nutzlos, denn sie erreichen sehr rasch ohne Frage ein wichtiges Ziel: Ihre derart durchgearbeiteten Körper werden unempfindlicher und kräftiger. Aber auch ein Zweites ist nicht gering zu werten: Sie gewinnen so nämlich eine reiche Erfahrung, wenn sie einmal in die Lage kommen sollten, das Gelernte im Ernstfall auch mit der Waffe in der Hand anwenden zu müssen. Denn offenbar wird ein solcher einen Feind, mit dem er verkrampft ist, schneller zu Boden werfen durch das Stellen eines Beins, und wenn er selber hinfällt, wird er sich leicht wieder zu erheben wissen. Alle diese Vorteile gewinnen wir, lieber Anacharsis, für einen Kampf in der Rüstung. Wir glauben, daß so Geschulte weitaus brauchbarer sein werden und ebenso auch im Kampf dem Gegner bedrohlich, wenn wir zuvor ihren nackten Körper geschmeidig und durch Training kräftiger und stärker gemacht haben.

Nun begreifst du auch, meine ich, das, was sich daraus ergibt: Wie müssen die in den Waffen wohl erst wirken, die schon nackt den Feinden Schrecken einflößen, die weder träge, weißliche Fettpolster mit sich herumschleppen noch blaß und mager sind wie Frauen, deren Leib im Schatten welkt. Solche zittern auch, während sie von vielem Schweiß gleich triefen und keuchen unter dem Helm, ganz besonders, wenn wie jetzt die Sonne zur Mittagszeit herniederbrennt. Was könnte man mit solchen Leuten anfangen, die stets Durst haben, den Staub nicht aushalten können und sogleich in Verwirrung geraten, wenn sie Blut sehen, und zuvor sterben, bevor sie überhaupt in Schußweite geraten und mit den Feinden handgemein geworden sind? Unsere Jünglinge dagegen haben eine rötliche, von der Sonne dunkelbraun gefärbte Gesichtshaut; sie erfreuen sich eines männlichen Aussehens, man sieht ihnen gar sehr das Leben, ihr Feuer und ihre Männlichkeit im Besitz solcher Wohlgestalt an. Sie sind weder hager und vertrocknet noch plump bis zur Unbeholfenheit, sondern sind ebenmäßig gestaltet; alles unnütze und überschüssige Fleisch haben sie durch Schwitzen verloren, was aber Stärke und Spannkraft verleiht, ist ihnen, von allem Wertlosen befreit, in voller Kraft erhalten. Was für den Weizen das Worfeln ist, das sind bei uns für den Körper die Leibesübungen: Die Spreu und die Hacheln blasen sie davon, die Frucht aber sammeln sie rein und gesäubert zu Haufen. Und darum müssen sie gesund sein und Anstrengungen so lange als nur möglich durchhalten; es währt lange, bis ein solcher ins Schwitzen gerät, und man wird sie auch nur selten krank sehen. Wenn jemand Feuer brächte und es zugleich in den Weizen, in das Stroh und auch in die Spreu werfen wollte – um noch einmal auf das Beispiel vom Worfler zurückzukommen –, das Stroh, meine ich, dürfte sich rasch entzünden, der Weizen aber finge nur allmählich Feuer, ohne lodernde Flamme würde er langsam glimmend erst viel später verkohlen. Ebenso wird ein so trainierter Körper durch Krankheit oder Anstrengung nicht so leicht zu entkräften und zu bezwingen sein; denn sein Inneres ist wohlgerüstet, und nach außen ist er gar gut gewappnet, so daß sie weder nach innen dringen noch Sonnenhitze und Kälte ihm schaden können. Und wenn er auch inmitten der Strapazen nachzugeben scheint, so strömt ihm doch so viel Wärme aus dem Innern zu, da sie seit langem bereit und für den Notfall aufgespart ist. Sie füllt seine Kraft sogleich wieder auf, indem sie ihn neu durchpulst und so gut wie unermüdlich macht; denn die vielen überstandenen Mühen mindern nicht, sondern steigern seine Kraft, und wieder angefacht, erhöht sie sich nur.

Auch zu richtigen Läufern suchen wir sie auszubilden, indem wir sie gewöhnen, sowohl eine lange Strecke durchzuhalten als auch eine kurze mit größter Geschwindigkeit zurückzulegen. Und der Lauf findet nicht auf festem und hartem Boden statt, sondern im tiefen Sande, wo sie weder fest auftreten noch sich leicht stützen können, weil der Fuß immer wieder im nachgiebigen Boden fortrutscht. Aber auch darin üben wir sie, wenn nötig, über einen Graben oder ein anderes Hindernis zu springen, wobei sie noch handfüllende Bleigewichte halten müssen. Außerdem wetteifern sie miteinander im Weitwurf eines Speeres. Du sahst aber auch auf der Übungsstätte ein anderes Ding liegen, aus Bronze und rund, das einem kleinen Schilde gleicht, doch keinen Griff oder Tragriemen zeigt; du hast dich mit ihm versucht, als es am Boden lag, doch schien es dir zu schwer und war wegen seiner Glätte auch nicht leicht zu fassen. Diese Scheibe werfen sie weit und zugleich ziemlich hoch; sie wetteifern, wem der weiteste Wurf gelingt und wer von ihnen alle anderen übertrifft. Dieser Sport stärkt ihre Schultern und verleiht ihren Händen und Zehen Spannkraft.

Nun vernimm, du Wunderlicher, wozu Lehm und Sand dienen, die dir ja gleich anfangs gar lächerlich vorkamen: Zunächst sollen die Ringer nicht auf harten, sondern auf weichen Boden fallen, damit sie keinen Schaden nehmen; ferner nimmt ihre Schlüpfrigkeit zu, wenn sie im Lehm schwitzen, weshalb du sie mit Aalen verglichen hast, aber auch das ist weder nutzlos noch lächerlich, vielmehr trägt auch dies nicht wenig zu ihrer Stärkung und Spannkraft bei, wenn sie in dieser Lage gezwungen sind, einander fest zu fassen und den entgleitenden Gegner nicht loszulassen. Glaube ja nicht, daß es eine Kleinigkeit sei, einen mit Öl und Lehm beschmierten schwitzenden Mann aufzuheben, wenn er dazu noch sich müht, dir aus den Händen zu schlüpfen. All das ist, wie ich es schon vorhin sagte, auch für den Kriegsfall nützlich, wenn es gilt, einen verwundeten Freund leicht auf die Schulter zu nehmen und in Sicherheit zu bringen oder auch einen Feind zu packen, ihn vom Boden zu heben und davonzutragen. Und darum trainieren wir sie unnachsichtig und erlegen ihnen immer schwerere Übungen auf, damit sie geringere Mühsal um so leichter ertragen können. Den Sand aber halten wir für zweckdienlich, damit sie lernen, einander nicht zu entgleiten, wenn sie sich erst einmal umschlungen haben. Sind sie aber einmal daran gewöhnt, im Lehm einen schlüpfrigen Körper, der ihnen entgleiten will, festzuhalten, dann gewöhnen sie sich auch daran, sich aus den Händen zu befreien, die sie umklammern, und das gerade auch dort, wo sie sich in einer Lage befinden, der man nicht leicht entrinnen kann. Außerdem scheint der Sand, mit dem sie sich bestreuen, den starken Schweiß zu binden und zu bewirken, daß ihre Kraft lange vorhält; er schützt zudem die empfindliche Haut, deren Poren gerade dann geöffnet sind, gegen Zugluft, die dem Körper schaden könnte. Zudem reinigt er den Mann und läßt ihn glänzender erscheinen. Ich möchte gern einen von jenen Blassen, die immer im Schatten gelebt haben, und einen – du magst ihn wählen – von denen, die hier im Lykeion üben, wenn er von Staub und Lehm befreit ist, gegenüberstellen und dich dann fragen, wem von beiden du ähnlich zu sein wünschtest; ich weiß, du würdest gleich, ohne sie erst beim ersten Ansehen erprobt zu haben, dich entscheiden, lieber fest und durchtrainiert, als verzärtelt, weichlich und darum so fahl zu sein, weil das wenige Blut sich nach innen verflüchtigt hat.

Verstehe, mein Anacharsis, wir trainieren die männliche Jugend, weil wir glauben, daß sie so zu tüchtigen Hütern unserer Stadt wird und wir durch sie in Freiheit leben können, indem wir die Feinde bezwingen, wenn sie uns angreifen sollten, und den Nachbarn Furcht einflößen, so daß die meisten sich vor uns ducken und vorziehen, Tribut zu entrichten. Aber auch im Frieden haben wir wiederum weit bessere Mitbürger an ihnen, da sie nicht nach Schimpflichem streben und auch nicht aus Faulheit in frevlerisches Tun verfallen, sondern sich eben nur mit solchen Aufgaben beschäftigen und ganz darin aufgehen. Das war es, was ich als allgemeines Gut und höchste Glückseligkeit einer Stadt bezeichnet habe: eine Jugend, die für den Frieden, aber auch für den Krieg aufs beste vorbereitet ist und sich für uns um die schönste Betätigung müht.

Der Gymnast

Flavius Philostratos

Paidotrib und Gymnast waren bei den Griechen die gebräuchlichsten Bezeich-nungen für den Sportlehrer. Die Deutung, die die Forscher den beiden Begrif-fen zunächst gegeben haben – Paidotrib = Turnlehrer für die Knaben, und Gymnast = Abrichter der Athleten –, ist nach neueren Forschungen nicht mehr zu vertreten. Heute weiß man, daß etwa bis 400 v. Chr. jeder Sportleh-rer und Trainer als Paidotrib bezeichnet wurde. Die spätere Berufsbezeich-nung Gymnast, die wahrscheinlich von Platon geprägt worden ist, galt für einen damals neuen Typ des Sportlehrers, der nicht nur Übungsleiter war, sondern seine Schüler darüber hinaus auch hygienisch betreute und ihre ge-samte Lebensweise regelte. Der Paidotrib wurde zum »Turnhandwerker«, dem nur noch die praktische Unterweisung der Athleten zustand, während der Gymnast Leiter der gesamten Ausbildung war. Flavius Philostratos, der um 170 bis 250 n. Chr. lebte, hat in seiner uns überlieferten Schrift »Über Gymnastik« ausführliche Angaben über die Stellung und die Aufgaben des Gymnasten gemacht.

In Delphi nun und auf dem Isthmus und wo sonst auf Erden je Kampfspiele bestanden, beaufsichtigt der Gymnast den Athleten, angetan mit einem Mantel, und niemand kann ihn gegen seinen Willen zum Ablegen desselben zwingen; in Olympia hingegen führt er nackt die Aufsicht, nach der Meinung einiger, weil die Eleer sich überzeugen wollen, ob der Gymnast in der Sommerszeit Strapa-zen und Hitze zu ertragen versteht, nach der Behauptung der Eleer aber aus folgendem Grunde. Pherenike aus Rhodos war die Tochter des Faustkämpfers Diagoras, und in ihrer äußeren Erscheinung war Pherenike so kräftig, daß sie den Eleern anfangs ein Mann zu sein schien. Sie war also in Olympia unter dem Mantel unkenntlich und konnte ihren Sohn Peisidoros trainieren. Auch jener nun war ein in der Kunst wohlbewanderter Faustkämpfer und keineswegs ge-ringer als sein Großvater. Als man den Betrug merkte, scheute man sich, die Pherenike zu töten mit Rücksicht auf Diagoras und die Kinder des Diagoras – denn das Geschlecht der Pherenike bestand aus lauter Olympiasiegern –, es wurde aber das Gesetz erlassen, daß der Gymnast die Kleider ablegen müsse und man auch ihn nicht ungeprüft lassen dürfe.

Es trägt der Gymnast dort auch ein Schabeisen, vielleicht aus folgendem Grunde. Mit Palästrasand bestauben muß sich der Athlet in Olympia und der

Sonnenglut aussetzen. Damit sie nun an ihrem Befinden keinen Schaden leiden, erinnert das Schabeisen den Athleten an das Öl und bedeutet, man müsse es so reichlich auftragen, daß man es nach der Salbung auch abschaben könne. Einige erzählen, daß ein Gymnast zu Olympia mit dem geschärften Schabeisen seinen Athleten getötet habe, da er sich nicht um den Sieg bemüht hatte. Und ich schenke der Erzählung Glauben, denn besser ist's, Vertrauen zu erwecken als Mißtrauen. So möge denn das Schabeisen als Schwert dienen gegen die schlechten Athleten und der Gymnast also in Olympia vor dem Kampfrichter etwas voraus haben.

Die Lakedaimonier verlangten von den Gymnasten auch Kenntnis der gesamten Taktik, weil sie in den Wettkämpfen eine Vorübung für den Krieg erblickten, und dies ist nicht zu verwundern, da doch die Lakedaimonier auch den Tanz, das sorgloseste Vergnügen im Frieden, durchaus mit dem Krieg in Zusammenhang brachten, indem sie auf die Art tanzten, wie wenn einer einem Geschoß ausweichen oder es abschießen oder vom Boden aufhüpfen und den Schild geschickt handhaben wollte.

Die Beispiele, wo Gymnasten Athleten genützt haben durch Zuspruch oder Tadel oder Drohung oder List, sind zahlreich, und ihre Aufzählung ginge zu weit; das Bemerkenswertere aber mag berichtet werden. Den Glaukos aus Karystos also, der zu Olympia seinem Gegner im Faustkampfe weichen wollte, führte der Gymnast Tisias zum Siege, indem er ihm zurief, den Hieb vom Pfluge anzuwenden. Das bedeutete nämlich den Ausfall mit der Rechten gegen den Gegner; denn in jener Hand hatte Glaukos so viel Kraft, daß er einst in Euboia eine Pflugschar, die verbogen war, geraderichtete, indem er sie mit der Rechten wie mit einem Hammer schlug.

Dem Pankratiasten Arrichion, der bereits in zwei Olympiaden Sieger war und in der folgenden dritten Olympiade um den Kranz kämpfte und sich bereits besiegt erklären wollte, flößte der Gymnast Eryxias Lust zum Sterben ein, indem er draußen ausrief: »Welch herrlicher Totenschmuck, in Olympia sich nicht zu ergeben.«

Von Promachos aus Pellene erfuhr der Gymnast, daß er verliebt sei, und als die Olympischen Spiele nahe waren, sagte er: »Promachos, ich glaube, du bist verliebt.« Und als er sah, daß er errötete, fuhr er fort: »Aber nicht um dich zu beschämen habe ich dies gefragt, sondern um dir bei deiner Liebe behilflich zu sein. Denn vielleicht lege ich bei dem Mädchen gar ein gutes Wort für dich ein.« Und ohne mit ihr gesprochen zu haben, kam er zu dem Athleten und brachte ihm einen unwahren, aber für den Liebenden überaus wertvollen Bescheid. Er sagte: »Sie verweigert dir nicht ihre Liebe, wenn du in Olympia siegst.« Und Promachos schöpfte Zuversicht aus dem, was er hörte, und siegte nicht nur, sondern besiegte sogar den Pulydamas aus Skotussa nach dem Abenteuer mit den Löwen, welche Pulydamas bei dem Perserkönige Ochos gefangen hatte. Den Mandrogenes aus Magnesia hörte ich selbst sagen, daß er die Ausdauer, die er als junger Mann im Pankration bewies, auf seinen Gymnasten zurückführen müsse. Er erzählte nämlich, sein Vater sei gestorben und das Haus unter der Leitung der Mutter gestanden, die tüchtig war wie ein Mann; ihr habe der Gymnast folgenden Brief geschrieben: »Wenn du hören solltest, daß dein Sohn tot ist, so glaube es, daß er aber unterlegen ist, glaube nicht!« Aus Rücksicht auf diesen Brief habe er, wie er sagte, seinen ganzen Mut zusammengenommen, damit weder der Gymnast Lügen gestraft, noch seine Mutter getäuscht werde. Optatos (?) aus Ägypten war Sieger im plataiischen Lauf. Da aber wie gesagt bei ihnen das Gesetz bestand, daß derjenige von Staats wegen sterben muß, der nach einem Siege unterlegen ist und sich nicht früher an den Übungen beteiligen darf, bis er Leibbürgen gestellt hat, und da niemand eine so gefährliche Bürgschaft auf sich nehmen wollte, unterwarf sich der Gymnast dem Gesetz und verlieh dem Athleten Kraft zum zweiten Siege. Denn denjenigen, welche ein größeres Werk in Angriff zu nehmen gedenken, bringt Vertrauen, wie ich glaube, frohe Zuversicht.

Da aber eine Fülle solcher Beispiele zuströmt, indem wir Altem Neues hinzufügen, so fassen wir lieber den Gymnasten selbst ins Auge, wie er sein und was er wissen muß, um den Athleten beaufsichtigen zu können. Es soll also der Gymnast weder geschwätzig sein noch ungeübt in der Rede, damit die Kraft der Kunstübung weder durch die Geschwätzigkeit lahmgelegt werde, noch auch zu roh erscheine, wenn nicht gute Rede sie begleitet. Und er soll die gesamte Physiognomik innehaben. Dies fordere ich aber aus folgendem Grunde. Einen Athletenknaben hat ein Hellanodik oder Amphiktyon auf folgende Punkte hin zu prüfen: ob er einen Stamm und eine Heimat besitzt, ob einen Vater und ein Geschlecht, ob er den Freien angehört und nicht etwa ein Bastard ist, schließlich, ob er jung und nicht über das Knabenalter hinaus. Ob er aber enthaltsam oder unmäßig, ein Trinker oder Feinschmecker, ob mutig oder feige ist, darüber besagen, selbst wenn sie es verstünden, ihre Vorschriften nichts, wohl aber muß der Gymnast dies genau verstehen, da er gewissermaßen die Natur zu prüfen hat. Er soll also die gesamten in den Augen liegenden Charaktermerkmale kennen, durch welche sich die trägen Menschen und ebenso die ungestümen verraten, untätige und minder ausdauernde und unmäßige. Denn anders ist der Charakter von Schwarzäugigen, anders der heller, blauer und blutunterlaufener Augen, anders auch der gelber und gefleckter, hervorstehender und eingefallener; denn die Natur hat die Jahreszeiten durch Sternbilder gekennzeichnet, die Charaktere durch die Augen. Die Beschaffenheit der Körperteile hinwiederum ist wie bei der Bildhauerei in folgender Weise zu berücksichtigen. Der Fußknöchel muß mit der Handwurzel übereinstimmen, dem Schienbein der Unterarm und dem Oberarm der Schenkel entsprechen und der Schulter das Gesäß, der Rücken mit dem Bauch verglichen werden, und die Brust soll auf gleiche Weise sich wölben wie die Gegend unterhalb der Hüfte, und der Kopf soll zu all dem in richtigem Verhältnisse stehen.

Dionysos treibt Wasserspiele
mit den Satyrn

Nonnos

Platon fragt in seinen »Gesetzen« (2, 689): »Wird man Leuten, die das Gegenteil von weise sind, die wie das Sprichwort sagt, weder schwimmen noch lesen können, ein Amt übergeben?« Schwimmen und Lesen werden von Platon in einem Atemzug genannt. Die körperliche Ausbildung wird ebenbürtig neben die geistige Schulung gesetzt.

Trotz der immer wieder betonten großen Wertschätzung gehörte das Schwimmen bei den Griechen nicht zu den wettkampfmäßig betriebenen Sportarten; es hatte keinen Platz im Programm der großen hellenischen Kampfspiele. Schwimmen war fröhliches Spiel, war Brauchkunst; jeder sollte es lernen.

Nach hellenischen Vorstellungen erfreuten sich auch die Götter am Schwimmen; das kommt in vielen Göttersagen und Dichtungen jener Zeit zum Ausdruck. Viele schwimmfachliche Einzelheiten sind uns gerade durch diese Darstellungen bekanntgeworden. Dionysos, der Gott des Weines, ist es, der mit seinen Satyrn lustige Spiele im Wasser treibt und mit seinem Freund Amplos (das heißt Rebstock) im Paktolos einen Schwimmwettkampf austrägt.

Nonnos – 397 n. Chr. –, ein griechischer Dichter aus Panopolis, hat in seiner »Dionysiaka« eine lebendige Schilderung davon gegeben.

Wasserspiele des Dionysos und der Satyrn im goldführenden Paktolos

Aber im fröhlichen Spiel, die Füße nach oben geworfen
Sprangen kopfüber die Satyrn mit lautem Geplätscher ins Wasser.
Einer, der schwamm auf der Brust; er zog mit rudernden Händen
Deutlich die Spur in den Wellen und Wirbeln und schlug mit den Füßen,
Die nach hinten er streckte, das goldsandführende Wasser.
Wieder ein anderer tauchte in feuchte Tiefen hinunter;
Eifrig war er bemüht, die schillernden Fische zu fangen;
Nach den schwimmenden streckte im Dunkel er haschend die Hände,
Tauchte dann wieder empor und reichte fröhlich dem Bakchos,
Die er dem Fluß geraubt, die vom Goldschlamm glitzernden Fische.
Aber um einen der Satyrn zu necken, stürzt' von der Höhe
Plötzlich der krumme Silen mit zusammengehaltenen Sohlen

– unstet schweifte er sonst umher – in die Flut kopfüber;
Saust' in die Tiefe hinab, daß die Haare berührten den Flußgrund,
Stampfte mit beiden Füßen herum, in dem glänzenden Schlamme,
Gierig nach Schätzen suchend, die reichlich im Kiese vorhanden.
Ruhig an tiefer Stelle stand aufrechten Körpers ein Satyr,
Trocken blieben die Schultern, die Hüften nur netzte das Wasser,
Wieder von einem anderen waren die nackten Ohren nur sichtbar;
Während die funkelnde Flut die zottigen Schenkel benetzte,
Schlug der ringelnde Schwanz, der ihm eigen, die Fläche des Wassers.
Bakchos aber durchfurchte, das Haupt und die Brust hoch erhoben,
Göttlich die glänzende Flut mit ruhig rudernden Händen.
Rosen ließen da sprießen bei seinem Anblick die Ufer,
Lilien wuchsen empor, das Gelände schmückten die Horen.
Als so Bakchos schwamm, erglänzten in lieblicher Röte
Aus den funkelnden Fluten die Locken des schimmernden Haares.

Wettschwimmen zwischen Dionysos und seinem Freund Amplos

*Amplos (»Rebstock«) hatte sich eben im Ringen mit Dionysos und im Wettlauf
mit Lenaios hervorgetan. Im Ringen hatte ihn der Gott gewinnen lassen und im
Lauf, obwohl er schlechter lief als sein Gegner, durch einen Sturz des Lenaios
zum Sieg verholfen. Nun forderte er ihn zum Wettschwimmen auf.*

»Mache dich nun bereit, nachdem du im Laufen und Ringen
Sieger geblieben, mein Freund, zu weiterem Kampf dich zu stellen.
Schwimme mit deinem Freund Dionysos jetzt um die Wette!
Warst du, Amplos, schon im Kampf auf dem Sand überlegen,
Zeige im Wasser nun auch, daß schneller als Bakchos du schwimmst.
Lasse die Satyrn beim Spiel und komme allein zu dem Kampfe!
Siege zu Wasser nun so, wie du Sieger zu Lande geblieben!
Zweifachen Siegerkranz will ich um die Stirn dir winden,
Wenn du, Süßer, besiegst den unbesiegbaren Bakchos.
Sieh, wie der reizende Fluß so trefflich sich fügt zu der Schönheit
Deiner Glieder! Wie schön, o Amplos, wirst du dich zeigen,
Wenn du mit goldigen Händen die goldenen Fluten durchfurchst!
Wenn du mit nackten Gliedern bestrebt bist, den Sieg zu erkämpfen,
Wird die Schönheit von dir den ganzen Paktolos hier zieren.«
Also sprechend schwamm er durchs Wasser, aber vom Ufer
Sprang ihm Amplos nach und blieb dem Gotte zur Seite.
Bald entspann sich ein Kampf, ein süßer. Von Ufer zu Ufer
Schwammen sie, zur Seite sich rollend, im schatzreichen Strome.
Ruhig eilte der Gott im Wasser dahin bei dem Wettkampf,

Bietend die nackte Brust den Wellen. Es schlugen die Beine
Rüstig wirbelnd aufs Wasser, die Hände bewegten sich rudernd.
So durchfurcht' er die Fläche des goldsandführenden Flusses
Bald auf gleicher Höhe die Fahrt mit Amplos haltend,
Bald ihm weiter voran, wobei er sich sorgend bestrebte,
Daß er den teuren Freund nicht allzuweit hinter sich ließ.
Schließlich, wie wenn er erschöpft, bewegt' er die Hände im Kreise,
Ließ so willig den Sieg als der schnellere seinem Gefährten.

Wie Theagenes im Hoplitenlauf siegte   *Heliodor*

Der Hoplitenlauf – ein Lauf in voller Rüstung – war ein Wettkampf, dessen Hauptziel es war, die jungen Athleten kriegstüchtig zu machen. Meist wurde er in das Wettkampfprogramm aufgenommen in Erinnerung an ein bedeutendes kriegerisches Ereignis. In Platäa zum Beispiel zum Gedenken an die Befreiung Griechenlands von den Persern. In das olympische Programm wurde der Hoplitenlauf 520 v. Chr. aufgenommen. Wahrscheinlich hatte es symbolische Bedeutung, daß der Waffenlauf hier als letzter Wettbewerb ausgetragen wurde: Der olympische Friede war fast vorüber, man konnte wieder zu den Waffen gerufen werden. Der Hoplitenlauf entsprach einem Diaulos – einem Doppellauf –; er ging also über die Strecke von etwa 190 Metern. Es wurde in voller Rüstung gelaufen – die Athleten trugen Helm, Schild und Beinschienen. Im 5. Jahrhundert v. Chr. fielen die Beinschienen weg; man lief nur noch in Helm und Schild. Um stets das vorgeschriebene Gewicht der Rüstung zu gewährleisten, bewahrte man im Zeustempel zu Olympia 25 Rüstungen auf und stellte sie den Wettkämpfern bei den Spielen zur Verfügung.

Von dem griechischen Dichter Heliodor aus Emesa in Syrien, der im 3. Jahrhundert n. Chr. gelebt hat, ist uns der Roman »Aethiopica« überliefert worden. Hier schildert Heliodor, wie der Athlet Theagenes, um der Priesterin Chariklea zu gefallen, im Hoplitenlauf startete und, von der Liebe beflügelt, seinen Gegner um viele Meter schlug. Aus Charikleas Hand erhielt er zum Lohn den Palmzweig.

Hellas schaute; die Amphiktyonen ordneten an; und als alles schön und würdevoll beendigt war, der Wettstreit des Laufes, die Verschlingungen der Ringer, die Gestikulationen des Faustkampfes, und endlich der Herold auftrat und rief: »Die Hopliten treten vor!«, da erschien plötzlich die Priesterin Chariklea am Ende der Rennbahn wie ein Lichtstrahl; denn, obgleich ungern, war sie doch gekommen, um des alten Gebrauchs willen, oder mehr noch, wie ich glaube, in der Hoffnung, den Theagenes zu sehn, in der Linken die brennende Fackel, in der Rechten einen Palmzweig haltend; und bei ihrem Erscheinen zog sie die Blicke der sämtlichen Zuschauer auf sich, kein Aug' aber vielleicht früher als das des Theagenes; denn behend ist der Liebende, das Ersehnte wahrzunehmen.

Theagenes aber hatte schon früher gehört, was geschehen würde, und alle seine

Gedanken waren auf diesen Moment gespannt. Daher konnte er auch nicht schweigen, sondern sagte leise zu mir – er hatte sich absichtlich in meine Nähe gesetzt: »Das ist sie, die Chariklea!« Ich aber gebot ihm, ruhig zu sein.

Auf den Ruf des Heroldes trat ein wohlgerüstetet Mann auf, stolzen Sinnes und, wie es schien, der einzige, welcher etwas erwarten ließ; wie er denn auch schon in vielen früheren Kämpfen bekränzt worden war. Diesmal aber fand er keinen Gegner, vielleicht, weil niemand den Wettstreit mit ihm wagte.

Die Amphiktyonen entließen ihn also; denn das Gesetz gestattete nicht, einem, der nicht gekämpft hatte, den Kranz zuzuteilen. Er aber verlangte, daß, wer wollte, von dem Herold zum Wettkampfe aufgefordert würde. Dieses genehmigte der Vorsitzende, und der Herold rief es aus.

Da sagte Theagenes zu mir: »Der Ruf gilt mir.« Und da ich sagte: »Wie meinst du das?« erwiderte er: »So, wie du sehen wirst, Vater; denn in meiner Gegenwart und vor meinen Augen soll kein anderer den Siegespreis aus Charikleens Händen empfangen.« – »Und das Mißlingen«, sagte ich, »und die Schmach in diesem Falle rechnest du für nichts?« – »Und wer könnte denn eine so rasende Begierde haben, Charikleen zu sehen und ihr zu nahen, um mich zu überlaufen? Wen aber kann ihr Anblick so beflügeln und emporreißen? Weißt du nicht, daß auch den Amor die Maler beflügeln, um die Raschheit der von ihm Besiegten anzudeuten? Und wenn ich auch noch etwas Selbstlob hinzusetzen darf: Niemand hat sich bis auf den heutigen Tag rühmen können, mich im Lauf übertroffen zu haben.«

Bei diesen Worten sprang er auf, trat dann vor in die Mitte, gab seinen Namen und sein Vaterland an und loste um den Platz des Laufes.

Nach Anlegen der Rüstung aber trat er an die Schranken, hoch aufatmend vor Verlangen nach dem Beginn des Laufes und voll ungeduldiger Erwartung des Zeichens; ein würdevoller und sehenswerter Anblick und so wie Homer den Achilles in der Schlacht am Skamander darstellt.

Auch geriet ganz Hellas über das Unerwartete der Erscheinung in Bewegung, und jeder wünschte dem Theagenes den Sieg, als ob er selbst kämpfte. Denn die Schönheit hat eine besondere Kraft, Wohlwollen zu erregen.

Auch Chariklea geriet in die außerordentlichste Bewegung; und da ich sie aus der Ferne beobachtete, bemerkte ich einen mannigfaltigen Wechsel in ihren Mienen. Als aber der Herold vor aller Ohren die Wettrennen ankündigte und ausrief: »Ormenus der Arkadier und Theagenes der Thessalier!« und die Schranken geöffnet wurden und der Wettlauf mit solcher Raschheit begann, daß er sich fast den Augen entzog; da vermochte das Mädchen nicht mehr Ruhe zu halten, sondern ihre Beine zuckten, ihre Füße hüpften, nicht anders, als ob ihre Seele sich mit Theagenes erhöbe und den Eifer des Wettlaufs mit ihm teilte.

Auch die Zuschauer waren sämtlich gespannt auf den Erfolg und voll ängstlicher Erwartung. »Keiner aber mehr als ich, da ich mir vorgenommen hatte, für ihn wie für einen Sohn zu sorgen.« – »Ist es wohl ein Wunder«, sagte Knemon, »daß die Zuschauer, und wer dabei gegenwärtig war, in ängstlicher Erwartung stand, da ich selbst jetzt für Theagenes fürchte? Und ich bitte dich, mir nur schnell zu sagen, ob er als Sieger ausgerufen wurde?«

»Als die Hälfte der Rennbahn durchlaufen war, Knemon, wendete er sich ein wenig um, und mit einem Blick auf Ormenos hob er das Schild hoch empor, reckte den Nacken in die Höhe, den vollen Blick auf Charikleen geheftet, schoß er wie ein Pfeil nach dem Ziele und kam dem Arkadier um viele Klafter zuvor, wie sich nachher beim Messen des Zwischenraumes erhellte. Dann lief er zu Chariklea und warf sich absichtlich ihr an die Brust, als ob er sich im Schwunge des Laufes nicht aufhalten könnte. Und indem er den Palmzweig empfing, blieb mir nicht unbemerkt, daß er die Hand des Mädchens küßte.«

»Du hast mir das Leben wiedergegeben«, sagte Knemon, »daß du ihn hast siegen und küssen lassen. Aber wie ging es nun weiter?« »Fürwahr, Knemon, nicht bloß im Zuhören bist du unersättlich, sondern auch unbesieglich vom Schlafe, denn schon ist kein kleiner Teil der Nacht vorüber, und noch hältst du wachend aus und wirst der langen Erzählung nicht müde.«

»Ich bin auch mit Homer unzufrieden«, versetzte Knemon, »wenn er sagt, daß die Liebe so gut wie andere Dinge Überdruß mache, eine Sache, die nach meinem Urteil gar keine Sättigung gewährt, weder wenn man ihre Lust wirklich genießt, noch wenn man sie durch das Gehör empfängt. Wenn aber jemand von der Liebe des Theagenes und der Chariklea erzählt, wo hätte da einer ein Herz so von Demant und Eisen, um nicht auch ein Jahr mit Vergnügen zuzuhören! Fahre also nur fort.«

»Theagenes wurde also bekränzt und als Sieger ausgerufen und von den Glückwünschen aller begleitet; Chariklea aber war vollständig besiegt und mehr als vorher von der Liebe unterjocht, da sie den Theagenes wiederum gesehen hatte.«

Sport bei den Römern

Der Wettlauf

Publius Vergilius Maro (70 bis 19 v. Chr.) war einer der glänzendsten römischen Vertreter der epischen Dichtkunst. In seinem Heldenepos »Aeneis« erzählt er von den Irrfahrten des Aeneas nach der Zerstörung Trojas und von seiner Ansiedlung in Italien, die ihm nach schweren, blutigen Kämpfen gelang. Vergil war ein Zeitgenosse und Freund des Kaisers Augustus, und Augustus selbst war es, der Vergil ermutigte, dieses Heldenepos zu schreiben. Es war des Kaisers Absicht, mit diesem Werk der Tapferkeit des römischen Volkes ein Denkmal zu setzen. Gleichzeitig aber wollte er sich und seiner Familie neuen Glanz und größeres Ansehen verschaffen, da sich der Stamm seines Hauses nun bis auf den Troerhelden Aeneas, dem Sohn der Venus, zurückführen ließ. Als Vergil im Jahre 19 v. Chr., auf der Rückfahrt von einer Reise nach Griechenland, in Brundisium starb, ohne daß er das Epos völlig abgeschlossen hatte, ließ es der Kaiser dennoch veröffentlichen und hielt sich nicht an die letzte Bitte Vergils, die noch unfertige Handschrift der »Aeneis« zu verbrennen. Im fünften Gesang dieses Epos finden wir eine Schilderung von vier Wettkämpfen — Rudern, Wettlauf, Bogenschießen und Reiten —, die bei der Totenfeier zu Ehren des Anchises veranstaltet wurden. Die folgenden Verse aus dieser Darstellung geben uns ein Bild vom Wettlauf der jungen Helden.

Der Herold bläst und lädt zum Wettlauf ein
Und stellt zur Schau dahin die schönen Preise.
Da melden sich Bewerber scharenweise,
Sikaner und Trojaner im Verein.
Vor allem Nisus und Euryalus,
Sie tragen nach dem Siegespreis Verlangen.
In Jugendschönheit sah man diesen prangen,
Aus jenes Aug' strahlt treuer Liebe Gruß.

Nach ihnen eilt Diores auf den Plan,
Mit Priams königlichem Blut verwandt,
Darauf sieht man zwei Griechensiedler nahn,
Der Patron, jener Salius genannt.
Auch Helymus und Panopes sich melden,
Zwei Jünglinge, trinakriaentsprossen,

Azestes' kampferprobte Jagdgenossen,
Und sonst noch manche nun vergeßne Helden.

»Nun merket auf, vernehmt es froh, Genossen!«
Begann Äneas jetzt in ihrem Kreis:
»Nicht einer, der zum Wettlauf sich entschlossen,
Soll mir von hinnen ziehen ohne Preis.
Jedwedem will gewähren ich aus Gunst
Zwei Eisenlanzen echter Kreterkunst
Und eine Doppelaxt, gar meisterhaft
Mit Bildern ausgeziert am Silberschaft.

Die drei, die mir zuerst das Ziel erreichen,
Die sollen auserlesne Preise finden,
Und ihre Siegerstirne soll umwinden
Des Ölbaums Silbergrün zum Ehrenzeichen.
Dem ersten schenk' ich eins von meinen Rossen,
Auf dessen Stirnband Silbermonde blitzen;
Dem zweiten einen Köcher mit Geschossen,
Wie stolze Amazonen ihn besitzen.

Ihn hüllt ein goldgestickter Gürtel ein,
Und vorne hakt die Spange ihn zusammen,
Geschmückt mit einem hellen Edelstein,
Der in der Sonne spielt wie lauter Flammen.
Und diesen Griechenhelm, im Kampf erstritten,
Ihn setz' ich aus als Trostpreis für den dritten.« –
Nun stellten sich die Renner alle an,
In langer Reihe vor der weiten Bahn.

Der Tuba Zeichen tönt, und es ergießt
Mit einem Schlag der Schwarm sich aus den Schranken,
Wie ein Gewitterregen niederschießt.
Hin brausen sie, das Ziel nur im Gedanken.
Ha, seht, wie Nisus dort, der junge Held,
Den Vorsprung schon im ersten Lauf gewinnt!
Er stürmt noch schneller als der Wirbelwind
Und als der Strahl des Blitzes durch das Feld.

Ihm folgt als nächster Renner Salius –
Als nächster zwar, doch ziemlich weit zurück;
Und wiederum entfernt ein gutes Stück

An dritter Stelle erst Euryalus;
Dann Helymus, dem auf der Ferse dicht
Diores, kaum getrennt um Schulterbreite.
Er hegt zum wenigsten die Zuversicht,
Daß er dem Vordermann den Sieg bestreite. —

So eilen sie durchs Feld in blindem Jagen;
Fast fühlen sie ermatten ihre Glieder.
Und Nisus sieht das Siegesmal schon ragen
Zum Fassen nah, da stürzt er gleitend nieder.
Als kürzlich bei dem Totenopfer dort
Der schwarzen Stiere heil'ger Saft verblutet,
Da hatte weit den Rasen überflutet
Das Naß, und schlüpfrig war seitdem der Ort.

So sank er hin, mit Schmutz und Blut befleckt,
Sein Siegesruf erstarb ihm in dem Mund.
Doch wie er lag, vom Schicksal hingestreckt,
Vergaß er nicht den treuen Freundschaftsbund.
Er stemmt sich mühsam in der Lache auf,
Streckt Salius entgegen seine Hand —
Der überstürzt sich in dem raschen Lauf
Und wälzt sich neben ihm im dichten Sand.

Nun war Euryalus allein voraus —
Nur seinem Freunde hatte er's zu danken —
Und ging, umtost vom frohen Volksgebraus,
Als erster jauchzend durch des Zieles Schranken.
Den zweiten Preis errang sich Helymus.
Wie glänzten stolz da der Sikaner Mienen!
Als dritter war Diores noch erschienen,
Auch ihn empfing das Volk mit frohem Gruß.

Da naht dem Hochsitz Salius im Grimme:
Er ruft die Menge rings mit lauter Stimme
Sowie die edlen Väter an zu Zeugen,
Man unterfange sich, das Recht zu beugen:
»An böser Tücke hat es nur gelegen,
Daß mir der schöne Siegeslohn entging.
Mir, mir gebührt der Preis von Rechtes wegen,
Den jetzt Euryalus von euch empfing!«

Des Ringes Stimme will den Troer kränzen,
Vor dessen Schönheit jedes Herz sich neigt.
Der steht errötend in dem Kreis und – schweigt,
Doch sieht man tränenschwer sein Auge glänzen.
Diores tritt beredt auf seine Seite:
Er blieb' am Ende preislos bei dem Streite,
Falls man dem Salius die ersten Ehren
Aus überzarter Rücksicht wollt' bescheren.

Da stand Äneas auf, den Streit zu enden,
Und alsbald legt' der Menge Toben sich:
»Der Sieger Rang bleibt unabänderlich,
Und niemand rüttle an den Ehrenspenden!
Doch unsrem Freund, dem ohne sein Verschulden
Der Preis entging, verehre ich in Hulden
Dies Löwenvlies gar prächtig anzuschauen,
Goldüberzogen sind die scharfen Klauen.«

Nun aber nahte Nisus tiefgekränkt:
»Wenn man so reich Besiegte hier beschenkt,
So mitleidsvoll der Strauchelnden gedenkt –
Was mag wohl Nisus dann an Ehrengaben,
Nach Recht und Billigkeit verdient erst haben?
Schon stand ich nah an des Triumphes Schwelle,
Da kam zu Falle ich wie mein Geselle,
Der Salius mit seinem Löwenfelle.«

Und kläglich deutete der arme Wicht
Auf das bespritzte Kleid und Angesicht.
Des Schalkes Jammern rührt des Fürsten Herz,
Der lächelnd spricht, zu sänftigen den Schmerz:
„Bringt ihm zum Trost den blanken Griechenschild,
Des Didymaon herrlich Kunstgebild,
Den einst die Danaer Neptun geweiht.«
So heilt der Fürst des braven Nisus Leid.

Das Faustkämpferdiplom
des Boxers Herminos

Hans Gerstinger

*Universitätsprofessor Dr. Hans Gerstinger macht uns in der Festschrift
»Leibeserziehung in der Kultur« mit der Übersetzung einer Papyrusurkunde
bekannt, die in den achtziger Jahren des vorigen Jahrhunderts bei Ashumnein
an der Stätte der alten gräko-ägyptischen Provinzstadt Hermopolis Magna
gefunden wurde und heute im British Museum in London aufbewahrt wird. Es
handelt sich bei dieser Urkunde um ein »Faustkämpferdiplom«, richtiger um
eine »Vereinsmitgliedskarte« eines ägyptischen Wanderathleten namens Herminos alias Moros aus Hermopolis, ausgestellt von der Wanderathletensynodos
am 23. September 194 n. Chr. in Neapel anläßlich der Feier der dortigen
großen Augustalien.*

*Zur Wahrung und Förderung ihrer Berufs- und Standesinteressen hatten sich
die Berufsathleten genossenschaftlich zusammengeschlossen. Die Römer hatten
sich anfangs zwar dem Berufsathletentum gegenüber ablehnend verhalten,
weil sie in dem Treiben der Wanderathleten eine Gefährdung der strengen
alten Römerzucht sahen. Schließlich aber wurde mit der fortschreitenden
Hellenisierung der römischen Kultur und Lebensauffassung das Berufsathletentum und speziell die Kraftleistungen in der römischen Welt populär. Nun
wetteiferten sogar die römischen Kaiser in Gunst- und Gnadenbezeigungen
gegenüber den Siegern in den großen Wettkämpfen.*

*Das Dokument ist in der üblichen Weise in Briefform abgefaßt und an die
Vereinsmitglieder adressiert. Es enthält die Mitteilung, daß Herminos, nach
Erlegung der gesetzlichen Aufnahmegebühr von 100 Denaren, als Mitglied
in den Verein aufgenommen wurde. Diesem Dokument sind nach damals üblicher Gepflogenheit drei Kaiserbriefe an den Verein vorangestellt, um das ehrwürdige Alter und Ansehen des Vereins zu zeigen. Darüber hinaus sollen dadurch die dem Verein vom Kaiser gewährten Privilegien festgehalten werden,
um dem Inhaber der Urkunde eventuell zu ermöglichen, die ihm als Mitglied
zustehenden Vergünstigungen geltend zu machen. An der Spitze steht ein
Schreiben des Kaisers Tiberius Claudius aus dem Jahre 46 n. Chr. Ihm folgt
ein zweites Schreiben desselben Kaisers aus dem folgenden Jahr. An dritter
Stelle steht ein kurzes Reskript des Kaisers Vespasian aus dem Jahre 69, in
welchem dieser dem Verein alle ihm dereinst von Claudius gewährten Privilegien bestätigt.*

Dieses wichtige Personaldokument hat Herminos selbstverständlich sorgfältig
aufbewahrt und schonend behandelt. Als er sich dann vom Sport endgültig
zurückzog, ging er in seine Heimatstadt Hermopolis zurück, wohin er auch
diese Mitgliedskarte mitgenommen hat. Nach dem Tod des Boxers haben seine
Nachkommen das Andenken an ihren berühmten Ahn weiterhin in Ehren
gehalten und im Familienarchiv aufgehoben, so daß es nach 1800 Jahren fast
unversehrt an Ort und Stelle aufgefunden werden konnte.

Herminos alias Moros, Boxer aus Hermopolis.
Die heilige Wanderathletenvereinigung Hadrian, Antonin, Septimius entbietet den Mitgliedern dieses Vereines ihren Gruß. Nehmt zur Kenntnis, daß
der Boxer Herminos alias Moros aus Hermopolis, (...) Jahre alt, unser Mitglied ist und die gesetzliche Aufnahmsgebühr voll und ganz bezahlt hat.
100 Denare. Wir schreiben euch das, damit ihr davon wisset. Lebet wohl!

Tiberius Claudius Caesar Augustus, Germanicus, Sarmaticus, Pontifex maxi-
mus, Inhaber des Volkstribunats zum sechstenmal, designierter Konsul zum
viertenmal, Imperator zum zwölftenmal, Vater des Vaterlandes, entbietet
dem Vereine der Wanderathleten seinen Gruß.
Den mir von euch aus Anlaß meines Sieges über die Britannen übersandten
goldenen Kranz nehme ich als Zeichen euerer Verehrung und Ergebenheit
gegen mich gern an. Euere Gesandten waren Tiberios Klaudios Hermas,
Tiberios Klaudios Kyros und Dion, des Mikkalos Sohn, aus Antiocheia.
Lebet wohl!
Tiberius Claudius Caesar Augustus, Germanicus, Sarmaticus, Pontifex maxi-
mus, Inhaber des Volkstribunats zum siebtenmal, Konsul zum sechstenmal,
Imperator zum achtzehntenmal, Vater des Vaterlandes, entbietet der Wanderathletenvereinigung der Heraklesverehrer seinen Gruß.
In den zwei mir gleichzeitig übergebenen Vereinsbeschlüssen [bezeugtet ihr]
vor mir [euere Dankbarkeit] gegenüber meinen geschätzten Freunden Julius
Antiochus, König von Kommagene, und Julius Polemon von Pontos dafür,
daß sie euch, als sie die zu Ehren meines Namens von ihnen angeordneten
Wettspiele ausrichteten, jegliche Förderung und menschenfreundliche Behandlung zuteil werden ließen. Ich nehme euere dankbare Gesinnung gegen sie
billigend zur Kenntnis, jener Ergebenheit gegen mich, ihre Huld und Güte
gegen euch kenne ich zu gut, als daß ich mich darüber wunderte. Die Unter-
fertiger der Beschlüsse sind Diogenes, Sohn des Mikkalos, aus Antiocheia, der
jüngst Oberpriester des Vereins geworden, und den ich auch zugleich mit
seinen Töchtern des römischen Bürgerrechtes für würdig erachte, Sando-
genes... des Mikkalos Sohn, aus Antiocheia.
Lebet wohl!

Imperator Caesar Vespasianus Augustus entbietet der heiligen Wanderathletenvereinigung der Heraklesverehrer seinen Gruß.
Da ich eueren Ruf und eueren Eifer als Wettkämpfer kenne, bin ich entschlossen, alle Privilegien, die schon Claudius euch auf euer Ansuchen hin gewährt
hat, auch meinerseits gelten zu lassen. Lebet wohl!

Die heilige Wanderathletenvereinigung Hadrian, Antonin, Septimius der Ver-
ehrer des Herakles und des Kampfspielliebhabers und Imperators Caesar
Lucius Septimius Severus Pertinax Augustus entbietet den Mitgliedern dieses
Vereines ihren Gruß.
Nehmet zur Kenntnis, daß Herminos alias Moros, Boxer aus Hermopolis,
unser Mitglied ist und die gesetzliche Aufnahmsgebühr voll und ganz bezahlt
hat. 100 Denare. Lebet wohl!
Geschehen zu Neapel in Italien bei der Austragung des Wettkampfes der
49. Feier der großen italisch-römischen Augustalien unter dem zweiten Konsulate des Lucius Septimius Severus Pertinax Augustus und dem zweiten
Konsulate des Clodius Septimius Albinus Caesar, am 10. Tage vor den Kalen-
den des Oktober, unter den Oberpriestern der Gesamtathletenschaft, Xystarchen auf Lebenszeit und Verwaltern der Kaiserbäder Markos Aurelios Demostratos Damas von Sardeis, Ehrenbürger von Alexandreia, Antinoe, Athen,
Ephesos, Smyrna, Pergamon, Nikomedeia, Milet, Lakedaimon und Tralles,
zweimaligem Sieger im Allkampf bei den vier großen Kampfspielen, Ringkämpfer, Meisterathleten, und Markos Aurelios Demetrios aus Alexandreia,
Ehrenbürger von Hermopolis, Sieger im Allkampf bei den vier großen Kampfspielen, Ringkämpfer, Meisterathleten, und Markos Aurelios Chrysippos,
Sohn des ...os, aus Smyrna, Ehrenbürger von Alexandreia, Sieger im Ringkampf bei den vier großen Kampfspielen, Meisterathleten, unter der Spielauf-
sicht des Xystarchen auf Lebenszeit Markos Aurelios Demetrios, Oberpriesters
und Verwalters der Kaiserbäder, und den Vereinsvorständen Alexandros,
Sohn des Alexandros, alias Athenodoros aus Myra, Ehrenbürger von Ephesos,
Ringkämpfer, Allkämpfer, Meisterathleten und Prosdektos aus..., Ehrenbürger von Mytilene, Wettläufer, Meisterathleten, dem Schatzmeister K...k-
tabenos, Sohn des Proklos, aus Ephesos, Trainer, Meisterathleten, und dem
Athletenschaftsoberschreiber Poplios Ailios Euktemon, Sekretär des Vereines.
Ich, Alexandros, Sohn des Alexandros, alias Athenodoros aus Myra, Ehren-
bürger von Ephesos, Ringkämpfer, Sieger im Allkampf bei den pythischen,
den Kaiser- und den Haliafestspielen, Meisterathlet, Präsident des heiligen
Athletenvereines, bezeuge durch meine Unterschrift dem Herminos alias
Moros, Boxer aus Hermopolis, daß er vor mir zu Neapel in Italien in der 49.
Pentaeteris in die Vereinsmitgliederliste eingetragen worden ist. 100 Denare.
Ich, Prosdektos aus..., Ehrenbürger von Mytilene, Präsident bezeuge durch
meine Unterschrift, vertreten durch den Trainer...letos...

Ich, K . . . ktabenos, Sohn des Proklos, aus . . ., Ehrenbürger von Ephesos, Trainer, Sieger in den vier großen Kampfspielen, zweimal Griechischer Meister, Kassier des heiligen Vereines, bezeuge durch meine Unterschrift dem Herminos alias Moros, Boxer aus Hermopolis, daß er vor mir zu Neapel in Italien in der 49. Pentaeteris in die Vereinsmitgliederliste eingetragen worden ist.

Ich, Markos Aurelios Demetrios, Oberpriester der Gesamtathletenschaft, Xystarch auf Lebenszeit, Verwalter der Kaiserbäder, Sieger im Allkampf bei den vier großen Kampfspielen, Ringkämpfer, Meisterathlet, bezeuge durch meine Unterschrift dem Herminos alias Moros, Boxer aus Hermopolis, daß er zu Neapel vor mir in die Vereinsmitgliederliste eingetragen worden ist.

Ich, Poplios Ailios Euktemon, Athletenschaftsoberschreiber, fungierender Sekreär des Vereines, habe (die Urkunde) ausgefertigt.

Ich, Photion, Sohn des Barpion, aus Laodikeia, Ehrenbürger von Ephesos, Sieger im Faustkampf bei den Olympischen Spielen, Ringkämpfer, Meisterathlet, Präsident der heiligen Wanderathletenvereinigung, bezeuge durch meine Unterschrift dem Herminos alias Moros aus Hermopolis, daß er in meinem Beisein bei dem heiligen iselastischen internationalen Agon des asiatischen Provinzialverbandes in Sardeis als Priester fungiert hat. 50 (Denare).

Ich, . . ., Sohn des Zosimos aus Philadelpheia, Ehrenbürger von Ephesos und Tralles, Sieger im Lauf bei den Olympischen Spielen, Meisterathlet, Präsident der heiligen Wanderathletenvereinigung, bezeuge durch meine Unterschrift dem Herminos alias Moros aus Hermopolis, daß er in meinem Beisein als Priester des heiligen iselastischen internationalen Agons des asiatischen Provinzialverbandes in Sardeis fungiert hat. 50 (Denare).

Ich, Glykon, zweimaliger Sieger bei den Kampfspielen zu Thyateira, Trainer, Meisterathlet, Kassier der heiligen Wanderathletenvereinigung, bezeuge durch meine Unterschrift.

Ich, Markos Aurelios Demostratos Damas, Oberpriester der Gesamtathletenschaft, Xystarch und Verwalter der Kaiserbäder, bezeuge durch meine Unterschrift dem Herminos alias Moros, Boxer aus Hermopolis, daß er als Priester fungiert hat. 50 (Denare).

Ich, . . . Karpophoros aus Ephesos, Athletenschaftsoberschreiber (?), Vereinssekretär, bezeuge durch meine Unterschrift.

Der Schwammtaucher

Oppianus aus Kilikien

Wie bei den Griechen, so war auch bei den Römern Schwimmen ein viel-geübter Sport, den schon die Kinder betrieben. Marcus Porcio Cato der Ältere, ein sehr bekannter römischer Politiker, lehrte seinen kleinen Sohn selbst Lesen und Schwimmen, weil ihm beides besonders wichtig erschien. Schwammen die Römer zunächst im Tiber, so waren etwas später schon die Annehmlichkeiten großer, geheizter oder eisgekühlter Bäder – Thermen – bekannt, zu denen fast immer auch ein Schwimmbecken gehörte. In den Agrippathermen, die 19 v. Chr. eröffnet wurden, gab es ein Schwimmbecken von 38 × 26 Metern. Und in den heute noch erhaltenen Caracallathermen, die um 216 n. Chr. fertig wurden, ist das Schwimmbecken 55 × 20 Meter groß, hat also durchaus die Maße unserer modernen Schwimmbäder. Auch der private Swimming-pool war eine Einrichtung, die der vornehme Römer kannte und zu schätzen wußte. Die Römer waren aber nicht nur gute Schwimmer, sie waren auch sehr gute Taucher. Gute Taucher wurden bei Seeschlachten und Belagerungen eingesetzt, sie hoben versunkene Schätze vom Grund des Meeres, schnitten unter Wasser Ankertaue durch und durchsägten Sperrpfähle; sie beförderten sogar wichtige, auf Bleiplättchen geschriebene Nachrichten, indem sie in eingeschlossene Städte tauchten. Andere verdienten sich mit dem Tauchen ihren Lebensunter-halt. Sie tauchten nach Schwämmen, Perlmuscheln, Austern und Algen und verkauften sie. Es war ein gefährlicher, schwerer Beruf. Eine Beschreibung vom Einsatz eines Schwammtauchers gibt uns der Dichter Oppianus aus Kilikien (220 n. Chr.).

Um die Mitte gegürtet mit langem Strick ist der Taucher;
Beide Hände beschwert, ein bleiernes Gewicht in der Linken,
Und in der Rechten zückt er die wohlgeschliffene Sichel.
Weißes öliges Fett den Mund ihm füllt und die Backen.
Also späht er vom Bug des Schiffes auf die schäumenden Wogen,
Zaudernd ob der Gefahr, die ihm droht in der Tiefe des Meeres.
Munternde Worte richten an ihn die trauten Gefährten,
Daß er wage die Tat und als wettkampfkundiger Renner
Sich zum Absprung doch schicke. Und endlich faßt er ein Herz sich;
Springt in die See, und sogleich hinab ihn zieht das graue
Fallende Bleigewicht mit Wucht in die finstere Tiefe.

Hat er den Grund des Meeres erreicht, dann speit er das Öl aus,
Welches weithin erglänzt. Der Schwimmer dringt in das Wasser,
Einer Fackel vergleichbar, die nächtiges Dunkel erhellt.
Nun den Felsen sich nahend, gewahrt er die Schwämme. Sie wachsen
An den Spitzen der Steine und sitzen fest auf den Klippen,
Strömen auch einen Geruch aus wie andere lebende Wesen,
Die auf zerklüfteten Riffen im Meer gedeihen, so sagt man.
Hurtig stürzt er auf sie, durchschneidet mit kräftigem Schnitte
Wie ein Schnitter den Stamm sie, und zieht sogleich an der Leine,
Den Gefährten zum Zeichen, daß schnell empor sie ihn ziehen,
Denn ein schädliches Blut entträufelt den Schwämmen, der Geifer
Zieht sich rings durch das Wasser, mit üblem Geruch verbunden,
Dessen fauliger Hauch nicht selten tötet den Taucher.
Rasch drum taucht er hinauf; es ziehn wie Gedanken so schnelle
Die Gefährten am Strick – doch wer den mühsam Geretteten ansieht,
Der mag Freude und Mitleid zugleich im Herzen empfinden.
Auch gar schwach und matt sind die Glieder des Tauchers geworden,
Allzugroß war die Furcht, aufreibend waren die Mühen.
Häufig wohl trifft der Taucher bei seinem Sprung in die Tiefe
Grausame Ungeheuer, die gierig nach Blut auf ihn lauern.
Hat ihn ein solch Untier erfaßt und seine Glieder umklammert –
Nimmer findet den Weg er empor zur sonnigen Höhe.
Heftig am Strick rüttelnd verständigt er zwar die Gefährten.
Ziehen auch rasch sie empor, so zerrt nach der anderen Richtung
Halbzerfleischt den Körper das Untier hinab in die Tiefe.
O des traurigen Anblicks! Noch lebend strebt er dem Schiff zu.
Eilig verlassen die Schiffer die Stätte des traurigen Kampfes,
Bringen weinend an Land den zerrissenen Körper des Freundes.

Turnübungen der Rekruten   *Flavius Vegetius Renatus*

Die römische Geschichte war reich an Kriegen, und die römischen Feldherren haben den Wert körperlicher Übungen für die Wehrertüchtigung sehr wohl erkannt. Laufen, Springen, Fechten, Speerwerfen und Bogenschießen, Turnen an einem hölzernen Pferd und vor allem das Schwimmen waren Pflichtübungen für die Rekruten, die auch mit ihren Pferden im Wasser gewisse Zweckübungen ausführen mußten. Über die Vielseitigkeit und den Zweck der körperlichen Ausbildung der römischen Rekruten berichtet der römische Militärschriftsteller Vegetius in seinem Buch »De re militari«, das er um 390 n. Chr. verfaßt hat.

Gleich zu Beginn müssen die Neulinge im Marschieren genau unterwiesen werden. Denn nichts ist auf dem Marsch oder bei der Aufstellung zur Schlacht mehr zu beachten, als daß alle Soldaten die Marschordnung einhalten. Das ist nur möglich, wenn sie durch andauernde Übung schnell und im Gleichschritt zu marschieren lernen. Denn ein Heer geht vor dem Feind jedesmal ein großes Risiko ein, wenn es nicht in geschlossenen Abteilungen aufgestellt ist.
Im Marschschritt nun sind 30 Kilometer in nicht mehr und nicht weniger als in fünf Stunden zu bewältigen, freilich nur im Sommer. Im Eilschritt aber, der etwas schneller ist, sind in ebensoviel Stunden 36 Kilometer zurückzulegen. Wenn man das Tempo noch weiter beschleunigt, kommt man in den Laufschritt, hierfür kann die Wegstrecke nicht näher festgelegt werden.
An den Lauf aber sind besonders die jüngeren Leute zu gewöhnen, damit sie mit größerem Angriffsschwung gegen die Feinde vorstürmen, damit sie günstige Punkte im Gelände schnell besetzen, wenn die Notwendigkeit dazu eintritt, oder den Feinden, wenn diese dasselbe vorhaben, zuvorkommen, ferner, damit sie sich zur Erkundung frisch und munter aufmachen, recht frisch und munter zurückkehren, und damit sie die Fliehenden leichter im Rücken fassen. Auch im Sprung, bei dem entweder Gräben übersprungen werden oder irgendein hohes Hindernis überwunden wird, muß der Soldat geübt werden, damit er, wenn ähnliche Schwierigkeiten auftreten, diese ohne Mühe überwinden kann. Das Schwimmen und seine Anwendung muß im Sommer jeder Neuling in gleicher Weise lernen. Nicht immer können nämlich Flüsse auf Brücken überschritten werden. Beim Rückzug oder bei der Verfolgung wird das Heer oft zum Schwimmen gezwungen. Oft nämlich treten Flüsse infolge von Regen-

güssen oder Schneeschmelzen aus ihren Ufern, und Schwimmunkundige kommen dann nicht nur durch die Feinde, sondern auch durch das Wasser in Lebensgefahr. Deshalb haben unsere Vorfahren, denen so viele Kriege und fortgesetzte Bedrohungen in jeder Angelegenheit des Heerwesens zur Lehre gedient hatten, ihren Übungsplatz, das Marsfeld, neben dem Tiber angelegt, damit sich in ihm die junge Mannschaft nach den Übungen mit den Waffen den Schweiß und Staub abwasche und sich müde vom Lauf durch Schwimmen erhole.

Nicht nur die Fußsoldaten sollen Schwimmen lernen, sondern auch die Reiter, ja sogar die Pferde- und Troßknechte, die Galliarier, damit ihnen, wenn die Notwendigkeit zu schwimmen an sie herantritt, nichts geschieht.

Die Vorfahren haben (wie man in Büchern findet) auf folgende Art die Neulinge geübt: Sie fertigten Schilde aus Rutengeflecht wie Faschinen abgerundet, und zwar so, daß der Holzschild das doppelte Gewicht hatte wie der allgemein übliche Schild zu haben pflegt. Ebenso gaben sie dem Neuling Knüppel aus Holz, gleichfalls von doppeltem Gewicht, anstelle von Schwertern. Und auf diese Weise übten sie sich nicht nur morgens, sondern auch nachmittags an den Pfählen. Die Übung an den Pfählen ist nämlich nicht nur für die Soldaten, sondern auch für die Gladiatoren von größtem Nutzen. Niemals hat in der Arena oder auf dem Schlachtfeld ein Mann im Kampf für unbesiegt gegolten, wenn er nicht sorgfältig am Pfahl ausgebildet und unterwiesen worden war.

Von je einem Neuling wurde je ein Pfahl in die Erde eingeschlagen, und zwar so, daß der Pfahl nicht schwanken konnte und sechs Fuß herausragte. Gegen diesen Pfahl, gleichsam wie gegen einen Feind, übte sich der Neuling mit dem Holzschild und dem Knüppel wie mit einem wirklichen Schwert und Schild: bald griff er gleichsam den Kopf oder das Gesicht an, bald drohte er von der Flanke, bisweilen versuchte er die Kniekehlen und die Beine durchzuhauen; er wich zurück, stürmte heran, sprang den Pfahl an und bearbeitete ihn wie einen wirklichen Gegner mit allem Ungestüm, mit aller Fechtkunst. Bei dieser Übung wurde jedoch die entsprechende Vorsicht beachtet, damit der Neuling, wenn er sich erhob und mit voller Wucht zuschlug, nicht selbst auf irgendeiner Seite einem Hieb ausgesetzt war.

Nicht nur von den Neulingen, auch von den gedienten Soldaten ist das Voltigieren immer sorgfältig geübt worden. Dieser Brauch hat sich bekanntlich bis heute, freilich schon in etwas abgeschwächter Form, erhalten. Hölzerne Pferde wurden im Winter im geschützten Raum, im Sommer im Freien aufgestellt. Auf diese müssen die jungen Leute zuerst ohne Waffen, wenn sie die nötige Übung haben aber bewaffnet, aufspringen. So gründlich übte man, daß die Soldaten nicht nur von rechts, sondern auch von links hinauf- und herabspringen konnten, sogar mit dem gezückten Schwert oder dem Wurfspieß in der Hand vermochten sie es. Durch ständiges Üben erreichten sie ein müheloses Aufsitzen im Kampf.

Germanen
und Mittelalter

Über die Germanen

Tacitus

Wie die Germanen lebten und welche körperlichen Übungen sie betrieben, erfahren wir vornehmlich von römischen Schriftstellern, denn von den Germanen selbst liegt uns kein eigenes Schrifttum vor. Etwa im 4. Jahrhundert v. Chr. lernten die Römer die Germanen kennen, und ihre Geschichtsschreiber berichten, daß sie außerordentlich körpergewandt und kräftig waren. Ihre schwimmerischen Leistungen werden besonders hervorgehoben. So fiel es ihnen, wie berichtet wird, nicht schwer, breite und schnellfließende Ströme in voller Waffenrüstung zu durchschwimmen.

»Die Römer machten in Italien mit der germanischen Schwimmkunst unerwünschte Erfahrungen. 69 n. Chr. durchschwammen die Bataver und die oberrheinischen Germanen plötzlich den Po und überrumpelten die gegnerischen Streifposten. In einer anderen Situation des Gefechts, als römische Legionäre mit Ruderern und Schnellseglern den Po herunter angreifen wollten, sprangen die Germanen wiederum ins Wasser, hielten die Kähne fest, enterten an Bord und drückten die Boote mit den Händen unter Wasser. Von ähnlichen Handstreichen wird aus Deutschland selbst berichtet. Als im Jahre 15 n. Chr. der römische Feldherr Germanicus bei Fritzlar die Eder überschreiten wollte, verhinderten die jungen Chatten schwimmend den Brückenbau« (Carl Diem). Besonders der römische Schriftsteller Tacitus (56 bis 118 n. Chr.) schildert in seiner »Germania« anschaulich, wie es zu seiner Zeit in Germanien aussah. Er erzählt unter anderem von der Lage des Landes, vom Wuchs und der Körperkraft der Germanen, von ihrer Ernährung und ihren Vergnügungen und den unterschiedlichen Gewohnheiten einzelner Stämme. In diesem Zusammenhang erfahren wir vom Schwerttanz der jungen Männer und von der Freude, die jung und alt am Reiten hatten.

Germanien in seiner gesamten Ausdehnung wird von den Galliern und den Rätern und Pannoniern durch den Rhein und die Donau, von den Sarmaten und Dakern durch gegenseitige Furcht oder Gebirgszüge geschieden. Im Norden umspült es das Weltmeer, das hier breite Landzungen und Inseln von unermeßlicher Ausdehnung umgibt. Erst in jüngerer Zeit sind uns einige Völkerschaften dieser Gegenden mit ihren Königen durch eine Kriegsfahrt bekanntgeworden.

Der Rhein entspringt auf einem unzugänglichen steilen Gipfel der Rätischen

Alpen, wendet sich in mäßiger Biegung nach Westen und mündet in die Nordsee. Die Donau kommt von dem sanft gewellten und nur mäßig ansteigenden Kamm des Schwarzwaldes, fließt durch verschiedene Länder und ergießt sich schließlich in sechs Armen ins Schwarze Meer; eine siebente Mündung verliert sich in Sümpfen.

Ich für meine Person schließe mich der Ansicht an, daß sich die Bevölkerung Germaniens nicht mit Fremden durch Heiraten vermischt hat und so ein reiner und nur sich selbst gleicher Menschenschlag geblieben ist. Deshalb ist auch die äußere Erscheinung, trotz der so großen Menschenzahl, bei allen die gleiche: trotzige blaue Augen, rotblondes Haar und hoher Wuchs; doch reicht die Kraft ihres Körpers nur zum Angriff. Mühseliger Anstrengung sind die Germanen nicht im gleichen Maße gewachsen, und am wenigsten können sie Durst und Hitze aushalten; dagegen sind sie gegen Kälte und Hunger durch Klima oder Bodenbeschaffenheit abgehärtet.

Wenn sich die Gefolgsherren und ihre Mannen nicht auf einer Heerfahrt befinden, verbringen sie nur einen kleinen Teil ihrer Zeit mit Jagden, den größeren jedoch mit Ausruhen, indem sie schlafen und essen. Dabei sind es gerade die Tapfersten und Kriegslustigsten, die überhaupt keinen Finger rühren. Die Sorge für Haus, Hof und Feld bleibt den Frauen, den Alten und allen Schwachen im Haushalt überlassen.

Gleich nach dem Schlafe, den sie häufig bis in den Tag ausdehnen, baden die Germanen, und zwar öfters warm, da es bei ihnen den größten Teil des Jahres über Winter ist. Danach frühstücken sie, wobei jeder seinen Stuhl und Tisch für sich hat. Dann gehen sie bewaffnet an ihre Geschäfte, ebensooft aber auch zu Gelagen. Tag und Nacht durchzutrinken, ist für niemand eine Schande. Streitigkeiten, wie sie unter Trunkenen häufig vorkommen, enden nur selten mit bloßen Schimpfereien, öfters mit Totschlag und Verwundungen. Doch beraten sich die Germanen andererseits auch über Versöhnung von Feinden, über Anknüpfung von verwandtschaftlichen Beziehungen, über die Wahl von Fürsten, schließlich auch über Krieg und Frieden sehr oft bei solchen Gelagen, da sich nach ihrer Ansicht der Sinn zu keiner anderen Zeit aufrichtigen Gedanken leichter erschließt oder für erhabene stärker begeistert. Ohne List und schlaue Berechnung offenbart dieses Volk noch immer die Geheimnisse seines Herzens in der Zwanglosigkeit froher Stimmung. So tritt denn bei allen die Gesinnung offen und unverhüllt zutage. Tags darauf verhandelt man nochmals über die Angelegenheit, und beide Zeiten sind gut gewählt: Sie beraten, wenn sie sich nicht verstellen können, und sie beschließen, wenn sie nicht irren können.

Als Getränk dient den Germanen ein Saft aus Gerste oder Weizen, der infolge von Gärung eine gewisse Ähnlichkeit mit Wein hat. Die Kost ist einfach: wildes Obst, frisches Wildbret oder geronnene Milch. Mit Speisen ohne feine Zubereitung und Gewürze stillen sie den Hunger. Dem Durst gegenüber beherrschen sie sich nicht ebenso. Gibt man ihrer Trinklust nach und verschafft man ihnen zu trinken, soviel sie haben wollen, so wird man sie ebenso leicht durch ihre Laster wie durch die Waffen bezwingen.

Von Schaustellungen kennen die Germanen nur eine einzige Art, und bei jeder festlichen Zusammenkunft ist es die gleiche. Nackte Jünglinge, für die das eine Freude und Kurzweil ist, tanzen zwischen gezückten Schwertern und drohend erhobenen Framen. Die Übung hierin hat zu Kunstfertigkeit und die Kunstfertigkeit zu Anmut geführt. Doch üben sie ihre Kunst nicht als Gewerbe oder um Geld aus; der einzige Lohn ihres Spieles, so kühn und verwegen es auch ist, besteht im Vergnügen der Zuschauer.

Dem Würfelspiel huldigen sie merkwürdigerweise in voller Nüchternheit, als wenn es sich um ein ernsthaftes Geschäft handelte. Dabei sind sie in bezug auf Gewinn oder Verlust von einer so blinden Leidenschaft besessen, daß sie, wenn sie alles andere verspielt haben, mit dem letzten, entscheidenden Wurfe um ihre Freiheit und um ihren eigenen Leib kämpfen. Wer verliert, geht willig in die Knechtschaft; mag er auch jünger, mag er auch kräftiger sein, er läßt sich binden und verkaufen. Das ist Hartnäckigkeit an verkehrter Stelle; sie selbst nennen es Treue. Sklaven, die sie auf diese Art gewonnen haben, verkaufen sie weiter, um sich auch für ihre eigene Person eines solchen Gewinnes nicht schämen zu müssen.

Ein Brauch, der sich auch bei anderen germanischen Stämmen findet, wenn auch selten und nur als Beweis persönlichen Wagemutes, ist bei den Chatten allgemeine Sitte geworden. Sobald sie zu Jünglingen herangewachsen sind, lassen sie Haupthaar und Bart wild wachsen und legen diese Tracht, durch die sie sich der Tapferkeit verpflichten und die sie ihr gleichsam als Pfand geben, nicht eher ab, als bis sie einen Feind erschlagen haben. Den blutigen Leichnam und die erbeuteten Waffen zu Füßen, machen sie ihre Stirn frei und erklären, jetzt erst hätten sie sich ihr Daseinsrecht erkauft, und jetzt erst seien sie ihres Vaterlandes und ihrer Väter würdig. Feiglinge und unkriegerische Naturen behalten den Haarwust bei.

Besonders Tapfere tragen überdies einen eisernen Ring — sonst ein Zeichen der Schande bei diesem Volke — wie eine Fessel, bis sie sich durch Tötung eines Feindes gewissermaßen davon frei machen. Sehr vielen Chatten sagt dieser Brauch zu, und sie tragen die auszeichnende Zier bis ins Alter, den Feinden wie ihren eigenen Stammesgenossen kenntlich. Sie sind es, die jeden Kampf eröffnen; sie stehen immer in vorderster Linie, und ihr Anblick flößt Schrecken ein; denn nicht einmal im Frieden ist ihre Lebensweise weniger rauh und wild. Keiner von ihnen hat Haus oder Acker oder betreut sonst etwas, und jeder, zu dem er kommt, verpflegt ihn nach Möglichkeit. So sind sie Verschwender fremden und Verächter eigenen Gutes, bis sie im kraftlosen Alter solch rauhes Reckenleben nicht mehr aushalten können.

Ballspiel. Stich um 1630

Turnier im Hof des päpstlichen Palastes in Rom, Mitte des 16. Jahrhunderts

Aufbruch zur Jagd. Jagdschloß Grunewald 1899

Die Hirschjagd von Lucas Cranach d. Ä.

Eine Steilhang-Abfahrt um 1060

Norwegische Königsgeschichten

Felszeichnungen, Moorfunde und zahlreiche schriftliche Überlieferungen geben davon Kunde, daß die skandinavischen Germanen den Schneelauf schon vor 4000 Jahren gekannt haben. Sie haben ihn sicherlich nicht nur als Brauchkunst, sondern auch als freudebetonten Sport betrieben. Und ihre Schier waren keineswegs primitive Bretter, sondern bereits mit technischen Feinheiten ausgestattet, die uns heute noch geläufig sind. So scheint es, als hätte man eine Bindung ohne Fersenriemen benutzt, wie sie in Skandinavien bis ins 19. Jahrhundert hinein verwendet wurde.

Besonders gute Leistungen hat man aufgezeichnet. Von Königen, Helden und Göttern berichten diese Geschichten, die in der Edda und Saga zu lesen sind. Im folgenden der Bericht über einen von König Harald dem Harten (1042 bis 1066) befohlenen Abfahrtslauf, der sich auf der Insel Bremanger zugetragen hat. Hier wollte der König den Tod des Schiläufers und stellte daher Forderungen, die mit den technischen Mitteln der damaligen Zeit nicht zu erfüllen waren.

Der König Harald der Harte segelte mit seinem Gefolge von Torgen ab, und Heming fuhr mit ihnen. Sie landeten unterwegs an einem hohen Gebirge namens Hornelen (auf der Insel Bremanger). Das war ziemlich steil, und am Abhange war nur ein Weg für Fußgänger: ein schmaler Saumpfad. Unten waren jähe Klippenhänge. Nach oben zu stieg die Bergwand steil auf. Mehr als je ein Mann konnte auf der engen Terrasse nicht vorwärts reiten.

Der König sagte zu Heming: »Jetzt sollst du uns Kurzweil verschaffen durch eine Abfahrt über diesen Hang.« Heming sagte: »Dort ist schlecht zu fahren. Der Hang ist fast schneefrei, vereist und steinig.« Der König sagte: »Das wäre keine Kunst zu fahren, wenn das Gelände gut wäre.«

So wurde es nun verfügt: Heming mußte seine Brettel besteigen und am Hange auf und nieder fahren. Alle meinten, nie habe man jemand so gewandt auf Bretteln fahren gesehen.

Heming fuhr nun zum König und sagte: »Jetzt möchte ich mit dem Fahren aufhören.« Der König sagte: »Nur einmal fahre noch. Jetzt gehe aber den Berg hinan und fahre wieder herab. Achte aber darauf, daß du dicht vor dem

Abgrunde stehen bleibst.« Heming sagte: »Wollt ihr meinen Tod, so braucht es nicht diese Frist.« »Willst du das nicht tun, was ich wünsche, so verlierst du dein Leben«, sagte der König. »Wenig Aufschub ist dabei bis zum Tode«, sagte Heming, »wenn ich euch den Willen tue. Jeder aber soll suchen, sein Leben zu verlängern. So will ich mich dem nicht entziehen. Ende es, wie es wolle.«

Aslak (der Vater Hemings) ging nun zum Könige und bot ihm sein ganzes Eigentum an, wenn Heming dann mit dem Leben davonkäme. Der König sagte, er wollte sein Eigentum nicht. Auch sollte das Hemings letzte Probefahrt sein. »Jetzt fahre nun«, sagte der König zu Heming.

Heming bat nun, niemand solle sich mehr für ihn verwenden.

Der König trat nun vor an den Abhang und mit ihm seine ganze Mannschaft. Er hatte einen roten Mantel an mit Schulterspange und einen Speer in der Hand. Er zog die Nadel aus der Schulterspange des Mantels und stieß die Speerspitze in den Boden. Nikolas Thorbergsohn stand im Rücken des Königs und hielt diesen mit seinen Händen an den Hüften fest. Dasselbe tat jeder mit seinem Vordermann.

Heming klomm nun den Berg in die Höhe, trat oben auf seine Brettel und fuhr dann den Berghang hinab. Jäh raste er hinunter. Es war fast ein Wunder, daß es kein Todessturz ward. Doch blieben die Brettel fest an seinen Füßen haften. Nun kam er herab zum Standort des Königs und seiner Mannen. Am äußersten Rande der Klippe stemmte er seinen Schistab ein und schwang sich in die Luft. Die Brettel flogen unter ihm hinweg, und Heming faßte Fuß auf dem äußersten Felsvorsprunge. Doch kam er bei dem Fluge aus dem Gleichgewicht und faßte nach dem Mantel des Königs. Der König duckte aber sein Haupt unter den Mantel und streifte diesen ab (was er leicht konnte, weil er vorher die Spange gelöst hatte). Da nun der Mantel lose war, stürzte Heming hinab, jählings den Abgrund hinunter. Der König rief: »Jetzt scheidet der Todverfallene von den Lebenden.«

Wettkämpfe auf dem Thing

Die isländischen Sagas und die norwegischen Königsgeschichten sind für uns eine fast unerschöpfliche Quelle, um Einblick in das Leben nordgermanischer Stämme zu gewinnen. Wir erfahren, daß Leibesübungen, Wettkämpfe und Wettspiele ein Teil der Erziehung waren, die den germanischen Jüngling zum Krieger formte. Der erste Lehrmeister des jungen Germanen in Leibesübungen und Waffenführung war sein Vater. Das Training auf dem eigenen Hof wurde weitergeführt und ergänzt im Wettkampf mit gleichaltrigen Kameraden auf Nachbarhöfen, und noch später maßen die Jungen ihre Kräfte bei eigens ausgerichteten Knabenwettkämpfen.

Gelegenheit zu Spiel und Sport gab es für die germanischen Freibauern überall. Bei jedem Thing waren Ringen, Schwimmen und allerlei Spiele der übliche Zeitvertreib. Eine anschauliche Schilderung solcher Wettkämpfe auf dem Thing ist in der Geschichte von dem starken Grettir, dem Geächteten, überliefert. Als sich in einem Frühjahr seine Stammesgenossen auf dem Reiherwerderthing versammelten, hielt es Grettir in der Einsamkeit seines Hofes nicht mehr aus. Trotz der Gefahr, die ihm als Geächteten drohte, wagte er es und ging verkleidet zum Thing, mitten unter seine Todfeinde.

Und es kam dahin eine zahlreiche Menge von Leuten aus allen Gegenden, die dort das Thing zu besuchen hatten. Man blieb lange im Frühjahr dort zusammen, sowohl um seine Sachen zu erledigen, als auch um sich zu vergnügen, denn es gab damals in diesem Bezirk eine Menge zum Scherzen aufgelegter Menschen. Da waren einige junge Burschen, die sprachen davon, das Wetter wäre gut und schön, und es wäre angebracht, Ringkämpfe und andere unterhaltende Spiele zu veranstalten. Die übrigen waren damit einverstanden. Die Leute lagerten sich vor den Buden. Die Söhne des Thord waren die eifrigsten beim Spiele. Thorbjörn Öngul war übermütig und eifrig bemüht, frohe Stimmung hervorzubringen. Jeder, dem er es befahl, mußte am Spiel teilnehmen. Zuerst rangen die, die die wenigsten Kräfte hatten, und dann die andern, und das Volk unterhielt sich gut. Als nun die meisten mit dem Ringkampfe fertig waren, die ausgenommen, die die Stärksten waren, sprachen die Bauern davon, wer sich erböte, mit einem von den beiden Brüdern, den Söhnen des Thord, zu ringen, die früher erwähnt sind; aber keiner fand sich dazu. Die Brüder gingen die Reihen entlang und forderten einen nach dem andern zum Ringkampf auf, aber alles vergebens. Je mehr sie dazu aufgefordert wurden, desto weniger wurde daraus. Thorbjörn Öngul blickte sich rings um und sah einen Mann sitzen, der war groß von Wuchs; aber sein Gesicht konnte man nicht deutlich sehen. Thorbjörn ging zu ihm hin und packte ihn fest an. Aber der Mann blieb ruhig sitzen und rührte sich nicht vom Platze. Da sprach Thorbjörn: »Keiner von denen, die ich heute angefaßt habe, war so schwer von der Stelle zu rücken wie du. Wer bist du?« Er antwortete: »Ich heiße Gest.« Thorbjörn sprach: »Nimm teil an unsern Spielen, so bist du ein willkommener Gast.« Er antwortete: »Große Veränderungen können in kurzer Zeit geschehen; ich kenne keinen hier!«

Feierlich ließ Grettir sich dann sicheres Geleit beschwören. Dann warf er Mantel und Oberkleider ab und machte sich zum Ringkampf fertig. Da erkannten die Leute, daß der Fremde Grettir Asmundssohn sei, denn er war ungleich allen andern Menschen an Wuchs und Stärke, und sie wurden recht betreten wegen ihres voreiligen Gelübdes. Doch der Häuptlingssohn Hjalti Thordarsohn nahm das Wort und entschied: »Das Geleit, das wir gegeben haben, halten wir, obwohl wir uns nicht gescheit benommen haben. Ich will nicht, daß die Leute das als Beispiel haben, daß wir selbst den Frieden brechen, den wir gegeben und zugesagt haben. Grettir soll ungehindert gehen, wohin er will, und er soll Frieden haben, bis er von dieser Fahrt heimkommt. Dann sind wir des Treuschwurs ledig, und wir können machen, was wir wollen.«

Alle dankten ihm für seine Worte, und man fand, er hätte sich wie ein Häuptling benommen, wie die Sache einmal stand. Nur Thorbjörn Öngul war still. Man beschloß, daß der eine von den Brüdern Thord mit Grettir ringen sollte, und er war auch dazu bereit. Nun trat der eine von den Brüdern vor. Grettir stand aufrecht da; der andere rannte schnell auf ihn los, aber konnte ihn nicht von der Stelle rücken. Grettir langte ihm über den Rücken, packte ihn an der Hose, hob ihn so an den Beinen empor und schleuderte ihn sich so über den Kopf, daß er mit den Schultern auf den Boden zu liegen kam; das war ein mächtiger Fall. Dann sagten die Leute, jetzt sollten beide Brüder auf Grettir losgehen, und es geschah auch. Es war ein heißes Ringen, bald war der eine, bald der andere im Vorteil; aber Grettir hatte doch immer einen von den Brüdern unter sich; bald lag er, bald lagen beide Brüder in den Knien, bald ging es ihm, bald den beiden andern schlecht; so mächtig hatten sie sich gepackt, daß sie blau und blutig wurden. Das erschien allen als eine großartige Unterhaltung. Und als sie aufhörten, dankten ihnen alle für ihren Ringkampf. Und das war das Urteil aller, die als Zuschauer dabei saßen, daß die beiden Brüder zusammen nicht stärker waren als Grettir allein, obwohl sie jeder für sich Kräfte hatten wie sonst zwei starke Männer. Sie waren gleich stark, so daß keiner von ihnen dem andern etwas anhaben konnte, wenn sie miteinander rangen.

Die Pferdehatz

Pferde galten bei den Germanen sehr viel, und es war sogar üblich, daß nicht der älteste Sohn die Pferde seines Vaters erbte, sondern der erfolgreichste. Die Germanen züchteten nicht nur Gebrauchspferde, sondern auch sogenannte Kampfhengste. Auf Vereinbarungen ihrer Besitzer hin trugen diese Hengste blutige Kämpfe gegeneinander aus, die bis zur Flucht oder Kampfunfähigkeit des einen Pferdes durchgestanden wurden. Es kam nicht selten vor, daß sich die Besitzer so sehr mit ihren Pferden identifizierten, daß der Kampf der Pferde zuletzt zu einem Kampf zwischen ihren Herren wurde. Eine solche Pferdehatz, wie man sie nannte, wird in der »Geschichte vom weisen Njal« beschrieben.

Man unterhielt sich eifrig über alle Bauern an der Stromhalde, und endlich sprachen sie darüber, ob wohl einer bereit wäre, mit ihnen eine Pferdehatz aufzunehmen. Da waren einige, die äußerten das ihnen zu Gefallen und um sie zu rühmen: es werde nicht fehlen, daß keiner sich getrauen würde, auch würde keiner einen solchen Hengst besitzen. Da antwortete Hildigunn: »Ich weiß einen Mann, der sich getrauen wird, mit euch zu hetzen.« »Nenne ihn!« sagten sie. »Gunnar von Haldenende besitzt einen dunkelbraunen Hengst, und er wird sich getrauen, mit euch zu hetzen und mit allen anderen . . .« Sie ritten nun nach Haldenende. Gunnar war daheim und ging hinaus, Kolskegg und Hjört gingen mit ihm hinaus, begrüßten die Männer höflich und fragten, wohin die Reise gehe. »Nur bis hierher«, sagten sie; »wir hören, daß du einen guten Hengst hast, und wollen dir eine Pferdehatz anbieten.« »Von meinem Hengste können wenig Geschichten umlaufen: er ist noch jung und völlig unerprobt.« »Du wirst's doch freistellen zu hetzen«, sagten sie; »Hildigunn war's, die vermutete, du würdest den Hengst gern hergeben.« »Warum spracht ihr darüber?« fragte Gunnar. »Es waren einige«, sagten sie, »die behaupteten, keiner würde sich getrauen, gegen unsern Hengst zu hetzen.« »Getrauen werd' ich mich schon«, sagte Gunnar, »aber mir kommt diese Behauptung böswillig vor.« »Dürfen wir denn darauf rechnen?« fragten sie. »Eure Reise gefällt euch wohl am besten, wenn ihr euern Willen habt. Aber das möcht' ich euch bitten, daß wir die Hengste so hetzen, daß wir anderen Vergnügen machen und uns keine Ungelegenheit und ihr mir keinen Schimpf antut.«
Der verabredete Zeitpunkt kam heran. Nun ritt man zur Pferdehatz, und es

fand sich eine Menge zusammen: Gunnar war dort und seine Brüder und die Sigfussöhne, Njal und seine Söhne alle. Auch Starkad war gekommen und seine Söhne, Egil und seine Söhne, und sie redeten mit Gunnar, man möge die Rosse gegeneinander führen. Gunnar sagte, es sei ihm recht ... Danach wurden die Rosse gegeneinander geführt. Gunnar rüstete sich zum Stacheln, aber Skarphedin führte den Hengst vor. Gunnar war in rotem Rocke, eine große Pferdestange in der Hand. Danach liefen sich die Hengste an und bissen sich lange, ohne daß man einzugreifen brauchte, und es war höchst vergnüglich. Da machten sie unter sich aus, Thorgeir und Kol, sie wollten ihren Hengst stoßen, dann, wenn die Hengste sich anliefen, und sehen, ob Gunnar davon falle. Nun liefen sich die Hengste an, und Thorgeir und Kol sprangen sogleich ihrem Hengst hinter die Kruppe. Gunnar stieß seinen Hengst dawider, und es ging im Nu, daß Thorgeir und der andere rücklings hinfielen und der Hengst auf sie herunter. Da schossen sie auf und sprangen gegen Gunnar. – Es ging hier, wie in tausend anderen Fällen, daß aus dem Kampf der Pferde ein Kampf der Männer wurde.

Wie Gunther Brunhilden gewann Nibelungenlied

Das Nibelungenlied, das uns seit dem 18. Jahrhundert wieder bekannt ist,
wurde im 12. Jahrhundert aus alten Volkssagen zusammengefügt. Dieses
bedeutendste mittelhochdeutsche Heldengedicht erzählt in 39 Abenteuern von
Siegfrieds Werbung um die schöne Königstochter Kriemhild. Kriemhild war
die Schwester des Burgunderkönigs Gunther und seiner Brüder Gernot und
Giselher, die am Hofe zu Worms lebten. Weiter hören wir von Siegfrieds
Ermordung durch Hagen, von Kriemhilds Rache und dem Kampf der Hunnen
gegen die Burgunder.
Im 7. Abenteuer wird berichtet, wie der Burgunderkönig Gunther mit seinem
Gefolge, zu dem auch Siegfried gehört, an den Hof Brunhildes, der Herrin von
Island, reist. Er will Brunhilde zur Frau gewinnen. Brunhilde aber will nur dem
Freier als Gattin folgen, der sie im Zweikampf besiegt. König Gunther stellt
sich diesem Zweikampf erst, nachdem ihm Siegfried seine Unterstützung zu-
gesagt hat, denn allein würde er diesen Kampf nicht bestehen. Mit Hilfe der
Kraft und Unsichtbarkeit verleihenden Tarnkappe führt Siegfried den Kampf
an Gunthers Seite.

»Den Stein soll er werfen und springen danach,
Den Speer mit mir schießen: drum sei euch nicht zu jach.
Ihr verliert hier mit der Ehre Leben leicht und Leib:
Drum mögt ihr euch bedenken«, sprach das minnigliche Weib.
Siegfried, der Schnelle, ging zu dem König hin
Und bat ihn frei zu reden mit der Königin
Ganz nach seinem Willen; angstlos soll er sein:
»Ich will dich wohl behüten vor ihr mit den Listen mein.«
Da sprach der König Gunther: »Königstochter hehr,
Erteilt mir, was ihr wollet; und wär es auch noch mehr:
Eurer Schönheit willen bestünd' ich alles gern.
Mein Haupt will ich verlieren, gewinnt ihr mich nicht zum Herrn.«
Als da seine Rede vernahm die Königin,
Bat sie, wie ihr ziemte, das Spiel nicht zu verziehn.
Sie ließ sich zum Streite bringen ihr Gewand,
Einen goldenen Panzer und einen guten Schildesrand.
Ein seiden Waffenhemde zog sich an die Maid,

Daß ihr kein Waffe verletzen konnt' im Streit,
Von Zeugen wohlgeschaffen aus Libya dem Land:
Lichtgewirkte Borten erglänzten rings an dem Rand.
Derweil hatt' ihr Übermut den Gästen schwer gedräut.
Dankwart und Hagen, die standen unerfreut.
Wie es dem Herrn erginge, sorgte sehr ihr Mut.
Sie dachten: Unsre Reise bekommt uns Recken nicht gut.
Derweil ging Siegfried, der listige Mann,
Eh es wer bemerkte, an das Schiff heran,
Wo er die Tarnkappe verborgen liegen fand,
In die er hurtig schlüpfte: da war er niemand bekannt.
Er eilte bald zurück und fand hier Recken viel:
Die Königin erteilte da ihr hohes Spiel.
Da ging er hin verstohlen, und daß ihn niemand sah
Von allen, die da waren, was durch Zauber geschah.
Es war ein Kreis gezogen, wo das Spiel geschehn
Vor kühnen Recken sollte, die es wollten sehn.
Wohl siebenhundert sah man Waffen tragen:
Wer das Spiel gewänne, das sollten sie nach Wahrheit sagen.
Da war gekommen Brunhild, die man gewaffnet fand,
Als ob sie streiten wolle um aller Könige Land.
Wohl trug sie auf der Seide viel Golddrähte fein;
Ihre minnigliche Farbe gab darunter holden Schein.
Nun kam ihr Gesinde, das trug herbei zuhand
Aus allrotem Golde einen Schildesrand
Mit hartem Stahlbeschlage, mächtig groß und breit,
Worunter spielen wollte diese minnigliche Maid.
An einer edeln Borte ward der Schild getragen,
Auf der Edelsteine, grasgrüne, lagen;
Die tauschten mannigfaltig Gefunkel mit dem Gold.
Er bedurfte großer Kühnheit, dem die Jungfrau wurde hold.
Der Schild war untern Buckeln, so ward uns gesagt,
Von dreier Spannen Dicke; den trug hernach die Magd.
An Stahl und auch an Golde war er reich genug,
Den ihrer Kämmrer einer mit Mühe selbvierter trug.
Als der starke Hagen den Schild hertragen sah,
In großem Unmute sprach der Tronjer da:
»Wie nun, König Gunther? An Leben geht's und Leib:
Die ihr begehrt zu minnen, die ist wohl des Teufels Weib.«
Hört noch von ihren Kleidern: deren hatte sie genug.
Von Azagauger Seide einen Wappenrock sie trug,
Der kostbar war und edel: daran warf hellen Schein

Von der Königstochter gar mancher herrliche Stein.
Da brachten sie der Frauen mächtig und breit
Einen scharfen Wurfspieß; den verschoß sie allezeit,
Stark und ungefüge, groß dazu und schwer.
An seinen beiden Seiten schnitt gar grimmig der Speer.
Von des Spießes Schwere höret Wunder sagen:
Wohl hundert Pfund Eisen war dazu verschlagen.
Ihn trugen mühsam Dreie von Brunhildens Heer:
Gunther der Edle rang mit Sorgen da schwer.
Er dacht in seinem Sinne: »Was soll das sein hier?
Der Teufel aus der Hölle, wie schütz' er sich vor ihr?
Wär' ich mit meinem Leben wieder an dem Rhein,
Sie dürfte hier wohl lange meiner Minne ledig sein.«
Er trug in seinen Sorgen, das wißt, Leid genug.
All seine Rüstung man ihm zur Stelle trug.
Gewappnet stand der reiche König bald darin.
Vor Leid hätte Hagen schier gar verwandelt den Sinn.
Da sprach Hagens Bruder, der kühne Dankwart:
»Mich reut in der Seele her zu Hof die Fahrt.
Nun hießen wir einst Recken! Wie verlieren wir den Leib!
Soll uns in diesem Lande nun verderben ein Weib?
Des muß mich sehr verdrießen, daß ich kam in dieses Land.
Hätte mein Bruder Hagen sein Schwert an der Hand
Und auch ich das meine, so sollten sachte gehn
Mit ihrem Übermute die in Brunhildens Lehn.
Sie sollten sich bescheiden, das glaubet mir nur.
Hätt' ich den Frieden tausendmal bestärkt mit einem Schwur,
Bevor ich sterben sähe den lieben Herren mein,
Das Leben müßte lassen dieses schöne Mägdelein.«
»Wir möchten ungefangen wohl räumen dieses Land«,
Sprach sein Bruder Hagen, »hätten wir das Gewand,
Des wir zum Streit bedürfen, und die Schwerter gut,
So sollte sich wohl sänften der schönen Fraue Übermut.«
Wohl hörte, was er sagte, die Fraue wohlgetan;
Über die Achsel sah sie ihn lächelnd an.
»Nun er so kühn sich dünket, so bringt doch ihr Gewand,
Ihre scharfen Waffen gebt den Helden an die Hand.
Es kümmert mich so wenig, ob sie gewaffnet sind,
Als ob sie bloß da stünden«, so sprach das Königskind.
»Ich fürchte niemands Stärke, den ich noch je gekannt:
Ich mag auch wohl genesen im Streit vor des Königs Hand.«
Als man die Waffen brachte, wie die Maid gebot,

Dankwart, der kühne, ward vor Freuden rot.
»Nun spielt, was ihr wollt«, sprach der Degen wert,
»Gunther ist unbezwungen: wir haben wieder unser Schwert.«
Brunhildens Stärke zeigte sich nicht klein:
Man trug ihr zu dem Kreise einen schweren Stein,
Groß und ungefüge, rund dabei und breit.
Ihn trugen kaum zwölfe dieser Degen kühn im Streit.
Den warf sie allerwegen, wie sie den Speer verschoß.
Darüber war die Sorge der Burgunden groß.
»Wen will der König werben?« sprach da Hagen laut:
»Wär sie in der Hölle doch des übeln Teufels Braut!«
An ihre weißen Arme sie die Ärmel wand,
Sie schickte sich und faßte den Schild an die Hand,
Sie schwang den Spieß zur Höhe: da ging's zum Streite hin.
Gunther und Siegfried bangten vor Brunhildens grimmem Sinn.
Und wäre ihm da Siegfried zu Hilfe nicht gekommen,
So hätte sie dem König das Leben wohl benommen.
Er trat hinzu verstohlen und rührte seine Hand;
Gunther seine Künste mit großen Sorgen befand.
»Wer war's, der mich berührte?« dachte der kühne Mann,
Und wie er um sich blickte, da traf er niemand an.
Er sprach: »Ich bin es, Siegfried, der Geselle dein:
Du sollst ganz ohne Sorge vor der Königin sein.
Gib aus den Händen den Schild, laß mich ihn tragen,
Und behalt im Sinne, was du mich hörest sagen:
Du habe die Gebärde, ich will das Werk begehn.«
Als er ihn erkannte, da war ihm Liebes geschehn.
»Verhehl auch meine Künste, das ist uns beiden gut:
So mag die Königstochter den hohen Übermut
Nicht an dir vollbringen, wie sie gesonnen ist:
Nun sieh doch, welcher Kühnheit sie wider dich sich vermißt.«
Da schoß mit ganzen Kräften die herrliche Maid
Den Speer nach einem neuen Schild, mächtig und breit:
Den trug an der Linken Sieglindens Kind.
Das Feuer sprang vom Stahle, als ob es wehte der Wind.
Des starken Spießes Schneide den Schild ganz durchdrang,
Daß das Feuer lohend aus den Ringen sprang.
Von dem Schusse strauchelten die kraftvollen Degen:
War nicht die Tarnkappe, sie wären beide da erlegen.
Siegfried, dem kühnen, vom Munde brach das Blut.
Bald sprang er auf die Füße: da nahm der Degen gut
Den Speer, den sie geschossen ihm hatte durch den Rand:

Den warf ihr jetzt zurücke Siegfried mit kraftvoller Hand.
Er dacht': »Ich will nicht schießen das Mägdlein wonniglich.«
Des Spießes Schneide kehrt' er hinter den Rücken sich;
Mit der Speerstange schoß er auf ihr Gewand,
Daß es laut erhallte von seiner kraftreichen Hand.

Das Feuer stob vom Panzer, als trieb' es der Wind.
Es hatte wohl geschossen der Sieglinde Kind:
Sie vermochte mit den Kräften dem Schusse nicht zu stehn;
Das wär' von König Gunthern in Wahrheit nimmer geschehn.

Brunhild, die schöne, bald auf die Füße sprang:
»Gunther, edler Ritter, des Schusses habe Dank!«
Sie wähnt', er hätt' es selber mit seiner Kraft getan:
Nein, zu Boden warf sie ein viel stärkerer Mann.

Da ging sie hin geschwinde, zornig war ihr Mut,
Den Stein hoch erhob sie, die edle Jungfrau gut;
Sie schwang ihn mit Kräften weithin von der Hand,
Dann sprang sie nach dem Wurfe, daß laut erklang ihr Gewand.

Der Stein fiel zu Boden von ihr zwölf Klafter weit:
Den Wurf überholte im Sprung die edle Maid.
Hin ging der schnelle Siegfried, wo der Stein nun lag;
Gunther mußt ihn wägen, des Wurfs der Verholne pflag.

Siegfried war kräftig, kühn und auch lang:
Den Stein warf er ferner, dazu er weiter sprang.
Ein großes Wunder war es und künstlich genug,
Daß er in dem Sprunge den König Gunther noch trug.

Der Sprung war ergangen, am Boden lag der Stein;
Gunther war's, der Degen, den man sah allein.
Brunhild, die schöne, ward vor Zorne rot;
Gewendet hatte Siegfried dem König Gunther den Tod.

Zu ihrem Ingesinde sprach die Königin da,
Als sie gesund den Helden an des Kreises Ende sah:
»Ihr meine Freund' und Mannen, tretet gleich heran:
Ihr sollt dem König Gunther alle werden untertan.«

Da legten die Kühnen die Waffen von der Hand
Und boten sich zu Füßen von Burgundenland
Gunther dem reichen, so mancher kühne Mann:
Sie wähnten, die Spiele hätt' er mit eigner Kraft getan.

Er grüßte sie gar minniglich: wohl trug er höf'schen Sinn.
Da nahm ihn bei der Rechten die schöne Königin:
Sie erlaubt' ihm zu gebieten in ihrem ganzen Land.
Des freute sich da Hagen, der Degen kühn und gewandt.

Die Turnierartikel

Georg Rüxner

Das mittelalterliche Rittertum hatte seine eigenen Festlichkeiten und Vergnügungen. Unbestritten den ersten Platz nahmen die Turniere ein. Keine Reichsversammlung, keine Fürstenzusammenkunft war denkbar ohne Turnier. Nirgendwo konnte man seinen Reichtum, den Glanz seiner Waffen, die Pracht der Kleidung besser zur Schau stellen als auf einem Turnier. Schöne Frauen waren Zeugen, wie die Pferde mit Kraft und Geschicklichkeit getummelt wurden, wie Gewandtheit in der Waffenführung zum Sieg führte. Über die Bedingungen für die Zulassung zu einem Turnier und über die Strafen bei einem Vergehen geben die folgenden zwölf Turnierartikel Auskunft, die der pfälzische Wappenherold Rüxner am Ausgang des Mittelalters aufgezeichnet hat und von denen er behauptet, daß sie von Heinrich I. stammen.

1. Turnierartikel

Alle die so rittermäßig vom Adel geboren und herkommen sind, die wissentlich handeln oder freventlich tun wider den höchsten Schatz der heiligen Dreifaltigkeit und die christliche Kirche mit Anrührung des christlichen Glaubens, es wäre mit freveln Worten oder Werken, daß die mit Recht nicht in das Turnier reiten sollten. Wollte aber einer trotz solchen Verbrechens hineinreiten, in der Meinung, zu genießen der adeligen tugendlichen Werke und Taten seiner Voreltern und deren Herkommens, um seine Bosheit damit zu bedecken, mit dem soll man in offenem Turnier um das Pferd turnieren und ihn auf die Schranken setzen.

2. Turnierartikel

Welcher vom Adel geboren ist, der wider Kaiserlicher Majestät Gebot und Verbot, auch das heilige römische Reich, freventlich täte und verächtlich handelte mit Worten, Werken, heimlich oder öffentlich, der soll in offenem Turnier von männiglich gestraft und mit ihm um das Pferd turniert, er auch selbst auf die Schranken gesetzt werden. Solches erkenne ich für den andern Artikel des Turniers.

3. Turnierartikel

Welcher vom Adel geboren und herkommen wäre, der Frauen oder Jungfrauen entehrt und schwächt, oder dieselbigen schmäht mit Worten oder

114

Kampfrichter bei der ersten Olympiade der Neuzeit 1896 in Athen.
Am Tisch links Pierre de Coubertin

Pierre de Coubertin

Friedrich Ludwig Jahn, der Turnvater

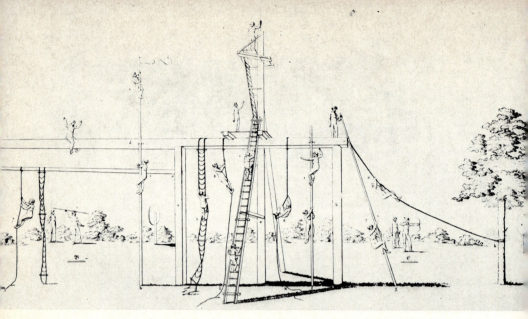

Turnübungen aus dem »Turnbuch für die Söhne des Vaterlandes«
von J. Chr. Friedrich Guts Muths, 1817

Erstes deutsches Turnfest in Coburg vom 16. bis 18. Juni 1860

Werken, der soll in offenem Turnier vor Frauen und allermänniglich als ein Frauen- und Jungfrauenschänder gestraft und mit ihm um das Pferd turniert, er auch auf die Schranken gesetzt werden.

4. Turnierartikel

Welcher vom Adel geboren ist, der siegelbrüchig, meineidig, ehrlos erkannt, gescholten und dafür gehalten wird, daß derselbe zu keinem Turnier zugelassen werden soll. Käme aber einer trotz solchem hereingeritten, mit dem soll um sein Pferd turniert und er in offenem Turnier auf die Schranken gesetzt werden.

5. Turnierartikel

Welcher vom Adel geboren und herkommen sei, der seinen eigenen Herrn verraten oder von ihm feldflüchtig wurde, oder sonst eine Feldflucht machte, auch seine Bürger unverschuldet und ohne Recht umbrächte, daß mit demselben vor allermänniglich in offenem Turnier um sein Pferd turniert und er selbst auf die Schranken gesetzt werden soll.

6. Turnierartikel

Welcher vom Adel geboren und herkommen wäre, der Rat und Tat dazu gäbe, daß sein eigner Herr ermordet oder totgeschlagen würde, mit dem soll man in offenem Turnier um das Roß turnieren und ihn auf die Schranken setzen.

7. Turnierartikel

Welcher vom Adel geboren und herkommen wäre, der Kirchen, Klausen, Witwen oder Waisen beraubte, auch ihnen das Ihrige gewaltiglich vorenthielte, so doch ein jeglicher rittermäßige Mann und die vom Adel dieselben allzeit vor Gewalt und Unrecht selbst sollen schützen und beschirmen, mit dem soll man vor männiglich in offenem Turnier um sein Pferd turnieren und ihn selbst auf die Schranken setzen.

8. Turnierartikel

Welcher vom Adel geboren und herkommen und eines andern Feind ist oder wird ohne rechtliche Erforderung und Ansprach, oder solches Recht nicht nach Kriegsordnung gebraucht würde, ein Teil den andern brennen und beschädigen würde, besonders an Früchten, Wein und Getreide, damit der gemeine Nutzen gehindert würde, welcher auch als offener Straßenräuber berufen und verschrien wäre mit offenen oder heimlichen Taten, und der Stück eines oder mehr überführt durch sich selbst oder die Seinen, unbewahrt seiner Ehren: der soll nach Ausweisung Turniers Freiheit darum wie um andere vorbemeldete Artikel gestraft werden.

9. Turnierartikel

Welcher vom Adel geboren und herkommen ist, der im Reiche Neuerung und Besserung machen wollte mit weiterer Aufsetzung, denn vorher der gemeine Landesbrauch, Übung und alt Herkommen wäre, es sei in Fürstentümern, Herrschaften, Städten oder anderen Gebieten zu Wasser und Land, ohne der Obrigkeit, als eines Römischen Kaisers, Vergunst und Wissen, in welcher Weise das wäre, dadurch der Kaufmann die Straßen nicht brauchen möchte, auch die anstoßenden Lande samt ihren Einwohnern und Hintersassen beschädigt würden an Nahrung, Leib oder Gut, der soll nach rechter Turniersordnung und Freiheit in offenem Turnier wie eines anderen vorberührten verwirkten Artikels halber gestraft werden.

10. Turnierartikel

Welcher vom Adel geboren und herkommen ist, der für einen Ehebrecher ungezweifelt und öffentlich erkannt wird, der in eigenem ehelichen Stande oder außerhalb desselbigen mit anderen oder geistlichen Personen in solcher Gestalt zu schaffen hätte, auch Frauen oder Jungfrauen schwächte oder öffentlich schändete, mit demselben soll man in offenem Turnier um das Roß turnieren und ihn auf die Schranken setzen.

11. Turnierartikel

Welcher vom Adel geboren und herkommen wäre, der seinen Stand anders denn in adeligem Stande hielte, sich nicht von seinen adeligen Renten, die ihm sein Mann oder Erblehen, Dienstlehen, Herrensold oder Eigentum jährlich ertragen mag, sondern mit Kaufmannschaft, Wechseln und dergleichen Sachen nähren oder sein Einkommen mehren wollte, dadurch sein Adel geschmähet und verachtet würde, wo er auch seinen Hintersassen und Anstößern ihr Brot vor dem Munde abschneiden wollte, derselbe soll in das Turnier nicht zugelassen werden. Wo er aber trotzdem einreiten und Turnier halten wollte, soll man mit ihm um das Roß turnieren und ihn auf die Schranken setzen.

12. Turnierartikel

Welcher vom Adel wollte einreiten und turnieren, der nicht von seinen Eltern edelgeboren und herkommen wäre und das mit seinen vier Anichen (*Ahnen*) nicht beweisen könnte, der mag mit Recht dieser Turniere keines besuchen. Ob aber einer oder mehrere sein würden, die solche Freiheit verachten und nicht daran halten wollten, sondern gewaltiglich im Vertrauen ihres neuen Adels einbrechen und sich den alten Geschlechtern, die ihren Adel, wie oben stehet, beweisen mögen, gleichreihen wollten, der oder dieselben sollen in offenem Turnier vor männiglich gestraft und mit ihnen um das Pferd turniert, er selbst auch auf die Schranken gesetzt werden.

Zwiegespräch
über die Schwimmkunst

Das erste Schwimmbuch der Welt erschien 1538 – vor über 400 Jahren. Der Autor, Nikolaus Weinmann, hat ihm eine besondere Form gegeben. In seinem kurzweiligen und lustig zu lesenden Zwiegespräch zwischen dem Lehrer Pampiros und dem Schüler Erotes macht er seine Leser nicht nur mit den Anfangsgründen des Brustschwimmens bekannt, sondern gibt ihnen, in lang ausgesponnenen Dialogen, wichtige Hinweise auf die richtige Atemtechnik, auf das Springen, das Rückenschwimmen, die Ruhelage im Wasser, das Wassertreten und das Rettungsschwimmen. Ein vielseitiges Büchlein also. Erstaunlich ist, wie gut es Weinmann gelungen ist, die Armführung beim Brustschwimmen zu beschreiben. Man bezeichnet seine Darstellung als den ersten Versuch einer wissenschaftlich begründeten Bewegungslehre des Schwimmens. Der folgende Ausschnitt aus Nikolaus Weinmanns Buch berichtet über das Brustschwimmen.

Pampiros: Zuallererst lerne schwimmen zum notwendigen Gebrauch und zur Rettung, nicht aber zu leerer Prahlerei und gefährlicher Verwegenheit! *Erotes:* Ganz gewiß. *Pampiros:* Wähle dir dazu einen kleinen Fluß, der nicht gerade zu langsam oder reißend ist, dessen Höhe dir gerade bis an die Brust steigt. *Erotes:* Jawohl. *Pampiros:* Dann mußt du einen Gefährten hinzuziehen, der diese Kunst versteht und dir alles getreulich zeigt. *Erotes:* Das sollst du sein. *Pampiros:* Die ganze Sache beruht nämlich darauf, daß sich der Körper richtig wendet und bewegt. Daher wird dir der Lehrer unmittelbar am Ufer zeigen, wie du beim Schwimmen die Hände zu Schaufeln ausbreiten mußt, derart, daß du sie etwas zu einer ziemlich geräumigen Höhlung krümmst, die Finger nicht gespreizt, sondern eng aneinandergepreßt. Natürlicherweise bewegen sich auch die an der Oberfläche schwimmenden Hölzer leichter und wirksamer stromabwärts, wenn sie unbeschädigt sind, als wenn sie von Rissen auseinanderklaffen. *Erotes:* Das ist wahr. *Pampiros:* Welche Triebkraft würde wohl eine gespaltene und stark zerfranste Ruderstange oder ein Flechtwerk zustande bringen, wenn sie durch das Wasser gezogen werden? *Erotes:* Und doch sehe ich viele so schwimmen. *Pampiros:* Gewiß, aber den Hunden gleich, mit unglücklich ausgebreiteten Klauen; bald nämlich sinken sie unter, da sie durch die allzu große Anstrengung ermüdet sind. Daher gehen derartigen Stümpern meistenteils ihre Wagnisse nicht glücklich vonstatten. *Erotes:* Du meinst also, es darf sich keiner aus freien Stücken in tieferes Wasser wagen, ausgenommen wer diese Kunst vollkommen beherrscht. *Pampiros:* Das meine ich und fahre fort. Übrigens, wenn du beim Schwimmen die Arme im kreisrunden Bogen herumführst, dann halte die Hände, die vorteilhaft so angeordnet sind, wie ich es eben erwähnte, damit sie mit um so größerem Nachdruck gegen die Wellen ankämpfen, so entgegengekehrt, wie die Schiffer die Blätter der Ruder entgegendrehen. In diesem Punkte sündigen meiner Ansicht nach die meisten, indem sie, mag auch das übrige richtig sein, die Hände nicht halbschräg, sondern ganz und gar flach führen. Gerade wie wenn man dünne Bretter im Wasser auseinanderzieht, was keine größere Kraft auslöst, als wenn man mit der Schneide des Schwertes das Wasser zerteilen will, nicht aber mit der entgegengekehrten Breitseite der Klinge. Weiter bring beim Vorwärtsschwimmen die Hände in der von mir gelehrten Drehung mitten vor die Brust und führe sie dann – die Handflächen nach unten – zusammen vor dir geradeaus so weit vor, wie du nur kannst. Dann ziehe sie nach beiden Seiten auseinander und laß sie in breitem Bogen nicht übereilt so kreisen, daß sie gut ausgebreitet und auf diese Weise wiederum herumgeführt immer zu der Mitte der Brust zurückkehren. Das mußt du machen, solange du schwimmst. *Erotes:* Beinahe fasse ich es schon. *Pampiros:* Aber das ist vor allem zu beachten, daß du die Hände so hältst und führst, wie du es gehört hast. *Erotes:* Jawohl. *Pampiros:* Führe sie unter dem Wasser einen halben Fuß und halte sie immer so, daß du sie nicht dich selbst vergessend in wechselseitigen Schlägen aus dem Wasser herauswirfst und eher die Luft schlägst als das Wasser. Das tun die meisten, die anfänglich schlecht unterwiesen wurden, nach Art der Hunde, die sie auch in dem Punkte nachahmen, daß sie die Hände von oben nach unten, wie jene die Füße, beim Schwimmen hin und her schütteln. Sie werden dann von der richtigen Schwimmkunst im Stich gelassen, ermüden bald und sinken unter. *Erotes:* Sehr wahrscheinlich. *Pampiros:* Vor allem denke dran, wenn du die Hände und Arme kunstvoll herumführst, daß du sie so zur Mitte der Brust oder etwas unterhalb zurückführst, daß es so aussieht, als ob du sie beinahe zum Rücken hin bringen und mit der Handfläche nach oben vereinigen wolltest. *Erotes:* Man muß, das merke ich schon, peinlich genau die Kunst beherrschen. *Pampiros:* Selbstverständlich. Sobald man erst einmal diese Vorschriften richtig ausgeprobt hat, wird alles danach ein Kinderspiel sein. Wenn du nun schwimmst, so richte die Brust und den Hals ein wenig empor. So wirst du, wenn du das Frühere und das, was zur Anweisung noch übrigbleibt, beachtest, mit dem ganzen Halse vollständig herausragen, da dich das Wasser höher und bequemer trägt. *Erotes:* Wie sind aber dann die Füße zu führen? *Pampiros:* Schweig, gleich komme ich dahin. Hast du, Erotes, nicht mal Leute gesehen, die beim Schwimmen, wenn das Schwimmen heißt, so oft sie vorrücken wollten, den Kopf im Kreise herumdrehen, ganz wie sinnlose Menschen, stoßweise die Backen aufblähen und mit großem Lärm den Atem, der sich gelagert und zusammengedrängt hat, herausstoßen, als ob sie das eingeschlürfte Wasser wieder herausrülpsten? *Erotes:* Oft sah ich das, und jedesmal glaubte ich, sie wollten bei dieser ungelenken Bewegung schon untergehen. *Pampiros:* Du triffst fürwahr den Nagel auf den Kopf, denn wie ich oft gesehen habe, ist ihre Haltung die gleiche wie bei den Leuten, die in den Wellen schon in Todesgefahr schweben. Das tun die Leute, die im Anfang sich diese Kunst nicht richtig angeeignet haben, wie auch jene, die es sich einmal angewöhnt haben, mit schiefem, nach dem rechten oder linken Ohr geneigtem Kopf so grundfalsch und mühsam zu schwimmen. Aus diesem Fehler entsteht noch ein anderer, daß sie in solcher Lage fast nur mit der rechten Hand schwimmen. Während sie jene weiter ausstrecken, führen sie die linke Hand in kürzerem Bogen herum, und zwar allzusehr nach der linken Seite hin. Das ist genau dasselbe, wie wenn man absichtlich auf einem Beine hinkt oder ein Vogel mit nicht gleichmäßig ausgerichteten und ausgebreiteten Flügeln fliegt. *Erotes:* Was muß man denn tun, um keinen Fehler zu begehen? *Pampiros:* Da fragst du noch? So wie ich dir vorhin gezeigt habe, muß man gleichmäßig beide Hände zugleich nach beiden Seiten ausstrecken, den Kopf und überhaupt den ganzen Körper nach keiner Seite neigen, sondern mit vorwärtsgebeugter Brust auf dem Bauche liegen und in grader Haltung wie die schwimmenden Schlangen stromabwärts gleiten. *Erotes:* Der Teufel soll mich holen, wenn du nicht alles klug schilderst! *Pampiros:* Die anders handeln, kann man nicht einmal als Schwimmer bezeichnen, da sie kaum mehr als zehn Schritt aushalten und sich glücklich über Wasser halten können. *Erotes:* Sondern sie halten sich meistenteils lange ganz unten auf dem Grunde auf. *Pampiros:* Gewiß länger als sie es wünschen, und hier ist es mit ihrem Latein zu Ende. *Erotes:* Ich sehe, daß es wie überall, so auch hierbei viel darauf ankommt, wie und von wem du zuerst Unterricht erhältst. *Pampiros:* Gewiß. *Erotes:* Ich habe oft viele gesehen, die beim Schwimmen abwechselnd Hände und Füße über das Wasser hoben und sich so lächerlich gebärdeten, als ob sie in die Luft fliegen wollten. Diese trägt das Wasser so widerwillig und mühsam, daß sie kaum mit dem halben Kopf herausragen und sich eifrig plagen müssen, um nicht das verhaßte Wasser zu schlucken. *Pampiros:* Das, Erotes, ist die Kunstfertigkeit, mit der man den oberen Teil des Körpers im Wasser lenken muß. Höre nun das übrige und merke, wie bis jetzt, fleißig auf, wie man zur Ergänzung in gleicher Weise mit den Beinen kunstfertig rudern muß, um mit ihnen den Unterkörper genauso richtig zu tragen wie mit den Armen den Oberkörper. Die einen können nämlich ohne die andern nichts oder nur sehr wenig leisten. Daher wirst du es, um mich kurz zu fassen, beinahe spielend lernen, wenn du recht sorgfältig zusiehst, wie die Frösche mit den

Hinterbeinen schwimmen (denn die Vorderbeine kann man infolge ihrer Kürze beim Schwimmen nicht sehen). Von ihnen lesen wir:

Laich birgt der Schlamm, aus dem die grünen Frösche entstehen
Ohne Füße zunächst, doch bald gab er ihnen auch Schenkel
Wohlgeeignet zum Schwimmen und auch zum Sprung in die Weite.
Darum waren an Maß sie hinten länger als vorne.

Erotes: Das ist zum Lachen. *Pampiros:* Wieso? *Erotes:* Glaubst du, ich sollte es über mich gewinnen, mich wie einst die lyzischen Landleute mit einer so seltsamen Vertauschung in einen Frosch zu verwandeln? Glaubst du, es würde sich überhaupt für den Menschen schicken, von einem so kleinen Tierchen etwas lernen zu wollen oder lernen zu können? *Pampiros:* Warum denn nicht? *Erotes:* Ich sollte einen Frosch als Lehrer und Unterweiser anerkennen? *Pampiros:* Nein, du machst dich wirklich lächerlich, Erotes, wenn du es einem Menschen als schimpfliches Verbrechen anrechnest, daß er von der unvernünftigen Kreatur etwas lernt, da ja offensichtlich die Natur gerade den kleinsten Tieren die höchste Kunstfertigkeit und ihre bewunderungswürdige Erhabenheit in ganz besonderem Maße eingepflanzt hat. *Erotes:* Ich bin gespannt, wo du hinauswillst, du Philosoph! *Pampiros:* Könnte ich doch, wenn die Natur es gestattete, von den kleinsten Fischen die Schwimmkunst so lernen, daß ich imstande wäre, alle Meere zu überqueren und alle Tiefen der Gewässer aufzuspüren! Ich würde uns alle glücklich machen, denn dann würden wir die auserlesensten Fisch- und Muschelarten genießen, besonders aber würde ich – du bezweifelst das natürlich – die zahlreichen unvergleichlichen Schätze, die auf dem Grunde verborgen ruhn und schon längst versunken sind, herausholen und wieder ans helle Tageslicht bringen. *Erotes:* Dieser Wunsch, mein Pampiros, ist leichter als sein Gelingen, wenn dir nicht zufällig Neptun sehr gnädig gesinnt ist. Genausogut kannst du wünschen, von den Wasserspinnen zu lernen, mit ihnen zum Staunen der gesamten Menschheit hurtig auf der Oberfläche des Wassers dahinzueilen. *Pampiros:* Wenn es ginge, lieber Freund, würde ich auch von dieser Geschicklichkeit Gebrauch machen. Ja sogar, wenn es gestattet wäre, würde ich, ohne zu erröten, von den Vögeln die Kunst des Fliegens erlernen. Dann würde ich gewiß hoch droben mitten aus dem Ätherreich (wie oft habe ich mir das einst als Knabe ersehnt!) auf alle unten liegenden Länder und auf die berühmtesten in ihren gehörigen Abständen von einander getrennten Städte herabsehen. *Erotes:* Aber du könntest von oben mit deinen schwachen Augen da kaum die unten liegenden Örtlichkeiten der schier unermeßlichen Erde erblicken, und zugleich würde es für dich beim Fliegen unbequem sein, das Fernrohr überallhin mit dir herumzutragen. Und nun höre mich jetzt hinwiederum schwärmen, wenn mir von den unsterblichen Göttern die Fähigkeit gewährt würde, die einst vielen Menschen zugestanden wurde nach dem untrüglichen und bewährten Zeugnis des Schriftstellers Naso – *Pampiros:* Ha, ha, he, o Naso! *Erotes:* Meinetwegen magst du lachen, was glaubst du, was ich tun würde? Ich würde fürwahr diese glückliche Gelegenheit nicht mißbrauchen, um, wie Jupiter, Jungfrauen zu schänden, sondern wie ehemals die Elster bei günstiger zeitlicher und örtlicher Gelegenheit, als die Einwohner von Argentinum in ihrer berühmten Burg an einem hellen Tage ihren Schatz wie gewöhnlich nach Öffnung der Gitter und Fenster der Luft und Sonne aussetzten zur Belebung und Bestrahlung, damit der prächtige Mammon nicht durch Schimmel und Schmutz zugrunde ginge, kurz und gut, da würde ich heimlich herbeifliegen und mich in die Schatzkammer hineinstehlen. *Pampiros:* Du diebische Elster du! Aber hieße das nicht die Kunstfertigkeit mißbrauchen? *Erotes:* Tausende und aber Tausende von Münzen würde ich dort rauben! *Pampiros:* Wozu, ich bitte dich? *Erotes:* Dumme Frage! Vor allem, um den mageren und ausgehungerten Studenten, die hier und dort unglücklich die Kollegien bevölkern, unter die Arme zu greifen und reichlicheren Lebensunterhalt spenden zu können. *Pampiros:* Du wolltest also mit dem Fliegerdiebstahl dich nicht selbst bereichern, sondern den Dürftigen und Notleidenden helfen, wie das der bekannte Vagant aus Böhmen getan haben soll, der sich selbst den Namen »Desperado« gegeben hatte. *Erotes:* Ein unseliger Name! Übrigens fällt mir ein, daß ich noch oft manches von diesem Mann sprechen hörte. *Pampiros:* Er war in jenem Landstrich der oberste Schutzherr der hungernden, zerlumpten und verlausten Studenten. Diesen ließ er in seiner Güte alles zukommen, was er von allen Seiten durch seine gaukelvolle Kunst einnahm. Aber wohin irren wir abseits? *Erotes:* Mit Recht sprichst du: »Wohin irren wir?« Wir verließen unser Vorhaben über die Schwimmkunst und schwatzten mit der Zeit über allerhand Dinge, über törichte, wiederhole ich, und unmögliche Dinge. Dazu verführten uns natürlich deine unglückseligen Frösche. *Pampiros:* Aber Erotes! Nein, du hast erst dieser Abschweifung Raum gegeben, da du dich weigertest, in der für einen Menschen durchaus passenden und schicklichen Angelegenheit den Frosch als Lehrmeister anzuerkennen. Wie wenn es darauf ankäme, woher du etwas lernst, wenn es nur gut und für deine Belange angemessen ist. Es gibt auch keinen Grund, unsere Frösche ganz und gar zu verachten, die, wie du weißt, sich in mißlicher Lage in der unglücksreichen Niederlage des Frosch-und-Mäuse-Krieges so tapfer benommen haben. *Erotes:* Warum hießest du mich nicht lernen, wie man aus Seidenraupen Seide in Fäden zieht? *Pampiros:* Darum handelte es sich nicht, daß du eine Seidenraupe beim Spinnen spieltest. *Erotes:* Richtig, aber auch das stand nicht zur Verhandlung und gehörte nicht zu deinem Vortrage und deiner Wasserkunst, was du über den Flug der Vögel vorbrachtest. *Pampiros:* Da hast du recht, wie ich gestehe. Gewiß rede ich von den Fröschen ganz ernsthaft. Wenn du sie jedoch als Lehrer nicht haben, sondern mich lieber als Lehrmeister in dieser Kunst anerkennen willst, wohlan, so habe ich nichts dagegen. Ich glaube aber, es wird uns beiden von Nutzen sein, wenn wir manche andre Dinge von den kleinen Tieren lernen, die man uns als Vorbilder vorzuhalten pflegt, um uns Vorteile für das Leben zu verschaffen. *Erotes:* Ich bin gespannt, wo du hinauswillst. *Pampiros:* Laß uns von den Ameisen lieber den praktischen Verstand lernen als von den Fröschen die Schwimmkunst, von den Tauben die christliche Einfachheit, von den Schlangen die Klugheit! Ich will nicht erst sagen: von den Spinnen die Kunst der Nachstellung, von den Käfern die Geschicklichkeit, die Freiheit wiederzugeben, und von den einen dies und von den anderen das. *Erotes:* Kehre zurück zu dem, was du begonnen hast! *Pampiros:* Damit du nun beim Schwimmen die rückwärtigen Ruder geschickt verwendest, gib acht und führe die Beine etwas tiefer als die Hände unter dem Wasser! *Erotes:* Das scheint mir gar mühselig und schwer, so mit den Händen tüchtig zu hantieren, daß man nicht unterdessen die Füße vergißt. *Pampiros:* Was würdest du tun, wenn du Organist wärest, oder, wenn du lieber willst, Wasserorgelspieler oder auch Weber, die sich doch auch nach beiden Seiten hin tüchtig anstrengen müssen? Man eignet sich das, Erotes, schon nach kurzem Gebrauch an. Und nun, was ich bereits bei den Händen vorschrieb, halte die Fußzehen dicht zusammen, damit der Antrieb um so kräftiger rückwärts vor sich geht! *Erotes:* Richtig. *Pampiros:* Die Beine mußt du gleichzeitig mit den Armen bewegen, damit du wie ein vorstürmender Fisch vorwärtsschießt, so wie auch ein Schiff durch den gleichzeitigen und gleichmäßigen Stoß der Ruder vorwärtsgetrieben wird. *Erotes:* Ich verstehe. *Pampiros:* Beide Füße bringe ebenso geschwind wie die Hände, das heißt nicht zu schnell, nach hinten und führe sie nach einer Kreisbewegung geschlossen nach dem Gesäß zurück! Ohne Pause wirf dann sofort beide Füße mit breiter und dem Wasser entgegengekehrter Sohle wie die Gänse mit kräftigem Stoß gegen das Wasser wieder nach rückwärts, kreise wieder wie zuvor und ziehe sie regelmäßig zusammen! So wird die Führung der Beine der Bewegung der Arme entsprechen. Daß du diese nicht, wovor ich dich schon warnte, wider alle Regeln der Kunst ungeschickt über das Wasser hin vorwirfst, als wenn du fliegen wolltest, das beachte hier gleichfalls peinlich genau! Hast du alles verstanden? *Erotes:* Recht gut. *Pampiros:* Damit ich dir übrigens alle diese Vorschriften bestimmter und wirksamer als beispielsweise die Mathematiker vor Augen führe, die ihren Schülern alles durch Striche und mannigfache Figuren lehren, will ich das Amt eines guten Lehrers übernehmen und dir nunmehr selbst ein sicheres Bild dieser Kunst darbieten. Du aber achte genau vom Ufer aus auf meine Bewegungen, während ich schwimme! (Er geht ins Wasser.) *Erotes:* Recht so. Ich brenne nämlich darauf, mit eigenen Augen die Einzelheiten zu sehen. *Pampiros:* Siehst du? *Erotes:* Jetzt erst sehe ich, daß es eine ganz vorzügliche Kunst ist. Wie schön entspricht alles deinen Worten! Eher will ich sterben, als daß ich ruhe, bis ich dich erreicht habe. *Pampiros:* Damit du leichter getragen wirst, halte den Atem von Zeit zu Zeit an und blase den Brustkasten etwas auf! *Erotes:* Hältst du das für nützlich? *Pampiros:* Da fragst du noch? Weißt du nicht, daß hohle und aufgeschwollene Körper leichter an der Oberfläche schwimmen? Sieh da, da gebe ich dir auch hierfür eine Probe! *Erotes:* Das hätte ich nie geglaubt. *Pampiros:* An Feiertagen, wenn uns nichts hindert, will ich, sofern du es wünschst, dich hier allmählich in diese Kunst einweihen. *Erotes:* Ich beschwöre dich, lieber Pampiros, tu das! Nicht umsonst wirst du auch hierbei dich um deinen alten Freund verdient machen. Jeden Lohn, den du verlangst, bezahle ich dir. Wenn wir jetzt, was Christus verhüten möge, zufällig in irgendeine Wassernot geraten würden: ihr gütigen Götter, wie glücklich würde dich die Kenntnis dieser Kunst machen, wie unglücklich mich dagegen meine Unkenntnis! *Pampiros:* Gestehst du es endlich ein? *Erotes:* Aufrichtig! Aber wie werde ich so schnell und so vorteilhaft wie möglich lernen, was ich wünsche? *Pampiros:* Ich werde dir immer selbst vorschwimmen. Dann werde ich dich bequem in der Mitte fassen, dich hochheben und so halten, daß ich dir bei deinen Schwimmversuchen nicht hinderlich bin. Ich werde verbessern, was fehlerhaft ist, und loben, was richtig ausgeführt wird. In diesem Flüßchen, das dir nur bis zur Mitte der Brust reicht, besteht keine Gefahr. Sobald ich abwesend und anderweitig beschäftigt bin, kannst du, sooft es dir beliebt, allein Versuche anzustellen, mich während meiner Abwesenheit durch drei Mittel, so gut es eben geht, ersetzen. *Erotes:* Wieso? *Pampiros:* Sammle ein ziemlich großes Bündel Rohr und leg dich mit dem Bauch darauf oder auf Kork oder auf zwei Rindsblasen, die aufgeblasen, sicher verschnürt und je nach dem Maße deines Körpers mit einem Strick angebunden werden, so daß sie dich beim Üben bequem tragen. Doch alle diese Dinge, magst du sie auch noch so gut ausrüsten, sind doch für die wahrhafte Ausübung der Schwimmkunst in mancher Beziehung ein lästiges Hindernis. *Erotes:* Ich glaube es. *Pampiros:* Wenn du jedoch alles so versuchst und beachtest, dann wirst du bald, wie es heißt, Freischwimmer sein. *Erotes:* Ich werde mir alle Mühe geben.

Der Fechtspruch

Hans Sachs

Hans Sachs (1494–1576) war einer der fruchtbarsten und vielseitigsten Autoren seiner Zeit. Was er erlebte, was er las, wurde ihm zum Reim. Im ganzen sind es wohl 6084 Dichtungen, die ihm zugeschrieben werden – Meisterlieder, Tragödien, Komödien, Spiele, Gedichte, Schwänke, Legenden, Erzählungen und anderes. In Nürnberg geboren, besuchte er dort die Lateinschule und beendete seine Lehrjahre als Schuhmacher. Bei dem alten Leineweber Leonhard Nunnenbeck erlernte er die Anfangsgründe des Meistergesangs, einer Dichtung, die seit dem Anfang des 14. Jahrhunderts von den Bürgern der deutschen Städte gepflegt wurde. Meistersinger nannten sich die Dichter dieser Kunst. Es gab eine zunftmäßige Rangordnung vom Schüler über den Schulfreund, den Singer, den Dichter bis zum Meister. Durch Richard Wagners Oper »Die Meistersinger von Nürnberg« ist uns Hans Sachs zu einer vertrauten Gestalt geworden.

Hans Sachs hat auch die körperlichen Übungen beschrieben, die zu seiner Zeit betrieben wurden. In seinem Werk »Der fechtspruch, ankunft und freyheit der kunst« berichtet er über den Ursprung der Fechtkunst, wie sie betrieben wurde und welchem Zweck sie im Alltag diente.

Einmal stellte ich einem Fechter mit freundlichen Worten die Frage, woher denn die ritterliche Kunst des Fechtens komme, zu der ich mich schon seit meiner Jugend hingezogen fühlte. Darauf gab er mir zur Antwort: Diese ritterliche Kunst entstand und hatte ihren Ursprung schon vor der Zerstörung Trojas, etwas mehr als elfhundert Jahre vor der Geburt Christi, unseres Herrn. Herkules erfand den olympischen Kampf, wie man ihn nennt, in Arkadien beim Olymp, dem hohen Berg. In dieser ritterlichen Übung kämpften nackte Helden zu Roß miteinander. So erzählt es Herodot. Wer wie ein Ritter kämpfte und die anderen mit seinem Schwert überwand, der wurde dann mit einem Kranz von Ölbaumzweigen geehrt.

In diesem Kampf errang Herkules großes Lob und hohen Preis mit seiner heldenhaften Kraft; und so setzte er fest, daß sie diesen Kampf im fünften Jahr danach in großer Pracht wieder abhalten wollten.

Nach dieser olympischen Zahl von vier Jahren rechneten die Griechen ihre Zeit. Davon gibt uns Polider Kunde.

Als aber nun Herkules starb, ging es mit diesem olympischen Wettkampf abwärts. Er wurde einige Zeit von den alten Griechen gar nicht durchgeführt. Später, nach der Zerstörung Trojas, erweckte ihn Iphitus, der Sohn des Herkules, wieder zu neuem Leben; lange blieb er bei den Griechen lebendig, wie wir von Solimus wissen.

Nach seinem Vorbild entstanden in Griechenland auch andere Kampfspiele von mancherlei Art: da gab es Spiele, bei denen man sich nackt ganz mit Baumöl salbte und miteinander Ringkämpfe austrug, auf abgegrenzten Bahnen miteinander um die Wette lief oder sprang.

Danach führte der große König Pyrrhus das bewaffnete Turnier zu Roß ein und legte fest, wie man geordnet zu reiten hätte; man nannte das damals den pyrrhischen Sprung. Auf solche Wettkämpfe bereitete einst Mercurius die jungen Kämpfer in den einzelnen Kampfstücken vor, damit ihnen der Sieg gelinge. Mercurius erteilte also den ersten Fechtunterricht, wie uns der alte Diodor und andere bezeugen. Wer da einen Siegeskranz errang, dem galt das als höchste Ehre, höher als aller Reichtum, alle Macht und alle Pracht.

Auch in die mächtige Stadt Rom gelangte das Kampfspiel, als Staurus dort ein Theater baute, in dem das Volk dem Kampf zuschaute; das Theater stand für sich eigens auf Marmorsäulen errichtet, 360 an der Zahl, man nannte es das allergrößte Bauwerk, das von Menschenhand erstellt war. In diesem Theater führte man die Kampfspiele lange Zeit mit großem Prunk auf, so daß bei einem einzigen Wettkampf oft mehr als tausend kämpfende Paare gegeneinander antraten. Alle aber fochten sie mit scharfen Waffen gegeneinander: sie stießen, hieben, stachen und warfen nacheinander mit Schwertern, Keulen, Spießen und Pfeilen. Jeder hatte einen kleinen Schild, um sich zu retten und in Not zu schützen. Viele ließen ihr Leben auf dem Kampfplatz; viele wurden schwer verwundet und ergaben sich.

Auf viele verschiedene Arten kämpften sie damals, auch mit Visieren und Fischernetzen. Auch mit Elefanten, Tigern, Panthern, Löwen, wilden Stieren, Wildpferden und Bären gab es dabei Kämpfe. An diesen Tieren mußten die Kämpfer ihr Können unter Beweis stellen; ohne Schaden gingen diese Kämpfe nicht ab. So begab sich einst bei Fidena, zur Zeit des Kaisers Tiberius, daß ein sehr großes Spielhaus einstürzte und 20000 Menschen erschlug, die dem Kampf zugesehen hatten. Als sich aber das mächtige Rom zum christlichen Glauben bekehrt hatte, wurden diese Kampfspiele wegen des vielen Blutvergießens, das gegen christliche Ordnung und Liebe verstieß, aufgegeben.

Dennoch blieb ein Teil des Kampfes bestehen: viele Helden kämpften auf freiem Feld und gerieten in ihrem weltlichen Denken aneinander; so stellten sich Eck und der alte Hildebrand, Laurein und Siegfried, der hürnene genannt, König Fasolt und Dietrich von Bern gegeneinander zum Kampf, nur um Ruhm und Ehre zu erlangen. Dergleichen war vor nicht allzulanger Zeit noch vielfach beim deutschen Adel üblich: wo einer am anderen etwas Schimpfliches entdeckte, forderte er ihn zum Kampf heraus, und sie setzten sich gegenseitig heftig zu; gerüstet zu Roß auf freiem Feld oder auf umzäuntem Platz. Wer dabei unterlag, der war besiegt, ohne jeden Widerspruch.

Auch zu Fuß trat man noch gegeneinander an; in Rüstung ging einer auf den anderen los, und zwar mit drei Waffen: mit Schwert, Dolch und Spieß. Dabei stach einer auf den anderen ein, verwundete ihn und brachte ihn gar um. Ebenso focht man mit scharfen Waffen und ohne Rüstung, nur in Wams und Hemd und mit einem Schild gedeckt.

Das alles hörte auf, als die Römisch-Kaiserliche Majestät des vortrefflichen Maximilian derartige Kämpfe, vom Feuer christlicher Liebe getrieben, als unchristliches Tun verbot. Daraus war ja auch recht viel Unheil und großer Schaden an Leib und Seele entstanden. Doch hat er mit Privileg gnädigst das Fechten als ritterliche Kunst erlaubt. Er hatte dafür auch eine besondere Wertschätzung, weil er es selbst sehr gut beherrschte. Er hat weiter privilegiert, daß die Meister in dieser Kunst eine Ordnung aufstellten. Man nennt ihre Vereinigung Sankt-Marxen-Bruderschaft; sie ist in deutschen Landen jetzt weitbekannt. Wer ein Meister des Schwerts in diesem ritterlichen Spiel werden will, der ziehe nur zur Herbstmesse nach Frankfurt an den Main! Dort wird er examiniert und von den Meistern des Schwerts in allen Stücken, die hier nicht berührt werden können, geprüft, wie es sich eben für einen Meister gebührt. Den innersten Kern der Fechtkunst kann er dabei meisterhaft unter Beweis stellen. Dann wird er zum Meister geschlagen, und die Sankt-Marxen-Bruderschaft nimmt ihn auf.

Danach darf er auch selbst Fechtschule halten, Schüler lehren und in allen ritterlichen Waffen unterweisen. Zuerst ehrenvoll im langen Schwert, dann indem er sich um Messer, Spieß und Stange kümmert, darauf im Dolch und in der Hellebarde – so wie es sich für jedes von ihnen gehört. So kann er zu seinem Ruhm Erfolge erreichen, wo immer er im ganzen Reich Fechtschule hält, ebenso an den Fürstenhöfen, kurz, überall im ganzen deutschen Land.

Da fragte ich: Wie heißen denn die Stücke, die man zu Beginn lehren muß? Er antwortete: Zu Beginn lehrt man genau den Oberhau, den Unterhau, den Hau von der Seite und den Flügelhau; ebenso den geschlossenen und einfachen Sturz, dazu den Tritt; auch lehrt man bald den Possen und das Aufheben, ebenso die Ausgänge und das Niedersetzen. Da bat ich: Lieber Meister, tut mir kund, wie man die Stücke nennt, die sich vor dem Mann abspielen. Darauf antwortete er: Auch wenn ich sie dir nenne, kannst du die Stücke ohne die Sache selbst nicht verstehen, weil du ja von der Kunst nichts weißt. Doch ich will dir als Zeichen meiner besonderen Gunst einige Hiebe und Stücke nennen, die nach Meisterart und elegant sind: Zorn-Hau, Krumm-Hau, Quer-Hau, Schiel-Hau, Scheitel-Hau, Parieren und Nachstoßen, Übersetzen und Durchwechsel heißen einige davon; Schneiden, Hauen, Stechen im Wenden, Abschneiden, Hängen des Schwerts und Miteinander-Anbinden einige andere. Die Fechtkunst kennt vier geschickte Arten der Verteidigung: den Alber, den

Tag, den Ochsen und den Pflug. Darüber hinaus gibt es viele Figuren, wenn man sie alle zusammenzählt, von denen immer eine die andere pariert. Doch bei alledem achte ein Fechter (das merke dir!) nur auf die vier Blößen, auf größere oder geringere Kraft des Schwertstreichs; seine Kampfeswut dämpfe oder reize er selbst!

Daneben gibt es noch viele Kampfstücke; zum Beispiel wie man einen am Rücken treffen soll; weiter: das Parieren mit den Beinen, die Hodenstöße, das Parieren mit den Armen, die Bemächtstöße, die Verteidigung mit den Fingern, die Stiche aufs Gesicht.

Da sprach ich: Bitte sagt mir auch, wozu die Fechtkunst nütze ist! Er antwortete darauf: Deine Frage ist mir lästig. Auch wenn das Fechten nur eine Kurzweil sein sollte, so ist doch die Kunstfertigkeit dabei lobenswert und schön und dazu edel wie das Stechen und Turnieren, wie Saitenspiel, Singen und Quinten singen. Wenn man vor Damen, Rittern und Knechten ein lustiges Scheinfechten mit vielen hübschen Sprüngen schmückt, das erfreut doch immer alt und jung. Auch macht das Fechten einen jungen Mann, der es richtig beherrscht, schnell und beweglich, geschickt und gewandt, leicht und behende, gelenkig und tüchtig zu allem, beherzt gegen den Feind und unverzagt, tapfer und mutig, so daß er es wie ein Mann, kühn und voll Zuversicht im Krieg, wagt, Preis, Ehre und Sieg zu erringen, und mit sich noch hundert andere keck macht. Unnötig wunderst du dich über die Fechtkunst, daß diese ehrliche Kunst auch bei Fürsten und Herren in Gnade und Gunst und hoch im Kurs und in Reputation steht. Auch erhält mancher Fechter von Fürsten oder einer königlichen Majestät das Privileg, das ihm Vollmacht gibt, Fechtschule zu halten, wie wenn er zum Meister geschlagen wäre.

Mein Freund, nun bist du mit kurzen Worten hinlänglich über den Ursprung der löblichen Fechtkunst unterwiesen und hast gehört, wie sie lange Zeit sproßte und wuchs und wie die Kunst heute üblich ist, mit der mancher Meister zur gleichen Ehre gelangt wie die alten. Daß diese Kunst an Ansehen zunehme, blühe und wachse, das wünscht Hans Sachs.

Von dem Gebäude,
das Ballhaus genannt wurde

Im 15. Jahrhundert wurde in einem Ballhaus nicht etwa getanzt, sondern mit großer Leidenschaft Ball gespielt. Von Frankreich ausgehend eroberte sich das »jeu de paume« ganz Europa. In allen größeren Städten, besonders in Universitäts- und Residenzstädten, baute man, um dem Spiel ungehindert nachgehen zu können, Ballhäuser. Allein in Paris gab es etwa 300, in ganz Deutschland dagegen nur 65 Häuser. In Ballhäusern zu spielen war zunächst das Vorrecht des Adels; der einfache Bürger hatte dazu nicht das Geld. Später verschaffte sich, besonders in Deutschland, die akademische Jugend Zutritt und stellte bald sogar die überwiegende Mehrzahl der Spieler. Man machte ohne Bedenken Schulden — das Spiel und der Umtrunk danach waren teuer. Der Ballmeister, der ein Ballhaus verwaltete und zugleich die Schankrechte hatte, gab Kredit. Gegen Ende des 17. Jahrhunderts und mehr noch im 18. Jahrhundert wurden die Leibesübungen immer weniger geschätzt. Die Ballhäuser verloren ihre Bedeutung. Man riß sie ab oder baute sie um zu Reithallen, Lagerschuppen, Theatern, Kasernen oder Bibliotheken. Wie ein solches Ballhaus aussah, beschreibt der Autor des folgenden Beitrages, Herr von Garsault.

Man baut zwei Arten von Ballhäusern, die eine Art heißt le Quarré, die andere à Dedans: ihre Proportionen sind verschieden; daher wollen wir erst die Proportionen von einem Ballhaus, le Quarré genannt, mitteilen, welche sowohl in Ansehung der großen Mauern, als auch in Ansehung des Ausbaues beobachtet werden müssen: hernach aber wollen wir die Proportionen des Ballhauses à Dedans oder vielmehr den Unterschied zeigen, den man in demselben antrifft.

Jedes Ballhaus ist ein langes Viereck, in vier Mauern eingeschlossen; zwei dicke Mauern machen die Länge, und ein Giebel an jedem Ende macht die Breite aus. Der Platz, den dieses Viereck einnehmen soll, muß 96 Fuß lang und 36 breit sein, damit, wenn es ausgebaut ist, der inwendige Platz 90 Fuß in der Länge und 30 in der Breite beträgt. Die zwei Seitenmauern müssen 14 bis 15 Fuß hoch sein, aber an ihren Enden, welche an den Giebel stoßen, muß man sie sechs oder sieben Fuß in die Länge, vier bis fünf Fuß höher bauen und auf die dicke Mauer abschüssig herabgehen lassen. Man nennt aber diese Erhöhungen les joues d'en haut. Auf diese Seitenmauern setzt man sieben Balken Zimmerholz in gleicher Entfernung, die vierzehn Fuß hoch sind und das Hauptdach unterstützen. Durch die Zwischenräume, die sich zwischen diesen Balken befinden, fällt das Licht in das Ballhaus; daher dieses Gebäude von andern Häusern oder von hohen Bäumen so weit entfernt sein muß, daß es durch dieselben nicht verdunkelt wird, sondern hell genug bleibt. Dieses könnte man etwa das Gerippe des Gebäudes nennen. Nunmehr wollen wir sehen, wie es ausgebaut werden muß.

Innerhalb des Gebäudes, fünf Fuß von der Seitenmauer, führt man ihr parallel von einem Ende zum andern eine kleine Mauer von verschiedener Höhe, welche nämlich an den beiden Enden sieben Fuß hoch ist; das übrige der Mauer aber, welches zur linken über achtzehn Fuß und zur rechten über fünfzehn Fuß in der Länge beträgt, muß drei Fuß und vier Zoll hoch sein. Weil nun aber auf den Enden dieser Mauer, die sieben Fuß hoch sind, ein Eisen ruhen soll, welches in eben dieser Höhe von einem Ende zum andern fortgeht, so setzt man, um es tragen zu helfen, auf die niedrige Mauer Stützen von leichtem Holze, welche rund und wie kleine Säulen mit Füßen und Kapitalen ausgeschnitten sind. Nämlich zwei von ihnen setzt man zehn Fuß von jedem Ende der Mauer, welche sieben Fuß hoch ist; zwei andere setzt man wieder zehn Fuß von diesen entfernt auf den Rand der zwei Öffnungen, welche drittehalb Fuß weit sind und den Eingang in das Ballhaus ausmachen; eine andere Säule setzt man an die andere Seite von jeder Öffnung, und endlich eine allein, wieder zehn Fuß von diesen letzteren entfernt, welche eben auf die Mitte des inwendigen Platzes zu stehen kommt. Die zwei Mauern an jedem Ende heißen les joues. Auf das Eisen, von dem wir erst geredet haben, lehnt sich ein Schuppen, der sich um fünfundvierzig Grad herabneigt und dessen Höhe auf der Seitenmauer ruht. Alles dieses zusammen macht einen langen bedeckten Gang, die Galerie genannt. An der Ecke aber des Ganges, der die Galerie heißt, die wir erst beschrieben haben, und fünf Fuß vom linken Giebel, baut man eine andere kleine, aber dicke Mauer sieben Fuß hoch, die mit einer viereckigen Öffnung endet, deren eine Seite die Schlußmauer ausmacht; sie ist von der Erde drei Fuß und vier Zoll erhaben, ihre Breite beträgt zwei Fuß und neun Zoll. Diese kleine Mauer trägt einen Schuppen, der dem vorigen gleich ist; und sie stoßen mit ihren Ecken aneinander.«

An dem Giebel, der an dem andern Ende des Ballhauses ist, der Öffnung, von der wir geredet haben, gegenüber, wird auf der Erde eine andere viereckige Öffnung, welche auf allen Seiten sechzehn Zoll beträgt, an der dicken Mauer eben desselben Giebels angebracht: an dem Ort, wo die Galerie endet, wird ein stehendes Brett befestigt, einen Fuß breit und sechs Fuß hoch; hinter demselben wird ein leerer Raum gelassen, welcher macht, daß, weil es die

Mauer nicht berührt, es einen ganz andern Klang von sich gibt, wenn es berührt wird, als die Mauer. Der ganze Boden des Ballhauses muß mit Quadratstücken von Caenischen Steinen viereckig gepflastert werden; jeder Stein muß einen Fuß ins Geviert betragen; daher neunzig Reihen von Quadratstücken hierzu erfordert werden: die Decke aber, die mit den Balken, von denen wir anfänglich geredet haben, einerlei Höhe hat, wird von tannenen Brettern verfertigt.

Die mittelsten Säulen in der Galerie, von der wir oben geredet haben, muß fünf Fuß von der Erde ein Loch haben, durch welches ein Strick gesteckt wird, von dem bis auf die Erde ein Netz herabhängt. Dieser Strick geht die ganze Breite des Ballhauses hin und teilt es in zwei gleiche Teile und wird in eben der Höhe von fünf Fuß an eine an der Mauer befestigten Klammer angemacht: und damit man es mehr oder weniger anspannen kann, setzt man unter die Säule auf die kleine Mauer eine Winde und macht das Ende des Strickes daselbst an. Man überzieht diesen Strick um der Zierrat willen mit einem Gewebe von Bindfaden. Dieser Strick und das Netz neigt sich, je weiter es fortläuft, mehr und mehr herab, vermöge seiner Schwere; so daß es in der Mitte des Platzes nicht viel über dritthalb Fuß von der Erde erhaben ist; die Winde aber erhebt es mehr oder weniger nach dem Gutbefinden der Spieler.

Das Ballhaus à Dedans muß inwendig mit dem Ballhause le Quarré, das wir oben beschrieben, gleiche Proportion haben; doch wird es an dem andern Giebel durch einen Schuppen verbaut, der mit den übrigen einerlei Proportion hat und größtenteils den Unterschied zwischen diesem Ballhause und dem Ballhause le Quarré ausmacht: sonst ist in demselben weder die Öffnung (le trou) noch das Brett, sondern es hat vielmehr eine vorragende Mauer (le Tambour). Alles dieses soll hernach erklärt werden.

Weil aber in dem Ballhause nichts verbaut oder zu weit hereingebaut werden darf, und weil der dritte Schuppen so tief wie die andern herabhängen soll, so muß die Mauer dieses Giebels um fünf Fuß weiter herausgerückt werden. Daher ist der Platz, den das Ballhaus à Dedans einnimmt, etwas länger als der Platz des Ballhauses le Quarré. Sonst wird dieser Schuppen nur an seinen beiden Enden von zwei Stücken der dicken Mauer, welche sieben Fuß hoch ist, unterstützt. Die Mauer, welche an die Ecke der Galerie stößt, muß fünfeinhalb Fuß lang sein. Aber die auf der andern Seite darf nur viereinhalb Fuß in der Länge betragen. Der Raum zwischen diesen beiden Enden ist durch eine Stützmauer, die drei Fuß und vier Zoll hoch ist, eingeschlossen: daraus entsteht ein leerer Raum, der 22 Fuß in der Länge und über drei Fuß und acht Zoll in der Breite hat. Dieser Gang ist anstatt der Öffnung (le trou), wie wir bei der Beschreibung des Ausbaues des Ballhauses le Quarré geredet haben, und heißt le Dedans.

Wenn man ein Ballhaus baut, das zu einem à Dedans bestimmt ist, macht man die starke Seitenmauer bei der viereckigen Öffnung (la Grille) 16 Zoll dicker als an andern Orten. Man baut sie, von oben an bis unten herab, von dem Giebel bis 18 Fuß weiter hin in gleicher Dicke fort und endigt sie inwendig mit einer hervorragenden Mauer, deren Oberfläche 26 Zoll beträgt. Hierauf baut man die übrige Mauer in der generellen Dicke fort. Diese vorragende Mauer aber nennen die Ballspieler le Tambour.

Man nennt den ganzen Platz zur Linken, von dem Strick an bis zu dem Querschuppen, devers le jeu und den Platz vom Stricke auf die rechte Seite zu le fond du jeu.

Das erste Stück des Ballhauses, in welchem man sich befindet, wenn man hineinkommt und das wir einen bedeckten Gang genannt haben, heißt die Galerie. Die Zwischenräume zwischen den Säulen der Galerie nennen sie die Öffnungen (les Ouverts), und jede hat ihren besonderen Namen: doch sind die Namen zur Rechten und Linken des Strickes einerlei. Man unterscheidet die rechte und linke Seite des Ballhauses nicht anders, als wenn man zum Beispiel spricht: die letzte Öffnung oben im Ballhause, die andere Öffnung unten im Ballhause und so weiter. Der Schuppen, der die Galerie bedeckt, heißt das Dach, und die beiden Enden der Mauer von der Galerie heißen les joues. Der Schuppen aber an der Ecke der Galerie heißt le toît de la Grille, weil die Öffnung, die an dem äußersten Ende ist, la Grille genannt wird. Das Loch aber, das dieser Öffnung in dem Grunde des Ballhauses gegenüber ist, heißt das kleine Loch; und das Brett auf der andern Seite heißt l'ais.

Was wir zu Anfang dieses Absatzes sagen werden, gehört noch zum Bau des Ballhauses; ich meine die äußeren Gänge, die völlig von Holz gebaut werden und in der Höhe einer Lehne an den Seitenmauern hingehen. Man macht sie drei Fuß breit; auf ihrer äußersten Ecke erheben sich leichte Pfähle, die so gesetzt sind, daß sie den großen Schlußbalken gegenüberstehen und unter dem verlängerten Dache sich befinden. Diese bedeckten Gänge heißen les Auges oder die Galerie des Netzes; denn man behängt sie, so weit sie sich erstrecken, mit Netzen, die von dem Dache herabgehen und auf der äußersten Ecke dieser Gänge ruhen. Sie sind bestimmt, die Bälle aufzuhalten, die hineinfallen, damit sie nicht verloren werden. Man macht auch von Pfahl zu Pfahl Vorhänge von Leinwand an, welche man, wenn die Sonne scheint, zuzieht, um die Zurückwerfung ihrer Strahlen in das Ballhaus zu hindern.

Von dem Netz, welches an dem Strick hängt und das Ballhaus in zwei Teile teilt, haben wir schon geredet: die andern Netze aber bedecken die Galerie und die Dedans und sind neuer Erfindung. Denn erst seit einigen Jahren sind sie erdacht worden, um die Zuschauer in völlige Sicherheit zu setzen, die vorher nicht wagten, in der Galerie zu stehen, weil sie von den Bällen, die schon manchen gefährlich verwundet hatten, getroffen zu werden befürchten mußten. Hingegen jetzt sieht man in den Ballhäusern à Dedans dem Ballspiel ganz bequem zu; ja die Damen können sich hier niederlassen, ohne einiger Gefahr ausgesetzt zu sein.

Ein anderes Netz ist das, welches le Rabat heißt. Man hängt es, wie das Netz an der Öffnung, la Grille, und das bei den Dedans, nur oben an den Giebeldächern an; um es aber festzumachen, mauert man einige eiserne Stengel zehn oder elf Fuß über dem Dach hier und da an dem Giebel ein. Diese Stengel gehen drei oder vier Fuß hervor, und an demselben breitet man das Netz aus und läßt sie es halten. Es ist aber zu einem zweifachen Gebrauch bestimmt; der eine ist, den Ball in das Ballhaus zurückzuschlagen, wenn er auf dem Dach wieder emporspringt und herunterfallen will; der andere ist, den Ball aufzuhalten, der gar zu hoch geworfen wird und auf das Dach fallen will. Man behängt gewöhnlich über dem Rabat den ganzen Giebel mit Decken, um die Gewalt des Balles zu mäßigen, damit er nicht in das Ballhaus zurückfällt.

Jedes Ballhaus, es sei von was für einer Art es wolle, wird inwendig schwarz gemacht. Die Ballmeister verfertigen diese Schwärze selbst, und das Rezept zu einem gewöhnlichen Ballhaus ist folgendes:

Man nehme eine halbe Tonne Rindsblut, 14 Scheffel Ruß, zehn Rindsgallen, um den Ruß aufzulösen, und einen Eimer Urin, um dieser Komposition einen Glanz zu geben. Man menge alles kalt untereinander.

Wird das Ballhaus sehr frequentiert, so streicht man es jährlich zweimal frisch an: die Decke und der Fußboden aber behalten ihre natürliche Farbe. Man wird leicht einsehen, daß man deswegen dieses Gebäude schwarz malt, damit die Spieler den weißen Ball genau unterscheiden und mit ihrem Auge verfolgen können.

Man streicht auch bei der Tür, wo man hineingeht, die Mauer von außen schwarz an, und diese Farbe dient gleichsam zum Wahrzeichen des Ballhauses. In Spanien sind die Ballhäuser weiß und die Bälle schwarz.

Außer dieser allgemeinen Schwärze, womit die ganzen Mauern, die Balken und so weiter angestrichen werden, braucht man noch welche, um auf dem Fußboden, sowohl in die Länge als in die Breite, verschiedene Striche zu ziehen. Jeder Strich muß in der Breite zwei Zoll halten. In die Länge aber werden nur zwei Striche gezogen, der eine teilt den Boden des Ballhauses von einem Ende zum andern in zwei Teile; der andere ist nur 13 Fuß oder etwas drüber lang und erstreckt sich sieben Fuß von der Seitenmauer gegen die Öffnung la Grille zu. Die übrigen, die nur in die Breite gezogen werden, dienen bloß, die Schassen zu erkennen.

Der Schwerttanz

Anton Viethen

Singen, Tanzen und Ballspielen waren sportliche und gesellige Freuden, die im Mittelalter in allen Bevölkerungsschichten beliebt waren. Besonders ein Tanz ist es, den alle Quellen, die über das Mittelalter berichten, zu rühmen wissen, der Schwerttanz. Die Messerschmiede, die Schmiedknechte, die Kürschner, die Fleischer oder auch die Fechter waren es, die je nach dem Anlaß den Tanz veranstalteten. Da jedoch mit dem bloßen Schwert getanzt wurde und der Tanz daher durchaus nicht ungefährlich war, gab es auch Landstriche, wo er als unsittlich galt und unter Strafe verboten war. Um die Mitte des 18. Jahrhunderts hat der Jurist und Chronist Anton Viethen über einen Schwerttanz in Dithmarschen berichtet.

Die Dithmarscher, als die wahren und echten Abkömmlinge der alten Deutschen sowie sie vor diesem in dem weitesten Bezirk genommen werden, haben diese so nützliche als ergötzende Leibesübung beständig beibehalten und auf ihre Nachkommen fortgepflanzt. Ja, das Kirchspiel Büsum kann sich den Ruhm beilegen, daß sie fast die einzige Pflanzschule gewesen und noch diese Stunde ist, woraus so vortreffliche Tänzer entsprossen, die, ob sie gleich de infima plebe nati, doch wegen ihrer Geschicklichkeit und Akkuratesse eine besondere Lobeserhebung verdienen, und da ich sowohl in meiner Jugend als noch letzthin in dem 1747. Jahre ihre Tänze mit angesehen; so wird wohl mir als einem glaubwürdigen Zeugen niemand was vorzuwerfen haben, wenn ich nachfolgende und aus den Altertümern bestärkte Beschreibung davon mache. Ihre Kleidung betreffend, so tragen die Tänzer weiße Hemden mit verschiedenen bunten Bändern allenthalben geziert und bewunden, und an jedem Beine haben sie eine Schelle hängen, welche nach den Bewegungen der Beine einen angenehmen Schall von sich geben. Der Vortänzer und der so in der Mitten tragen nur einen Hut, die übrigen tanzen mit entblößtem Haupt, weil sie auf die beiden ein Augenmerk haben und nach ihren Bewegungen sich in allem richten müssen. Anfangs hält der Vortänzer oder König, wie sie ihn nennen, eine kleine Rede an die anwesenden Zuschauer, darin die Vortrefflichkeit und das Altertum ihrer Tänze gerühmt und die Zuschauer gewarnt werden, sich vor den bloßen Schwertern in acht zu nehmen, damit sie keinen Schaden bekommen mögen. Hierauf nimmt nun der Schwerttanz bei Rührung der Trommel seinen Anfang mit solcher Geschwindigkeit, Akkuratesse und Munterkeit, daß es zu bewundern ist. Bald tanzen sie in der Runde, bald kreuz-weis durcheinander, bald springen sie mit vieler Behutsamkeit über die Schwerter, bald legen sie solche in einer künstlichen Stellung, welche einer Rose nicht unähnlich, und tanzen um solche Rose in einem Kreise und springen darüber, bald halten sie die Schwerter in die Höhe, daß einem jeden eine gevierte Rose über dem Kopf steht. Endlich wissen sie ihre Schwerter so künst-lich ineinander zu fügen und zu verwickeln, daß ihr König oder Vortänzer nicht nur darauf treten, sondern daß sie denselben auch mit einer Behendigkeit in die Höhe heben und halten können, der dann abermals eine kleine Dank-sagungsrede hält, daß man ihrer Lustbarkeit beigewohnt und überdem den Tänzern mit einer billigen Verehrung an die Hand gegangen. Wenn sie nun ihren König wieder herunter auf den Erdboden gesetzt, so wird dieses Schau-spiel durch ein abermaliges Tanzen, so wie anfangs geschehen, geendigt und beschlossen.

Sport
bei den Naturvölkern

Die Handstellungen der achtzehn Arhats L. K. Kiang

*China hat wohl die älteste Sportgeschichte der Welt. Man kann sie zurück-
verfolgen bis in die Anfänge der chinesischen Geschichte um 2697 v. Chr.
Bogenschießen und Fußball waren die ersten nachweisbaren Sportarten.
400 Jahre später gehörten Schießzeremonien, Tänze, Tauziehen, Schaukeln
und Spiele zu den überall gelehrten Schulfächern. Diente die körperliche Betätigung bei den Naturvölkern der übrigen Welt zu dieser Zeit vor allem dazu,
sich kampftüchtig zu machen und das erworbene Hab und Gut zu verteidigen,
so war sie bei den Chinesen zur gleichen Zeit schon auf eine weit höhere Stufe
gerückt. Ihr Sport war bereits weitgehend nach physiologisch-medizinischen
Gesichtspunkten ausgerichtet. Und charakterliche Schulung war so eng mit
ihm verknüpft, daß der Sport ein wichtiges Mittel der Erziehung war. Um
500 n. Chr., in der Liang-Dynastie, erarbeitete der Bonze Bodhidharma ein
System gymnastischer Übungen, um seinen Mönchen mehr Bewegung zu verschaffen. Die »Handstellungen der achtzehn Arhats« erlangten jedoch darüber
hinaus im gesamten chinesischen Sport große Bedeutung und wurden von
jedermann geübt. Sie erscheinen auch uns heute noch lesens- und vielleicht
übenswert.*

Bodhidharma war ein berühmter buddhistischer Bonze um 520 n. Chr. Er war
der Abt des Shao-lin-Tempels und erfand diese Übungen, um die Bonzen des
Tempels körperlich zu ertüchtigen, die zu ruhig lebten. Sie saßen den ganzen
Tag, ohne irgendeine körperliche Betätigung. Deshalb waren die meisten auch
körperlich schwach und geistig müde. Bodhidharma sagte: »Die Seele hat den
Wunsch nach Ruhe und dann waches Bewußtsein zu haben. Der Leib seiner-
seits hat den Wunsch nach Gesundheit und dann locker zu sein. Hat die Seele
keine Ruhe, dann kann sie nicht wach werden und zur Buddhaschaft gelangen.
Ist der Leib nicht gesund, dann kann das Blut nicht richtig zirkulieren, und die
Lebenskraft wirkt sich nicht vollständig aus. Darum muß der Körper bei Anstrengungen die goldene Mitte halten (nicht zu viel und nicht zu wenig). Dieser
Zustand bewirkt, daß die Muskeln und Sehnen lebhaft sind, ferner wird dadurch der Geist geweckt. Dann hat die Seele nicht die Verbitterung über
Hemmungen und Erschöpfungen.«
Die achtzehn Übungen verteilen sich auf acht Gruppen, die folgen.
1. Erhebe den rechten Arm über den Kopf, Handfläche nach unten gerichtet,

mit geschlossenen Fingern und nach links zeigenden Fingerspitzen, halte den linken Arm nach unten ausgestreckt, Handfläche nach oben, Fingerspitzen nach rechts zeigend, Knie gerade durchgedrückt, Augen geradeaus. Die nächste Bewegung ist genau wie die erste, nur in entgegengesetzter Richtung, mit erhobenem linkem Arm. Dies wird als zwei Bewegungen gerechnet.

2. Hierauf setze rechten Fuß einen Schritt nach rechts, stoße abwechselnd beide Hände mit »Liu-yeh« (Weidenblatt)-Faust erst nach vorn, dann nach links und nach rechts. Die »Liu-yeh«-Faust bildet man mit auseinander gespreizten, gebeugten Fingern, der Kralle des Adlers ähnlich. Der Daumen wird fest eingeknickt. Diese Übung zählt als vier Bewegungen.

3. Nun folgt: Beine schließen, aufrecht stehen, dann einen Fuß nach rechts oder links setzen; Knie beugen, eine gespreizte Sattelstellung einnehmen, mit gespreizten Fingern, Handflächen nach vorn. Stoße abwechselnd mit linkem und rechtem Arm erst nach vorn, dann nach links und nach rechts. Beim Stoß hebe und senke den Körper allmählich auf und nieder. Dies wird ebenfalls als vier Bewegungen gerechnet.

4. Nimm jetzt die Füße zusammen, stehe aufrecht, ziehe die Handflächen vom Oberschenkel langsam nach oben über den Bauch und die Brust bis in Schulterhöhe, gehe gleichzeitig in Zehenstand. Dann senke mit Abwärtsbewegung die Hände und gleichzeitig die Hacken. Dies rechnet als eine Bewegung.

5. Aufrecht stehen, beide Arme über den Kopf in Hochhebhalte, Handflächen nach vorn, rechten Fuß einen Schritt vor, beuge den Körper allmählich ab, bis in Kniehöhe, Hacken fest auf dem Boden lassen, Arme nach unten an den Körper herannehmen, Körper wieder hochrichten, den rechten Fuß zurückziehen und den linken Fuß nach vorn setzen. Wiederhole nun diese Übung. Sie zählt als eine Bewegung.

6. Setze den rechten Fuß einen Schritt nach rechts, Hacken fest auf dem Boden, Zehen aufwärts, Knie gebeugt, bis Oberschenkel parallel zum Erdboden sind, Körper aufrecht, wie im Sattel. Ziehe die rechte geballte Faust langsam vom linken Arm über die Brust nach rechts bis zur rechten Schulter. Blicke dabei auf die Finger des ausgestreckten linken Armes. Wiederhole dann diese Bewegung mit geballter linker Faust. Dies gilt als eine Bewegung.

7. Bleibe noch in Sattelstellung, stütze erst beide Arme auf die Hüften. Beuge nun erstes und zweites Glied der Finger, das dritte Glied bildet mit dem Handrücken eine Linie, stoße abwechselnd den linken und rechten Arm nach vorn mit kurzen, abgerissenen Bewegungen. Im Augenblick des Stoßes atme kräftig aus. Dies rechnet man als eine Bewegung.

8. Die bisherigen Übungen sind alle Oberkörperbewegungen.

Insgesamt sind es achtzehn Übungen. Sie sollen hintereinander folgend ausgeführt werden.

Vom türkischen Ringkampf

Hermann Niebuhr

Heute unterscheidet sich die Sportbewegung in der Türkei nicht mehr von der westlicher Länder. Nur auf dem Lande findet man noch überall Spuren der alten asiatischen Leibesübungen. Es gibt dort noch Volksstämme, die die überlieferten Volksspiele und Wettkämpfe heute noch betreiben. Im Mittelpunkt des sportlichen Geschehens steht hier der Ringkampf. Die Dörfer schicken ihre Mannschaften, und von überallher kommen die Zuschauer. Der Ringkampf wird eingeleitet mit einem Gebet. Ehe der Schiedsrichter dann das Signal zum Beginn des Kampfes gibt, sagt er den Athleten: »Ob Sieger oder Besiegte, am letzten Tag seid ihr alle gleich.« Der deutsche Lehrer Hermann Niebuhr aus Konstantinopel war Zeuge solcher Kämpfe und hat sie beschrieben.

Ja, in Anatolien, was für den Stadttürken und die Levantiner soviel wie äußerste Wildnis bedeutet, leben noch die alten, schönen Volksspiele, und dort kann man auch noch türkische Ringkämpfe sehen.

Außerhalb des Ringes rüsten sich die Kämpfer. Sie tragen eine knapp anliegende Lederhose, die bis zur Mitte der Waden reicht. Dann begießen sich die Ringer mit Öl, daß sie förmlich triefen. Wohlan, sie sind zum Kampf bereit! Eine Kapelle von zwei Mann macht Krach für zwölf; der Flötist bläst endlose Melodienfolgen im Glasbläseratem, der Paukenschläger rummelt in eigenartigem Vier-Viertel-Rhythmus auf seinem Kalbsfell herum. Er nimmt später regen Anteil am Verlauf des Kampfes, schweigt bei spannenden Phasen, um dann beim siegreichen Ende in jubelnden Donnerschlägen sein Instrument zu bearbeiten. Der Schiedsrichter tritt ein. Mit gebieterischer Mussoligeste heischt er Ruhe, mehr von der Musika als von den gespannten Zuschauern. Er stellt die beiden Kämpfer vor. Wir sehen den berühmten »Achmed efendi, den Riesen von Brussa«, und »Kotscha Jussuf efendi, den Helden von Eskischehir«. Einen Zigeuner, der obendrein taubstumm war, stellte uns einmal der Schiedsrichter vor als »Kütschük Mustafa efendi, ohne Glauben und ohne Gott«. Andere Vorzüge hatte er scheinbar an ihm nicht feststellen können. Der Schiedsrichter zieht sich zurück, der Kampf beginnt, nein, noch nicht. Die Kämpfer treten in die Arena, gehen im Kreis herum, berühren mit der flachen rechten Hand den Erdboden, Lippen und Stirn. Das ist der »Selam«, die Begrüßung der Zuschauer. Dann gehen sie wieder an den Eingang zurück, stellen die Außenkanten der Innenfüße zusammen, fassen sich mit den Händen über

Kreuz und gehen so gemeinsam in die Mitte des Kreises. Dort geben sie sich noch einmal die Hände, lassen sich los, wechseln die Seiten und berühren mit der rechten Hand Zunge und Scheitel. »Glück soll es mir bringen!« Wieder stehen sie in der Mitte beisammen, der Kampf beginnt noch nicht. Die Ringer legen sich jetzt die Hände auf die Schultern, lassen dann auf einer Seite gemeinsam die Hände los und lassen sie einige Male hin und her pendeln. Nachdem sie das dreimal gemacht haben, wird die Sache etwas lebhafter. Die Kämpfer hüpfen herum, schlagen sich auf die Oberschenkel und an die Waden, daß das Öl nur so spritzt – rufen: »Haide maschallah: los, in Gottes Namen!« –, und dann geht es tatsächlich los! Da es keine eigentlichen Gewichtsklassen mit Unzen und drei viertel Gramm gibt, die Kämpfer aber meist Halbschwer- und Schwergewichtler sind, dauert ein Kampf oft sehr lange. Alle Griffe und Schwünge, die den Gegner zu Boden und zur Schulterniederlage bringen, sind erlaubt. »Es gibt im ganzen 365 Griffe, für jeden Tag einen«, versicherte mir stolz der eine Ringerefendi. Trotzdem ist es sehr schwer, an den Gegner heranzukommen, denn der beste und stärkste Griff rutscht unweigerlich an dem öligen Körper des Partners ab. Alle Angriffe und Abwehren bedeuten nur eine Muskelmassage, bis es durch Überraschung oder Ermüdung eines Kämpfers vom Standkampf zum Bodenkampf kommt. Im Bodenkampf werden auch die Beine tüchtig zum Klammern und Hebeln benutzt. Beide Ringer kämpfen mit aller Kraft, man klammert sich, wo man kann, greift in die Ränder der Lederhosen, Schweiß und Öl fließen und laufen den Kämpfern in die Augen, die »Manager« laufen mit Tüchern herbei und wischen ihren Pflegebefohlenen die Augen aus. Der Kampf ruht indes, wie überhaupt Pausen nach Belieben und Vereinbarung von den Kämpfern gemacht werden. Tritt keine Niederlage ein, bricht man den Kampf als unentschieden ab, andernfalls aber muß der Sieger mit einem neuen Gegner ringen, bis er alle Gegner besiegt hat.

Bei dem zweiten Kampf war der Schiedsrichter gerade einmal fortgegangen, um eine Tasse Tee zu trinken. Warum sollte er das auch nicht tun? Der Kampf ging aber wider Erwarten schnell in den Bodenkampf über, auf das Beifallsgejubel des Volkes eilte nun schnell der »Unparteiische« herbei und verkündete einen der Kämpfer als besiegt. Er traf leider den Falschen, der natürlich prompt widersprach. Der Schiedsrichter wandte sich nun aber an die höhere Stelle, nämlich an die Zuschauer. Als er aber auch dort geteilte Meinungen vorfand, blieb er bei seinem ersten Entscheid. Er tröstete aber den »Besiegten« mit den Worten: »Achmed efendi, das ist ja nicht so schlimm, du kannst ja vielleicht morgen gewinnen«, worauf sich Achmed efendi zufriedengab. Das nennt man noch Gemüt! Nach Schluß des Kampfes geht der Sieger auf den Besiegten los, faßt ihn um die Hüften und hebt ihn hoch, dann umgekehrt. Nach dem letzten Kampf ging der Sieger auf den unterlegenen Gegner zu, berührte mit der Hand Herz, Mund und Stirne und – entschuldigte sich. Warum? Er war jünger als sein Partner. Das ist auch ein Sportgeist – und nicht der schlechteste.

Das große Ballspiel bei den Tschoktahs   *George Catlin*

Ballspiele waren von alters her bei den Indianern eine beliebte Unterhaltung, und viele verschiedene Formen haben sich bis heute erhalten. Daß diese Spiele jedoch nicht nur der Unterhaltung dienten, daß sie vielmehr unlösbar mit rituellen und mystischen Bräuchen verknüpft waren, bezeugen die Weihetänze, mit denen beide Mannschaften vor dem Spiel die Gunst des »Großen Geistes« für sich zu gewinnen suchten. Eines der interessantesten Ballspiele – das Racket-Spiel – gehört bei den Tschoktah-Indianern heute noch zu den ganz großen Ereignissen.
Der amerikanische Maler George Catlin hat um die Mitte des vorigen Jahrhunderts eine mehrere Jahre dauernde Forschungsreise in den Westen Nordamerikas gemacht und lange mit den dort hausenden Indianern zusammengelebt. Seine Beobachtungen und Bilder sind wohl die einzigen wirklich echten Dokumente über das Leben dieser inzwischen fast ausgestorbenen Indianerstämme. Hier seine eindrucksvolle, bis in jede Einzelheit gehende Schilderung eines großen Ballspiels bei den Tschoktahs.

Dieser aus 15 000 Seelen bestehende Stamm wurde vor einigen Jahren aus den nördlichen Teilen der Staaten Alabama und Mississippi südwärts vom Arkansas- und Canadianfluß versetzt, wo sie an das Gebiet der Krihks und der Tschirokihs grenzen, denen sie hinsichtlich der Zivilisation und der Lebensweise gleichstehen.

Die Tschoktahs scheinen mit ihrem Zustand zufrieden zu sein, und gleich den anderen Überresten von Stämmen haben sie noch ihre verschiedenen Spiele beibehalten. Während meines Aufenthalts unter ihnen schien die Zeit der Belustigungen oder irgendein Fest zu sein, denn fast der ganze Stamm versammelte sich täglich um die Wohnung des Agenten und unterhielt uns mit Wettrennen zu Pferde und zu Fuß, Tanz, Ringen, Ballspiel usw. Von allen diesen Spielen ist unstreitig das Ballspiel das interessanteste und die Lieblingsunterhaltung der südlichen Stämme. Es ist nichts Ungewöhnliches, daß bei einer solchen Gelegenheit 800 bis 1000 junge Männer an dem Spiel teilnehmen, während fünf- bis sechsmal soviel Zuschauer, Männer, Weiber und Kinder, die Spielenden umgeben.

Während meines Aufenthaltes im Lande der Indianer habe ich es nie versäumt, einem Ballspiel beizuwohnen, und bin deshalb oft fünf bis sechs

Meilen weit geritten. Ich blieb dann im Sattel sitzen, um alles besser über-sehen zu können, und bin oft vor Lachen über die wunderlichen Sprünge und Stellungen der Spielenden beinahe vom Pferd gefallen.

Ich ritt nachmittags mit den Leutnants S. und M. nach dem etwas über eine Meile entfernten Ballspielplatz der Tschoktahs, wo sich in zwei, etwa eine halbe englische Meile voneinander entfernten Gehölzen die Spielparteien mit ihren Familien und Freunden gelagert hatten; zwischen beiden lag die Prärie, auf der das Spiel stattfinden sollte. Da wir nichts mitgebracht hatten, worauf wir schlafen konnten, so beschlossen wir, wachzubleiben, um zu sehen, was in der Nacht geschehe. Während des Nachmittags gingen wir zwischen den Zelten und den geschmückten Indianern der beiden Lager um-her und wohnten gegen Sonnenuntergang der Ausmessung des Platzes und der Errichtung der Malzeichen bei; es sind dies zwei aufrechtstehende, etwa fünfundzwanzig Fuß hohe und sechs Fuß voneinander entfernte Stangen, die oben durch eine dritte Stange verbunden werden. Beide Malzeichen waren etwa 40 bis 50 Ruten voneinander entfernt, und genau in der Mitte zwischen beiden wurde eine einzelne Stange errichtet, um den Ort zu be-zeichnen, wo der Ball ausgeworfen werden sollte, nachdem durch Abschießen einer Flinte das Zeichen dazu gegeben worden. Alle diese Vorbereitungen wurden von einigen alten Männern getroffen, welche die Spielrichter zu sein schienen und zuletzt noch von einem Malzeichen zum anderen eine Furche zogen. Nun kamen aus beiden Gehölzen Frauen und alte Männer, Knaben und Mädchen, Pferde und Hunde in großer Menge herbei, stellten sich längs der Furche auf, und die Wetten auf das Spiel begannen. Diese Wetten schei-nen hauptsächlich den Frauen überlassen zu sein, die von allem, was ihre Häuser und Felder enthielten, etwas mitgebracht hatten: Messer, Kleider, Decken, Töpfe, Kessel, Hunde, Pferde, Flinten usw. Alle diese Gegenstände wurden einigen Personen übergeben, die sie die Nacht hindurch bewachten.

Die Stöcke, deren man sich beim Spiel bedient, sind an dem einen Ende zu einem länglichen Reifen umgebogen, über den ein Netz gespannt ist, damit der Ball nicht hindurchfalle. Die Spieler halten in jeder Hand einen dieser Stöcke und, indem sie hochspringen, fangen sie den Ball zwischen beiden Netzen und werfen ihn weiter, doch dürfen sie ihn nicht schlagen.

Alle Mitspielenden gehen fast ganz nackt und tragen nur den Schurz (Breech-Cloth, ein Stück Zeug zur Bedeckung des Unterleibs), einen prächti-gen Gürtel von Glasperlen, woran ein »Schweif« von weißen Pferdehaaren oder Federn befestigt ist, und außerdem um den Hals eine »Mähne« von buntgefärbten Pferdehaaren.

Das Spiel, dem ich beiwohnte, war schon vor drei oder vier Monaten auf folgende Weise angeordnet worden: Die beiden Spieler, die die beiden Par-teien anführten und abwechselnd die Mitspielenden in dem ganzen Stamm auswählen konnten, sandten Läufer, die phantastisch mit Bändern und roter

Farbe verzierte Ballstöcke trugen, die von den ausgewählten Spielern berührt wurden, wodurch diese sich verpflichteten, sich zur bestimmten Zeit bei dem Spiel einzufinden. Nachdem nun, wie eben erwähnt, alle Vorbereitungen zum Spiel beendigt, die Wetten gemacht und die aufs Spiel gesetzten Gegenstände niedergelegt waren, brach die Nacht herein, ohne daß einer von den Spielern sich gezeigt hätte. Aber bald nachdem es dunkel geworden, setzte sich von jedem Lager aus ein Zug mit brennenden Fackeln in Bewegung, stellte sich um sein Malzeichen auf und begann beim Schall der Trommeln und dem Gesang der Frauen den »Ballspieltanz«. Jede Partei tanzte in ihrem Spielanzug etwa eine Viertelstunde lang um ihr Malzeichen, wobei sie ihre Ballstöcke heftig zusammenschlugen und sangen, so laut sie konnten, während die Frauen, die an den Wetten teilgenommen hatten, sich zwischen die beiden Parteien längs der Furche in zwei Reihen aufstellten, ebenfalls tanzten und einen Gesang anstimmten, worin sie den Großen Geist anflehten, das Spiel zugunsten ihrer Partei zu entscheiden, und zugleich die Spieler ermutigten, in dem bevorstehenden Kampf alle ihre Kräfte aufzubieten. Während dieser Zeit saßen vier alte Medizinmänner, die mit dem Auswerfen des Balles und mit dem Richteramt beauftragt waren, an der Stelle, wo der Ball ausgeworfen werden sollte, und rauchten eifrig, damit der Große Geist sie erleuchte und sie in den Stand setze, ein richtiges Urteil zu fällen.

Dieser Tanz wurde auf dieselbe Weise die ganze Nacht hindurch mit halbstündigen Pausen wiederholt. Um neun Uhr morgens nahmen nun beide Parteien ihre Plätze ein, und das Spiel begann damit, daß die Richter, nachdem eine Flinte abgeschossen worden, den Ball in die Höhe warfen. Es entstand nun ein augenblicklicher Kampf zwischen beiden Parteien, indem jeder von den 600 bis 700 Spielern den Ball mit den Stöcken zu fassen und zwischen die Stangen des Malzeichens seiner Partei zu werfen suchte; gelingt dies, so zählt es eins. Von diesem Kampf, wo alles läuft, springt, sich stößt und drängt und jeder mit aller Kraft seiner Stimme schreit, kann sich niemand eine Vorstellung machen, der nicht Zeuge davon war. Da der vorderste die meiste Aussicht hat, den Ball zu erhaschen, so wird alles aufgeboten, um dies zu verhindern, und es kommt dabei oft zu Schlägereien, wobei indes selten jemand verletzt wird, da es allgemeine Vorschrift bei den Ballspielen ist, daß die Waffen im Lager zurückgelassen werden.

Sooft der Ball zwischen die Stangen eines Malzeichens geworfen worden war, wird eine Pause von etwa einer Minute gemacht; dann werfen die Richter den Ball wieder in die Höhe, das Spiel beginnt von neuem, und dies währt so lange, bis es einer Partei gelungen ist, den Ball einhundertmal in ihr Malzeichen zu werfen. Das Spiel endete eine Stunde vor Sonnenuntergang, und nachdem die Sieger ihre Gewinne in Empfang genommen hatten, gaben sie, der Übereinkunft gemäß, einige Kannen Branntwein zum besten, wodurch alle in die heiterste Stimmung kamen, ohne betrunken zu sein.

Die Indianerläufer

Arthur E. Grix

Als die sportliche Welt von den gewaltigen Laufleistungen der Tarahumara-Indianer erfuhr, horchte sie auf. 250 Kilometer und mehr liefen die jungen Männer dieses Naturvolks, ohne sich nur einmal auszuruhen oder im Ziel erschöpft zusammenzubrechen. In vorbildlichem Laufstil, mit einer ihnen eigentümlichen Geschwindigkeit bewältigten sie die Strecken. Und die Sportmanager sahen schon in ihnen die künftigen Sieger in den Sportarenen der westlichen Welt.

Als man die jungen Indianer jedoch gegen trainierte Sportler auf die Strecke schickte, zeigte es sich, daß sie den Sportlern der zivilisierten Welt auf allen kürzeren Strecken – bis 42 Kilometer – unterlegen waren, daß sie sie aber an Ausdauer auf längeren Distanzen weit übertrafen. Die Tarahumara laufen, wie sie schon seit Jahrhunderten gelaufen sind, mit dem Bambusstab in der Hand und der rollenden Kugel vor ihren Füßen. Sie kennen kein Training und keine Streckeneinteilung; es ist einzig und allein der Lauf, der sie fasziniert.

Der Schriftsteller, Sportsmann und Fotograf Arthur E. Grix hat in Mexiko, in der Sierra Tarahumara, eine Carrera – einen Wettlauf über 265 Kilometer – miterlebt und darüber berichtet.

Die Indianer ziehen ihre Kittel aus und stellen sich in einer Reihe auf. Hinter ihnen hat man, zur Markierung der Startlinie, die auch Ziel sein wird, das Bündel mit den Wettgegenständen niedergelegt.

Die beiden Führer treten zurück. Acht bronzene Läufer stehen am Start. Zwei Holzkugeln liegen vor ihnen auf dem Boden. Jede Mannschaft ist im Besitz einer solchen Kugel. Die Mannschaft, deren bester Läufer sie als erster durchs Ziel stößt, ist Sieger. Der beste Läufer entscheidet also. Die anderen laufen als Ersatzläufer mit, um den Platz des Führenden einzunehmen, falls derselbe verletzt wird oder anderweitig versagt.

Nun ist der große Moment gekommen! Der älteste Führer hebt die Hand und stößt einen heiseren Schrei aus. Zwei Holzkugeln fliegen, von den Zehen gehoben, durch die Luft und rollen, etwa 30 Meter von der Startlinie entfernt, auf den Boden nieder, gefolgt von der wilden Meute, die sie nicht mehr zur Ruhe kommen läßt.

Die Zuschauer erheben ein ohrenbetäubendes, anfeuerndes Gebrüll. Sie springen wie Böcke, schwingen die Hüte, gebärden sich wie Verrückte. Eine Anzahl Jungen läuft in schnellem Trabe mit. Die Indianer am Hügel blicken den Enteilenden mit gereckten Hälsen nach. Ich werfe einen Blick auf meine Uhr. Es ist 4.19 nachmittags.

Allmählich beruhigen sich die Gemüter. Auf meinen Wunsch geht Alfonso, der sich inzwischen eingefunden hat, hinüber zu dem Führer, um Näheres über die Strecke zu erfahren. Das ist, was er mir berichtet:

Die Indianer laufen zehnmal auf der Bahn hin und zehnmal her, kommen also immer wieder am Ausgangspunkt vorbei und müssen dabei die Ortschaft passieren. Der Wendepunkt liegt nämlich nicht hier, sondern sieben Kilometer südlich, in der Nähe von San Ignacio. Der nördliche Wendepunkt befindet sich bei Cueva Pinta, etwa 19,5 Kilometer von hier entfernt. Die Distanz von einem Wendepunkt zum anderen mißt also 26,5 Kilometer. Um dieselbe zehnmal zu durchlaufen, müssen 265 Kilometer zurückgelegt werden. Ein Umgehen der Strecke ist ausgeschlossen, da sich diese ziemlich gerade dahinstreckt und am Wendepunkt kontrolliert wird.

Ich begebe mich nun, so schnell ich kann, ins Dorf zurück, um das Zurückkommen der Läufer abzuwarten. Kurz nach 7 Uhr höre ich ein anwachsendes Geräusch von den Hügeln her, als ob ein Sturm über das Land weht. Dazwischen heult und juchzt es wie hysterische Weiberrufe. Sie kommen näher und näher heran aus der grauen Dämmerung. Jetzt erkennt man ein Rudel laufender Burschen mit Reitern dazwischen, die mit dauernden Zurufen auf ihre Pferde einschlagen. In der Mitte dieser heulenden Schar läuft die braune zierliche Gestalt des Läufers, in dessen Hand der helle Bambusstab schwingt. Vor ihm her kollert die Kugel, kaum zu sehen in der wachsenden Dunkelheit.

Jetzt sind sie heran! Ich sehe, wie Alfonso neben mir seinem Rappen die Sporen gibt, vernehme das Stampfen und Keuchen ringsumher und die Laute: »Maseira von Bocoyna, Maseira von Bocoyna!« Dann werde ich mitgerissen und laufe, wie das Rudel um mich her, mit der dunklen Gestalt mit, von deren Gürtel eine feine Schelle klingt wie die eines Schlittenpferdes.

Nach hundert Metern schon fange ich an zu keuchen. Mein Gott, wie das scharf durch meine Lunge zieht! Jemand tritt in meine Hacken. Ich muß weiter, sonst werde ich umgerannt. Immerwährend tönt das Kling, Kling, Kling des unermüdlichen Läufers, der, den Blick wie gebannt auf die fliegende, kullernde Kugel gerichtet, mit kurzen, schnellen Schritten über den steinigen Weg eilt.

Ich laufe noch immer, aber meine Glieder scheinen wie gelähmt. Das dunkle Wesen neben mir gleitet dahin mit einer Schnelligkeit, die ich nicht vermutet hätte. Gott sei Dank! Der erste Kilometerstein ist in Sicht. Bis hierher wollte ich mitlaufen. Noch bevor ich denselben erreiche, ist mir der Indianer mit seinem Gefolge um einige Meter voraus.

Ich sitze keuchend im Grase mit der beschämenden Gewißheit, daß das Laufen nicht mehr so gut geht wie vor zehn Jahren, als ich trainiert und leichtfüßig über die Aschenbahnen sauste. Nun verstehe ich auch, warum die Mexikaner in diesen Indianerläufern Fabelwesen sehen: sie sind genauso schwer, so untrainiert wie ich. Welche Schande! Juan Maseira hat 40 Kilometer hinter sich und trotzdem erschöpft er mich, der ich nur einen Kilometer mitgelaufen bin.

Allmählich läßt das beschämende Gefühl nach. Ich fange an, nach Entschuldigungsgründen zu suchen. Ja, so ist es: Ich bin vollkommen untrainiert, lief im Straßenanzug mit ziemlich schweren Lederschuhen, habe vielleicht auch nicht besonders gut geschlafen. Dazu bin ich die dünne Luft nicht gewöhnt, hier in 2300 Meter Höhe. Man sagt, daß sie eine 33prozentige Mehrbeanspruchung der Lunge erfordert. Das ist es! Jetzt weiß ich, warum ich so erschöpft bin.

Beruhigt gehe ich in die Ortschaft zurück. Unterwegs begegne ich dem ersten Läufer von San Ignacio, Juan Batista. Er liegt gute zwei Kilometer hinter dem Führenden. Auch um ihn bewegt sich eine lärmende Gruppe zu Fuß und zu Pferde, die auf der Strecke stafettenweise abgelöst wird. Es gibt kein Pferd in der Sierra, das den Läufern auf dem schwierigen Terrain mehr als 50 Kilometer folgen könnte, von den Mexikanern ganz zu schweigen.

Nun kommen auch die übrigen Läufer heran, die inzwischen weit zurückgefallen sind. Dabei zeigt sich, daß auch hier nur die Erfolgreichen auf ein Gefolge rechnen können, wie überall in der Welt, denn diese letzten Läufer haben wenig Begleiter, obgleich ihre Leistungen denen der Führenden wenig nachstehen. Nur ein paar Jungen traben nebenher, vielleicht Bekannte, die sich aus persönlichen Gründen ihrer angenommen haben.

Inzwischen gehen in den Wäldern, wie gestern abend, die Flammenzeichen auf. Ein Feuerpunkt nach dem anderen erscheint in den schwarzen Hügeln, die in das fahle Blau des Abendhimmels ragen.

Vor der Kirche, auf den Steinstufen, sitzen erregt sprechende Menschen und erwarten die Rückkehr der Läufer. Ich setze mich zu ihnen. Lazaro ist auch dabei und Sam, mein Wirt und Betreuer.

Plötzlich springt einer auf und ruft: »Ya se vienen!« Wir alle lauschen gespannt. Aus weiter Ferne dringt es wie klagende Schreie, wieder und immer wieder. Hoch und hysterisch hallen diese Laute aus dem Dunkel heraus. Jetzt kommen sie näher. Burschen springen auf und halten sich zur Ablösung bereit. Das Rufen und Brüllen des näherkommenden Rudels wächst immer stärker an. Nun sind sie da, der dunkle Läufer und das keuchende, prustende Rudel, das ihn begleitet. Einer kommt auf unsere Gruppe zu und fällt erschöpft zu Boden. Andere bleiben stehen, halten sich die Seiten und ringen nach Luft. Die dunkle Gestalt trabt weiter in die Nacht hinaus, immer die Holzkugel vor sich herstoßend. Der Mann am Boden starrt schwer atmend, schweißbedeckt, mit weit offenem Munde den enteilenden Läufern nach, bis sie im Dunkel verschwunden sind. Alfonso springt vom Pferde. Ich blicke auf meine Uhr; Maseira hat 55 Minuten gebraucht, um 13 Kilometer zurückzulegen, das heißt, er hat einen Kilometerdurchschnitt von viereinviertel Minuten erzielt, nachdem er bereits 40 Kilometer gelaufen war.

Nach und nach verschwinden die Umrisse der Häuser im Dunkel. Aber die Menschen sind heute noch wach. Überall sitzen erregte Gruppen plaudernd und gestikulierend vor der Haustür.

Ich gehe mit Alfonso zum Startplatz, wo man ein Feuer angezündet hat, das alle Kiefernstämme ringsumher mit flackerndem Glutschein erhellt. Regungslos, in ihre Decken gehüllt, hocken Indianergestalten im Feuerschein. Von den Gesichtern ist nichts zu sehen, da sie im Schatten ihrer Strohhüte liegen. Ab und zu sagt einer ein halblautes Wort, ohne die Augen von dem prasselnden Feuerbrand zu lassen. Ein anderer antwortet, langsam, ohne Hast, wie Menschen, die viel Zeit haben. Beim Klang meiner Stimme blicken sie einen Moment prüfend auf; dann gleiten ihre Augen wieder schnell in das Spiel der Funkengarben zurück.

Die Bündel mit den Wettobjekten hat man übereinander an einen Baumstamm geknüpft. Sie werden Tag und Nacht von den Buchmachern bewacht, deren Aufgabe es ist, alle Einsätze im Kopf zu behalten. Alfonso wechselt ein paar Worte mit ihnen, die sie mürrisch erwidern, dann setzen wir unseren Weg fort.

Wir gehen in den Wald zurück, von einem Lagerfeuer zum anderen. Schlafende Menschen, auch Frauen, in ihre rauhen Decken gehüllt, liegen wie Bündel auf dem Boden umher. Beim Klang unserer Schritte strecken sie die Köpfe wie Schildkröten hervor, ziehen sich aber sofort wieder in die warme Hülle zurück, nachdem sie sich von der Harmlosigkeit unserer Erscheinung überzeugt haben.

Stille ist's. Nur das Knacken der Scheite, das Spritzen des Harzes läßt sich vernehmen. Kalt liegt die Nacht über dem Hochland. Sterne von unendlicher Klarheit funkeln am Himmel. Alfonso hat die Augen geschlossen. Auch mich übermannt eine immer mehr zunehmende Müdigkeit. Wie im Traum sehe ich einen großen Pilz, die Gestalt des bärtigen Mannes, am Feuer stehen. Er horcht und späht und wartet.

Eine Bewegung erweckt mich aus dem Halbschlaf. Die Frau hat sich jäh aufgerichtet. Ihr Mann stößt einen kurzen, bellenden Ton aus wie ein Hund, der auf Wache liegt. In der Ferne ertönen Laute wie das Heulen von Wölfen. Nun braust es heran, näher und näher. Die Frau wirft zwei, drei Tortillas in die Glut, während sich der Mann bemüht, das schwarze Getränk aus dem Blechtopf in eine Tasse zu gießen. Wir springen auf in höchster, gespannter Erwartung. Aller Schlaf ist aus den Gliedern gewichen. Der Lauf schlägt uns wieder in seinen Bann.

Eine wilde, lärmende Prozession kommt im Laufschritt heran. Zwischen den knorrigen Kiefernstämmen hüpfen Feuerbrände wie Irrlichter. Ein Rudel von Fackelträgern, die lodernden Kienscheite hoch über den Häuptern erhoben, schreit ohne Unterlaß auf den nackten, braunen, von Olivenöl glänzenden Menschen ein, der durch den taghell erleuchteten Wald heraneilt.

Juan Maseira von Bocoyna ist es, der noch immer an der Spitze liegt. Im gleichmäßigen Rhythmus, wie beim Schlittenpferde, klingt noch immer die unermüdliche Schelle an seinem Gürtel. Jetzt stoppt er ab, bringt die Zehen blitzschnell unter die am Boden kullernde Kugel und schleudert sie mit kräftigem Schwung durch die Luft unserem Lagerfeuer zu.

Die Frau steht mitten auf dem Weg, in der einen Hand die heißen Tortillas, in der anderen den Kaffeetopf, wobei sie aufgeregt auf den Indianer einschreit, der gerade an ihr vorbeilaufen will. Dieser zögert, bremst ab, bleibt stehen, stützt sich mit beiden Händen auf das Bambusrohr, die Beine gegrätscht, den Bauch leicht eingesenkt, und läßt sich wie ein Kind von der Frau füttern. Seine Begleiter stehen keuchend und schwitzend im Kreis herum und beleuchten mit ihren flackernden Fackeln das seltsame Bild: den dunkelfarbigen, nackten Menschen, dessen bronzene Haut vom Öle glänzt, die besorgte Frau, die dem vor ihr Stehenden Stücke vom Maiskuchen in den Mund schiebt, die er, mechanisch, ins Leere starrend, zerkaut. Was mich am allermeisten in Erstaunen versetzt, worauf ich gänzlich unvorbereitet bin, ist, daß der Mensch nicht erschöpft ist, daß er ruhig atmet, als käme er von einem Spaziergang. Er, der 90 Kilometer im Laufschritt ohne Ruhepause zurückgelegt hat, ist in der Lage, ohne besondere Anstrengung Nahrung zu sich zu nehmen, ein Beweis für seine außergewöhnliche Konstitution. Nur in seinen leichtverglasten Augen liegt ein Abglanz des ungeheuren körperlichen Kräfteaufwandes, dem kein moderner, noch so gut trainierter Läufer gewachsen wäre. Es ist nicht der Lauf so sehr, sondern das dauernde Fortstoßen der Holzkugel mit dem nackten Fuß über das scharfe Gestein, noch dazu in der Dunkelheit, das eine Riesenstrapaze bedeutet, an die keine läuferische Großtat der Welt herankommt. Denn zu dieser Leistung gehört, im Gegensatz zu anderen Dauerleistungen, volle Konzentration. Im Laufe eines Kilometers muß der Mann vierzigmal nach der Kugel spähen, ihr nachlaufen und sie geschickt auf die Zehen bringen, damit er sich nicht verletzt. Dazu kommt der kräfteraubende Schwung aus dem Kniegelenk heraus und das Wiedereinfallen in den Laufschritt, was, durch die Unterbrechung des Laufes, einen ganz besonderen Aufwand von Energie erfordert.

Aufgepeitscht von der Sensation des Augenblickes stehe ich vor dem Wunder und versuche das Unfaßbare zu begreifen. Der braune, glänzende Körper strafft sich mit einem Ruck; das Glasige aus den Augen des Indianers ist verschwunden. Er späht schon wieder nach der Kugel, die vor ihm am Wege liegt. Mit einem plötzlichen Ruck ist er heran und stößt sie, mit fanatischen

Augen, weiter in die Waldnacht hinaus. Nun muß er weiter hetzen, wie ein Spürhund, der auf der Fährte ist, immer der rollenden Kugel nach.

Ein Pferd scheut und springt mit scharfem Getrappel jäh zur Seite. Der Troß der Fackelträger setzt sich wieder in Bewegung, und in wenigen Minuten ist der Spuk, so schnell er gekommen, wieder verschwunden. Nur ganz hinten im Walde hört man das Jauchzen und Heulen der aufgeregten Massen.

Kaum zwei Minuten hat die Unterbrechung gedauert. Die Frau macht sich daran, ein letztes Stück der Tortilla aufzukauen, während der Mann den Kaffeetopf wieder an seinen Platz schiebt. Bald herrscht die Stille wie zuvor. Nur die Holzscheite knistern leise. Wir gehen nach kurzem Gruß dem Dorfe zu.

Auf dem Platz vor der Kirche brennt ein großes Lagerfeuer, das alle umliegenden Häuserfassaden grell beleuchtet. Hier haben sich die Honoratioren eingefunden: der Polizeipräfekt, der Stationsvorsteher, der Lehrer. Auf dem Boden liegen Bündel zugeschnittener Kienfackeln, harzige, dünne Holzscheite, ungefähr eineinhalb Meter lang, die man in den Wäldern geschnitten hat. Ein junges Mädchen mit einer kleineren Schwester ist dabei, eine Fleischbrühe für die Läufer von San Ignacio zu kochen.

Die lassen ziemlich lange auf sich warten. Die Leute von Creel haben fast ohne Ausnahme auf San Ignacio gewettet, nicht weil sie ihnen eine größere Siegeschance zusprechen, sondern weil sie besser mit ihnen bekannt sind als mit denen von Bocoyna. Ein sachliches Abschätzen der Siegeschancen beider Mannschaften ist nicht gut möglich, da sich die Läufer zu wenig in der Öffentlichkeit produzieren, um irgendwelche Schlüsse auf den Ausgang des Rennens zuzulassen.

Endlich nähert sich die Kavalkade, voran der laufende Juan Batista, mißmutig und finster, begleitet von seinem lärmenden Gefolge. Er stößt die Kugel mitten in unsere Gruppe hinein. Man springt beiseite, um sie nicht im Laufe zu behindern. Die Mädchen stehen, ihre Töpfe schwenkend, auf der Straße. Juan stützt sich, wie sein Vorgänger, mit entspannten Muskeln auf dem Bambusstab, während ihm das etwa 16jährige Mädchen in liebevoller, mütterlicher Weise einen Topf voll stärkender Brühe einflößt. Es ist, als ob in ihren sorgenden Augen Verständnis und Mitgefühl für die Nöte des finsteren Läufers liegt, der, bereits weit zurückgeschlagen, vor einer überaus schwierigen und undankbaren Aufgabe steht.

Auf einmal hustet Juan und prustet die Flüssigkeit in einem Sprühregen wieder aus. Das Mädchen springt zurück, wartet den Anfall ab, und macht sich dann aufs neue daran, ihm die fettige Brühe einzuflößen. Diesmal gelingt es. Ein Stück Fleisch, das auf dem Boden des Bechers liegt, fischt er mit den Fingern heraus, um es in seinen Mund zu schieben, aus dem ein paar Fetttropfen auf Lippe und Kinn herunterfließen.

Währenddessen reden seine Anhänger wohlmeinend auf ihn ein. Jeder erteilt ihm einen Rat, wie er den führenden Maseira einholen und schlagen könnte. Ohne sich um das Gezeter zu kümmern, blickt der schluckende und kauende Mensch unverwandt auf die Holzkugel, die unweit des Feuers am Boden liegt. Plötzlich setzt er sich, noch kauend, in Trab, gibt der Kugel einen schwungvollen Stoß und stürmt aufs neue in die Dunkelheit hinein.

Das lodernde Fackellicht seiner Begleiter erhellt den Weg. Die Gestalten sind nicht mehr zu sehen, aber die flackernden Lichter tanzen noch lange gespenstisch in der Finsternis, bis sie, immer kleiner werdend, in der Ferne verschwinden. Wenig später erstirbt auch das Echo der wilden Rufe, das schwächer und schwächer von den Hügeln zu uns herüberklingt.

Ich habe für heute genug gesehen. Der Lauf geht weiter, wahrscheinlich bis zum Ausgang des kommenden Tages.

Schnell auf und gefrühstückt! Heut geht ja die Carrera ihrem Ende zu. Die Bilder von gestern abend stehen wieder lebendig vor meinen Augen. Ob die Läufer noch unterwegs sind?

»Lazaro«, sage ich, »wie steht das Rennen? Liegt Maseira noch immer vorn?«

»Ja, Herr, er liegt mit guten zehn Kilometer Vorsprung an der Spitze.«

»Und Batista? Ist er noch zweiter?«

»Ja, Herr, er ist noch zweiter. Aber er humpelt stark.«

»Er humpelt? Was ist denn geschehen?«

»Haben Sie es denn noch nicht gehört? Gestern nacht war auf einmal der ganze Vorrat von Fackeln ausgegangen. Es kann auch sein, daß man ihn versteckt oder gestohlen hatte. Wie dem auch sei, es waren plötzlich keine Fackeln mehr da. In der Dunkelheit konnten wir keine neuen schneiden, da sich nur Stücke aus besonders harzigen Kiefern dazu eignen, die man in der Nacht nicht so schnell finden kann.«

»Lazaro, du willst mir doch nicht erzählen, daß die Läufer ohne jede Beleuchtung, mit der Kugel vor sich her, durch den stockfinsteren Wald gelaufen sind?«

»Nur die Mannschaft von San Ignacio, Herr! Die Begleiter von Bocoyna hatten Fackeln.«

»Das ist ja eine schöne Geschichte! Dabei haben sie natürlich viel Terrain verloren?«

»Es läuft nur noch einer von San Ignacio, Herr: Juan Batista! Die anderen sind ausgeschieden. Einer hat sich die Zehen zerschlagen, der andere den Kopf. Juan ist mit dem Knie auf einen scharfen Stein gefallen und hat sich ziemlich schwer verletzt. Ich glaube nicht, daß er noch lange laufen kann.«

»Gut, Lazaro! Hasta la vista!«

Ich gehe den Weg nach San Ignacio hinunter und stelle mich ausgangs des Dorfes, wo die Schienen liegen, mit der Kamera auf. Es ist 10.30 Uhr. Die Läufer sind volle 18 Stunden auf den Beinen. Lange kann die Carrera nun nicht mehr dauern.

Kurz darauf höre ich das wohlbekannte Jauchzen und Rufen, und wenige Sekunden später kommt an einer Krümmung des Weges die Läuferschar zum Vorschein. Ich merke, wie die Erregung von Etappe zu Etappe wächst, und unterscheide nun die laufenden Gestalten, die, mit Juan Maseira an der Spitze, in gleißendem Sonnenlicht herankommen. Auch eine Anzahl Reiter sind wieder dabei, in der Mitte des Rudels sogar ein paar Mädchen, die das allerdings nicht mehr allzu scharfe Tempo für eine gewisse Distanz mithalten. Der Indianer läuft noch immer elastisch, in einwandfreiem Stil, wenngleich seine Schritte nicht besonders raumgreifend sind, ein Umstand, der sich bereits gestern abend bemerkbar machte. Man würde zweifeln, daß dieser Mensch 18 Stunden im Laufschritt hinter sich hat, wäre es nicht um die Tatsache, daß er von seinen Gegnern auf der Strecke sowie am Wendepunkt scharf kontrolliert worden ist. Die furchtbaren Anstrengungen der letzten Stunden, die durch den zunehmenden Sonnenbrand vermehrt werden, haben ihn noch immer nicht mürbe gemacht.

Im Gegensatz zu Maseira befindet sich Batista, der mit seiner Gefolgschaft eine gute Stunde später eintrifft, in sehr übler Verfassung, denn man merkt an seiner müden Laufart, daß er bald am Ende seiner Kräfte ist. Das Knie ist zerschunden und mit geronnenem Blut bedeckt, die Lippen sind grimmig verzogen, die Schritte kurz und trippelnd, so daß er sichtlich Mühe hat, die Oberschenkel hochzureißen.

Sobald er die ersten Häuser der Ortschaft erreicht hat, ergreifen ihn seine Anhänger und setzen ihn auf einen Stuhl, den ein Mann schnell aus seiner Behausung herausgebracht hat. Jeder fällt über ihn her, um ihm zu helfen, aber keiner weiß recht, was zu tun. Ärzte und Sanitäter gibt es hier natürlich nicht. So versucht jeder sein eigenes Mittel. Der eine bespritzt ihn mit Wasser, während ihm der andere einen Trunk einflößt; der eine gibt ihm gute Ratschläge, während der andere sein Knie massiert, und schließlich bindet einer einen Lumpen über die Wunde, der ihn mehr behindert als nützt. Stoisch nimmt der Braune alles hin, ohne mit der Wimper zu zucken, doch scheint es ihm nicht sonderlich zu gefallen, daß ich ihn photographiere, wahrscheinlich weil er annimmt, daß der schwarze Kasten die Quelle seines Übels ist. (Wie ich später hörte, schob er sein Mißgeschick tatsächlich meiner Kamera zu.)

Nach einer kurzen Pause nimmt Batista seinen Stab wieder in die Hand und trippelt weiter. Noch läuft er, wenngleich sein Bemühen nutzlos ist. Der Gegner liegt so weit vor, daß er nur noch durch einen unvorhergesehenen Zufall um seinen Sieg gebracht werden kann.

Während des Mittagessens frage ich Sam, was geschieht, wenn Batista das Rennen aufstecken sollte. Sam erwidert, daß damit der Lauf zu Ende sei. Juan Maseira könnte dann ebenfalls aufhören, da kein Ersatzmann der San-Ignacio-Mannschaft mehr im Rennen sei.

Im Laufe des Nachmittags treffe ich Maseira mit seinen Begleitern auf dem Weg nach San Ignacio. Es ist verwunderlich, mit welcher Unermüdlichkeit die nebenher Laufenden und Reitenden bei der Sache sind. Sie wachen mit fanatischem Eifer über ihren Schützling, der noch immer, wenn auch mit kurzen Schritten, den Bambusstab schwingend, dahintrabt. 24 Stunden sind bald vergangen, und er ist noch immer auf den Beinen. Man merkt an der Art, wie er die Kugel weiterstößt, allerdings eine wachsende Ermüdung, aber ich sah Hunderte von Läufern, die nach einer Stunde Laufens weit erschöpfter waren, als es dieser Mensch zu sein scheint.

Die wilde Gruppe kreuzt einen Wasserlauf. Der Indianer ist mit ein paar Sätzen drüben, nachdem er die Kugel mit sicherem Schwung hinübergestoßen hat. Fällt sie einmal in die Strömung und wird davongerissen, so ist es den Begleitern erlaubt, ihren Decken eine Ersatzkugel zu entnehmen, die sie vor die Füße des Laufenden werfen.

Das Wasser spritzt an ihren Körpern hoch, Pferde springen erschreckt empor, die schlendernden Hosen der Burschen tauchen tief in das rauschende Naß – der Indianer kümmert sich nicht darum. Er hat seinen Blick fasziniert auf die rollende Kugel gerichtet und für nichts anderes Interesse mehr

Weiter geht es, immer weiter! Die Carrera ist bald zu Ende. Das Gefühl des Sieges, das stolze Bewußtsein seines überragenden Könnens, enthebt ihn aller Erdenschwere. Er läuft wie in einer Trance. Nichts kann ihn mehr daraus erwecken, weder die Hindernisse der Strecke noch die Schreie seiner Anhänger. Seine verglasten Augen sehen nichts als die Kugel, sein ganzes Inneres ist konzentriert auf den Rausch, in den ihn der ewige Rhythmus der körperlichen Bewegungen gesetzt hat. Mit starrem Blick läuft er an mir vorbei wie ein Irrer, der, besessen von einer fanatischen Idee, durch die Straßen eilt.

Der heulende Troß verschwindet, die Rufe verhallen in der Ferne. Ich durchquere, von Stein zu Stein hüpfend, den Wasserlauf, einer der vielen, die, ohne Brücke und Steg, den Weg kreuzen.

Gegen 4 Uhr nachmittags erreicht mich das Gerücht, daß Juan Batista wegen seiner Verletzung aufgegeben hat. Da die übrigen Läufer von San Ignacio aus dem Rennen sind, steht der Sieg der Bocoyna-Mannschaft unzweifelhaft fest. Die Nachricht verstimmt mich weniger durch den Umstand, daß ich 50 Centavos verloren habe, als aus den Erwägungen heraus, daß die Indianerläufer genauso Menschen sind wie wir, mit all ihrer Verwundbarkeit, mit all ihren Schwächen. Diese Realistik wirkt ernüchternd. Ich hätte gern Fabelwesen von übernatürlichen Eigenschaften in ihnen gesehen.

Im Dorfe angekommen, wird mir gesagt, daß Maseira die Strecke zu Ende laufen wird. In der grauen Dämmerung des Abends gehe ich zum Wettplatz, wo sich bereits eine ansehnliche Zahl von Zuschauern versammelt hat. Das Interesse konzentriert sich auf die Wettobjekte, die mit begehrlichen Augen betrachtet werden, obgleich die Wächter noch nicht die Sachen verteilen.

In der Ferne wird es lebendig. Rufe durch den Wald und das Geräusch der näherkommenden Kavalkade hallen. Die Indianer am Hügel springen auf und blicken den Weg hinab, über den eine Vorhut junger Burschen gelaufen kommt. Gleich dahinter taucht auch die Gestalt des Indianers auf, der noch einmal mit letzter Anstrengung die Kugel vor sich herstößt, die nun, kaum sichtbar, hinter den Bündeln zu Fall und damit zur Ruhe kommt.

Er läuft mit kurzen Trippelschritten heran an die Ziellinie, fällt dann in ein paar Gehschritte, und steht nun am Wege, den Körper entspannend auf den Stab gestützt.

Merkwürdig! Nach all dem Lärm auf der Strecke sollte man meinen, daß nun ein Beifallsgetöse einsetzen sollte. Nichts dergleichen! Man tritt an ihn heran, klopft ihm auf die ölglänzende Schulter, ruft ihm ein »Bravo« zu, aber von stürmischer Begeisterung ist nichts zu merken.

So steht er noch immer, mit schwach wogendem Brustkasten, der keine Anstrengung verrät, die Beine gegrätscht, mit den Händen den Stab umklammernd, die Augen starr auf einen Punkt gerichtet. Allmählich verliert sich das Glasige und Ausdruckslose in seinem Blick, die Augen wandern umher, und bald gewinnt er wieder Interesse an seiner Umgebung. Nun blickt er sich um, gibt sich einen Ruck und schreitet ohne zu straucheln mit festen Schritten dem Hügel zu, wo er sich auf einen großen Stein zur Ruhe niedersetzt. Ein paar keuchende Burschen reden auf ihn ein, während sich die Indianer in angemessener Entfernung halten.

Indessen haben die Buchmacher die Bündel geöffnet und machen sich daran, die kümmerlichen Habseligkeiten an die glücklichen Gewinner zu verteilen. Es geschieht ohne Hast und Aufregung, da bereits seit gestern festliegt, was jeder zu bekommen hat. Verwunderlich ist wieder, wie die Buchmacher alles im Kopfe behalten haben, trotzdem über hundert Wettobjekte zu verteilen sind. Ich sehe, wie ein Mann, der gerade seinen Anteil erhalten hat, hinübergeht zu Maseira und ihm etwas zuwirft. Auch Sam läßt sich nicht lumpen; er gibt ihm sogar eine Münze. Ich halte es für das richtige, ein gleiches zu tun. Die Ausbeute für den Sieger: ein paar Münzen, ein paar Lederstücke, stehen in keinem Verhältnis zu seiner phänomenalen Leistung. Niemals habe ich einen reineren Amateur gesehen.

Die Kugel, die die lange Reise oder einen Teil derselben mitgemacht hat, zeigt außer einer herausgeplatzten Stelle und einem leichten Abschliff keine augenfällige Veränderung. Den Berichten amerikanischer Zeitungen, nach denen man glauben sollte, die Kugel sei nach Beendigung eines solchen Laufes wie dem heutigen auf die Hälfte ihres Durchmessers reduziert, ist demnach kein Glauben zu schenken.

Als ich wieder auf den Platz blicke, wo Maseira noch eben gesessen hat, ist derselbe leer. Wahrscheinlich verbringt er die Nacht am Lagerfeuer bei seinen Freunden, um morgen, bei Tagesanbruch, nach Bocoyna zurückzuwandern.

Ein Fest bei den Watussi

Lewis Cotlow

Der Weltreisende Lewis Cotlow hat mit Kamera und Notizbuch alle Erdteile befahren. Sein Ziel war es, Menschen aufzufinden, die fernab der Zivilisation leben und ihre Kultur, ihre oft uralten Bräuche bis heute unverändert bewahrt haben. Im Herzen Afrikas, in Ruanda Urundi, besuchte er die Watussi, die erst 1894 von Europäern entdeckt worden waren. Inmitten kleiner pygmoider Völkerschaften leben »diese schlanken und anmutigen Riesen, gekleidet in lang wallende Gewänder, die wie die Roben römischer Senatoren aussehen, schneeweiß, mit breiten sonnengoldenen oder roten Streifen« (Cotlow). Die Watussi sind ein Herrenvolk, der »schwarze Adel«, der sich die anderen Stämme ihres Wohngebiets, die Bahutu und Batwa, untertan gemacht hat. Cotlow wurde von Watussi-König Rudahigwa zu einem großen traditionellen Fest eingeladen, auf dem Tänze und sportliche Wettbewerbe gezeigt werden sollten. Hier folgt eine eindrucksvolle Schilderung von dem, was er auf diesem Fest sah und erlebte.

Schließlich kam der Tag des großen Festes, und aus allen Gegenden strömten Hunderte von Watussi und Bahutu nach Nyanza. Mwami Rudahigwa war prachtvoll angetan, mit einem herrlichen weißen Gewand und einem Kopfputz, von dem Perlenschnüre herabhingen und der mit Federn und weißem Affenpelz gekrönt war. Er stand am Ende eines breiten Feldes, umgeben von etwa 75 Watussi-Notabeln. Unter ihnen befanden sich einige, die mir wegen ihrer durchschnittlichen Körpergröße auffielen; später erfuhr ich, daß früher einige Bahutu und sogar Batwa wegen ungewöhnlicher Verdienste in die unteren Ränge der Watussi-Aristokratie aufgenommen worden waren.

An den Seiten des Feldes hatten Hunderte von Bahutu und Batwa Aufstellung genommen, einige, um bei den Zeremonien mitzuwirken, die meisten als Zuschauer. Selbst die Bäume in einiger Entfernung hingen voller Trauben von Bahutu. Aller Augen waren auf den König gerichtet, der das Signal zum Beginn des Festes gab. Er hielt in der einen Hand die kleine amerikanische Fahne von mir, und hinter ihm stand ein Diener mit dem schwarzen Regenschirm.

Als erstes stand Hochspringen auf dem Programm. Zwei schlanke, gerade Rohre waren in den Boden gepflanzt worden, und waagerecht lag eine dünne Rute. Vor dem »Sportgerät« war ein harter Ameisenhaufen, etwa fünfzehn Zentimeter hoch. Ein junger Watussi nahm seinen Kopfschmuck aus weißen

Federn ab, raffte das Gewand um die Taille und rannte mit unglaublich langen Schritten etwa zwanzig Meter. Mit dem letzten Schritt kam er mit einem Fuß auf dem Ameisenhügel auf, sprang hoch und über die Stange, die eine Höhe von schätzungsweise 1,65 Meter hatte. Fünf oder sechs andere Watussi folgten, und sie übersprangen alle die Stange um mindestens dreißig Zentimeter. Sie wurde immer höher gelegt, jedesmal ein ansehnliches Stück, bis sie höher als 2,40 Meter lag. Sämtliche Springer segelten darüber, mit ebensolcher Leichtigkeit wie zuvor. Ich weiß nicht, bis zu welcher Höhe sie es geschafft hätten, wenn sie bis zur letzten Entscheidung gesprungen wären, aber dazu kam es nicht; offenbar ging es nicht so sehr um den Wettkampf, sondern um ein Schauspiel. Eine andere Gruppe demonstrierte ebenso gute Leistungen im Speerwerfen, aber in der nächsten Sportart, im Bogenschießen, vollbrachten sie nur Kärgliches, obwohl daran sogar Bahutu und Batwa teilnehmen durften. Die Batwa, mit ihren winzigen Bogen und Pfeilen, trafen genauer als die Watussi mit ihren langen, starken Bogen. Sie müssen gewußt haben, daß sie in dieser Disziplin keineswegs hervorragend waren, denn die Zuschauer, auch der König, feuerten die Schützen mit Zurufen an, während diese sich selbst zu stimulieren versuchten. Sie streichelten ihre Bogen und Pfeile und redeten ihnen besänftigend zu, wie ein Spieler seinem Würfel, ehe er ihn wirft. Kurz vor dem Abschluß dieses Teiles forderte man einen der Weißen Väter zum Mitmachen auf. Er traf ins Schwarze – unter dem Jubel der versammelten Watussi, Bahutu und Batwa. Nach diesem Vorspiel begann die – in der Sicht der Watussi – wichtigste Zeremonie des Nachmittags: die Vorführung der heiligen Rinder. Die Tiere waren auf einen freien Platz unweit des Feldes geführt worden, aber ich konnte aus der Entfernung nur einen wahren Wald weißer Hörner ausmachen. Sie wurden einzeln hereingeführt, um vom König und seinem Hofstaat begutachtet zu werden. Zuerst kamen die *inyambo*, Vieh, das dem Mwami persönlich gehörte, gefolgt von den *insanga*, Rindern aus dem Besitz anderer Watussi-Notabeln. Da die Tiere sowohl nach Qualität als auch nach Quantität als Ausdruck von Reichtum und Prestige beurteilt wurden, wurden sie alle kritisch begutachtet. Die Tiere schritten würdevoll und still daher, nur gelegentlich muhten sie. Jede Kuh hatte ihren eigenen Wärter, einen Bahutu, der sie vorführte, wobei er sanft auf sie einredete und Fliegen verscheuchte, die sie belästigen könnten; als besondere Vergünstigung für solch wichtige Aufgaben durften die Wärter die Milch ihrer Kühe trinken. Sie hatten ihre Tiere prachtvoll hergerichtet. Die Felle glänzten seidig in der Sonne, da sie mit Butter eingerieben worden waren. Die langen, geschwungenen Hörner sahen wie Elfenbein aus; die Wärter hatten sie mit Sand poliert, und zumeist waren sie mit langen Federbüschen geschmückt. Jede Kuh trug an der Stirne einen Putz aus Perlen und schöner Stickerei. Die Tiere waren von verschiedener Farbe – manche rot-weiß, manche schwarz-weiß, andere wieder rot-hellgrau.

Jedesmal, wenn dem König ein Tier vorgeführt wurde, pries der Wärter laut die Vorzüge seiner Kuh; er gestikulierte, sprang auf und nieder, schlug mit seinem Stab auf die Erde, um die größten Meriten des Rinds zu unterstreichen. Der Mwami diskutierte mit seinem Gefolge jedes Tier ausführlich. Die Watussi haben einen reichen und subtil differenzierten Wortschatz für alles, was mit Kühen zusammenhängt. – Am Nachmittag wurde endlich getanzt.

Ich suchte mir die besten Stellen zum Filmen und machte die Kameras bereit. Die Trommeln wirbelten, und das Orchester stimmte eine Art Fanfare an, worauf fünfzig oder noch mehr hochgewachsene, geschmeidige Watussi-Tänzer mit einem Freuden- und Kriegsgeschrei auf das Feld stürmten. Sie trugen reichgeschmückte Gewänder – Bänder mit Perlen und Stickereien auf der Brust, Bänder aus Leopardenfell um die Taille, von der schmale Fellbänder herabhingen, lederne Armbänder mit Glöckchen daran, um den Hals einen ebenfalls mit Perlen bestickten Kragen sowie einen gefiederten Kopfschmuck, der aussah wie eine Löwenmähne und bei jeder Kopfbewegung hin und her schwankte. Die Tänzer stellten sich in Reihen auf, jeder etwa drei Meter vom nächsten entfernt. Dann sprang ihr Anführer mit einem Satz auf seinen Platz vor den anderen. Der hieß Butare und war der Sohn eines der höchsten Watussi-Prinzen und Minister des Königs, Angehöriger des Biru, des Ältestenrats. Er war ähnlich gekleidet wie die anderen Tänzer, trug aber ein Gewand aus flammendem Rot und von feinster Webart. Wenn es um seine Beine wirbelte, sah es aus wie tanzende Flammen. Butares Zähne blitzten, als er glücklich lächelnd seine Tänzer anführte, und die Schönheit des Schauspiels wurde durch die Freude, die die Teilnehmer erfüllte, noch erhöht.

Alle Tänzer besaßen Anmut und Dynamik, Butare aber war so erstaunlich, daß ich die Augen fast nicht von ihm abwenden konnte, um auch die anderen zu beobachten. Seine Sprünge waren von verblüffender Weite und Anmut; er segelte durch die Luft, als gälte das Gesetz der Schwerkraft für ihn nicht. Jeder Muskel seines Körpers unterstrich jede Geste, jede Bewegung. Zehen, Finger, die Wölbung seines Nackens, seine blitzenden Augen und Zähne, alles vereinte sich zu einem Bild. Das Gewand, der Kopfputz, der lange Stab in seiner Hand – alles wurde sozusagen zur Verlängerung seines Körpers, wenn er nach vorne sprang, wendete, zurücksprang, den Stab warf.

Im letzten Tanz, genannt »Die donnernde Legion«, wurden die Tänzer zu einer vorrückenden Armee, stolz, unwiderstehlich, alles vor sich hertreibend. Sie stampften so gewaltig auf die Erde, daß Staubwolken aufstiegen. Unter mir erzitterte der Boden. Sie sangen beim Tanzen, und die Musiker wie auch die Bahutu und Batwa stimmten in den Gesang ein. Die Menge jubelte und feuerte die Tanzenden durch Zurufe zu immer größeren Anstrengungen an. Als es zu Ende war, war auch ich ermattet, erschöpft. Die Tänzer zogen ab, keuchend, aber freudestrahlend, und langsam setzte sich der Staub wieder unter der heißen Sonne. Ich betrachtete meine Kamera, glücklich und zufrieden, denn ich wußte, daß sie den ersten Farbfilm von einem Watussi-Tanz barg.

Neuzeit

Gedanken über die Erziehung   *Michel de Montaigne*

Michel de Montaigne wurde 1533 auf Schloß Montaigne in Südfrankreich geboren. Er galt zu seiner Zeit als Bahnbrecher im Bereich der Erziehungswissenschaften.

Der rein formalen Bildung, die in den Schulen Frankreichs damals üblich war, setzte er die Forderung nach lebensnahen, sachlichen Unterrichtsformen entgegen. »Wenn die Seele«, so sagt er, »durch das Studium nicht in eine bessere Richtung gebracht, wenn wir dadurch nicht ein richtiges Urteil erlangen, so sollte der Zögling seine Zeit lieber mit Ballspielen zubringen; denn dadurch nähme doch wenigstens sein Körper an Stärke zu!«

Höchst erstaunlich für die damalige Zeit sind Montaignes Ansichten über den Wert der körperlichen Erziehung. In seinem Hauptwerk, den »Essais«, tritt er entschieden für eine gleichberechtigte geistige und körperliche Ausbildung ein. Es ist in der Form begründet, die er seinem Werk gegeben hat, daß der folgende Abschnitt aus dem »Essay über die Erziehung« diese Dinge anscheinend nur streift, daß sie wie gesprächsweise hier und dort gesagt werden. Montaigne war kein Kämpfer; sein gesamtes Werk bezeugt jedoch eine deutliche und eindeutige Stellungnahme für eine allseitige Erziehung.

Es ist nicht gut, ein Kind im Schoße seiner Eltern zu erziehen. Sie sind unfähig, das Kind zu strafen und mit einfacher Kost zu nähren, was doch ebenso nötig ist, als daß ein Kind nicht ewig am Gängelband geführt werde, sondern auch mit etwas Gefahr frei gehen und handeln lerne.

Sie können nicht dulden, daß das Kind von seinen Übungen schweißtriefend und mit Staub bedeckt zurückkomme, daß es kalt oder heiß trinke; sie können es nicht ansehen, daß es mutig ein Pferd besteige oder beim Fechten tüchtige Stöße bekomme. Es ist keine andere Hilfe, wer es zu einem braven Mann erziehen will, darf es in seiner Jugend nicht verweichlichen und muß oft die Regeln der Ärzte hintenansetzen.

Es ist nicht genug, seine Seele fest zu machen, man muß ihm auch seine Muskeln stählen. Die Seele ist viel zu geschäftig, wenn sie keine Hilfe hat, und hat viel zu tun, wenn sie zwei Ämtern vorstehen soll.

Ich weiß, wie sich die meinige in Gesellschaft eines weichen, empfindlichen Körpers plagt, der sich so sehr auf sie steift und stützt. Auch werde ich beim Bücherlesen oft gewahr, daß meine Meister in ihren Schriften in manchen

Fällen das für Größe der Seele und Stärke des Geistes ausgeben, was eigentlich mehr von der Dicke der Haut und der Härte der Knochen abhängt.

...Man muß den Zögling an die Mühseligkeiten der Arbeit und die Unbequemlichkeiten der Leibesübungen gewöhnen, um ihn gegen allerlei Schmerz unempfindlich zu machen.

...Selbst unsere Spiele und Leibesübungen: Laufen, Ringen, Tanzen, Reiten, Fechten und die Jagd, werden einen guten Teil unseres Studiums ausmachen.

Ich will, daß ein äußerer Anstand und ein gefälliges Wesen zugleich mit der Seele sich bilden. Es ist nicht eine Seele, nicht ein Körper, den man erzieht: es ist ein Mensch. Aus dem dürfen wir nicht zwei machen.

Man darf, wie Plato sagt, den einen nicht abrichten ohne den andern, sondern sie beide zugleich führen und leiten wie ein Paar Pferde, welche an dieselbe Deichsel gespannt sind...

Härtet den Zögling ab gegen Schweiß, Kälte, Winde, Sonne und solche Zufälligkeiten, die er verachten muß. Entwöhnt ihn aller Weichheit und Verzärtelung in Kleidung, Essen, Trinken und Schlafen, gewöhnt ihn an alles, macht aus ihm keinen schönen Knaben und Stutzer, sondern einen derben und kräftigen Burschen. Als Kind, Mann und Greis habe ich immer so geurteilt.

Über die Leibesübungen

Johann Amos Comenius

Während in Deutschland der Dreißigjährige Krieg (1618–1648) wütete, war das Interesse und auch die Möglichkeit für eine vielseitige geistige und körperliche Bildung stark eingeschränkt. Trotzdem gab es aber auch in diesen Jahren Lehrer und Wissenschaftler, die erkannten, wie notwendig trotz allem eine gut abgestimmte geistige und körperliche Ausbildung war. Johann Amos Comenius war ein solcher Mann. Man nannte ihn zu seinen Lebzeiten einen Dichter, Gottesgelehrten, Philosophen, Philologen und Erzieher. Ein guter Erzieher war er wohl vor allem. In seine Lehrpläne, die er immer wieder zu verwirklichen suchte, nahm er vielerlei Spiele und Turnübungen auf. Er trat entschieden dafür ein, daß auch in unruhigen Zeiten ein sicherer Platz für die täglichen Übungen zur Verfügung stehen müsse. Im folgenden Abschnitt aus seinem wohl bekanntesten Werk, »Orbis pictus«, gibt uns Comenius eine anschauliche Beschreibung der Übungen und hygienischen Gewohnheiten, die im Volk lebendig waren und die er nach Kräften förderte.

Laufspiele

Die Knaben üben sich mit Laufen entweder auf dem Eis mit Schlittschuhen, da sie auch fahren mit Schlitten; oder im Feld, machend einen Strich, welchen, wer gewinnen will, erreichen, aber nicht darüber hinauslaufen muß.

Vorzeiten liefen die Wettläufer in den Schranken nach dem Ziel, und welcher am ersten dasselbe erreichte, der bekam selbstverständlich den Dank von dem Kampfrichter.

Heutzutage werden Rennspiele gehalten (da man mit der Lanze rennet nach dem Ring) anstatt der Turniere, die aus der Mode gekommen sind.

Kinderspiele

Die Knaben pflegen zu spielen entweder mit Schnellkeulchen; oder schiebend die Kugel nach den Kegeln; oder das Kügelein mit der Keule schlagend durch den Ring; oder den Kreisel mit der Peitsche treibend; oder mit dem Blasrohr und der Armbrust schießend; oder auf Stelzen gehend; oder auf dem Knebel sich bewegend und tätschelnd.

Das Ballspiel

Im Ballhaus schlägt man den Ball, welchen der eine zuschlägt, der andre empfängt und zurückschlägt mit dem Racket; und dieses ist eine adelige Spielübung zur Bewegung des Leibes.

Der Ballon, aufgeblasen vermittelst des Ventils, wird unter freiem Himmel mit der Faust geschlagen.

Die Fechtschule

Die Fechter balgen sich auf dem Fechtplan, kämpfend entweder mit Schwertern oder mit Stangen und Partisanen, oder mit Duseken (Krummschwert aus Holz), oder mit Degen, die an der Spitze Ballen haben, daß sie nicht tödlich verwunden, oder mit Rapier und Dolch zugleich.

Die Ringer (bei den Römern vorzeiten nackt und mit Öl bestrichen) fassen einander an und bemühen sich, welcher den andern könne zu Boden bringen, sonderlich mit Beinrücken.

Die Faustkämpfer fechten mit Fäusten; ein lächerliches Gefecht, da nämlich mit verbundnen Augen.

Das Schwimmen

Man pflegt auch über das Wasser zu schwimmen auf einem Binsenbüschel; ferner auf aufgeblasenen Ochsenblasen; danach frei durch Bewegung der Hände und Füße.

Endlich hat man gelernt, Wasser zu treten, bis an den Gürtel unter dem Wasser gehend und die Kleider über dem Haupt tragend. Der Taucher kann auch schwimmen unter dem Wasser wie ein Fisch.

Die Jagd

Der Jäger jagt das Wild, indem er den Wald umstellt mit Garnen, welche aufgestellt werden mit Garnstangen.

Der Spürhund kommt auf die Spur oder stöbert es aus dem Geruch; der Windhund verfolgt es.

Der Wolf fällt in die Grube; der fliehende Hirsch ins Netz.

Der Eber wird gefällt mit dem Jägerspieß.

Der Bär wird gebissen von den Hunden und geschmissen mit der Keule. Was durchgeht, das entwischt, wie der Hase und Fuchs.

Das Bad

Wer gern badet im kalten Wasser, steigt in den Fluß.

In der Badstube waschen wir den Schmutz ab, entweder sitzend in der Badewanne oder steigend auf die Schwitzbank; und reiben uns mit dem Reibstein oder härenen Tuch.

In der Ausziehstube ziehen wir die Kleider aus und gürten uns mit der Badschürze. Das Haupt bedecken wir mit dem Badhut, und die Füße stellen wir in das Fußbecken.

Die Badmagd trägt Wasser zu mit dem Badgeschirr, welches sie schöpft aus dem Wassertrog, wohinein es fließt aus den Badröhren.

Der Bader schröpft mit dem Schröpfeisen, und indem er Köpfe setzt, zieht er das Blut aus, das zwischen Fell und Fleisch ist, welches der Schwamm abwischt.

Der Wandersmann

Der Wandersmann trägt auf dem Rücken im Reisefell, was nicht fassen können der Schiebsack und die Tasche; er deckt sich mit dem Reisemantel; hält in der Hand den Wanderstab, daran er sich halte; hat vonnöten eine Wegzehrung wie auch eines getreuen und gesprächigen Gefährten.

Wegen des Fußsteigs, wenn er nicht ist ein gebahnter Pfad, verlasse er nicht die Landstraße.

Die Abwege und Scheidwege betrügen und verführen an unwegsame Örter; nicht so sehr die Krummwege und Kreuzwege.

Demnach forsche er bei den Begegnenden, welchen Weg er gehen müsse; und hüte sich vor den Straßenräubern, gleich wie auf der Straße, also auch in der Herberge, wo er übernachtet.

Die Gaukelei

Der Gaukler macht allerlei Schauspiele, durch Geschwindigkeit des Leibes, gehend auf den Händen oder springend durch den Reif und so fort.

Zuweilen auch tanzt er vermummt (Maskerade).

Der Taschenspieler spielt aus der Gauklertasche.

Der Seiltänzer geht und hüpft auf dem Seil, haltend in der Hand die Gewichtsstange, oder hängt sich an eine Hand oder einen Fuß.

Eröffnung der Olympiade 1896 in Athen

Die deutschen Läufer bei der Olympiade 1896

Damenwettlauf bei einem englischen Gartenfest

Unsere starken Großväter: Ringkämpfer im Berliner Palasttheater um 1900

Der Eislauf

Friedrich Gottlieb Klopstock

Aus der Edda wissen wir, daß eine primitive Form des Schlittschuhs schon den Germanen bekannt war. In sehr frühen Zeiten mag das Schlittschuhlaufen bei den Nordgermanen wohl vor allem Brauchkunst gewesen sein. Aber schon im Mittelalter – und da vor allem aus Friesland und Holland – hören wir von Schnelläufern und sportlichen Spielen auf dem Eis.
Im 18. Jahrhundert kam in Deutschland die Wende. Bekannte Turnpädagogen wie Vieth und Guts Muths setzten sich für den Eislauf ein, und Dichter wie Herder, Goethe und vor allem Friedrich Gottlieb Klopstock widmeten dem Eislauf Lobgesänge und trugen damit viel zu seiner endgültigen Verbreitung bei.

Vergraben ist in ewige Nacht
Der Erfinder großer Name zu oft!
Was ihr Geist grübelnd entdeckt, nutzen wir;
Aber belohnt Ehre sie auch?

Wer nannte dir den kühneren Mann,
Der zuerst am Maste Segel erhob?
Ach, verging selber der Ruhm dessen nicht,
Welcher dem Fuß Flügel erfand?

Und sollte der unsterblich nicht sein,
Der Gesundheit uns und Freuden erfand,
Die das Roß mutig im Lauf niemals gab,
Welche der Reihn selber nicht hat?

Unsterblich ist mein Name dereinst!
Ich erfinde noch dem schlüpfenden Stahl
Seinen Tanz! Leichteren Schwungs fliegt er hin,
Kreiset umher, schöner zu sehn.

Du kennst jeden reizenden Ton
Der Musik, drum gib dem Tanz Melodie,
Mond und Wald höre den Schall ihres Horns,
Wenn sie des Flugs Eile gebeut.

O Jüngling, der den Wasserkothurn
Zu beseelen weiß und flüchtiger tanzt,

Laß der Stadt ihren Kamin! Komm mit mir,
Wo des Kristalls Ebne dir winkt!

Sein Licht hat er in Düfte gehüllt;
Wie erhellt des Winters werdender Tag
Sanft den See! Glänzenden Reif, Sternen gleich,
Streute die Nacht über ihn aus!

Wie schweigt um uns das weiße Gefild,
Wie ertönt vom jungen Froste die Bahn!
Fern verrät deines Kothurns Schall dich mir,
Wenn du dem Blick, Flüchtling, enteilst.

Wir haben doch zum Schmause genug
Von des Halmes Frucht und den Freuden des Weins?
Winterluft reizt die Begier nach dem Mahl;
Flügel am Fuß reizen sie mir!

Zur Linken wende du dich, ich will
Zu der Rechten hin halbkreisend mich drehn;
Nimm den Schwung, wie du mich ihn nehmen siehst;
Also! nun fleug schnell mir vorbei!

So gehn wir den schlängelnden Gang
An dem langen Ufer schwebend hinab.
Künstle nicht! Stellung, wie die, lieb' ich nicht,
Zeichnet dir auch Preißler nicht nach.

Was horchst du nach der Insel hinauf?
Unerfahrne Läufer tönen dort her!
Huf und Last gingen noch nicht übers Eis,
Netze noch nicht unter ihm fort.

Sonst späht dein Ohr ja alles; vernimm,
Wie der Todeston wehklagt auf der Flut!
O, wie tönt's anders! wie hallt's, wenn der Frost
Meilen hinab spaltet den See!

Zurück! laß nicht die schimmernde Bahn
Dich verführen, weg vom Ufer zu gehn!
Denn wo dort Tiefen sie deckt, strömt's vielleicht,
Sprudeln vielleicht Quellen empor.

Den ungehörten Wogen entströmt,
Dem geheimen Quell entrieselt der Tod!
Glittst du auch leicht, wie dies Laub, ach, dorthin,
Sänkest du doch, Jüngling, und stürbst!

Wie ich Fechten und Reiten lernte

Johann Wolfgang von Goethe

Goethe (1749–1832) hat zu einer Zeit gelebt, in der körperliche Übungen durchaus noch nicht Allgemeingut waren. Da er keine öffentliche Schule besucht hat, waren ihm sogar Spiel und Sport im Kreise gleichaltriger Freunde fremd. Seine Erziehung, nur darauf ausgerichtet, überragende geistige Fähigkeiten zu erwerben, bewirkte, daß Goethe als Kind körperlichen Anstrengungen nicht gewachsen und gegen Krankheiten besonders anfällig war. Erst als Student lernte er Sinn und Wert körperlicher Übungen schätzen. Der Dichter Christian Fürchtegott Gellert (1715–1769), Professor an der Universität Leipzig, gab hier den ersten Anstoß. Im Verlauf seines Studiums wandte Goethe sich immer intensiver körperlichen Übungen zu. Einmal um den eigenen, durch Vernachlässigung geschwächten Körper zu kräftigen, zum anderen, weil er mehr und mehr den Standpunkt der griechischen Philosophen teilte, daß Körper und Geist eine Einheit seien, deren jede zum Nutzen der anderen geübt werden müsse. Diese Haltung hat Goethe bis an sein Lebensende vertreten. Die ersten sportlichen Übungen, die Goethe ebenso wie jedes andere Bürgerkind bereits als Knabe erlernte, waren Fechten und Reiten. In »Dichtung und Wahrheit« hat er von diesem Unterricht berichtet.

Nicht allein durch die kriegerischen Zustände, in denen wir uns seit einigen Jahren befanden, sondern auch durch das bürgerliche Leben selbst, durch Lesen von Geschichten und Romanen, war es uns nur allzu deutlich, daß es sehr viele Fälle gebe, in welchen die Gesetze schweigen und dem einzelnen nicht zu Hilfe kommen, der dann sehen mag, wie er sich aus der Sache zieht. Wir waren nun herangewachsen, und dem Schlendriane nach sollten wir auch neben andern Dingen Fechten und Reiten lernen, um uns gelegentlich unserer Haut zu wehren und zu Pferde kein schülerhaftes Ansehn zu haben. Was den ersten Punkt betrifft, so war uns eine solche Übung sehr angenehm: denn wir hatten uns schon längst Hau-Rapiere von Haselstöcken, mit Körben von Weiden sauber geflochten, um die Hand zu schützen, zu verschaffen gewußt. Nun durften wir uns wirklich stählerne Klingen zulegen, und das Gerassel, was wir damit machten, war sehr lebhaft.

Zwei Fechtmeister befanden sich in der Stadt: ein älterer, ernster Deutscher, der auf die strenge und tüchtige Weise zu Werke ging, und ein Franzose, der seinen Vorteil durch Avancieren und Retirieren, durch leichte, flüchtige Stöße, welche stets mit einigen Ausrufungen begleitet waren, zu erreichen suchte. Die Meinungen, welche Art die beste sei, waren geteilt. Der kleinen Gesellschaft, mit welcher ich Stunde nehmen sollte, gab man den Franzosen, und wir gewöhnten uns bald, vorwärts und rückwärts zu gehen, auszufallen und uns zurückzuziehen und dabei immer in die herkömmlichen Schreilaute auszubrechen. Mehrere von unsern Bekannten aber hatten sich zu dem deutschen Fechtmeister gewendet und übten gerade das Gegenteil. Diese verschiedenen Arten, eine so wichtige Übung zu behandeln, die Überzeugung eines jeden, daß sein Meister der bessere sei, brachte wirklich eine Spaltung unter die jungen Leute, die ungefähr von einem Alter waren, und es fehlte wenig, so hätten die Fechtschulen ganz ernstliche Gefechte veranlaßt. Denn fast ward ebensosehr mit Worten gestritten als mit der Klinge gefochten, und um zuletzt der Sache ein Ende zu machen, ward ein Wettkampf zwischen beiden Meistern veranstaltet, dessen Erfolg ich nicht umständlich zu beschreiben brauche. Der Deutsche stand in seiner Positur wie eine Mauer, paßte auf seinen Vorteil und wußte mit Battieren und Legieren seinen Gegner ein über das andere Mal zu entwaffnen. Dieser behauptete, das sei nicht Raison, und fuhr mit seiner Beweglichkeit fort, den andern in Atem zu setzen. Auch brachte er dem Deutschen wohl einige Stöße bei, die ihn aber selbst, wenn es Ernst gewesen wäre, in die andere Welt geschickt hätten.

Im ganzen ward nichts entschieden noch gebessert, nur wendeten sich einige zu dem Landsmann, worunter ich auch gehörte. Allein ich hatte schon zu viel von dem ersten Meister angenommen, daher eine ziemliche Zeit darüber hinging, bis der neue mir es wieder abgewöhnen konnte, der überhaupt mit uns Renegaten weniger als mit seinen Urschülern zufrieden war.

Mit dem Reiten ging es mir noch schlimmer. Zufälligerweise schickte man mich im Herbst auf die Bahn, so daß ich in der kühlen und feuchten Jahreszeit meinen Anfang machte. Die pedantische Behandlung dieser schönen Kunst war mir höchlich zuwider. Zum ersten und letzten war immer vom Schließen die Rede, und es konnte einem doch niemand sagen, worin denn eigentlich der Schluß bestehe, worauf doch alles ankommen solle: denn man fuhr ohne Steigbügel auf dem Pferde hin und her. Übrigens schien der Unterricht nur auf Prellerei und Beschämung der Scholaren angelegt. Vergaß man die Kinnkette ein- oder auszuhängen, ließ man die Gerte fallen oder wohl gar den Hut, jedes Versäumnis, jedes Unglück mußte mit Geld gebüßt werden, und man ward noch obenein ausgelacht. Dies gab mir den allerschlimmsten Humor, besonders da ich den Übungsort selbst ganz unerträglich fand. Der garstige, große, entweder feuchte oder staubige Raum, die Kälte, der Modergeruch, alles zusammen war mir im höchsten Grade zuwider; und da der

Stallmeister den andern, weil sie ihn vielleicht durch Frühstücke und sonstige Gaben, vielleicht auch durch ihre Geschicklichkeit bestachen, immer die besten Pferde, mir aber die schlechtesten zu reiten gab, mich auch wohl warten ließ und mich, wie es schien, hintansetzte, so brachte ich die allerverdrießlichsten Stunden über einem Geschäft hin, das eigentlich das lustigste von der Welt sein sollte. Ja, der Eindruck von jener Zeit, von jenen Zuständen ist mir so lebhaft geblieben, daß, ob ich gleich nachher leidenschaftlich und verwegen zu reiten gewohnt war, auch tage- und wochenlang kaum vom Pferde kam, daß ich bedeckte Reitbahnen sorgfältig vermied und höchstens nur wenig Augenblicke darin verweilte. Es kommt übrigens der Fall oft genug vor, daß, wenn die Anfänge einer abgeschlossenen Kunst uns überliefert werden sollen, dieses auf eine peinliche und abschreckende Art geschieht. Die Überzeugung, wie lästig und schädlich dieses sei, hat in späteren Zeiten die Erziehungsmaxime aufgestellt, daß alles der Jugend auf eine leichte, lustige und bequeme Art beigebracht werden müsse; woraus denn aber auch wieder andere Übel und Nachteile entsprungen sind.

Die Deutsche Turnkunst

Friedrich Ludwig Jahn

*Friedrich Ludwig Jahn wurde am 11. August 1778 im Dorf Lanz in der West-
priegnitz geboren. Sein Vater war Prediger. Der Lebensweg Jahns war recht
bewegt, und man kann seinen unorthodoxen Werdegang und die Form, die
er seinem Lebenswerk gegeben hat, »der deutschen Jugend leibliche Tüchtigkeit zu verschaffen und sie auch sittlich zu heben«, nur vor der Kulisse der
politischen Ereignisse jener Zeit verstehen. Sein überbetonter Patriotismus
und seine rauhe Art schufen ihm zu seiner Zeit manche Feinde. Und der
Überschwang seiner vaterländischen Gefühle, der in all seinen Werken deutlich zum Ausdruck kommt, bewirkt auch heute noch eine gewisse Skepsis,
wenn man sein Lebenswerk betrachtet. Leibesübungen waren für ihn ein
Mittel »zur Errettung des deutschen Volkes aus tiefer Erniedrigung«, und so
verfolgte er vornehmlich das Ziel, die Turner »zu kräftigen Verteidigern des
Vaterlandes zu machen«. Um dieses Ziel zu erreichen, verlangte er – und das
ist ihm gewiß als großes Verdienst anzurechnen – für jede Schule, für jedes
Dorf und für jede Stadt einen Turnplatz. Und er scheute sich nicht, beim Bau
der Plätze und Geräte selbst Hand anzulegen.*

*1816 gab Jahn seine »Deutsche Turnkunst« heraus, die von Blücher als
»deutsches Wehrbüchlein« charakterisiert wurde. Man würdigte Jahns Verdienste und ernannte ihn zum Ehrendoktor der Universitäten Jena und Kiel.
Aber schon regten sich seine Feinde. Es erregte Anstoß, wenn Turner und
Burschenschafter laut ihr Mißfallen über die politischen Gegebenheiten
äußerten, wenn sie turn- und deutschfeindliche Schriften öffentlich ver-
brannten. Als 1819 ein Burschenschafter den russischen Staatsrat August von
Kotzebue ermordete, nahm man das zum Anlaß, das lästige Turnen für viele
Jahre zu verbieten. Jahn wurde verhaftet, 1820 zwar wieder freigelassen,
stand aber weiter unter Polizeiaufsicht und durfte sich seinen Wohnort nicht
frei wählen.*

*1842 wurde das Turnen in Preußen wieder zugelassen, aber erst 1848 wurde
Jahn rehabilitiert und als Abgeordneter in die Nationalversammlung nach
Frankfurt berufen.*

Vorwort

Wie so viele Dinge in der Welt hat auch die »Deutsche Turnkunst« einen
kleinen unmerklichen Anfang gehabt. Ich wanderte gegen Ende des Jahres

1809 nach Berlin, um den Einzug des Königs zu sehen. Bei der Feier ging mir ein Hoffnungsstern auf, und nach langen Irrjahren und Irrfahrten wurde ich hier heimisch. Liebe zum Vaterlande und eigene Neigung machten mich wieder zum Jugendlehrer, was ich schon oft gewesen. Zugleich ließ ich mein *Deutsches Volksthum* drucken.

In schöner Frühlingszeit des Jahres 1810 gingen an den schulfreien Nachmittagen der Mittwoche und Sonnabende erst einige Schüler mit mir in Feld und Wald, und dann immer mehr und mehr. Die Zahl wuchs, und es wurden Jugendspiele und einfache Übungen vorgenommen. So ging es fort bis zu den Hundstagen, wo eine Unzahl von Knaben zusammenkam, die sich aber nachher verlief. Doch sonderte sich ein Kern aus, der auch im Winter als Stamm zusammenhielt und mit dem dann im Frühjahr der erste Turnplatz in der Hasenheide eröffnet wurde.

Jetzt wurden im Freien, öffentlich und vor jedermanns Augen, von Knaben und Jünglingen mancherlei Leibesübungen unter dem Namen Turnkunst in Gesellschaft getrieben. Damals kamen die Benennungen Turnkunst, turnen, Turner, Turnplatz und ähnliche miteinander zugleich auf.

Das gab nun bald ein gewaltig Gelaufe, Geschwatze und Geschreibe. Selbst durch französische Tagblätter mußte die Sache Gassen laufen. Aber auch hierzulande hieß es anfangs: »Eine neue Narrheit, die alte Deutschheit wieder aufbringen zu wollen.« Dabei blieb es nicht. Vorurteile wie Sand am Meer wurden von Zeit zu Zeit ruchbar. Sie haben bekanntlich niemals vernünftigen Grund, mithin wäre es lächerlich gewesen, sie mit Worten zu widerlegen, wo das Werk deutlicher sprach.

Im Winter wurde nachgelesen, was über die Turnkunst habhaft war. Dankbar denken wir noch an unsere Vorarbeiter Vieth und Guts Muths.

Im Sommer 1812 wurden zugleich mit dem Turnplatz die Turnübungen erweitert. Sie gestalteten sich von Turntag zu Turntag vielfacher und wurden unter freudigem Tummeln im jugendlichen Wettstreben auf geselligem Wege gemeinsam ausgebildet.

Nach Beendigung des Sommerturnens von 1812 bildete sich zur wissenschaftlichen Erforschung und kunstgerechten Begründung des Turnwesens aus den Turnfertigsten und Allgemeingebildetsten eine Art Turnkünstler-Verein. Er bestand den ganzen Winter hindurch, in dem die Franzosen auf der Flucht von Moskau erfroren.

Beim Aufruf des Königs vom 3. Februar 1813 zogen alle wehrhaften Turner ins Feld, und die Sache stand augenblicklich wie verwaist. Nach langem Zureden gelang es mir, in Breslau einen meiner ältesten Schüler, Ernst Eiselen, zu gewinnen, daß er während des Kriegs an meiner Statt das Turnwesen fortführen wollte.

Am Ende des Heumonds 1814 kam ich wieder zurück nach Berlin, und nun wurde den Spätsommer und Vorwinter sehr ernstlich an der Verbesserung des Turnplatzes gearbeitet. Noch im Herbst bekam er einen 60 Fuß hohen Kletterturm, nützlich und notwendig zum Steigen, unentbehrlich aber im flachen Lande zur Übung des Auges für die Fernsicht.

Bei Napoleons Ausbruch und Wiederkunft gingen alle wehrhaften Turner abermals freiwillig ins Feld. Es mußten nun die jüngeren Heimbleibenden mit frischer Kraft wieder an das Werk gehen.

Auch im Frühjahr 1815 erhielt der Turnplatz noch wesentliche Verbesserungen und Erweiterungen.

Im Herbst und Vorwinter wurde das Turnwesen noch einmal Gegenstand einer gesellschaftlichen Untersuchung. Nachdem die Sache in einem Turnrat reiflich erwogen und durchprüft, Meinungen verglichen, Erfahrungen vernommen und Urteile berichtigt worden, begann man aus allen früheren und späteren Ausarbeitungen und einzelnen Bruchstücken und Beiträgen ein Ganzes zu machen, was dann zuletzt durch meine Feder gegangen. So ist die Geschichte, wie Werk, Wort und Buch entstanden. Vollendet und vollkommen kann keins von allen dreien sein; aber zum Erkennen des Musterbildes mag das Buch hinwirken. Darum wird das Aufgestellte nur dargebracht, um dem Vaterlande Rechenschaft zu geben, in welchem Sein und Sinn unser Tun und Treiben waltet.

Turnkunst

Die Turnkunst soll die verlorengegangene Gleichmäßigkeit der menschlichen Bildung wiederherstellen, der bloß einseitigen Vergeistigung die wahre Leibhaftigkeit zuordnen, der Überfeinerung in der wiedergewonnenen Männlichkeit das notwendige Gegengewicht geben und im jugendlichen Zusammenleben den ganzen Menschen umfassen und ergreifen.

Solange der Mensch noch hienieden einen Leib hat und zu seinem irdischen Dasein auch ein leibliches Leben bedarf, was ohne Kraft und Stärke, ohne Dauerbarkeit und Nachhaltigkeit, ohne Gewandtheit und Anstelligkeit zu nichtigen Schatten versiecht, wird die Turnkunst einen Hauptteil der menschlichen Ausbildung einnehmen müssen. Unbegreiflich, daß die Brauchkunst des Leibes und Lebens, diese Schutz-und-Schirm-Lehre, diese Wehrhaftmachung so lange verschollen gewesen.

Immer ist sie nur zeit- und volksgemäß zu treiben, nach den Bedürfnissen von Himmel, Boden, Land und Volk. In Volk und Vaterland ist sie heimisch und bleibt mit ihnen immer im innigsten Bunde. Auch gedeiht sie nur unter selbständigen Völkern und gehört sich auch nur für freie Leute. Der Sklavenleib ist für die menschliche Seele nur ein Zwinger und Kerker.

Turnanstalten

Jede Turnanstalt ist ein Tummelplatz leiblicher Kraft, eine Erwerbsschule männlicher Ringfertigkeit, ein Wettplan der Ritterlichkeit, Erziehungsnachhilfe, Gesundheitspflege und öffentliche Wohltat; sie ist Lehr- und Lernanstalt zugleich in einem steten Wechselgetriebe. Zeigen, Vormachen, Unterweisen, Selbstversuchen, Üben, Wettüben und Weiterlehren folgen in einem Kreislauf. Die Turner haben daher die Sache nicht vom Hörensagen, sie haben kein fliegendes Wort aufgefangen; sie haben das Werk erlebt, eingelebt, versucht, geübt, geprüft, erprobt, erfahren und mit durchgemacht. Das erweckt alle schlummernden Kräfte, verleiht Selbstvertrauen und Zuversicht, die den Mut niemals im Elend lassen.

Man trägt ein göttliches Gefühl in der Brust, sobald man erst weiß, daß man etwas kann, wenn man will.

Ohne eine Turnanstalt sollte billig keine namhafte Stadt in deutschen Landen forthin bleiben. Den Einwurf: »Es kostet was«, können nur Tröpfe vorbringen, die gern als Köpfe spuken möchten. Menschen werden gezählt, Männer gewogen und sind nicht zu drillen.

Turnplätze

Auch der kleinste Ort könnte und sollte von Rechts wegen, wenn er eine Schule hat, auch nach seinen beschränkten Bedürfnissen einen Turnplatz haben. In jedem Kirchspiel des platten Landes müßte wenigstens ein vollständiger Turnplatz sein, wo sich dann aus den größeren und kleineren Ortschaften die turnfähige Jugend zusammenfinde und in jugendlichem Wettturnen versuche.

Turnlehrer

Ein Vorsteher einer Turnanstalt (Turnwart) übernimmt eine hohe Verpflichtung und mag sich zuvor prüfen, ob er dem wichtigen Amt gewachsen ist. Er soll die jugendliche Einfalt hegen und pflegen, daß sie nicht durch frühreife Unzeitigkeit gebrochen werde. Offenbarer als jedem anderen entfaltet sich ihm das jugendliche Herz.

Werdende Männer sind seiner Obhut anvertraut, die künftigen Säulen des Staates, die Leuchten der Kirche und die Zierden des Vaterlandes. Keinem augenblicklichen Zeitgeist darf er frönen, keiner Rücksichtelei auf Verhältnisse der großen Welt, die oft im argen liegt. Wer nicht von Kindlichkeit und Volkstümlichkeit innigst durchdrungen ist, bleibe fern von der Turnwartschaft. Es ist ein heiliges Werk und Wesen. Einzig nur im Selbstbewußtsein der Pflichterfüllung liegt der Lohn. Der Turnschüler muß den Turnlehrer als Mann von gleichmäßiger Bildung und Volkstümlichkeit achten können, der Zeit und Welt kennt und das Urbild, wonach zu streben ist; sonst wird er bei aller turnerischen Fertigkeit ihnen nur wie ein Faselhans und Künstemacher vorkommen.

Turnübungen

Alles Turnen hat sein Gesetz und seine Regel, seine Schule und Zucht, sein Maß und sein Ziel. Die höchste Eigentümlichkeit beim einzelnen und die höchste Volkstümlichkeit bei allen. Lehre und Leben bilden keinen Gegensatz. Beide sind trächtig und eins. Daher ist es möglich und findet wirklich statt, daß auf einem und demselben Turnplatz jeder Turner sein eigen Gepräge erhält nach seinem eigenen Schrot und Korn. Die Turnkunst als Pflegerin der Selbsttätigkeit führt auf geradem Wege zur Selbständigkeit des Menschen durch gesellige Regsamkeit in lebensfrischer Gemeinschaft.

Bei den Turnübungen muß sich immer eins aus dem andern ergeben, ohne Drillerei, so die freie Eigentümlichkeit der einzelnen durch ihr Schalten gefangennimmt. Die Turnübungen in Folge und Folgerung ergänzen sich wechselseitig und können und müssen umzechig getrieben werden. Die richtige Verteilung von Rast und Last gewährt die Dauerkraft. Indem einige müde geturnte Glieder feiern, arbeiten die andern wieder Die Turnkunst ist gegen jede Einseitigkeit. Links und rechts sind die Bedingnisse, wovon keins erlassen werden darf. Sie will einen ganzen Mann und ist mit keinem zufrieden, dessen Leib in die Brüche geht. Übereinstimmung und Folgerechtheit entwickeln die allseitige Kraft.

Turnzeit

Auf dem Turnplatz ist die Aufgabe zu lösen, viele Turner zu gleicher Zeit planmäßig zu beschäftigen. Zur Turnzeit sollten immer billig ganze Nachmittage verwandt werden.

Von bloßen Augenblicken, wo sich die Jugend nur kümmerlich auslüftet, ist natürlich hier nicht die Rede. An Turntagen wird der ganze Nachmittag in zwei gleiche Hälften geteilt. Die erste Hälfte ist für die freiwillige Beschäftigung (Turnkür), die andere Hälfte für die vorgeschriebene Turnschule.

In der ersten Hälfte wählt sich jeder seine Beschäftigung selbst und treibt Übungen, die ihm am meisten behagen oder in welchen er sich schwach fühlt, oder auch in denen er sich vorzüglich ausbilden will. Am Ende dieser Zeit werden die Turner durch ein überall auf dem Turnplatz hörbares Zeichen auf dem Tie versammelt. Dies ist die beste Zeit, wo die Turner nach gehörigem Ausruhen und Abkühlen mit Brot und Wasser ihren Hunger und Durst stillen können.

Sobald alle getrunken haben, wird wieder ein Zeichen gegeben, worauf alle Turner sich nach ihren Jahren auf einen ein für allemal angewiesenen Stand stellen. Hier werden die Listen verlesen und die Fehlenden sogleich aufgezeichnet. Über den Nichtbesuch des Turnplatzes wird Nachfrage gehalten, damit nicht böse Buben unter dem Vorwand und Behelf des Turnplatzes sich auf den Müßiggang geben und jugendwidrigen Zeitvertreib.

Nun fängt die vorgeschriebene Beschäftigung (Turnschule) an. Die Turner sind ein für allemal nach ihrem Alter in bestimmte Abteilungen gebracht. Alle Übungen werden nun in so viele einzelne Schulen geteilt, als Turnerabteilungen sind. Hiernach werden jeder Abteilung für einen Tag bestimmte Haupt- und Nebenübungen angewiesen.

Turntracht

Ohne eine bleibende Turntracht kann keine Turnanstalt gedeihen. Der leidige Trachtwechsel würde bald nacheinander alle Übungen unmöglich machen und so das Turnwesen wieder vernichten.

Eine grauleinene Jacke und ebensolche Beinkleider kann sich jeder anschaffen. Stiefel dürfen keine schweren Reiter- und Postknecht-Stiefel sein oder gar Gebäue wie Löscheimer. Die zweckmäßigste Fußbekleidung für Turner sind Halbstiefel, die eben über die Knöchel hinaufreichen. Lederne Beinkleider taugen nicht auf dem Turnplatz. Turnbeinkleider müssen gehörigen Schritt haben, im Bund gebührend weit sein, daß sie den Bauch nicht pressen und an einem Hosenträger hängen. So hoch dürfen sie nicht hinaufgehen, daß das Herz in der Hose sitzt. Es versteht sich von selbst, daß sie weder weit wie ein Sack noch eng wie ein Darm sein dürfen. Am aller ungesundesten ist es, sie über die Hüften zu schnallen und zu schnüren. Das gibt einen Schmachtriemen, wodurch die Wohlgestalt des Menschenleibes als Wespenleichnam auseinanderzubrechen scheint und die Hälften wie Vorder- und Hinterwagen nur noch notdürftig zusammenhängen.

Bei den Turnübungen selbst kann man nicht kühl gekleidet genug gehen; nach vollendeter Arbeit, nach dem Abmüden und dem Erhitztsein muß man einen Rock zum Überziehen haben, um sich gegen plötzliche Erkältung zu schützen. Ein deutscher Rock, der hinten zu ist und vorn zugeht, bleibt immer die angemessenste und anständigste Tracht.

Zuschauer

Der Turnplatz ist keine Bühne, und kein Zuschauer hat das Recht, auf ihm ein Schauspiel zu erwarten. Aber er ist ebensowenig eine geheime Halle: feste Schranken muß er freilich haben, die den Turner von dem bloßen Zuschauer absondern. Dafür müssen die Übungsplätze nach den einzelnen Orten und Stellen so angeordnet werden, daß sie von außen hinreichend zu sehen sind und sich gerade von dort für den Zuschauer am besten ausnehmen. So hat alsdann jedermann hinlängliche Gelegenheit, sich durch den Augenschein von Wesen und Wert der Turnübungen zu überzeugen.

Tie

Der Turnplatz ist kein Drillort und kann also nicht von Schulsteifheit starren. Bei den Übungen selbst darf ausdrücklich nichts anderes von den Turnern gesprochen werden, als was zur Sache gehört. Dafür muß aber natürlich jeder Turnplatz einen der Größe der Turnanstalt angemessenen Tie haben. Der Tie ist Versammlungs-, Erholungs-, Unterhaltungs- und Gesellschaftsplatz. Schattenbäume müssen ihn umgeben. In der Mitte muß eine etwas erhabene Dingstatt sein und ein Dingbaum, woran an einem Schwarzen Brett die Turngesetze und andere Dinge zu lesen sind. Von der Dingstatt herab wird den Turnern das Nötige bekanntgemacht.

Die Turngesetze
Gute Sitten müssen auf dem Turnplatz mehr wirken und gelten als anderswo weise Gesetze. Die höchste hier zu verhängende Strafe bleibt immer der Ausschluß aus der Turngemeinschaft.
Man kann es dem Turner, der eigentlich leibt und lebt und sich leibhaftig erweist, nicht nachdrücklich genug einschärfen, daß keiner den Adel des Leibes und der Seele mehr wahren müsse als gerade er. Am wenigsten darf er sich irgendeines Tugendgebots darum erheben, weil er leiblich tauglicher ist. Tugendsam und tüchtig, rein und ringfertig, keusch und kühn, wahrhaft und wehrhaft sei sein Wandel. Frisch, frei, fröhlich und fromm – ist des Turners Reichtum. Das allgemeine Sittengesetz ist auch seine höchste Richtschnur und Regel. Was andere entehrt, schändet auch ihn. Muster und Vorbild zu werden, danach soll er streben. Dazu sind die Hauptlehren: nach der höchsten Gleichmäßigkeit in der Aus- und Durchbildung ringen; fleißig sein; was Gründliches lernen; nichts Unmännliches mitmachen; sich auch durch keine Verführung hinreißen lassen, Genüsse, Vergnügungen und Zeitvertreib zu suchen, die dem Jugendleben nicht geziemen. Die meisten Ermahnungen und Warnungen müssen freilich immer so eingekleidet sein, daß die Tugendlehre keine Lasterschule wird.
Alle Erziehung ist nichtig und eitel, die den Zögling in dem öden Elend wahngeschaffener Weltbürgerlichkeit als Irrwisch schweifen läßt und nicht im Vaterland heimisch macht. Und so ist auch selbst in schlimmster Franzosenzeit der Turnjugend die Liebe zu König und Vaterland ins Herz gepredigt und geprägt worden. Wer wider die deutsche Sache und Sprache freventlich tut oder verächtlich handelt, mit Worten oder Werken, heimlich wie öffentlich – der soll erst ermahnt, dann gewarnt, und so er von seinem undeutschen Tun und Treiben nicht abläßt, vom Turnplatz verwiesen werden.
So hat sich die deutsche Turngemeinde in der dumpfen Gewitterschwüle des Valand für das Vaterland gestählt, gerüstet, gewappnet, ermutigt und ermannt. Glaube, Liebe, Hoffnung haben sie keinen Augenblick verlassen. Gott verläßt keinen Deutschen, ist immer der Wahlspruch gewesen. Im Krieg ist nur daheim, aber nicht müßig geblieben, der zu jung und zu schwach war. Teure Opfer hat die Turnanstalt in den drei Jahren dargebracht. Sie ruhen auf den Wahlplätzen von den Toren Berlins bis zur feindlichen Hauptstadt.

Fausto Coppi,
Sieger der Tour de France 1949

Szene von der zehnten Etappe
der Tour de France

Olympiade 1936 in Berlin: Jesse Owens startet zum 200-Meter-Lauf

Jesse Owens siegt im 100-Meter-Lauf mit der Weltrekordzeit von 10,3 Sekunden

Spiele zur Erholung   *Johann Christian Friedrich Guts Muths*

Johann Christian Friedrich Guts Muths (1759–1839) war der erste der drei Turnklassiker, und Adolf Spieß nannte ihn den Erz- und Großvater des Turnens. An der Erziehungsanstalt Salzmann war er 54 Jahre lang Lehrer für Gymnastik, Handarbeit und Erdkunde. Seine zahlreichen Bücher zeugen jedoch davon, daß sein besonderes Interesse den Leibesübungen galt. 1793 erschien sein erstes umfassendes Werk »Gymnastik für die Jugend«. Es galt als das klassische Werk für das Schulturnen. 1796 wurde es durch sein zweites Buch »Spiele zur Übung und Erholung des Körpers und des Geistes für die Jugend« ergänzt. Es war das erste deutsche Spielbuch und umfaßte nicht nur sportliche Bewegungsspiele, sondern auch »Spiele des Gedächtnisses«, »Spiele der Phantasie und des Witzes«, »Spiele des Geschmacks« und »Spiele des Verstandes und der höheren Beurteilungskraft«. Folgende Mahnung hat Guts Muths seinem Buch vorangestellt: »Ihr könnt fröhlich sein und scherzen, aber verscherzt die Unschuld nicht.«

Als die Langeweile zuerst die Hütten der Menschen besuchte, trat das Vergnügen zugleich herein, bot ihren Bewohnern die Hand und forderte diese Naturkinder zum Tanz auf. So entstanden die natürlichsten, unschuldigsten Spiele, nämlich die Bewegungsspiele. Die Hütten verwandelten sich in Paläste, auch hier erschien die Langeweile; aber man verbat sich die Bewegung, das Vergnügen – verband sich den Mund und präsentierte die Karten. Langeweile ist immer nur die Veranlassung zum Spiele; der natürliche Trieb der Tätigkeit ihr Schöpfer. Die Äußerung dieses Triebes zeigt sich bei den Spielen nach dem Grade der Kultur und der Verfeinerung der Völker und einzelnen Menschen, bald körperlich, bald geistig, bald aus beiden gemischt. Daher die verschiedenen Spielgattungen. Beim Spiel im strengen Sinne hat der Spieler keinen Zweck als den der Belustigung an der freien Wirksamkeit seiner Tätigkeit, davon ist hier die Rede nicht; denn wo sind die Spiele der Art, wo bloß ästhetische Größen nämlich Form und Gestalt das Material derselben machten? Ich kenne nur ein Spiel, was hierher zu gehören scheint, nämlich das sogenannte Parquet. Es ist nun einmal gewöhnlich, alle, wenn auch spielende Beschäftigungen mit Formen und Gestalten nicht Spiel zu nennen. Beim Spiel im gewöhnlichen Sinne ist der nächste Zweck Belustigung, der entferntere Erholung oder Schutz gegen Langeweile. Daß diese

Belustigung ebenfalls aus der Wirksamkeit unserer Tätigkeit geschöpft werde, ist gewiß. Die Mittel, diese Tätigkeit wirksam zu machen, sind erstlich das Material des Spiels, welches sich bald als träge, bald als aktive Masse unserer Tätigkeit widersetzt. Da aber das Material fast bei keinem einzigen unserer Spiele allein schon Interesse genug für unsere Tätigkeit hat und sie folglich nicht hinlänglich reizt: so wird zweitens irgendein Affekt, vorzüglich Ehrliebe, mit hineingezogen und als Sporn der Tätigkeit gebraucht, drittens dem Zufall bald mehr bald minder Herrschaft über das Material eingeräumt, wodurch die Erwartung gespannt und die Tätigkeit rege erhalten wird. Allein der Grund des Vergnügens beim Spiel liegt doch nicht allein in unserer Tätigkeit, sondern auch in der Anschauung der Form des Spiels, das heißt der verabredeten, systematischen Ordnung unserer Tätigkeit; wird diese gestört, schmiegt sich unsere Aktion dem System des Spiels nur unvollkommen an: so mindert sich die Belustigung. Spiele sind also Belustigungen zur Erholung, geschöpft aus der Wirksamkeit und verabredeten Form unserer Tätigkeit ...

Spiele sind wichtige Kleinigkeiten; denn sie sind zu allen Zeiten, unter allen Völkern, bei jung und alt Bedürfnisse gewesen; weil Freude und Vergnügen zur Erholung von Arbeit, leider auch wohl zum Schutze gegen Langeweile, ebensogut Bedürfnisse sind wie Befriedigung der Verdauungs- und Denkkraft. Spiele sind daher über den ganzen Erdkreis verbreitet; alles spielt, der Mensch und sein Kind nicht nur, sondern auch das Tier und sein Junges, der Fisch im Wasser, der Hund, das Pferd, der Löwe und ihre Jungen spielen. Wer hat die Geheimnisse der Pflanzen, die Dunkelheiten der Elemente, die Mysterien des Wärmestoffs, der Elektrizität, des Magnetismus, die endlosen Entfernungen der Weltkörper durchschaut, um hier alles Spiel geradezu verneinen zu können. »Spielen«, sagt der unvergleichliche Wieland, »ist die erste und einzige Beschäftigung unserer Kindheit und bleibt uns die angenehmste unser ganzes Leben hindurch. Arbeiten wie ein Lastvieh ist das traurige Los der niedrigsten, unglücklichsten und zahlreichsten Klasse der Sterblichen, aber es ist den Absichten und Wünschen der Natur zuwider. — Die schönsten Künste der Musen sind Spiele, und ohne die keuschen Grazien stellen auch die Götter, wie Pindar singt, weder Feste noch Tänze an. Nehmt vom Leben hinweg, was erzwungener Dienst der eisernen Notwendigkeit ist; was ist in allem übrigen nicht Spiel? Die Künstler spielen mit der Natur, die Dichter mit ihrer Einbildungskraft, die Philosophen mit Ideen, die Schönen mit unseren Herzen und die Könige — leider! — mit unseren Köpfen.«

Die Tradition trug sie von jeher in alle Winkel der Welt, und es mag schwerer sein, eine nützliche Erfindung, die Verbesserung eines landwirtschaftlichen Instruments aus einem Lande in das andere zu verpflanzen, als ein Spiel Polynesiens in Deutschland einzuführen. Unsere kleinen Mädchen wissen es nicht, daß ihr Spiel mit fünf Steinchen griechischen oder wer weiß was für

Ursprungs ist; und unsere Knaben nennen das Pflöcken, was die griechischen Kindalismos hießen. Die Bauern in Ströbke spielen mit denen am Ganges, am Seinde-rud, am Tigris und an den Jökeln von Island ein Spiel, ich meine das Schach. Diese Verbreitung durch so lange Zeiten, die so allgemein und oft so schnell geschah, ist eben ein Zeichen des allgemeinen Bedürfnisses.

Die kriegerischen Spiele unserer ältesten Vorfahren sowie ihr rasender Hang zu Glücksspielen sind bekannt. Vom Gebrauch der Waffen gegen Menschen oder Tiere ermüdet, kehrte man zur Hütte zurück und verschlief die lästige Zeit oder verspielte sie wie Habe, Gut und Freiheit mit Würfeln. Durch Ruhe wieder gestärkt, griff man, wenn Not, Magen oder Tätigkeitstrieb es geboten, wieder zu den Waffen, zum Jagdgewehr oder begann kriegerische Spiele. Würfel und Waffen waren die Lieblingsspiele der Hunnen, man kannte fast keine Gesetze als die des Hasardspiels. Ganz germanisch lebt man in dem nordamerikanischen Germanien bei den Delawaren und Irokesen; Krieg oder Jagd, Essen oder Schlafen, Hasardspiel oder kriegerische Spiele. Auch hier ist die Spielsucht unersättlich.

So spielen oft ganze Dörfer, ja ganze Stämme gegeneinander. Der Instinkt ruft, man kehrt zur Jagd oder zu bewegenden Spielen, besonders zu Tänzen, die zur Tagesordnung gehören. Eine Hirschhaut über ein Faß, einen Kessel oder über ein Stück eines hohlen Baumes gespannt, gibt in dumpfen Tönen den Takt an. Die Männer tanzen voran, von ihrem Stampfen erzittert der Boden, von ihrem Geschrei die Luft. Das sittsame Weib folgt mit wenigen Bewegungen sprach- und scherzlos nach. Heldenmäßiger wird der Tanz für Männer allein. Jeder tanzt einzeln mit Kühnheit und Leichtigkeit, seine eigenen oder die Taten seiner Vorfahren besingend; indem die Herumstehenden mit einem rauhen, zu gleicher Zeit ausgestoßenen Ton das Zeitmaß angeben. Noch fürchterlicher ist der Kriegstanz; die Nachahmung eines allgemeinen kriegerischen Gemetzels. Wem liegen nicht in dem Erzählten die Hauptzüge dieser Nationen unverhohlen und offen vor Augen?...

Ich habe gesagt, Spiele seien wichtige Kleinigkeiten; denn wenn man von der einen Seite aus den Spielen auf den sittlichen und politischen Zustand einer Nation schließen kann, so darf man von einer anderen, aus jener genauen Verbindung, den Schluß machen, daß die Spiele auf den Charakter merklichen Einfluß haben werden; daß sie daher zu den Erziehungsmitteln ganzer Nationen gehören. Es liegt freilich in der Natur der Sache, daß sie oft nach dem schon stattfindenden Charakter erst gewählt werden, daß dieser also schon eher da ist als jene. Dann werden sie ihm wenigstens immer mehr befestigen und ausbilden helfen. Allein es ist dessen ungeachtet nicht zu leugnen, daß sie oft vor diesem und jenem Zuge des Charakters da waren und ihn mit hervorbringen halfen. Es bedarf hierzu oft nur des sehr zufälligen Beispiels irgendeines Angesehenen. Ginge irgendein König, von Regierungssorgen ermattet, aus dem Kabinett gewöhnlich auf den Schloßhof und spielte da Ballon oder Ball: so würden in seiner Residenz der Ballon und Ball bald die Karten verdrängen. Die Provinzialstädte würden bald nachfolgen, und beide Spiele würden einen ganz merklichen Einfluß auf den Charakter und den Gesundheitszustand des Volkes haben; wenn zumal der Kronprinz nicht verweichlicht würde und da fortführe, wo sein Vater aufhörte. Am Ende des vierzehnten Jahrhunderts erfand man das Kartenspiel und führte es zur Unterhaltung des fast 30 Jahre lang verrückten Königs Karl VI. bei Hofe ein. Die Folgen dieses kleinscheinenden Umstandes sind schlechterdings nicht zu berechnen. Ganz Europa hat sie gefühlt und fühlt sie noch; ja sie nagen in gewisser Rücksicht an den Wurzeln künftiger Generationen. Die Hofluft blies die Karten nach und nach über ganz Frankreich, über Spanien, Italien, über ganz Europa! Die Karten waren es, welche nach und nach die besseren Übungsspiele verdrängen und die Verweichlichung der Nationen, besonders der vornehmen Klassen, befördern halfen. Die Proskriptionen der Kriegs- und Jagdübungen, der Turniere, des Mail-, Ball- und Kugelspiels und so weiter waren besonders mit von den Kartenkönigen unterschrieben; sie halfen stark zur Umwandlung der mannbaren Ritterschaft in Noblesse, der nervigten Bürger in Muscadins.

Regenten, Gesetzgeber, Philosophen, die den wichtigen Einfluß der Ergötzlichkeiten auf den Volkscharakter und auf das Wohl und Weh der Nation einsahen, hielten von jeher die Spiele ihrer Aufmerksamkeit sehr wert; Lykurg ordnete die Leibesübungen, Gesellschaften und Tänze der Spartaner; Plato die der Bewohner seiner Republik; Kaiser Justinian hob die Hasardspiele auf und setzte Bewegungsspiele an ihre Stelle. Karl der Große und Ludwig der Heilige gaben Spielgesetze; Karl V. von Frankreich verbot alle Hasardspiele und empfahl reine Bewegungsspiele und Übungen; Peter der Große nahm sich der Volksbelustigungen an, um sein Volk geselliger zu machen, kurz, man könnte mit solchen Befehlen einen guten Quartanten anfüllen, und wenn man auch die unendliche Menge, die von Konzilien und Synoden gegeben wurden, überginge...

Können die Spiele auf ganze Nationen wirken und in ihrem Zustand eine merkliche Veränderung hervorbringen, so sind sie auch ein Erziehungsmittel für die Jugend, und ich getraue mir, wenn auch die Erziehung nach den neuesten Hannöverschen Entdeckungen weder Wissenschaft noch Kunst, sondern wer weiß was ist, aus zwei Knaben von völlig gleichen Anlagen, durch entgegengesetzte Behandlung in Spielen, zwei, in Rücksicht ihres körperlichen und geistigen Zustandes, ganz verschiedene Geschöpfe zu machen. Oder läßt sich's denn von vornherein so schwer einsehen, daß ein Knabe, den man zehn Jahre hindurch in vernünftiger Abwechslung zwischen geistigem Ernst und körperlichem Scherz, ich meine zwischen geistiger Ausbildung und gesunden körperlichen Übungen und Spielen erhält, daß ein solcher Knabe weit besser gedeihen müsse, als wenn man ihn bei derselben

Bildung seines Geistes in Karten und Würfeln Erholung finden läßt? Solange man mir nicht das Gegenteil dartun kann, halte ich diese Tändeleien für Sachen von pädagogischer Wichtigkeit. Ich muß hier einiges über den pädagogischen Nutzen und die Notwendigkeit der Spiele sagen.

Wenn das größte Geheimnis der Erziehung darin besteht, daß die Übungen des Geistes und Körpers sich gegenseitig zur Erholung dienen: so sind Spiele, besonders Bewegungsspiele sowie Leibesübungen überhaupt, unentbehrliche Sachen. Stünde dieser Satz auch nicht im *Émile (»Erziehungsroman« von Rousseau),* so würde ihn ja schon jeder Schulknabe verkünden, wenn er nach der Lektion die Bücher wegwirft. Dergleichen allgemein von der Jugend geäußerte Triebe beweisen so scharf als das schärfste Vernunftschließen. Allein es gibt dessenungeachtet Leute, die auf obigen Satz durchaus nicht Rücksicht nehmen. Aber sagen sie mit Cicero: Ad severitatem potius et ad studia quaedam graviora atque majora facti sumus.

Ich bin selbst herzlich davon überzeugt, glaube aber, daß es für jung und alt kein ernsteres Studium nach der Geistesbildung geben könne als das, was auf Gesundheit, Ausbildung des Körpers und Heiterkeit des Geistes hinzielt; weil ohne diese die Geistesbildung wenig nützt, sondern als ein totes Kapital daliegt, an dem der Rost nagt. Und wer wirklich der Meinung ist, daß man die Stunden, wo es mit ernster Anstrengung des Geistes nicht mehr fort will, stets zu irgend etwas Nützlichem, zum Beispiel zum Zeichnen, Klavierspielen, zum Ordnen der Insekten und Mineralien und dergleichen anwenden müsse, der hat von der Ökonomie sowohl des jugendlichen als erwachsenen menschlichen Körpers keine richtige Vorstellung; er weiß das Nützliche nicht gegen das Nützlichere gehörig abzuwägen, er zieht den Mond der Sonne vor, weil er so sanft ist und das Öl der Gassenerleuchtung erspart. Es ist freilich sehr gut möglich, alles eigentliche Spiel gänzlich zu vermeiden und sich durch bloße Abwechslung zwischen ernstlicher Anstrengung des Geistes und jenen spielenden Beschäftigungen hinzuhalten; allein ich glaube nicht, daß sich auf diese Art, besonders bei der Jugend, eine gewisse weibische Weichlichkeit, Untätigkeit und Schlaffheit des Körpers vermeiden lasse. Kurz, man beweise erst streng und redlich, daß die Bildung des Körpers eine Posse sei, die für uns nichts wert ist; daß unser Geist des Körpers nicht bedürfe; daß dieser auf unsre Tätigkeit, auf unsern Charakter und auf Belebung oder Erstickung des göttlichen Funkens, der in uns glimmt, gar keinen Einfluß habe: wenn man das getan, die Forderungen der Natur, der größten Ärzte und der denkendsten Männer widerlegt haben wird, dann will ich schweigen und einsehen lernen, daß ich Torheit gepredigt habe; dann will ich gern behaupten, daß man die Zeit zur Erholung wohl edler als zu Spielen und Leibesübungen verwenden könne. Kann man das aber nicht, so will ich nicht bloß Ärzte und Denker, sondern sogar die Heiligen zu Hilfe rufen und mit Franz von Sales behaupten: »Qu'il est forcé de relacher quelque fois notre esprit et notre corps encore à quelque sorte de recreation; et que c'est un vice sans doute que d'être si rigoureux, agreste et sauvage qu'on n'en veille prendre aucune sur soi, ni en permettre aux autres.« Sollten aber junge oder alte Gelehrte und Jugendbildner einen Skandal darin finden, mit der Jugend zu spielen, so verweise ich sie auf Heraklit, der am Dianen-Tempel zu Ephesus die Knabenspiele als Mitspieler ordnete; auf Sokrates, wie er mit der Jugend spielt, auf Scaevola, Julius Caesar und Octavius, die studiosissime Ball spielten, auf Cosima von Medici, der seinem kleinen Enkel auf öffentlichem Platz die Pfeife verbesserte, auf Gustav Adolph, der mit seinen Offizieren Blindekuh und trefflich Ball spielte; Newton blies Seifenblasen, Leibniz spielte mit dem Grillenspiele, und Wallis beschäftigte sich mit dem Nürnberger Tand. Nur durch eine unbegreifliche Folgefalschheit ist es möglich, das Billard, die Kugelbahn und die Karten in öffentlichen Häusern für wohlanständig, öffentliches Spielen mit Kindern für unanständig zu halten...

Ein Denkmal für Adolf Spieß

Briefe

Um die Verdienste des Turnpädagogen Adolf Spieß (1810–1858) um das Turnen, vor allem um das Schulturnen, gebührend zu würdigen, hatten seine prominentesten Nachfolger – vereinigt im Deutschen Turnlehrerverein – beschlossen, ihm ein Denkmal zu setzen. Der Termin der Enthüllung und eine die Verdienste von Spieß am treffendsten würdigende Formulierung der Inschrift waren das Thema zahlreicher Briefe, die zwischen dem Turnpädagogen Marx und seinen Freunden und Kollegen Lion, Waßmannsdorff, Dr. Euler und der Frau des Verstorbenen gewechselt wurden. Dieser Briefwechsel vermittelt einen interessanten Einblick in die damals durchaus unterschiedliche Wertung von Spieß' fachlichem Erbe und in die Aufgaben, die sich der Deutsche Turnlehrerverein zu jener Zeit stellte. Spieß' Verdienste sind zum Teil noch heute unbestritten. Er erarbeitete die erste Turnsystematik, die die Grundlage des Schulturnens wurde – für Mädchen ebenso wie für Jungen. Aber auch Spieß konnte nicht alle Ziele erreichen. Noch heute ist sein Streben nach der täglichen Turnstunde der Wunsch aller Turnpädagogen.

Lieber Marx! Leipzig, 6. Februar 1872

...Mit der Inschrift: »Dem Begründer des deutschen Schulturnens, Adolf Spieß, seine Schüler und Freunde« könnte ich mich meinesteils durchaus nicht einverstanden erklären. Sie sagt einesteils zu wenig, denn das Schulturnen ist es nicht allein, welches von Spieß' Wirksamkeit Nutzen gezogen hat. Sie sagt anderenteils zu viel, denn daß Spieß das deutsche Schulturnen begründet, ist doch wieder nicht wahr. Es wäre richtiger nach beiden Seiten hin, wollte man sich begnügen, ihn den Meister des deutschen Turnens zu nennen oder den Lehrer deutscher Turnkunst oder »dem treuen Lehrer deutscher Turnkunst«. Letzteres gefiele mir am besten, weil damit vier Seiten Spießschen Wesens getroffen würden: die sittliche Treue, das lichtvolle Lehrgeschick, der deutsche Sinn und die turnerische Begabung. Auch fügen sich die Worte gut:

> *Dem treuen Lehrer deutscher Turnkunst*
> *Adolf Spieß*
> *seine Schüler und Freunde.*

Bitte um eine Meinungsäußerung über diese Meinung. Mit herzlichem Gruß
I. C. Lion

187

Lieber Marx! 25. Februar 1872

Lion kann sein Bemäkeln des Spießschen Turnens und der Person Spießens nicht lassen. Haltet nur fest an dem Inschriftswort »Begründer« des Schulturnens, des neueren Schulturnens könnte man allenfalls sagen. Es handelt sich um den Gegensatz des Jahnschen öffentlichen Turnplatz-Turnens und des Turnens in organischer Verbindung mit der Schule; es handelt sich um die Tatsache, daß Spieß erst den passenden Übungsstoff für die verschiedenen Schulgattungen und für das ganze Mädchenturnen geschaffen hat. Ein »treuer Lehrer« war auch Guts Muths; auch Jahn und andere. Was macht Dein Turnbuch?

Mit Arbeiten gegenwärtig überhäuft, sende ich Dir nur diese wenigen Zeilen. Grüße Deine liebe Frau und die Darmstädter Freunde auf das herzlichste von
Deinem K. Waßmannsdorff

Mein verehrter Freund! 30. März 1872

... Was mich besonders zum Schreiben veranlaßt, ist die Angelegenheit des Spießdenkmals. Zu meiner Freude ersah ich aus der Turnzeitung, daß das Grabdenkmal festgehalten ist. Nun aber kommt die Frage, wann dasselbe fertig sein wird beziehungsweise enthüllt werden kann. Am 11. August hoffen wir bestimmt das Jahndenkmal enthüllen zu können. Ferner muß im kommenden Sommer jedenfalls eine deutsche Turnlehrerversammlung stattfinden, und endlich ist ein allgemeines deutsches Turnfest zu Bonn beschlossene Tatsache. Wie kann man all dies in Beziehung zueinander bringen – das ist eine schwer zu lösende Frage. Nach meinem Dafürhalten muß der deutsche Turnlehrertag so gelegt werden, zeitlich sowohl wie räumlich, daß er mit der Enthüllung des einen Denkmals, des Spieß- oder Jahndenkmals, zusammenfällt. Wäre die für das deutsche Turnfest angesetzte Zeit nicht so unglücklich für die Turnlehrer – in Norddeutschland wenigstens hat in dieser Zeit keine Schule Ferien –, so wär' es am angemessensten nach meiner Ansicht, wenn die Turnlehrerversammlung einige Tage vor dem Turnfest tagte, der Enthüllung des Spießdenkmals beiwohnte und dann in Gemeinschaft rheinabwärts gen Bonn zum Turnfest führe; es würden das eine Reihe von unvergeßlichen Tagen werden.

Anderseits sind freilich auch vielfache Wünsche laut geworden, die Deutsche Turnlehrerversammlung mit der Enthüllung des Jahndenkmals zusammenzubringen und dieselbe wieder hier tagen zu lassen. Ich müßte darüber den Beschluß der übrigen Ausschußmitglieder der Turnlehrer erst abwarten. Wie dem nun sei, bevor ich eine Anfrage betreffs des Ortes und der Zeit des diesjährigen Deutschen Turnlehrertages erlassen kann, möchte ich erst bestimmt wissen, wann das Spießdenkmal bestimmt und spätestens fertig und zur Enthüllung bereit sein kann.

Wollten Sie mich recht bald davon in Kenntnis setzen, würde ich Ihnen sehr dankbar sein. Mit herzlichsten Grüßen!

In aufrichtiger Freundschaft
Ihr Euler

Lieber Marx! 9. Mai 1872

... Die Majorität des Turnlehrerausschusses hat dafür gestimmt, daß die Turnlehrerversammlung am 30. und 31. Juli d. J. in Darmstadt stattfinde, wenn bis dahin das Spießdenkmal fertig werde und die Enthüllung desselben in dieser Zeit geschehen könne. Ich bat den Vorsitzenden Dr. Euler, Dich zu ersuchen, bis dahin doch die Aufstellung des Spießdenkmals fertigzubringen (sonst müßten die Turnlehrer zur Enthüllung des Jahndenkmals nach Berlin wallen – 10. August).

Daß mir Spieß nähersteht als Jahn, ist für Dich wohl nichts Neues! Also mache es doch möglich, daß die Turnlehrerversammlung und die Enthüllung des Spießdenkmals zusammenfällt! Und bleibt bei Eurer einfachen (ursprünglich beschlossenen) Inschrift! Das Schulturnen vor Spieß (d. h. das Turnen in einigen Schulanstalten) war doch kein Spießsches Schulturnen, d. h. kein mit der ganzen Jugenderziehung organisch verbundenes Turnen.

Mit besten Grüßen auch an Deine liebe Frau
Dein K. Waßmannsdorff

Lieber Freund!

In betreff der Inschrift des Spießdenkmals hat sich die Majorität des hiesigen Turnlehrervereins und auch Böttcher in Görlitz für die Ihrige ausgesprochen, also wie Sie wollen:

Dem Begründer des deutschen Schulturnens
Adolf Spieß
seine Freunde und Schüler.

Den Begründer des deutschen Schulturnens nenne ich Spieß unter allen Umständen trotz Jahn (Guts Muths und Rothstein sind hier gar nicht zu nennen). Wir setzen ja das Denkmal als Schulturnlehrer. Diese haben das Denkmal beschlossen und die Hauptsumme dazu beigesteuert.

Sobald das Rundschreiben an mich zurückkehrt, werde ich mich beeilen, Ihnen sofort definitiven Bescheid zu geben. Es wird eine interessante und bewegte Zeit werden, zumal auch für die, welche dann auch der Denkmalsenthüllung von Jahn hier in Berlin – voraussichtlich 11. August – beiwohnen werden. Das nächste also ist nun, daß das Spießdenkmal rechtzeitig zur Enthüllung fertig werde, woran ja wohl nicht zu zweifeln ist ...

Ihr Euler

Verehrter Herr Marx! · 23. Mai 1872

... Verehrter Herr, Sie befürchten bei der Aufstellung des Denkmals auf das Grab meines Mannes von irgendwelcher Seite auf Widerspruch und Hindernisse zu stoßen und wünschen aus diesem Grund von mir eine ganz formelle Zustimmung zu dieser Ausführung in Händen zu haben. Ich erteile Ihnen hiermit von mir und meinen jüngeren Söhnen aus die unbedingte Vollmacht: das Denkmal, das die hochverehrten Turnlehrer ihrem Lehrer und Meister als Anerkennung seiner Verdienste gestiftet haben, direkt auf das Grab und auf irgendeinen anderen Platz der Familiengrabstätte, der Ihnen am passendsten erscheint, aufstellen zu lassen...

Hochachtungsvoll zeichnet
Marie Spieß geb. Buri

Berlin, den 3. Juni 1873

An den verehrlichen Turnlehrerverein zu Darmstadt!

Das unterzeichnete Komitee erfüllt seine angenehme Pflicht, indem es dem verehrlichen Turnlehrerverein hierdurch seinen besonderen Dank dafür ausspricht, daß derselbe den vom vorjährigen Turnlehrertag verbliebenen Überschuß von »Einhundert Gulden« dem Fonds zur Beschaffung einer Jahresrente für die Witwe Fr. L. Jahns beziehungsweise der Kasse der Jahnstiftung freundlichst überwiesen hat.

Das Komitee zur Beschaffung einer Jahresrente
für die Witwe Fr. L. Jahns
i. A. *H. Eckler, Schriftführer*

Leben von unserem Leben *Ernst Curtius*

Ernst Curtius wurde am 2. September 1814 in Lübeck geboren. Als Professor der Philologie lehrte er an mehreren deutschen Universitäten. Seine große Liebe galt der Archäologie. Schon mit 23 Jahren machte er seine erste große Reise nach Griechenland, der später noch zwei weitere Reisen folgen sollten. Man darf wohl annehmen, daß auf diesen Forschungsreisen sein Plan, das alte Olympia auszugraben, immer mehr Gestalt angenommen hat. In einem Vortrag, den Curtius 1852 im Wissenschaftlichen Verein zu Berlin hielt, gab er seinen Wünschen beredten Ausdruck und rief am Ende seiner Rede aus: »Was dort unten liegt, ist Leben von unserem Leben.« In der Folgezeit gelang es ihm, nicht nur die Mitglieder des Wissenschaftlichen Vereins, sondern auch die deutsche Regierung von der Realisierbarkeit seiner Pläne zu überzeugen. Unter seiner Leitung wurde in den Jahren 1875 bis 1881 die alte griechische Kultstätte zu Olympia ausgegraben.
Die folgenden Ausschnitte aus seiner Rede vor dem Wissenschaftlichen Verein verdeutlichen, daß es Ernst Curtius nicht allein darum ging, Gebäude und Kunstwerke für unsere Zeit wiederzuentdecken, sondern daß er vielmehr mit diesen Zeugen einer hohen, alten Kultur zugleich den griechischen Geist für uns wiedererwecken wollte.

Um Macht und Besitz ist unter den Völkern der Erde allerorten gekämpft worden, solange die Geschichte ihren blutigen Weltgang hält; aber vor und nach den Hellenen hat es kein Volk gegeben, dem die freie und volle Entfaltung der menschlichen Kräfte des Lebens Ziel war, so daß, wer in diesem Streben vor allem Volk Anerkennung errungen hat, sich reich belohnt fühlte. So reich, daß ihm die Welt mit ihren Schätzen nichts Höheres zu bieten vermochte.
Bei den Ausdrücken, mit welchen neuere Völker die menschliche Bildung bezeichnen, denkt man fast ausschließlich an die geistigen Anlagen. Dem griechischen Sinne war aber der Gedanke durchaus fremd, daß der Mensch aus zwei ungleich berechtigten Hälften bestehe und daß er nur mit der geistigen Begabung die Verpflichtung erhalten habe, die anvertrauten Kräfte mit aller Sorgfalt zu stärken und zu veredeln. Die Griechen erkannten in dem Bau des Leibes und der hohen Bildungsfähigkeit seiner Organe eine gleich wichtige und unabweisliche Forderung der Götter. Die Frische leiblicher Gesundheit,

Schönheit der Gestalt, ein fester und leichter Schritt, rüstige Gewandtheit und Schwungkraft der Glieder, Ausdauer in Lauf und Kampf, ein helles, mutiges Auge und Besonnenheit und Geistesgegenwart, welche nur in täglicher Gewohnheit der Gefahr erworben wird, diese Vorzüge galten bei den Griechen nicht geringer als Geistesbildung, Schärfe des Urteils, Übung in den Künsten der Musen.

Das Gleichgewicht des leiblichen und geistigen Lebens, die harmonische Ausbildung aller natürlichen Kräfte und Triebe war den Hellenen die Aufgabe der Erziehung, und darum stand neben der Musik die Gymnastik, um von Geschlecht zu Geschlecht eine an Leib und Seele gesunde Jugend zu erziehen. Darauf beruhte das Gedeihen der Staaten. Deshalb blieb jene Doppelerziehung nicht dem Ermessen der einzelnen Häuser anheimgestellt, sondern überall – wenn auch nicht in der Gesetzesschärfe wie in Kreta und Sparta – wurde die von den Vätern überlieferte Sitte gymnastischer Übungen vom Staate angeordnet und gefördert.

Öffentliche Gymnasien mit großen, sonnigen Übungsplätzen, von Hallen oder Baumreihen eingeschlossen, meistens vor den Toren in ländlicher Umgebung angelegt, durften in keinem Ort fehlen, der auf den Namen einer hellenischen Stadt Anspruch machte.

Wer nach Ansehen und Einfluß unter seinen Mitbürgern strebte, mußte bis zur Vollendung männlicher Reife den größten Teil seiner Zeit in den Gymnasien zugebracht haben, und in manchen Städten war es ausdrückliches Gesetz, daß niemand in die Bürgerschaft aufgenommen werden durfte, der nicht die ganze Reihe gymnastischer Übungen vollendet hatte. Die Gymnasien boten den Knaben und Jünglingen täglich Gelegenheit, die wachsenden Kräfte aneinander zu messen; der Wetteifer steigerte sich, wenn bei festlichen Anlässen das Volk sich versammelte, um den Wettkämpfen zuzuschauen.

Hier trat die Gymnastik in den Dienst der Religion. Denn wenn zum Andenken der stadtgründenden Heroen, wenn zur Feier der unsterblichen Götter, unter deren Obhut der Staat fortbestand, das Beste dargebracht wurde, was der Boden des Ackers, was die Herden des Feldes erzeugten oder was der Menschen erfindungsreicher Sinn in der Kunst der Formenbildung wie der Rede und des Gesanges zu schaffen wußte – wie sollte da nicht auch das köstlichste aller Güter, deren sich der Staat erfreute, den Göttern geheiligt werden, die männliche Tüchtigkeit seiner Bürger und die Jugendkraft des nachwachsenden Geschlechts!

Die Wettkämpfe selbst waren Opfer des Dankes, und die Götter, sagt Plato, sind Freunde der Kampfspiele. Wohl gab es keine Huldigung, welche so mühselige Ausdauer vieler Jahre, so viel Aufwand an Kraft und Zeit, so viel Entbehrung und Schmerzen forderte.

Die Festspiele waren für die Hellenen die höchste Lust des Lebens; sie konnten sich auch die Inseln der Seligen nicht ohne Ringplätze denken.

Es gab keine größeren Götterfeste ohne Festspiele. Wenn aber die Olympischen Spiele nach Pindars Worten alle anderen übertrafen, wie das Quellwasser die Schätze des Erdbodens und wie das Gold die Güter des Reichtums, so liegt der Grund davon in der besonderen Geschichte von Olympia.

Wo der Alpheios aus den engen Felsschluchten Arkadiens in das niedrige Küstenland von Elis eintritt, wird er von waldreichen Höhen eingefaßt, zwischen denen er in breiten, vielgewundenen Strömungen hinfließt. Das nördliche Ufergebirge nannten die Alten Olympos; das war ein Name, mit dem man in der Vorzeit die heiligen Gipfel des Landes bezeichnete.

Olympia war ursprünglich ein Tempelbezirk vor den Toren Pisas, das später zerstört wurde. Die Landschaft war weit und breit umher nur in Dörfern bewohnt, die wohlhabendste und gepflegteste Gegend Griechenlands, voll von Ackerfluren, Wäldern und Gärten, welche das Kleinod des Landes einhegten.

Olympia selbst bestand aus zwei scharf gesonderten Teilen; sie lagen entweder innerhalb oder außerhalb der Altis. In der Altis, dem Tempelhofe des Zeus, befand sich nur, was den Göttern gehörte. Herakles hatte den Raum mit seinen Schritten abgemessen, er hatte die hohe Umfassungsmauer gegründet, welche alles Unheilige von der Schwelle des Zeus fernhielt. Diese Mauer zog sich auf der Abendseite am Kladeos entlang, dem platanenreichen Nebenfluß des Alpheios; sie erstreckte sich im Süden oberhalb des Alpheiosbettes und schloß sich im Osten an das Stadium an. Sie hatte verschiedene Pforten, aber nur ein Eingangstor, dessen schimmernde Säulenhalle die Stirnseite der Altis bezeichnete; nur hier durften die Festzüge den Boden der Altis betreten. Auf dem Wege zum Tempel hatte man rechts den heiligen Ölbaum, von dessen Zweigen ein Knabe, dem noch beide Eltern am Leben sein mußten, mit goldenem Messer die Siegeskränze abschnitt; darum hieß er der Baum der schönen Kränze.

In seinem Gehege, Pantheion genannt, hatte man den Nymphen einen Altar erbaut, damit sie nicht ablassen möchten, mit frischem Taue das Gedeihen des köstlichen Baumes zu pflegen. Es war ein wilder Ölbaum, dessen Blätter sich durch ein tieferes Grün von dem zahmen Ölbaum unterscheiden; es war der Erstling von der Pflanzung des Herakles, welcher von den schattigen Istrosquellen her das erste Reis geholt haben sollte, um das baumlose Alpheiostal zu schmücken.

Oberhalb des Kranzbaumes erhob sich auf mächtigem Unterbau der große Tempel des Zeus. Er ist die wichtigste und zugleich die sicherste Stelle innerhalb der Altis, denn sein Fußboden, seine Säulen und Bildwerke sind an ihrem Ort durch die Ausgrabungen der Franzosen 1828 wieder aufgefunden worden.

Der profane Raum von Olympia, welcher sich zwischen der Altis und dem Alpheios hinzog, hatte nur wenig ansehnliche Gebäude. Vor dem Tor der

Altis, in einer Art Vorstadt, lagen die Gebäude zur Bewirtung der wohlhabenden Festgäste, zur Aufnahme der Kampfwagen, der Rosse und Maultiere, Wohnungen für die Priester und die Beamten Olympias.

In der Altis walteten die Priester, welche die Gottesdienste wahrnahmen, die nicht ausgesetzt werden durften, und die Flamme des Herdfeuers unterhielten. Den oberen Priestern aus erlauchten peloponnesischen Geschlechtern, die als Verwalter des Orakels eine nationale Bedeutung hatten, stand ein zahlreiches und genau geordnetes Personal priesterlicher Beamten zur Seite: Opferschlächter, Flötenbläser, Holzverwalter, welche die nach alten Satzungen vorgeschriebenen Hölzer für die Brandopfer lieferten, endlich freie und unfreie Diener, welche Handreichungen leisteten. Das war die Einwohnerschaft Olympias, die immer an Ort und Stelle sein mußte; doch durfte sie sich nicht zu einer städtischen Gemeinde erweitern. Olympia blieb ein ländlich stiller Ort, und die Waldeinsamkeit des Alpheiostales wurde nur durch die Schritte der Wanderer unterbrochen, die des Weges zogen und am Zeusaltar ihr Gebet sprachen.

Aber wie veränderte sich das alles, wenn das vierte Jahr, das Jahr der großen Olympien, herankam, und wenn die heiligen Gesandten »Zeus des Kroniden Friedensboten, der Jahreszeit Herolde« von den Pforten der Altis auszogen und den Hellenen die ersehnte Kunde brachten: »Das Fest des Zeus ist wiederum nahe, aller Streit soll ruhen, jeder Waffenlärm schweige! Frei mögen auf allen Land- und Wasserstraßen die Pilger heranziehen zu der gastlichen Schwelle des Zeus!« Alle Hellenen waren eingeladen.

Die eingeladenen Städte schickten ihre angesehensten Männer als Gesandtschaften nach Olympia, die auf stattlichen Wagen, in Prachtgewänder gekleidet, mit zahlreichem Gefolge zum Zeusfeste wallfahrteten und im Namen ihrer Städte herrliche Opfer darbrachten.

Es war die größte hellenische Volksversammlung, welche sich in Olympia vereinigte. Was also eine möglichst große Vorbereitung unter allen Stämmen der Hellenen erreichen sollte, wurde durch die Herolde ausgerufen, so die Ehrenbezeugungen, die eine Stadt der anderen zuerkannte, Weisheit und Kunst stellten hier ihre Werke zur Schau und zur Prüfung aus, und wo konnte Herodot sein unsterbliches Werk über die Kämpfe der Hellenen und Barbaren lieber vorlesen als in Olympia!

Die Kampflustigen unter den versammelten Hellenen mußten sich bei den Kampfrichtern, den elischen Hellanodiken, melden; sie wurden in Hinsicht ihres Ursprunges, ihres Rufes, ihrer körperlichen Tüchtigkeit geprüft: sie mußten nachweisen, daß sie zehn Monate lang in einem hellenischen Gymnasium die Reihe hergebrachter Übungen gewissenhaft vollendet hatten, und wurden dann mit den Kämpfern gleicher Gattung und Altersstufe zusammengeordnet. Zum Schluß dieser Vorbereitungen wurden sie vor das Bild des schwurhütenden Zeus geführt, der zum schreckenden Wahrzeichen in jeder Hand den Blitzstrahl führte, um einen Eid darauf zu leisten, daß sie im Wettkampfe keine Unredlichkeit und keinen Frevel sich zuschulden kommen lassen wollten.

Die Spiele und Feste wurden im Laufe der Zeit vielfach geändert und vergrößert. So waren aus einem Festtage allmählich eine Reihe von fünf Tagen geworden, welche in die Zeit des Vollmondes um die sommerliche Sonnenwende fielen.

Die Stadien sind älter als die Hippodrome, und wenn wir aus Homer wissen, wie die Hellenen ihren geliebtesten Heroen »den Schnellfüßigen« nannten, so wird es uns nicht wundern, daß auch in Olympia die einfachste und natürlichste aller körperlichen Geschicklichkeiten die älteste Kampfart war.

Nach dem Sieger im olympischen Wettlauf bezeichneten die Griechen die Jahrbücher ihrer Geschichte; den behendesten Läufer zu sehen, füllten sich zuerst mit Zuschauern die Stufensitze des Stadiums, und wenn die Volksmenge beisammen war, dann traten durch den verdeckten Gang die Kämpfergruppen herein, von den Kampfrichtern geführt, welche durch Purpurgewänder ausgezeichnet, auf ihrem Ehrensitze Platz nahmen. Der Herold rief die Kämpfer vor die Schranken; sie wurden mit Namensaufruf dem Volke vorgestellt.

Wer einen derselben seiner Sitten oder seiner Herkunft wegen für unwürdig hielt, um den Kranz des Zeus zu kämpfen, der konnte sich zur Anklage erheben, die von den Hellanodiken sofort erledigt wurde. Dann traten die Kämpfer an die silberne, dem Zeus heilige Losurne heran, und einer nach dem anderen nahm, nachdem er ein kurzes Gebet gesprochen hatte, eins der Lose hervor, welche nach gleichen Buchstaben die Paare oder Gruppen bestimmten. So viele der Gruppen da waren – denn es liefen immer vier miteinander –, so oft wurde der Kampf erneuert, und da einer Sieger bleiben mußte, so traten, die in den verschiedenen Gruppen gesiegt hatten, zuletzt zum entscheidenden Preiskampf zusammen.

Nach Art des Wettlaufes wurden auch die anderen Wettkämpfe des Stadiums eingeleitet und ausgeführt. Der Sprung, in welchem Schwungkraft der Glieder und Entschlossenheit sich bewährte, der Ringkampf, durch welchen Männer wie Milon, der weise Schüler des Pythagoras, ihren Ruhm durch alle Länder verbreiteten, ferner der rohere Faustkampf, der Wurf des Diskos und des Speers sowie die zusammengesetzten Kampfarten.

In allen den genannten Gattungen der gymnastischen Übungen bewährte sich des Mannes eigene Kraft und Gewandtheit in freier Selbsttätigkeit. Ihnen gegenüber standen die ritterlichen Spiele, wo man der Rosse Tüchtigkeit den Sieg verdankte. Wenn dieser Kampf dennoch alle anderen überstrahlte, so war es nicht sowohl die Rücksicht auf die Kunst des Wagenlenkens als vielmehr der Glanz des Reichtums, die Pracht des Aufzuges, welche zugunsten dieser Kampfart entschieden. Hier zeigten sich nur die größeren Staaten, und überall galt es für eine Stufe hohen Erdenglücks, wenn es jemand vergönnt war, für den Wettkampf Vierergespanne aufziehen zu können. Nur die Reichsten traten hier in die Schranken, die Könige von Syrakus und Kyrene sandten ihre Wagenlenker; hochfahrenden Jünglingen wie Alkibiades erschien nur der Sieg im Hippodrom als ein begehrungswürdiges Ziel.

Wenn die Glut des Julitages sich endlich in ersehnte Abendkühle verwandelte, begann die Siegesfeier. Der Sieger wurde von seinen Angehörigen und Landsleuten umringt, von den anwesenden Hellenen begleitet; der festliche Zug bewegte sich vom Hippodrom und Stadium nach dem Eingangstore und zum Tempel des Zeus; denn hier, zu den Füßen des Gottes, standen die Sessel der in seiner Vollmacht siegverleihenden Hellanodiken; hier stand der heilige Tisch, auf welchem die frisch geschnittenen Kränze des Ölbaums lagen; vor den Augen des Zeus wurde des Siegers Haupt geschmückt, wurde die Palme in seine Hand gegeben.

Ein Teil der Festversammlung füllte die Hallen und Galerien des Tempels. »Heilige Hymnen«, sagt Pindar, »strömten hernieder, wenn nach des Herakles' alten Satzungen des Zeus wahrhaftiger Kampfrichter, der ätolische Mann, des grünen Ölzweiges Schimmer um das Haupt legt.« Dann brachte der Sieger sein Dankopfer am Altar des Zeus dar, und als hochbeglückte Gäste des olympischen Gottes wurden die Sieger im Speisesaale des Prytaneion am Herde des Heiligtums bewirtet. Die Masse des Volkes aber lagerte sich vor der Altis zwischen wohlversorgten Meßbuden im Freien oder unter Zelten. »Wenn der schönen Seele geliebtes Abendlicht leuchtet«, singt Pindar, »dann erschallt die ganze Flur bei lieblichen Gelagen von Siegesgesängen.« Es war die lustige Nachfeier des heißen Tages. Hier schlossen sich Freundschaften, hier erzählte jeder von den Wundern seines Landes und seiner Stadt; alle griechischen Mundarten tönten durcheinander; hier wurde gekauft und verkauft, es wurden Geschäfte aller Art gemacht, es war das bunteste Treiben eines südlichen Jahrmarktes. Aber nicht mit kurzem Freudenrausche war die Feier des Sieges beendet. Die Kunst fesselte sie in bleibenden Werken; denn die Gestalt der Sieger sollte nicht nach flüchtigem Eindruck aus dem Gedächtnis der Hellenen wieder verschwinden. Sie wurden im Erzgusse dargestellt, kommenden Geschlechtern zur Erinnerung und zur Nacheiferung; wer dreimal gesiegt hatte, durfte in ganzer Größe und voller Treue dargestellt werden.

Die Darstellung der Wettkämpfer entzündete neuen Wettkampf unter den bildenden Künstlern. Denn bald begnügte sich die Kunst nicht damit, die Gestalt des Siegers treu wiederzugeben, sondern auch die verschiedenen Gattungen der Spiele, die besondere Tüchtigkeit der Kämpfer, ja, die entscheidenden Momente des Wettkampfes und die Stellung, in welcher der Sieg gewonnen war. Man sah den Diabolen mit aller Muskeln Anspannung zum Wurf antreten, man sah den sieggewohnten Faustkämpfer ruhig die Arme auslegen, es konnte ihm keiner beikommen; man sah den Läufer mit dem letzten Atemzug auf der trockenen Lippe, vorgestreckt am Ziel anlagen. Die Kunst lernte hier die Bewegung des menschlichen Körpers in ihrem wichtigsten und lebensvollsten Augenblick erfassen und eine Geschichte der Olympischen Spiele in dramatischen Gestalten verkörpern.

Weitere und bleibende Wirkung hatten die Werke der Dichtkunst, welche sich den Siegern anschlossen. »Ich bin kein Erzbildner«, singt Pindar, »was ich schaffe, bleibt nicht mit träger Fußsohle auf dem Gestelle stehen.« Pindars olympische Festgrüße sind durch das geflügelte Wort zu Lande und zu Wasser weit hinausgetragen worden über das Tal des Alpheios, weithin über alles hellenische Land.

Man denke sich aber die Hymnen des Pindar nicht wie Vergötterungen sterblicher Menschen, wie Huldigungen pomphafter Schmeichelei! Ein hoher Ernst geht durch seine Lieder; wie ein Prophet tritt er zu den Großen der Erde, mit demütiger Strenge erinnert er sie, daß »der Mensch des Tages Kind sei, eines Schattens Traumbild; nur in den von Gott verliehenen Strahlen erhalte sich des Lebens Glanz«. Das Siegesglück soll nicht im Taumel genossen, es soll als Gottes Gabe erkannt, es soll mit Würde getragen, es soll wie ein Segen in das Leben verwebt werden. Den Gebeugten soll es aufrichten, den von Tatendurst gequälten Herrscher soll es ruhig und zufrieden machen. In den Liedern Pindars findet der olympische Sieg seine höchste Weihe und Verklärung.

Das war den Griechen Olympia. Auf zwei Grundfesten ruhte die Feier der Olympiaden, auf dem Gefühl des nationalen Zusammenhanges und auf der jugendlichen Empfänglichkeit des Volkes. Die erste dieser Grundfesten war schon fünfzig Jahre nach Thermopylä durchaus erschüttert. Und wenn auch das schöne Erzbild des Gottesfriedens an seiner alten Stelle der Tempelhalle stehen blieb, so galt er doch in Wahrheit nicht mehr. Die Ehrfurcht vor den Satzungen der Väter, die Scheu vor dem Göttlichen entwich mit entsetzlicher Schnelligkeit, und so stark sich der hellenische Glauben erwiesen hatte, eine gesunde Volkskraft zu tragen und zu heben, so unfähig zeigte er sich, ein sieches Volk zu erneuern.

Mit der Religion verfiel auch die Kraft der Freude, das schönste Erbteil der Hellenen. Es erlahmte die Schwungkraft der Seele, man konnte sich nicht mehr vergessen in der Anschauung des Festes. Jetzt erst fühlte man die unerträgliche Glut der Julisonne, jetzt alle Qualen des Aufenthaltes in der versumpften Niederung.

Äußerlich war der Verfall nicht so rasch. Als die Römer aufhörten, den Griechen Barbaren zu sein, suchte die Eitelkeit ihrer Kaiser den erloschenen Glanz zu beleben. Noch vierhundert Jahre nach Christus dauerte das Fest, 293 Olympiaden sind in der Altis aufgezeichnet worden. Und nachdem deutsche Völker den Hain des Zeus verwüstet hatten, mußte Justinianus die von neuem aufkommenden Spiele Olympias gewaltsam unterdrücken.

Der Verfall des Heiligtums ist durch den Alpheios beschleunigt worden. Denn seit er nicht mehr durch Dämme gebändigt wird, hat er bei jedem Hochwasser seine Flut über den Boden der Altis gewälzt und die von Erschütterungen umgeworfenen Säulen zugeschwemmt. So ist er auch im Mittelalter ein treuer Altishüter geblieben, er hat die Schätze der Kunst unter seiner Schlammdecke versteckt und an alter Stelle aufbewahrt.

Darum hat der erwachte Sinn für griechische Kunst, darum hat Winckelmann vor allem sich mit Recht gesehnt, diese Decke zu lüften.

Sechzig Jahre nach seinem Tode war es die wissenschaftliche Kommission des französischen Befreiungsheeres, welche seinen Gedanken ausführte. Zwei Gräben wurden an den schmalen Seiten des Zeustempels gezogen, und in kürzester Zeit grub man aus der Tiefe eine Reihe von Bildwerken; es waren die Zwölfkämpfe des Herakles, wie sie Pausanias beschrieben hat. Ehe man noch den ganzen Tempel vom Schutt gesäubert hatte, wurden die Grabungen plötzlich eingestellt; man hörte auf zu suchen, ehe man zu finden aufgehört hatte.

Von neuem wälzt der Alpheios seinen Schlamm über den heiligen Boden, und wir fragen mit gesteigertem Verlangen: Wann wird sein Schoß wieder geöffnet werden, um die Werke der Alten an das Licht des Tages zu fördern?

Was dort in dunkler Tiefe liegt, ist Leben von unserem Leben. Wenn auch andere Gottesboten in die Welt ausgezogen sind und einen höheren Frieden verkündet haben als die olympische Waffenruhe, so bleibt Olympia für uns doch ein heiliger Boden, und wir sollen in unsere von reinerem Licht erleuchtete Welt herübernehmen den Schwung der Begeisterung, die aufopfernde Vaterlandsliebe, die Weihe der Kunst und die Kraft der alle Mühsale des Lebens überdauernden Freude.

Congrès International Athlétique de Paris 1894

Pierre de Coubertin

1881 beendete Ernst Curtius seine ersten Ausgrabungen in Olympia. Neun Jahre später, als Curtius die Auswertung der vielen kostbaren Funde veröffentlichte, wurde ein junger französischer Baron — Pierre de Coubertin — von dem aus dem Schlamm des Alpheios wiedererstandenen Heiligtum so fasziniert, daß ihn die Idee, den Völkern ein neues Olympia — ein Weltfest, ein Friedensfest — zu schenken, nicht mehr losließ.

Coubertin war Privatgelehrter, ein pädagogischer Reformer mit weltweiter, umfassender Bildung. Mit großem Idealismus, aber auch mit Klugheit und diplomatischem Geschick, verfolgte er seinen Plan. Noch nicht dreißig Jahre alt, wagte er es, als einzelner den Kampf gegen ein — was den Sport anbelangte — noch in mittelalterlicher Unwissenheit und Enge befangenes Land aufzunehmen. Mit kluger Taktik und durch persönlichen Charme gewann er die Großen seines Landes für seine Idee.

1892 testete er bei einem Vortrag zum erstenmal die öffentliche Stimmung. Das Amphitheater in der alten Sorbonne war dicht gefüllt, als Coubertin seine große Rede hielt und diese mit der sensationellen Ankündigung einer bevorstehenden Wiederaufnahme der Olympischen Spiele beendete. Jede Reaktion des Publikums hatte Coubertin vorausgesehen — Opposition, Protest, Ironie, Gleichgültigkeit. Daß man jedoch Beifall klatschen, daß man seine Pläne billigen würde, das hatte er kaum erwartet.

Zwei Jahre später, auf dem vom 16. bis 24. Juni 1894 in der neuen Sorbonne stattfindenden Congrès International Athlétique de Paris, der über Amateurfragen beraten wollte, hatte Coubertin die letzten drei Punkte des Programms einer Diskussion über die Wiederbelebung der Olympischen Spiele vorbehalten. Das hier folgende Programm dieses Kongresses sowie die Abschlußrede Coubertins vermitteln einen interessanten Einblick in die sportlichen Probleme, welche die Verantwortlichen für den Weltsport am Ende des 19. Jahrhunderts bewegten.

Die geschäftsführenden Organisationen des Kongresses waren:
Für Frankreich und den europäischen Kontinent: Der Herr Baron de Coubertin, Generalsekretär der Union des Sports Athlétique;

Für England und seine Kolonien: M. C. Herbert, Sekretär der Amateur Athletic Association of England;
Für den amerikanischen Kontinent: M. W. M. Sloane, Professor an der Princeton-Universität, USA.
Der Kongreß wird am Samstag, dem 16. Juni 1894, im Palais de la Sorbonne in Paris eröffnet. Er wird 8 Tage dauern.
Den Vorsitz wird führen:
Der Herr Baron Courcel, Senator und Botschafter a. D.

Die festlichen Veranstaltungen, die anläßlich des Kongresses begangen werden, umfassen:
1. Am Samstag, dem 17. Juni, wird im Jardin de Luxembourg Longue Paume (Ballspiel) gespielt.
2. Ein Fechtturnier wird Dienstag, den 19. Juni, gegeben.
3. Festliche Abendveranstaltung, Donnerstag, den 21. Juni.
4. Ein Wasserfest, Sonntag, den 24. Juni.

Programm
Amateure und Professionals
I.   Definition des Amateurstatus; Grundlagen dieser Definition. Möglichkeiten und Vorteile einer internationalen Definition.
II. Suspendierung, Disqualifikation – Tatsachen, die dafür maßgeblich sind, und Möglichkeiten, ihnen zu entsprechen.
III. Ist es gerecht, Unterscheidungen, die einzelnen Sportarten betreffend, hinsichtlich der Amateurfrage beizubehalten, besonders für Pferderennen (gentlemen) und Taubenschießen? – Kann man Professional in der einen und Amateur in der anderen Sportart sein?
IV. Über den Wert der Kunstgegenstände, die als Preise ausgesetzt werden. – Ist es notwendig, eine Wertgrenze zu setzen? – Welche Maßnahmen sind demjenigen gegenüber zu treffen, der den gewonnenen Kunstgegenstand verkauft?
V.   Legitimität der Einnahmen aus Eintrittsgeldern. – Kann dieses Geld unter die Gesellschaften (*gemeint sind die Vereine*) oder die Konkurrenten aufgeteilt werden? – In welcher Höhe können Mitglieder einer Mannschaft entschädigt werden; vom gegnerischen oder vom eigenen Verein?
VI. Kann die allgemeine Definition des Amateurs in gleicher Weise für alle Sportarten gelten? – Beinhaltet sie besondere Einschränkungen betreffend Radrennen, Rudern, Leichtathletik usw.?
VII. Das Problem der Wetten. – Sind Wetten mit dem Amateurstatus vereinbar? – Möglichkeiten, die Entwicklung in dieser Richtung aufzuhalten.

Olympische Spiele

VIII. Möglichkeiten, sie wieder einzusetzen. – Vorteile in sportlicher und
moralischer Hinsicht und aus internationaler Sicht.

IX. Bedingungen für die Wettkämpfer. – Sportarten, die vertreten sein
sollen. – Materielle Fragen der Organisation, regelmäßige Abfolge der
wiedereingesetzten Olympischen Spiele usw.

X. Einberufung eines internationalen Komitees, das mit den Vorbereitungen zur Wiedereinsetzung der Spiele betraut wird.

Discours au congrès de Paris von Pierre de Coubertin

Meine Herren, die Dankbarkeit gehört zu den Dingen, die man am leichtesten in die Tat umsetzen kann: sie gehört auch zu den Dingen, die sich am
leichtesten ausdrücken lassen. Wenn ich mich nun am Ende des Kongresses
umschaue, der eine zehn Jahre meines Lebens gehegte Hoffnung Wirklichkeit
werden ließ, und wenn ich nach den Persönlichkeiten suche, denen ich meinen
Dank abstatten muß, dann fühle ich genau, daß meine Rede zu einer Litanei
werden wird; ich hoffe also, meine Herren, daß Sie es mir nicht übelnehmen,
wenn ich niemanden namentlich erwähne und wenn ich Sie, nachdem ich alle
in meinen bewegten Dank eingeschlossen habe, die mir halfen und mich un-
terstützten, nunmehr bitte, Ihren Blick auf die die Menschen der Welt beherrschenden Dinge zu lenken und für einen Augenblick Ihre Aufmerksamkeit
einem Schauspiel zu widmen, das von großer Tiefe und eigenartig philo-
sophisch ist.

In diesem Jahr 1894 ist es uns möglich gewesen, uns in dieser großen Stadt
Paris zu treffen, deren Freuden und Unruhen die ganze Welt dergestalt teilt,
daß man sie als ihr Nervenzentrum zu bezeichnen vermochte. Es ist uns möglich gewesen, die Vertreter des internationalen Athletentums zusammenzuführ-
ren, und sie haben – ein Zeichen der großen Einmütigkeit, die über ein Prinzip
herrscht – einstimmig für die Wiederherstellung eines 2000 Jahre alten Gedankens sich ausgesprochen, der die Menschen heute wie einst bewegt, da er
einem Triebe entspricht, der zu den lebenswichtigsten und, was immer man
auch dazu gesagt haben mag, zu den edelsten gehört. Diese Delegierten hörten
im Tempel der Wissenschaft eine 2000 Jahre alte Melodie vor ihren Ohren
wiedererschallen, die dank der folgerichtigen Arbeit mehrerer Generationen
mit Hilfe einer weitsichtigen Archäologie allerorts die Nachricht verbreitet,
daß der Olympismus des Hellenentums wieder in die Welt zurückgekehrt ist,
nachdem er mehrere Jahrhunderte lang unsichtbar war.

Das griechische Erbe ist so weitreichend, meine Herren, daß alle, die die
Körperertüchtigung in der modernen Welt unter einem ihrer vielfältigen
Aspekte zu fassen versucht haben, mit Recht auf das sie alle umfassende
Griechenland zurückgreifen konnten. Die einen sahen das Training zur Ver-
teidigung des Vaterlandes, die anderen suchten die aus dem köstlichen Gleich-

gewicht von Seele und Körper geborene physische Schönheit und Gesundheit, die letzten schließlich suchten den gesunden Rausch des Blutes, den man als die Lebensfreude bezeichnet hat und die nirgendwo in so intensiver und ausgewählter Form zu finden ist wie in der Ertüchtigung des Körpers.

Das alles, meine Herren, war in Olympia lebendig, aber es gab noch etwas anderes, das man noch nicht zu formulieren gewagt hat, weil das Leibliche seit dem Mittelalter einer Art Verachtung anheimgefallen ist und so von den Eigenschaften des Geistes isoliert wurde. Seit kurzem hat man dem ersteren zwar erlaubt, Diener der letzteren zu sein, aber es wird immer noch als Sklave behandelt, und es bekommt jeden Tag seine Abhängigkeit und Unterlegenheit zu spüren.

Das war ein ungeheurer Irrtum, und es ist sozusagen unmöglich, seine wissenschaftlichen und sozialen Folgen abzusehen. Meine Herren, letztlich besteht der Mensch nicht nur aus Körper und Seele, also aus zwei Teilen; er besteht aus drei Teilen, Körper, Geist und Charakter; die Charakterformung geschieht nicht durch den Geist; sie geschieht vor allen Dingen mit Hilfe des Körpers. Genau das wußten die Alten, während wir es nur mühsam wieder lernen.

Die Anhänger der alten Schule haben gezittert, als sie sahen, daß wir unsere Sitzungen mitten in der Sorbonne abhielten; sie haben sehr schnell gemerkt, daß wir Rebellen waren und es uns schließlich gelingen mußte, das Gebäude ihrer wurmstichigen Philosophie einzureißen. Das stimmt genau, meine Herren; wir sind Rebellen, und aus diesem Grund hat uns auch die Presse, die wohltätige Revolutionen zu allen Zeiten unterstützte, begriffen und ist uns zu Hilfe gekommen, wofür ich ihr hier im Vorübergehen von ganzem Herzen danken möchte.

Ich bin selber erstaunt, meine Herren, und ich möchte mich dafür entschuldigen, daß ich solche Worte gefunden habe und daß ich Sie zu diesem Höhenflug mitgeschleift habe: wenn ich so weitermachte, würde dieser fröhlich schäumende Champagner vor lauter Langeweile verschalen; ich beeile mich also, ihm das Wort zu überlassen, und erhebe mein Glas auf die olympische Idee, die gleich einem allmächtigen Sonnenstrahl die Nebel der Zeiten durchquert hat und nun an der Schwelle des 20. Jahrhunderts wieder aufleuchtet als ein Widerschein fröhlicher Hoffnung.

Die Deutsche Turnerschaft sagt „Nein" zu den Olympischen Spielen in Athen

F. Goetz

1896 sollten in Athen die ersten Olympischen Spiele der Neuzeit stattfinden. Das war das Ergebnis des Congrès International Athlétique de Paris, an dem Sportführer aus aller Welt teilgenommen hatten. Deutsche Vertreter, etwa der Vorsitzende der größten und mächtigsten Sportorganisation der Welt, der Deutschen Turnerschaft, waren allerdings auf diesem Kongreß nicht vertreten gewesen. Und es schien ganz so, als habe Coubertin bewußt unterlassen, die Deutschen rechtzeitig einzuladen...

In Deutschland empfand man dieses Versäumnis als eine Brüskierung, und man war nicht gewillt, sie einfach hinzunehmen. Geschlossener Widerstand der Sportorganisationen, allen voran die Deutsche Turnerschaft, gegen die Spiele in Athen war die Antwort auf Coubertins nachträgliche Entschuldigungen und seine Versuche, im nachhinein die Zustimmung der deutschen Sportführer zu gewinnen. Zwar wurde am 13. Dezember 1895 ohne die Zustimmung der Sportverbände ein »Komitee zur Beteiligung Deutschlands an den Olympischen Spielen zu Athen 1896« gegründet. Es war jedoch mehr als zweifelhaft, daß der Initiator und Schriftführer des Komitees, der Arzt Dr. Willibald Gebhardt, sich gegen den sturen Chauvinismus der Sportgewaltigen würde durchsetzen können. All seinen Bemühungen setzten sie ein »Nein« entgegen. Als es Gebhardt dann schließlich doch gelang, mit einer Riege von 10 Sportlern nach Athen zu fahren, distanzierte sich die Turnerschaft sofort von der »unbekannten, für Geld und gute Worte durch Herrn Dr. Gebhardt aufgetriebenen Riege«. Wie hart die Meinungen damals aufeinanderprallten, zeigt die folgende Stellungnahme des Vorsitzenden der Deutschen Turnerschaft, Dr. med. F. Goetz.

Die Deutsche Turnerschaft hat es entschieden abgelehnt, sich an den im Jahre 1896 in Olympia geplanten Spielen zu beteiligen. Der Zentralverein zur Förderung der Jugendspiele hat unumwunden erklärt, daß eine Beteiligung Deutschlands an dieser Veranstaltung unsrer nationalen Selbstachtung nicht entsprechen würde. Die deutschen Sportkreise stehen dem Olympia-Spiele von 1896 fast durchweg ablehnend gegenüber. Weder die Ruderer noch die Radfahrer, noch der Fahr- und Rennsport wollen mit der Sache etwas zu tun haben.

Trotzdem wird in den Berliner Zeitungen versichert, daß die »Beteiligung Deutschlands« an den Olympia-Spielen gesichert sei. Das Wahre an dieser Sache ist, daß der griechische Gesandte Rangabé es verstanden hat, den Vorsitzenden der im Sommer dieses Jahres im alten Reichstagsgebäude stattgehabten und mindestens äußerlich ohne jeden Erfolg abgeschlossenen Ausstellung für Sport, Spiel und Turnen für eine deutsche Agitation zugunsten des Olympia-Spieles zu interessieren, und daß der Erbprinz zu Hohenlohe-Schillingsfürst den Vorsitz in dem Agitationsausschuß übernommen hat, über dessen nationale Stellung er offenbar nicht genügend unterrichtet gewesen ist. Demgegenüber erscheint es doch nötig, dieser Sache einige Aufmerksamkeit zu schenken. Vorweg möchten wir bemerken, daß in den bekanntesten Fachkreisen die Angelegenheit mit gewissenhafter Sorgfalt geprüft ist [...]. An sich war die Anregung schon ein Unsinn, und zwar ein doppelter. Olympia war der Glanzpunkt nationaler althellenischer Herrlichkeit – 1896 soll es eine »internationale« Veranstaltung geben.

Olympia war die Betätigung einer auf harmonische Allgemeinbildung hinzielenden Leibesübung – 1896 soll gerade das in Deutschland so sehr verhaßte einseitige Sportfexentum seine Triumphe feiern. Den Gipfelpunkt von Olympia bildete der Fünfkampf – 1896 soll die athletische Kraftleistung, das auf die Spitze getriebene Spezialistentum entscheiden. Kurz, die Sache ist das genaue Gegenteil von allem, was wir Deutschen anstreben und – beiläufig bemerkt – als unser geistiges Erbe klassisch-griechischen Denkens und Empfindens betrachten. Aber auch mit der internationalen Seite der Sache hat es von Anfang an gehapert. In dem Pariser Ausschuß waren aller möglichen Herren Länder vertreten. Argentinien, Australien, Uruguay, sogar »Böhmen« durch einen Gymnasialprofessor aus Klatovy (Klattau?). Nur Deutschland war nicht nur nicht eingeladen, sondern geflissentlich außer acht gelassen. Da der Generalsekretär des »Internationalen Komitees der Olympischen Spiele« dies in einem geharnischten Schreiben an von Rangabé bestreitet, so wollen wir den Beweis für unsere Behauptung nicht schuldig bleiben.

Nun ist es aber doch eine nicht wegzuleugnende Tatsache, daß Deutschland in aller fördersamen Leibeszucht so seine eigene Stellung einnimmt, die man nicht gut übersehen kann, ohne sich unsterblich lächerlich zu machen. Daher denn in letzter Zeit von Griechenland aus der eingangs gekennzeichnete Sirenensang angestimmt ist. Deutscherseits kann und darf es aus Gründen der nationalen Selbstachtung auf diese geschmacklose Zumutung nur eine Antwort geben: wir danken verbindlichst, wir bleiben zu Hause. – Neben diesen politischen hat die Sache aber auch ihre großen sachlichen Bedenken. Das von Franzosen und Südamerikanern, Griechen und sonstigen interessanten Herren entworfene Programm beweist, daß die Welt sich in diesen Köpfen mindestens anders als in deutschen spiegelt. Sie haben keine Ahnung von dem durch die Deutsche Turnerschaft und Sportwelt gehenden Zuge nach geläuterter Form der Leibesübung; ihre Kraftmeierei, wie sie in dem Athletentum zum Ausdruck kommt, ist uns ebenso zuwider wie die Einseitigkeit in allen anderen Sports. Vom Schießen, für das der Hauptwert auf das gerade jetzt in der französischen Armee geübte Revolverschießen und derlei Firlefanz gelegt ist, wollen wir schon gar nicht reden. Wir wissen, was wir in diesen Dingen wollen, und damit gut! Wir wissen auch, daß durch die einzelnen deutschen Sports (beiläufig bemerkt, ist das kein Fremdwort, sondern gut deutscher Ausdruck!) der Zug nach engerem Zusammenschlusse geht. Die Verständigung wird und muß sich auch finden, und dann wollen wir deutsch-nationale Festspiele feiern! Nach Olympia gehen wir nicht.

Daß mit Ausnahme der Norweger sämtliche europäische Turnerbünde eine Beteiligung und fast alle aus grundsätzlichem Gegensatze zu dem Athener Festprogramm abgelehnt haben, ist in der »Deutschen Turn-Zeitung« schon erwähnt. Der Bericht über den Beschluß des Kongresses des französischen Turnerbundes gegenüber den Festen in Athen liegt noch nicht vor – aber die Leitung des Bundesorgans »Le Gymnaste« erklärte am 5. Oktober Callot, einem warmen Befürworter der Teilnahme in Athen, gegenüber wörtlich: »Bevor man, selbst wenn man sie modernisieren wollte, die Feste, die einst der Ruhm der Athener waren, wiederherzustellen (restaurer) sucht, bevor man denkt, das von der hellenischen Jugend verlassene Stadium wieder zu beleben, haben wir uns vor allem mit unserem Bundesfest zu beschäftigen, dessen Ruhm uns zuerst am Herzen liegt.« So urteilen die eigenen Landsleute Coubertins, nachdem in dem genannten Artikel des »Gymnaste« schon vorher ausgesprochen war, daß das Komitee für die Olympischen Spiele nichts erfunden habe, indem es Schwimmen, Velocipedfahren und Kampf (escrime, d. h. Schießen, Fechten n. d.) auf sein Programm gesetzt habe – wozu da die Kräfte zersplittern, die der französische Turnerbund für sich brauche.

Die Krone setzt dem Ganzen der leider vom Prinzen Philip von Hohenlohe-Schillingsfürst wohl in voller Unkenntnis der Verhältnisse unterzeichnete, von Dr. W. Gebhardt in leichtfertiger Weise verfaßte Aufruf des »Komitees für die Beteiligung Deutschlands an den Olympischen Spielen« auf. Ganz abgesehen von internationalen Phrasen, heißt es da, daß die Sportsleute der Erde (?) das Unternehmen mit Enthusiasmus begrüßt hätten – wo und welche wird nicht gesagt –, nur Deutschland habe sich ferngehalten, weil infolge der Unkenntnis Coubertins mit den sportlichen Verhältnissen Deutschlands und wegen der Unhöflichkeit einiger Deutscher angesehenen Namens, an die er sich ohne Erfolg um Auskunft gewendet habe, es auf dem Kongreß in Paris nicht vertreten gewesen sei, und Coubertin danach habe annehmen müssen, daß Deutschland absichtlich nicht vertreten gewesen sei! Wie verträgt sich solche gekünstelte, eines Deutschen unwürdige Behauptung mit den Äußerungen Coubertins im »Gilblas«? Die Schamröte steigt uns ins Gesicht, wenn wir lesen, wie dem Sohn des deutschen Reichskanzlers hier übel und falsch berichtet wurde! Gebhardt stellt noch eine Denkschrift in Aussicht; sie mag nur kommen, wenn sie im gleichen Geist der Unrichtigkeit und Schönfärberei geschrieben ist, wird sie wenig fruchten! Zu bedauern ist das »Griechische Komitee in Athen«, welches der Deutschen Turnerschaft sowie dem Zentral-Ausschuß für Jugend- und Volksspiele und dem Bund für Sport, Spiel und Turnen freundliche Einladungen schickte und diese jetzt nach der Entlarvung Coubertins wiederholt hat; zu bemerken aber ist, daß der Belgische Turnerbund, wie sein Präsident am 6. September im »Gymnaste« schrieb, und ebenso die übrigen Turnerbünde Europas, schon im Sommer (depuis quelques mois, seit einigen Monaten) zu den Festen in Athen eingeladen worden sind – die Deutsche Turnerschaft aber Ende November und allem Anschein nach auf eine aus Deutschland erst ergangene Anregung – also in einer so späten Zeit, die die Vorbereitung einer würdigen Beteiligung – Anfang April ist das Fest – schon unmöglich machte. Wollte man also, wie das Komitee schreibt, gerade aus Deutschland eine weitgehende Beteiligung haben, weil dort Leibesübungen gepflegt werden, wie sonst nirgends in der Welt, so mußte man Deutschland monatelang früher als die anderen rufen – die Versicherung, daß Coubertin gegen die ihm in den Mund gelegten Äußerungen protestiert habe, ist jedenfalls wahr –, aber wir können diesem Herrn so wenig wie Gebhardt Glauben schenken, so leid uns auch dabei das »Griechische Komitee in Athen« tut, dem zuliebe man sich über manches hinwegsetzen könnte. Coubertin ist nach wie vor der Generalsekretär des Unternehmens – wir haben nicht nur die Ehre der Deutschen Turnerschaft, sondern die des ganzen Reiches zu vertreten!

Luis aus Amarussi
gewinnt den Marathonlauf in Athen

Alfred Schiff

Der Traum des Barons de Coubertin war Wirklichkeit geworden; am 6. April 1896 feierten die Sportler der Welt in Athen die ersten Olympischen Spiele der Gegenwart. Coubertin, mit seinem guten Instinkt für das Mögliche, hatte sich nicht dazu verleiten lassen, die Wettkampfdisziplinen der Hellenen in das Programm der neuen Spiele zu übernehmen. Gemeinsam mit dem IOC, dem Internationalen Olympischen Komitee, hatte er in das Programm nur solche Wettbewerbe aufgenommen, die dem Übungsbrauch seines Zeitalters entsprachen. Das Programm umfaßte: den athletischen Sport – Leichtathletik –, den gymnastischen Sport – Turnen –, den Verteidigungssport – Boxen, Fechten, Ringkampf und Schießen –, den nautischen Sport – Rudern und Schwimmen –, den Reitsport und den kombinierten Sport, den modernen Fünfkampf. Aus den Wettkämpfen – Radfahren, Gewichtheben und Segeln –, aus den athletischen Spielen – Fußball, Tennis, Polo, Wasserpolo, Hockey, Handball, Basketball, Kanufahren, Segelfliegen und baskische Pelota –, aus den Kunstwettbewerben – Architektur, Literatur, Musik, Malerei und Bildhauerei – sollte das Organisationskomitee jeweils die Wettbewerbe auswählen, deren Durchführung möglich war.

Eng verbunden mit der Geschichte der alten Griechen war jedoch ein Lauf, der in Athen zum erstenmal ausgetragen wurde – der Marathonlauf. Dieser Lauf über 42 Kilometer war für die damalige Zeit eine sportliche Großtat. Für die Griechen hatte er eine besondere Bedeutung: Einer antiken Sage zufolge, die allerdings durch zwei Quellen – Plutarch und Lukian – bestätigt wird, hatte ein Grieche aus dem Heer des Miltiades eine gleich lange Strecke zurückgelegt. In voller Waffenrüstung, »noch erhitzt vom Kampf«, brachte er den angstvoll wartenden Griechen die Nachricht vom Sieg über die Perser. Wie die Sage berichtet, soll er mit dem Ausruf: »Freut euch, wir haben gesiegt!« tot zusammengebrochen sein. Diesen Wettlauf auf historischer Strecke nahm Coubertin also in sein Programm auf.

Für die ersten Olympischen Spiele in Athen 1896 hat der Marathonlauf mehr bedeutet als eine Nummer des Programms unter vielen anderen: er bildete den Mittelpunkt und Höhepunkt der ganzen Spiele, auf ihm beruhte ihre

Volkstümlichkeit, und von ihm ging die starke nationale Wirkung aus, die sich bald auch in der Politik durchsetzte.

Die Aufmerksamkeit des ganzen Hellenentums, nicht bloß der Bevölkerung des Königreiches Griechenland, war schon Wochen vorher ausschließlich auf diesen Marathonlauf gerichtet. Er war das einzige, was den »Mann von der Straße« packte, und die Vorstellung, daß ein Grieche Sieger werden müsse, hatte sich zu einem Gebot der nationalen Ehre ausgewachsen.

Der Tag hielt, was er versprochen hatte. Wer, wie der Schreiber dieser Zeilen, das Glück gehabt hat, den Marathonlauf im Stadion von Athen mitzuerleben (am 5. Tag der Spiele, dem 29. März 1896 alten Stils – 10. April 1896 neuen Stils), wird dieses Erlebnis nie vergessen.

Schon in den Morgenstunden zeigte sich in der Stadt eine außerordentliche Bewegung, die im Laufe des Tages immer mehr anwuchs. Bereits in den frühen Nachmittagsstunden war das gewaltige Stadion, das über 50 000 Zuschauer faßt, bis auf den letzten Platz gefüllt. Tausende standen auf den umliegenden Höhen, und weitere Tausende oder Zehntausende säumten als lebendige Mauer das letzte Stück des Weges bis zum Stadioneingang.

Um 2 Uhr nachmittags hatte der Start an einer kleinen Brücke am Rande der Marathonebene stattgefunden. Es hatten sich 25 Läufer gestellt. Die meisten von ihnen waren Griechen, aber es waren auch ein Franzose, ein Ungar, ein Amerikaner und ein Australier dabei. Durch die Senke zwischen Pentelikon und Hymettos, über Pikermi, Charvati, Ambelokipi ging der Weg, der rund 40 Kilometer lang war. Als ein besonders gefährlicher Konkurrent galt der Australier Flak, der lange die Führung hatte, aber nicht durchhielt und wenige Kilometer vor dem Ziel zusammenbrach.

Die Erwartung und Spannung, die im Stadion herrschten, steigerten sich von Viertelstunde zu Viertelstunde. Auf das Stabspringen, das während dieser Zeit im Stadion vor sich ging, achteten nur noch die wenigsten, obwohl die Amerikaner sich hier mit Ruhm bedeckten und Leistungen zeigten, wie sie wohl nur wenige vorher gesehen hatten. Wiederholt brachten berittene Offiziere oder Radfahrer, die den sorgfältig organisierten Lauf begleiteten, Meldungen über den Stand des Laufes. Sie lauteten lange Zeit für das Gefühl des Volkes nicht ermutigend, aber dann kam, als der Australier Flak ausgeschieden war, der Umschwung. Ein Grieche, der junge Bauer Luis aus Amarussi, einem Dorf unweit von Athen, hatte die Spitze. Es war wie eine durch das Stadion laufende gewaltige Flutwelle, die diese Botschaft auslöste. Mitten in die Bewegung hinein tönte ein Kanonenschuß, das Signal, daß ein nicht weit vom Stadioneingang liegender Punkt vom Spitzenläufer erreicht sei. Alles erhebt sich und blickt nach dem Eingang. Draußen tönt das Jauchzen und Jubeln des Volkes, Tücher und Fahnen werden geschwenkt, die Aufregung ist nicht zu schildern.

Da läuft mit Schweiß und Staub bedeckt ein Mann durch das Eingangstor und weiter auf der Stadionlaufbahn dem an der Rundung gelegenen Sitz des Königs zu, wo das Ziel ist. Kronprinz Konstantin, der Protektor der Spiele, und Prinz Georg, der oberste Kampfrichter, die am Stadioneingang gewartet hatten, laufen zu beiden Seiten, rechts und links von Luis, neben ihm her. Die Schiedsrichter folgen ebenfalls laufend. Der König erhebt sich und schwenkt seine Mütze. Die Begeisterung erreicht ihren höchsten Grad. Man sieht Männer und Frauen in Tränen, Unbekannte küssen sich, die Luft bebt von Jubelrufen. Niemand kann sich der Wucht dieser Minuten entziehen. Denn es ist nicht die große sportliche Leistung, die diesem Sieg die Weihe gibt (Luis hatte 2 Stunden, 58 Minuten und 50 Sekunden gebraucht), sondern die Idee der Verknüpfung mit einer ruhmvollen Vergangenheit und einer der größten Taten der Weltgeschichte.

Auch der 2. und 3., die etwa 7 Minuten später unmittelbar nacheinander das Ziel erreichten, sind Griechen. Erst der 4. ist ein Ausländer, ein Ungar.

Auch das war ein Marathonlauf, der als ein Sieg des Hellenentums in die Geschichte eingegangen ist.

Ein Schwimmfest in Berlin

H. O. *Kluge*

*Ein Sonntagnachmittag im Juli 1882 in Berlin. Der Schwimm-Klub »Neptun«
hat zu einem Schwimmfest eingeladen. Der Turnfachmann H. O. Kluge hat
es sich angesehen und berichtet seinen Turnfreunden in der Monatsschrift
für das Turnwesen ausführlich darüber.*

Durch eine freundliche Einladung des Schwimm-Klubs »Neptun« war es mir
am Sonntag, dem 1. Juli, nachmittags 4 Uhr, vergönnt, dem Kostüm-
Schwimm-Feste desselben beizuwohnen, und kann ich nicht unterlassen,
meinen besonderen Schwimmfreunden unter den Turnern hierüber Mitteil-
ungen zu machen.

Das Kaiser-Wilhelms-Bad in Berlin, Lützowstraße 89/90, sehr günstig gelegen, bietet Räume wie kaum eine andere Badeanstalt und ist es zu verwundern, daß hier der Schwimm-Sport nicht ganz vorzüglich gedeiht. Der
Winter ist aber ein Hindernis, denn das große Schwimmbassin, eines der
größten Berlins, ist im Winter nicht zu erheizen.

Der innere Raum der Schwimmhalle war auf das reichste mit grünem Laub-
werk geschmückt und bot für die Zuschauer und Zuschauerinnen eine dreifache Galerie. Das Badebassin sowie auf dem entgegengesetzten hinteren
Ende das Schwimmbassin waren zum Teil mit einem Dielenboden überdeckt
und so an vorderer Stelle ein Raum für reservierte Zuschauerplätze, an hin-
terer Stelle ein Raum für das Podium eines kleinen Theaters geschaffen.
Leider wurde dadurch das schöne Schwimmbassin an seiner tiefsten Stelle
verkürzt.

Bald nach 4 Uhr begann ein kleines Orchester die einleitende Musik, der den
Bühnenraum abschließende Vorhang rauschte auseinander, und eine nette
Gruppe, bestehend aus den Mitgliedern des Schwimm-Klubs, den Gott
Neptun mit hocherhobenem Dreizack in seiner Mitte, bot sich als lebendes
Bild in den den ganzen Körper bedeckenden Schwimmkleidern dar und hielt
in den verschiedenen Stellungen so lange wacker aus, als der nicht kurze
Prolog gesprochen wurde.

Eine Schwimmpolonaise (ein Schwimmreigen) eröffnete die eigentliche
Schwimmvorstellung. In Flankenreihe traten zwölf Schwimmer auf und
stürzten sich nach und nach mit elegantem Kopfsprunge in langsamer Folge
von der Mitte der Bühne aus ins Wasser, angeführt von zwei Herren, die ich

hier gleich hervorhebe, weil sie sich unbedingt die Palme für den Abend erwarben. Beide waren in ein dunkelbraunes Trikot mit gleichfarbigen Trikotschuhen gekleidet, auch mit gleichfarbiger Schwimmkappe versehen. Schlanke Körperformen, vortreffliche Haltungen in allen Springlagen, in der Luft fliegend und durch das Wasser schießend sowie auch als tüchtige Turner sich auszeichnend im Umherklettern an den Gebälken des Dachstuhls, von wo aus dann viele der folgenden Sprünge gemacht wurden, ließen sie überall als Meister ihres Faches hervortreten und gaben ein köstliches Bild von Jugendfrische, Lust und Sicherheit in allen Übungen.

Wie fielen mir da die alten lieben Jugenderinnerungen aus der Zeit vor 40 bis 50 Jahren ein, da wir an ganzen Sonntagvormittagen bei Vater Tychi am Unterbaum als die »Tychi'schen Frösche« alle diese Künste unermüdlich übten und ich es mir sehr angelegen sein ließ, gerade diese schöne Haltung bei allen Wasserprüngen selbst zu zeigen und andere zu lehren.

Der »Reigen« bestand aus Schwimmen durch die Längenmitte der Schwimmbahn, aus Gegenzügen im Wechsel rechts und links der einzelnen, Gegenzügen der einzelnen zu Paaren auf der Mitte der Bahn, Trennen der Gepaarten und Schwimmen zu Halbkreisen mit Durchziehen der einzelnen und Wiedervereinigen der Paare, die dann unter dem Podium der Bühne verschwanden. Reicher Beifall, der übrigens am ganzen Abend recht wacker erteilt wurde, begrüßte diese erste, ruhig und recht gleichmäßig ausgeführte Leistung.

Ein Lustspiel in einem Akt von E. Ball, dem Vorsteher des Klubs und einer der beiden obengenannten braunen Meister im Schwimmen, schloß sich an. Es spielte »am Strande einer Seestadt« und handelte von dem endlichen Sichkriegen eines Brautpaares, nachdem der Vater der sechs Fuß langen Braut Lukretia von dem Schwiegersohn im Schwimmen, Springen und Tauchen besiegt worden war.

Ein Dauertauchen, wobei Ehrenpreise: silberne Medaillen, verteilt wurden, folgte. Es wurde von zweimal drei Schwimmern ausgeführt und mußten die beiden Sieger jeder Abteilung noch einmal miteinander kämpfen.

Eine zweite Lukretia wurde an einer Schnur vorgeführt, eine Riesendame, sehr geschickt durch zwei aufeinander gestellte Schwimmer dargestellt, mit mächtigen Gewändern bekleidet, mit reichem blondem Haar und schmachtenden Augen, fortwährend Kußhändchen werfend. Ihr Führer sprach für mich unverständliche Worte, bis plötzlich sich der Koloß kopflings ins Wasser stürzte und sich dort als zwei wackere Schwimmkünstler entpuppte. Jetzt sah man auch, warum der Führer die Dame »an der Strippe« hatte, denn mit kühnem Ruck zog er ihr, sobald sie sich in die Wellen stürzte, den faltenreichen, weiten, unteren Rock weg, und nur der obere Teil der Lukretia mit seinem Inhalt sank in die Flut.

Es sollten nun Springergruppen und Riegenspringen folgen, doch entwickelte sich dieser Teil des Festes nicht so, wie wir das als Turner gewohnt sind, wie wir es schon bei dem Leipziger Schwimmfeste gesehen, auch in unserer Jugend selbst angeordnet und ausgeführt hatten. Es war wohl die äußere Einrichtung der verschiedenen Springflächen daran schuld, daß auch nicht ein Gruppensprung ausgeführt wurde; denn das Podium des Theaters, das noch die beste breite Fläche hierzu darbot, war nur wenige Fuß hoch über dem Wasserspiegel angebracht, die Springer konnten daher beim Fliegen oder Fallen durch die Luft sich nicht entsprechend strecken. Doch sahen wir ein anderes, nicht weniger interessantes Bild. In kurzer Zeit hatten von allen Seiten her die Wasserspringer in ihren verschiedenartigen Trikots sich der Balken und noch höher der Dachgebinde bemächtigt, sich daran emporgeschwungen und stürzten sich nun bald hier, bald dort, auch über die Köpfe der Zuschauer hinweg in schöner, straffer Haltung ins Wasser, von unaufhörlichem Jubel und Beifall der Zuschauenden begleitet.

Ein Wettspringen schloß sich an, wobei auch wieder Preise verteilt wurden.

Von den durchaus gut und richtig ausgeführten Sprüngen nenne ich folgende:

Kopfsprung vorwärts aus dem aufrechten Stande (warum nicht auch aus dem Hockstande?); Kopfsprung mit Anlauf und Vorsprung von der Brettkante; Kopfsprung mit Überdrehen um die Breitenachse und Ausstrecken des ganzen Körpers nach einem Knieheben der Beine zur Hockhaltung (Hechtsprung); Kopfsprung seitwärts (Schwertsprung), auch mit Anlauf; Kopfsprung rückwärts aus dem Stande rücklings; Sprung mit ganzer Drehung nochmals um die Breitenachse ohne und mit Anlauf, wobei leider das Ausstrecken nicht recht gelang, auch rückwärts aus dem Stande, und recht schön gestreckt vom hohen Laufbrett usw.

Wir vermißten aber Sprünge mit dem Reifen und durch den Reifen sowie das Auftauchen im Reifen.

Ganz besonders waren es die oben erwähnten beiden Herren, die sich nun in Meistersprüngen gegenseitig herausforderten und auch ganz besonders durch ihr passendes, dunkles Trikot sich hervorhoben. Es widerspricht aber dem gesunden Sinne der deutschen Turner, wenn bei dergleichen Vorstellungen so sehr das Zirkustreiben nachgeahmt wird. So erregt stets unser Mißfallen das Anlegen eines Bajazzo-Kostüms bei dergleichen Festen. Solche Kostüme bedingen dann auch die verzerrten Gliederbewegungen, die eben diesen unglücklichen Figuren nach ausländischem Muster anhaften, und das verletzt das Schönheitsgefühl.

Ein Schwimmen der Zöglinge der Anstalt wurde nun vorgenommen, dem sich auch ein Wettschwimmen mit abermaligen Ehrenpreisen anschloß. Hier war es besonders ein hübscher frischer Knabe, der sich vor seinen Altersgenossen und später noch vor den Erwachsenen hervortat. Schon die Ruhe, mit der er schwamm und durch welche er sich gegenüber seinen eifrigen, sich aber überarbeitenden Nebenkämpfern auszeichnete, verschaffte ihm unseren Beifall und später auch den Sieg, denn er übertraf alle im Dauer- und auch im Schnellschwimmen, wobei das Wasserbecken wohl sechsmal der Länge nach durchschwommen wurde.

Nach einer etwas langen Pause erfolgte der zweite Teil des Festes.

Eine komische Szene: »das Stangenlaufen«, besser gesagt »das Laufen auf einer Stange«, begann denselben. Ein langer, schlanker Baum war der Länge nach über das Wasser gehängt und mit Seitenseilen an den Enden möglichst fest gelegt. Ein älterer Herr, der sich den ganzen Abend über als Clown durch viele komische Zwischenszenen schon hervorgetan hatte, rutschte und hangelte im Liegehang den Baum hinab, stellte sich auf seinem Ende auf und forderte nun durch allerlei Gesten andere auf, es ihm nachzutun. Da kamen ein feiner Herr mit Hut und Lorgnon, Damen mit Regenschirmen und Fächern, Handwerker mit Bretterlasten: alle versuchten den Gang auf dem Baum, wurden aber, sobald sie dem Clown näher kamen, von ihm in das Wasser geschüttelt, bis dann endlich jener famose kleine Kerl, ebenfalls als Clown angekleidet, auf dem Baum entlang rutschte, sich bei den tollsten Schwankungen daran festhielt und endlich den alten Clown zwang, ins Wasser zu fallen, womit dann diese Szene unter abermaligem Jubel schloß.

Es folgte noch ein Kürschwimmen. Es wurden vorgenommen: das schnelle Drehen um die Längenachse im Stehen, Sitzen und Liegen im Wasser, das Treiben ohne jede Bewegung, Hände über Kopf, das Rudern mit gewaltigem Ausholen der Arme und schönem Schluß der Beine, das Schwimmen vorlings-seitwärts, das Rückenschwimmen nur mit Hilfe eines Beines, das Schnellpudeln, das Wasserschlagen im Rücklingsschwimmen usw. Folgende Wasserstücke: ein billiges Frühstück, Tauchen nach Gegenständen, der Teufel im Sack und die große Apotheose schlossen das vierstundenlange, sehr angreifende Wasserschauspiel. Des Vortrefflichen wurde viel gezeigt, jedoch beschlich, durch die Länge der Zeit, welche die Vorstellung dauerte und durch die gewaltigen Anstrengungen der Teilnehmer hervorgerufen, öfter ein Frösteln den Zuschauer, wenn er bedachte, daß vier Stunden in nassen Schwimmkleidern auszuhalten wahrlich kein Spaß ist, auch nicht einmal für den nur Zuschauenden.

Körperbildung bei den Jesuiten   *William J. Lockington*

Der Grundsatz »Eine Unze Heiligkeit mit einer außerordentlich guten Gesundheit leistet mehr für die Rettung der Seele als eine außerordentliche Heiligkeit mit einer Unze Gesundheit« bestimmte von jeher die Einstellung des Jesuitenordens zu körperlichen Übungen. Tägliches vielseitiges Üben gehört nach der Ordensregel zum Tagesablauf jedes Jesuiten und der ihnen anvertrauten Schüler, da man es für Körper und Geist gleich wertvoll hält. Diese in Kreisen der Kirche sonst durchaus nicht immer übliche Einstellung zu den Leibesübungen hat sich im Jesuitenorden durch Jahrhunderte erhalten.

Fortgesetzt hat diese Tradition auch der Generalpräfekt des Jesuitenkollegs in Feldkirch, Ph. Küble SJ. In Feldkirch lief man um die Jahrhundertwende auf Stelzen, spielte Fußball, eine Art Rugby, Handball und rodelte auf einer selbstgebauten Rodelbahn. Die Jesuiten waren mit dieser vielseitigen Schulung ihrer Zeit voraus. Es ist auch das Verdienst Ph. Kübles, daß er das höchst interessante Büchlein des englischen Jesuiten William J. Lockington SJ »Durch Körperbildung zur Geisteskraft« ins Deutsche übertragen und herausgegeben hat. In einem Kapitel schildert Lockington darin seine Vorstellung vom Ziel körperlicher Übungen.

Das Wort Körperbildung weckt in manchen Vorstellungen von schwingenden Keulen, rohen Boxkämpfen und seltsamen Körperverdrehungen an den Stangen oder Seilen einer Turnhalle. Ihre Einbildungskraft sieht Männer in schneidiger Haltung, mit riesenhaften Muskeln, und sie schlagen sich die Sache aus dem Kopf: »Das ist nichts für mich.« Sie sagen so, weil sie eben eine falsche Vorstellung von der Sache haben. Geradesogut könnte ein Mann, dem der Arzt zur Anregung der Lebertätigkeit Reiten verordnet, sich dagegen sträuben mit den Worten: »Ich bin nicht für die Pferderennen.« Wir wollen nicht mit den Ringkämpfern in einen Wettstreit treten, wir wollen nicht Muskelmassen anhäufen. Ein solches Unterfangen wäre ein Hindernis und keine Hilfe. Für uns kommt kein Athletentum in Frage. Die heutige Welt ist verrückt in ihrer Sucht nach Körperkraft, nach Spiel und Sport, Wettkämpfen und dergleichen Dingen. Tüchtigkeit in Körperübungen ist heute, gerade wie in heidnischen Zeiten, zum Lebensberuf geworden. Wir haben ein ganz anderes Ziel im Auge. Wir haben nicht vor, den Körper um seiner selbst willen zu bilden, sondern um aus ihm ein fügsames, haltbares Werkzeug der Seele zu schaffen, das willens und imstande ist, alle ihre Befehle auszuführen, seien sie auch noch so hart und schwierig. Es handelt sich nicht um die Übung aus Liebe zur Übung, sondern um die Übung als Mittel zum Zweck. Der Lehrer nimmt ja auch manchmal an den Spielen teil und tut mit, so gut er kann; aber das Spiel ist ihm nur Mittel zum Zweck. Er will so Knaben erziehen und Einfluß auf Charaktere gewinnen, an die er sonst gar nicht herankäme.

Es ist nicht so sehr äußere Muskelkraft, was wir bezwecken, obschon auch davon ein vernünftiges Maß notwendig ist, als vielmehr die Kraft der inneren Organe und Muskeln. Ein Mann kann die Arme eines Schmiedes und die Beine eines berufsmäßigen Schnelläufers haben und dabei einen so engen Brustkorb besitzen, daß eine gesunde Herz- und Lungentätigkeit ausgeschlossen ist. Gesunde innere Organe, nicht äußere Muskelkraft, braucht der geistig Schaffende. Die Schultermuskeln können fest und stark sein, während die Bauchmuskeln so schwach und unbrauchbar sind, daß bei der geringsten Anstrengung ein Bruch zu befürchten ist. Damit fehlt dann die Voraussetzung für einen gesunden Zustand des Magens und der übrigen Verdauungsorgane.

Nicht die Zahl der Zentimeter zwischen Kopf und Fersen entscheidet über die Leistungsfähigkeit, sondern die guten Organe. Bismarck war sehr groß, aber »die Kleine Exzellenz« Windthorst nahm den Kampf mit ihm auf, jagte ihm Furcht ein und rang ihn zu Boden. Ignatius, Xaver, Cäsar, Napoleon, Gladstone waren alles Männer von mittlerer Höhe. Ob ein Mann 120 oder 200 Pfund wiegt, das hat keine Bedeutung, vorausgesetzt, daß jedes Pfund schafft und nicht bloß Platz versperrt. Indes, eine Seele, der Gott einen Leib von 120 Pfund zugedacht hat, findet sich in ihrer Tätigkeit behindert, wenn sie eine Last von nahezu 200 Pfund herumzuschleppen hat.

Die Übungen haben den Zweck, erstens, den Körper und seine Organe zur vollen Entwicklung zu bringen, und zweitens, sie in gesundem Zustand zu erhalten, nachdem sie entwickelt sind. Solange die Entwicklung noch nicht fertig ist, muß man ernstlich an der Muskelbildung arbeiten. Eine eingedrückte Brust ist nicht notwendig ein Zeichen von Heiligkeit, ein geneigter Kopf ist nicht immer ein Zeichen von Sammlung. Im ersten Falle haben wir ein zusammengepreßtes Herz und eine beengte Lunge, im zweiten ein Blasinstrument, das verbogen und verdreht und keineswegs in der rechten Lage ist, um starke Töne zu erzeugen. Der Brustkorb muß gedehnt und durch die Schulter-, Rücken- und Rippenmuskeln in der richtigen Lage gehalten werden, um für ein volles Spiel der Lungen- und Herztätigkeit überhaupt den nötigen Raum zu schaffen. Beides ist für uns wichtig. Die Tonbildung verlangt besondere Übungen, die den Stimmorganen Kraft und Klang geben und eine Schädigung der Stimme unmöglich machen. Das Übel kommt manchmal von einer falschen Art zu sprechen her, noch öfter von einer Reihe schlaffer Muskeln, denen eine zu große Spannung zugemutet wurde. Wenn der Magen, der Brennpunkt, von dem die Energie ausstrahlt, oder die übrigen Verdauungsorgane nicht in Ordnung sind, müssen wir beim Üben diesen Punkt aufs Korn nehmen, und so mit anderen Teilen des Körpers.

Das zweite Ziel unserer Übungen, den Körper in gesundem Zustand zu erhalten, ist schwerer zu erreichen als das erste. Man findet mit den zunehmenden Jahren die Neigung nach einer gewissen Zunahme des Gewichts, und diese Zunahme bedeutet in irgendeiner Weise eine Abnahme unserer Arbeitskraft. Wenn ein Mann diesen Zustand an sich bemerkt – das ist die gewöhnliche Erfahrung –, entschließt er sich, durch Übungen das Übel zu beseitigen. Er kauft ein Paar Keulen oder Hanteln, schwingt sie lange und kräftig, macht lange Spaziergänge und findet zu seinem Erstaunen, daß er viel gewonnen und nichts verloren hat. Er hat Muskeln gewonnen, wo er sie nicht nötig hatte, Appetit und, wie die Waage anzeigt, Gewicht, gerade das, was er verlieren wollte. Er steigt entmutigt von der Waage hinab, schafft seine Geräte wieder fort und nimmt seinen gesteigerten Umfang als unvermeidlich hin – und als natürlich!

Er hat nach einem falschen Plan gearbeitet. Seine Bemühungen übten die Arm-, Bein- und Schultermuskeln, die schon entwickelt waren; die Muskeln, welche das Übel verursacht hatten, nämlich die Bauch- und Rippenmuskeln, ließen sie liegen. Bei den meisten Menschen sind diese Muskeln schlaff, weil sie nie gebraucht werden. Darum können sie auch die Organe, welche sie umschließen, nicht in der natürlichen Lage und gesund erhalten.

Die hier angefügten Übungen haben es besonders auf die Stärkung dieser Rumpfmuskeln abgesehen, die bei den Lebensvorgängen eine so wichtige Rolle spielen, ferner der inneren Muskeln, welche die Organe in der richtigen Lage halten. Zugleich werden durch die Übungen die Organe selbst zur Tätigkeit angeregt und gekräftigt. Üben macht die Muskeln gesund und stark, erfrischt die Nerven und belebt den Blutkreislauf. Jedesmal, wenn sich ein Muskel zusammenzieht, fließt ein größerer Blutstrom durch ihn hindurch.

Leben ist Bewegung. – Die Natur hat diesen Trieb nach Bewegung in alle Lebewesen hineingelegt. Aus ihm heraus rennt das Füllen im Galopp über das Gras hin, und der kleine Knabe schlägt, mit dem Kopf nach unten, seine Purzelbäume auf dem Rasen.

Unser nächstes Ziel ist also Kraft der inneren Organe, unser weiteres Ziel – Kraft des Geistes.

Sport
im 20. Jahrhundert

Arbeitersport

Der Arbeiter-Turn- und Sportbund Deutschlands wurde 1893 als Deutscher Arbeiterturnerbund gegründet. Verbände für nahezu alle Sportarten wurden im Lauf der Jahre unter dieser Dachorganisation zusammengefaßt. Die Trennung von Arbeiter- und bürgerlichem Sport bedingte ein Nebeneinander – jedoch in den meisten Fällen kein Gegeneinander – von zwei großen Sportbewegungen in Deutschland. Als im Jahre 1933 die Arbeiter-Turn- und Sportvereine von den Nationalsozialisten aufgelöst wurden, fanden ihre Mitglieder – sofern sie es wollten – in den bürgerlichen Sportvereinen Aufnahme.

Der völlige Zusammenbruch Deutschlands nach dem Zweiten Weltkrieg führte dazu, daß die Arbeitersportbewegung mit den übrigen Sportverbänden verschmolz. Für eine reibungslose Zusammenführung haben sich die Arbeiter-Turnführer Drees und Wildung mit ihrem Ansehen und mit ihrer Persönlichkeit besonders eingesetzt.

Fritz Wildung, geboren 1872, war Leiter der Zentralkommission für Arbeitersport und Körperpflege. Ein Leben lang hat er sich für die Arbeitersportbewegung eingesetzt. In seinem 1911 erschienenen Buch »Arbeitersport«, dem der folgende Beitrag entnommen ist, gibt er ein anschauliches Bild über die Entwicklung, die Bedeutung und den Inhalt der Arbeitersportbewegung.

Inzwischen hatte die wirtschaftliche Entwicklung nicht stillgestanden. Deutschland war in wenigen Jahren zu einem Industrieland ersten Ranges geworden. Die großen Städte mit ihren Arbeitermassen wuchsen pilzartig aus der Erde. Der Reichtum baute sich Paläste, und die Arbeiterschaft schaffte Werte auf Werte, für deren Absatz der Weltmarkt bald zu klein wurde. Diese Zustände weckten bei den Arbeitern den Organisierungsgedanken, führten sie zu der Erkenntnis ihrer Wichtigkeit im Produktionsprozeß und ihrer Macht im Staatsleben. Auf allen Gebieten des politischen, wirtschaftlichen und kulturellen Lebens bildeten die Arbeiter eine Klassenfront und suchten sich gegen Ausbeutung und Bevormundung zu schützen, so auch gegen die Zerstörung ihrer Arbeitskraft durch den Moloch Kapital, der keine andere Devise als die des Profitmachens kannte. Da der Kapitalismus auch die Wehrkraft des Volkes gefährdete, mußte der Staat sich zur Sozialpolitik bekennen; es entstanden die Selbstverwaltungskörperschaften in der Sozialgesetzgebung, die den Arbeitern die Notwendigkeit der Sorge für ihre Gesundheit nahebrachten. Die Massen begannen sich zu wehren gegen die maßlose Ausbeutung, die das Leben ihrer Klasse bedrohte, forderten Verkürzung der Arbeitszeit, hygienische Einrichtungen in den Betrieben, menschenwürdige Wohnungen, bessere Schulen für ihre Kinder, Schutz für ihre Jugend und Hilfe für ihre Invaliden. Es war die Zeit des kulturellen Erwachens der deutschen Arbeiterklasse um die Jahrhundertwende, das so großen Einfluß auf das Proletariat der ganzen Welt gehabt hat.

Nunmehr war auch die Zeit gekommen, wo die deutsche Arbeiterklasse die Notwendigkeit der Körperkultur für sich entdeckte. In den Fabriken nahm die Intensität der Arbeit immer mehr zu. Mit jeder kleinen, dem Kapitalismus abgerungenen Verkürzung der Arbeitszeit steigerte er das Tempo des Arbeitsprozesses. Die Einseitigkeit der immer weiter sich ästelnden Teilarbeit, die Mechanisierung der Produktion rüttelten so stark an der Gesundheit des Arbeiters, daß er ihre warnende Sprache nicht überhören konnte. Mit dem Wachstum der Industriestädte und der Einpferchung in die staubigen Fabriken wurden die Massen immer mehr der natürlichen Lebensweise entfremdet, kaum noch, daß sie einen Sonnenstrahl zu Gesicht bekamen. Die Gegenwehr gegen den drohenden Verfall ihres Menschentums schuf jene Bewegung und ihre Organisation, von der in diesem Buche berichtet wird. Neben den Turn- und Sportvereinen entstanden die Wandervereine und -verbände; die »Flucht in die Natur« wurde zu einem Lebensbedürfnis der Masse. Zunächst machten sich noch Widerstände gegen diese Strömungen in der Arbeiterschaft selbst bemerkbar; man fürchtete eine Vernachlässigung der politischen und gewerkschaftlichen Pflichten. Ganz unberechtigt war diese Sorge auch nicht, denn mancher Anhänger der neuen Bewegung wurde zum Vereinsmeier und einseitigen Fanatiker. Dieser wollte mit Turnen, jener mit Gesang und ein dritter mit Musik und Theatervorstellungen die soziale Frage lösen. Und wenn Partei- und Gewerkschaftsführer nicht mit vollen Backen in das gleiche Horn blasen wollten, dann verschrie man sie als unbelehrbare Bonzen. Auch damals gab es schon Leute, die es nicht einsehen konnten, daß eine Arbeiterkultur erst auf der Grundlage der politischen und wirtschaftlichen Arbeiterbefreiung möglich ist. Die superklugen Leute von heute, die nicht genug darüber räsonieren können, daß die Alten in der Bewegung angeblich nicht die Jugend verstehen, würden von all ihren Kulturforderungen nicht eine verwirklichen können, wenn nicht die gescholtenen Alten durch politische und gewerkschaftliche Arbeit ihnen die Basis dafür geschaffen hätten. Kultur ist ein Ergebnis schaffender Arbeit auf allen Gebieten des gesellschaftlichen Lebens; das sollten die Arbeiter am meisten beherzigen.

Die hochentwickelte kapitalistische Produktionsweise mit ihrer einseitigen Inanspruchnahme der Kräfte, ihrer Seelenlosigkeit und ihren deformierenden Wirkungen auf den Organismus schreit förmlich nach einem Ausgleich. Je einseitiger ein Organismus beansprucht wird, um so stärker schöpft er sich aus, denn einseitige Leistung ist immer Dauerleistung für die beanspruchten Organe. Vielseitige Beschäftigung schafft in sich selbst den Ausgleich, denn sie ist für die einzelnen Organe Kurzarbeit. Je mehr daher die Produktionsweise rationalisiert wird, um so einseitiger und anstrengender beansprucht sie den Arbeiter. Das fühlt auch der Arbeiter nur zu gut, und darum wächst mit der Mechanisierung und der Rationalisierung der Produktion der Drang nach ausgleichender Beschäftigung. Der Ausgleich darf aber nicht nur die Muskeln entlasten, sondern vor allem müssen Geist und Gemüt Erholung finden. Je nach Art der Beschäftigung kann der Ausgleich in vorwiegend körperlicher oder geistiger Arbeit bestehen; am besten wird es immer sein, wenn beides zugleich möglich ist. Vor allem kommt es darauf an, daß die Ausgleichsarbeit gern getan wird, daß sie Freude bereitet und damit den gesamten Organismus entlastet.

Wie immer die Neigung des einzelnen sein möge, er findet in Sport, Spiel und Gymnastik den ihm fehlenden Ausgleich und neben der körperlichen Erholung sein seelisches Gleichgewicht wieder. Nur muß er nicht glauben, daß es hierbei auf Dauerleistung ankomme, daß der Sport also um so heilsamer sei, je mehr man ihn betreibe. In keiner Sache ist mehr Maß und Ziel vonnöten als im Sport, denn er ist für den schaffenden Menschen nicht nur Ausgleichs-, sondern auch Zusatzarbeit. Sportliche Arbeit beansprucht aber, wenn sie recht betrieben wird, eine stark gesteigerte Ausgabe von Energie. Die kräftige Jugend mit regem Stoffwechsel kann naturgemäß ganz andere Ansprüche an ihren Körper stellen als ältere Personen. Darum hat sich das Maß der körperlichen Anstrengungen im Sport den individuellen Anlagen, der Körperkonstitution und dem Lebensalter anzupassen. Ohne Leibesübungen sollte aber kein Mensch sein, ebensowenig wie ohne Zeitung und Buch. Körperliche und geistige Ausgleichsarbeit sind einander durchaus gleichwertig; beide haben über ihre engeren Aufgaben hinaus bildenden Wert, darin liegt ihre höhere Bedeutung.

Die Maltakatze

Rudyard Kipling

Polo ist ein außerordentlich schnelles Treibballspiel zu Pferde. Im Mittelalter finden wir es in Persien, Indien, Turkestan und China. Die Engländer brachten es nach Europa, und von da aus eroberte das Polo die übrige Welt. Je vier Reiter stehen bei diesem Spiel einander gegenüber. Sie sind bestrebt, einen kleinen Bambusball mit einem Schläger in das gegnerische Goal (Tor) zu treiben. Ein Poloplatz ist 280 Meter lang und 180 Meter breit. Jedes Goal muß mindestens 7,50 Meter weit sein.
Der englische Erzähler Rudyard Kipling wurde in Indien geboren. Für sein schriftstellerisches Werk erhielt er den Nobelpreis für Literatur. In der folgenden Erzählung hat er die Akteure eines Polospiels – Pferde und Reiter – so eindrucksvoll beschrieben, daß man fast das Empfinden hat, man würde dieses Spiel wirklich erleben.

Die Maltakatze schüttelte ihren kleinen, flohzerstochenen Widerrist, um zu zeigen, wie sicher sie sich fühlte; aber ihr Herz war nicht so leicht. Seit sie auf einem Truppenschiff nach Indien gekommen war – mit einer alten Flinte zusammen als Teilzahlung für eine Rennschuld –, hatte die Maltakatze auf dem steinigen Poloplatz der »Skidars« Polo gespielt und den andern über das Spiel gepredigt. Nun ist ein Polopony gerade so wie ein Dichter. Wenn es mit Liebe für das Spiel geboren ist, ist etwas aus ihm zu machen. Die Maltakatze wußte, daß Bambus bloß wuchs, damit Polobälle aus seinen Wurzeln gedreht würden; daß Korn dazu da war, um Ponys damit herauszufüttern, und daß Ponys Schuhe anbekamen, damit sie beim Wenden nicht ausrutschten. Abgesehen von alledem kannte sie aber auch jeden Trick und Kunstgriff des schönsten Spieles der Welt, und zwei Sommer hindurch hatte sie den andern alles beigebracht, was sie wußte oder vermutete.
»Denkt daran«, sagte sie zum hundertstenmal, als die Reiter herankamen, »wir müssen zusammenspielen, und ihr müßt mit dem Kopf spielen. Was auch geschieht: folgt dem Ball. Wer kommt zuerst dran?«
Kittiwynk, Shiraz, Polaris und ein kurzer, hoher kleiner Fuchs mit starken Fesseln und kaum nennenswertem Widerrist (er hieß Corks) wurden aufgezäumt, und die Soldaten im Hintergrund starrten mit all ihren Augen.
»Ich wünsche, daß ihr Leute euch ruhig verhaltet«, sagte Lutyens, der Anführer der Mannschaft, »und besonders, daß ihr nicht auf euren Dudelsäcken blast.«

»Auch nicht, wenn wir gewinnen, Kapitän Sahib?« fragte ein Bläser.

»Wenn wir gewinnen, könnt ihr tun, was ihr wollt«, sagte Lutyens lächelnd, indes er die Schlaufe seines Stabes übers Handgelenk schob und wendete, um auf seinen Platz zu galoppieren. Den Ponys der »Erzengel« stieg die vielfarbige Menge ein bißchen zu Kopf, die sich so nah um den Platz drängte. Ihre Reiter waren ausgezeichnete Spieler, aber sie waren eine Mannschaft von Meistern, anstatt eine Meistermannschaft, und das war ein gewaltiger Unterschied. Sie hatten die ehrliche Absicht, zusammenzuspielen, aber es ist sehr schwer für vier Männer, jeder der Beste der Mannschaft, aus der er ausgesucht ist, daran zu denken, daß beim Polo noch so brillantes Schlagen oder Reiten kein Ersatz für wirkliches Zusammenspiel ist. Ihr Kapitän schrie ihnen seine Befehle zu, indem er sie bei Namen rief, und es ist eine merkwürdige Sache, daß man einen Engländer hitzig und verwirrt macht, wenn man ihn öffentlich laut bei seinem Namen anruft. Lutyens sagte nichts zu seinen Leuten, denn alles war vorher gesagt worden. Er hielt Shiraz zurück, denn er spielte im Hintergrunde, um das Tor zu verteidigen. Powell auf Polaris war halb zurück, und Macnamara und Hughes auf Corks und Kittiwynk waren vorn. Der harte Ball aus Bambuswurzelholz wurde in die Mitte des Platzes gelegt, hundertundfünfzig Yards von den Enden weg, und Hughes kreuzte mit dem Kapitän der »Erzengel« die Stäbe, der es für richtig gehalten hatte, vorne zu spielen, und das ist ein Platz, von dem aus man die Mannschaft nur schwer kontrollieren kann. Das schwache »klick«, mit dem die Stäbe aufeinandertrafen, war über den ganzen Platz zu hören, und dann tat Hughes eine Art schnellen Schlags aus dem Handgelenk, der den Ball nur eben ein paar Yards weiter trudelte. Kittiwynk kannte den Schlag von alters her und folgte wie die Katze der Maus. Während der Kapitän der »Erzengel« sein Pony herumriß, schlug Hughes mit aller Kraft, und im nächsten Augenblick war Kittiwynk fort, Corks folgte dicht hinterdrein: alle acht kleinen Hufe prasselten wie Regentropfen auf Glas.

»Nach links ausweichen«, sagte Kittiwynk zwischen den Zähnen, »er kommt zu uns, Corks!«

Die letzte und mittlere Reihe der »Erzengel« stürzten auf sie zu, just als sie in Reichweite des Balles war. Hughes lehnte sich mit losem Zügel vornüber und schlug ihn fast unter Kittiwynks Füßen links seitwärts fort, und er hüpfte und sprang zu Corks hin, der sah, daß der Ball über die Grenzlinie rollen würde, wenn er sich nicht beeilte. Dieser lange, wuchtige Schlag gab den »Erzengeln« Zeit, zu wenden und drei Leute über den Platz zu schicken, um Corks zu überholen. Kittiwynk blieb, wo sie war, denn sie kannte das Spiel. Corks war den halben Bruchteil einer Sekunde früher als die andern beim Ball, und Macnamara schickte ihn mit einem »back-hand« wieder über den Platz zu Hughes zurück. Der sah: Bahn frei zum Mal der »Erzengel«, und hieb den Ball hinein, ehe noch jemand recht wußte, was geschehen war.

»Das nenn' ich Glück«, sagte Corks, als sie die Plätze wechselten. «Ein Tor in drei Minuten mit drei Schlägen und fast ohne Laufen.«

»Ich weiß nicht«, sagte Polaris. »Wir haben sie zu früh in Wut gebracht. Sollt' mich nicht wundern, wenn wir uns beim nächstenmal die Beine vom Leib rennen müssen.«

»Dann müßt ihr eben den Ball festhalten«, rief Shiraz. »Das hält kein Pony aus, das nicht dran gewöhnt ist.«

Die dritte Partie eines Spieles ist gewöhnlich die hitzigste, denn jede Partei glaubt, die andere müßte ausgepumpt sein. Für die Entscheidung ist dieser Teil meistens der wichtigste.

Lutyens empfing die Maltakatze mit einem Klaps und einer Umarmung, denn er schätzte sie mehr als irgend etwas anderes in der Welt. Powell hatte Shikast, eine kleine graue Ratte ohne Stammbaum, die nichts verstand außer Polo; Macnamara bestieg Bamboo, den größten von allen, und Hughes nahm »Der da« alias »Der Vierfüßler«. Er sollte australisches Blut in seinen Adern haben, sah aber wie ein Wäschegestell aus, und man hätte ihm mit einem Brecheisen gegen die Beine schlagen können, ohne ihm weh zu tun.

Sie traten der Blüte des Marstalls der »Erzengel« gegenüber, und als »Der da« ihre elegant beschuhten Füße und ihr wundervolles Atlasfell sah, grinste er zwischen seinen leichten, abgetragenen Zügeln.

»Auf mein Wort!« sagte er, »wir müssen ihnen mit ein bißchen Fußball beikommen. Diese Herren müssen gehörig gezwickt werden.«

»Nicht beißen«, sagte die Maltakatze warnend, denn ein- oder zweimal in seiner Laufbahn hatte sich »Der da« in dieser Weise vergessen.

»Wer hat was von Beißen gesagt? Ich spiele. Ich spiele das Spiel.«

Die »Erzengel« kamen heran wie der Wolf auf die Herde, denn sie waren des Fußballs überdrüssig und wollten Polo haben. Sie bekamen es, gehörig. Gleich nach Beginn des Spiels traf Lutyens einen Ball, der auf ihn zugeschossen kam, und er sprang, wie ein Ball das manchmal tut, mit dem Schwirren eines aufgeschreckten Rebhuhns in die Luft. Shikast hörte ihn, konnte ihn aber im Augenblick nicht entdecken, trotzdem er überallhin und in die Luft hinauf schaute, wie die Maltakatze es ihn gelehrt hatte. Als er ihn über sich, vor sich sah, stürzte er, so schnell ihn seine Füße tragen wollten, mit Powell vor. Und nun geschah es, daß Powell, in der Regel ein ruhiger und besinnlicher Mann, eine Eingebung bekam und einen Schlag tat, der einem manchmal an einem stillen Nachmittag langen Trainings gelingen mag. Er nahm seinen Stab in beide Hände, stand in den Steigbügeln auf und schlug nach dem Ball in der Luft. Eine Sekunde starren Erstaunens, und dann brach auf allen vier Seiten des Platzes ein Schrei des Beifalls und der Begeisterung aus, als der Ball wirklich »kam« (man konnte sehen, wie die verdutzten »Erzengel« sich in den Sätteln duckten, um nicht getroffen zu werden, und ihm mit offenem Munde nachstarrten), und die Regimentsdudelsäcke der

»Skidars« quäkten von der Schranke her, solange die Bläser überhaupt nur Atem hatten.

Shikast hörte den Schlag, aber er hörte gleichzeitig auch, wie der Schlegel vom Stabe flog. Neunhundertneunundneunzig von tausend Ponys wären dem Ball nachgestürzt, hätte ihr nutzlos gewordener Reiter auch noch so an den Zügeln gerissen; aber Powell kannte ihn, und er kannte Powell, und im Augenblick, wo er Powells rechtes Bein ein wenig gegen die Satteldecke rucken fühlte, sprengte er auf die Schranke zu, wo ein eingeborener Offizier aus Leibeskräften einen neuen Schläger schwenkte. Ehe noch das Beifallsgeschrei verklungen war, war Powell wieder bewaffnet.

Einmal in ihrem Leben hatte die Maltakatze genau denselben Schlag über ihrem eigenen Rücken gehört und hatte aus der Verwirrung, die ihr darauf folgte, ihren Vorteil gezogen. Diesmal handelte sie aus Erfahrung, und Bamboo für den Notfall zur Bewachung des Tors zurücklassend, schoß sie wie der Blitz zwischen den anderen durch, Kopf und Schwanz gesenkt (Lutyens hoch in den Bügeln, um es ihr leichter zu machen), fegte daher, ehe die Gegner wußten, was los war, und setzte sich vor dem Tor der »Erzengel« beinahe auf den Kopf, indes Lutyens, nach einem geraden Rennen von hundertundfünfzig Metern, den Ball hineintrieb. Wenn es etwas gab, worauf sich die Maltakatze mehr als auf alles andere etwas einbildete, so war es diese Fähigkeit, auf einen Strich über den halben Platz zu sausen. Sie hielt nichts davon, einen Ball um das ganze Feld zu treiben, wenn man nicht ganz und gar das Übergewicht hatte. Hiernach gaben sie den »Erzengeln« fünf Minuten lang »Fußball«, und ein nobles Rennpony haßt Fußball, denn das verhunzt ihm sein Temperament.

»Der da« zeigte sich bei diesem Spiel noch tüchtiger als selbst Polaris. Er drückte sich nie beiseite, sondern bohrte sich liebevoll in das Gedränge, als ob er seine Nase in der Krippe hätte und nach irgendwas Schmackhaftem suchte. Der kleine Shikast stürzte sich auf den Ball im Augenblick, wo er freikam, und jedesmal, wenn ein Pony von den »Erzengeln« ihm nachlief, stieß es auf Shikast, der schon darüber stand und fragte, was los wäre.

»Wenn wir diese Partie durchhalten«, sagte die Maltakatze, »hab' ich keine Sorge mehr. Gebt euch nicht zu sehr aus. Laßt sie nur schäumen.«

So »verbiesterten« sich die feindlichen Ponys, wie ihre Reiter nachher erklärten. Die »Erzengel« hielten sie vor ihrem Tor fest, aber das brachte sie um den letzten Rest ihrer Laune, und einige fingen an, auszuschlagen, und Liebenswürdigkeiten flogen zwischen den Reitern hin und her, und »Der da« kriegte was auf die Beine, aber er zeigte die Zähne und blieb stehen, wo er stand, und der Staub stieg über dem Getümmel auf, bis diese heiße Partie zu Ende war. Sie fanden die Ponys sehr aufgeregt und zuversichtlich, als sie zu ihren sais zurückkamen, und die Maltakatze mußte sie warnen, das Schlimmste vom Spiel käme noch.

»Wir gehen jetzt alle zum zweitenmal 'raus«, sagte sie, »und sie bringen frische Ponys. Ihr werdet meinen, ihr könnt galoppieren, und dann werdet ihr sehen, ihr könnt's nicht, und dann wird euch weniger gut zumute sein.«

»Aber zwei Tore gegen keins ist doch ein halfterlanger Vorsprung«, meinte Kittiwynk und tänzelte.

»Ein Tor ist schnell geholt«, antwortete die Maltakatze. »Um Himmelswillen, lauft jetzt nicht mit der Meinung fort, daß das Spiel halb gewonnen ist, weil wir jetzt gerade Glück hatten. Sie werden euch gegen die große Tribüne treiben, wenn sie können; ihr müßt ihnen keine Gelegenheit geben. Folgt dem Ball.«

»Fußball, wie gewöhnlich?« fragte Polaris. »Mein Fuß ist bald so dick wie'n Futterbeutel.«

»Laßt sie den Ball überhaupt nicht zu sehen kriegen, wenn ihr's machen könnt. Jetzt laßt mich in Ruhe. Ich muß mich vor der letzten Partie soviel wie möglich ausruhen.«

Sie ließ den Kopf hängen und alle Muskeln erschlaffen; Shikast, Bamboo und »Der da« folgten ihrem Beispiel.

»Besser, nicht aufs Spiel aufzupassen«, sagte sie. »Wir spielen nicht, und wenn wir uns aufregen, machen wir uns bloß schlapp. Schaut auf den Boden und fangt Fliegen.«

Sie taten ihr Bestes, aber es war ein schwer zu befolgender Ratschlag. Die Hufe trommelten, und die Schläge rasselten hin und her auf dem Platz, und die Beifallsrufe der englischen Truppen verkündeten, daß die »Erzengel« die Skidars hart bedrängten. Die eingeborenen Soldaten hinter den Ponys brummten und murrten und tuschelten allerlei, und plötzlich hörten sie ein langgezogenes Geschrei und eine Salve von Hurras!

»Eins für die Erzengel«, sagte Shikast, ohne den Kopf zu heben. »Die Zeit ist gleich um. O meine Herren und Damen!«

»Faiz Ullah«, sagte die Maltakatze, »wenn du diesmal nicht bis zum letzten Hufnagel spielst, kriegst du auf dem Platz vor allen anderen Ponys Fußtritte von mir.«

»Ich werde mein Bestes tun, wenn's an mich kommt«, sagte der kleine Araber standhaft.

Die sais sahen einander mit ernsten Mienen an, als sie den Ponys die Beine abrieben. Jetzt fingen zum erstenmal die großen Geldbeutel an mitzureden, jeder wußte das. Kittiwynk und die anderen kamen zurück; der Schweiß tropfte ihnen über die Hufe, und ihre Schwänze erzählten traurige Dinge.

»Sie sind besser als wir«, sagte Shiraz. »Ich wußte ja, wie es kommen würde.«

»Halt dein großes Maul«, erwiderte die Maltakatze; »wir haben noch ein Tor gut.«

»Ja, aber jetzt kommen zwei Araber und zwei Einheimische dran«, sagte Corks. »Faiz Ullah, denke dran!« Er sprach in beißendem Ton.

Als Lutyens Gray Dawn bestieg, schaute er auf seine Leute, und sie sahen nicht hübsch aus. Sie waren in Streifen mit Staub und Schweiß bedeckt. Ihre gelben Stiefel waren fast schwarz, ihre Handgelenke waren rot und geschwollen, und ihre Augen schienen zwei Zoll tief im Kopf zu liegen, aber der Ausdruck darin war doch befriedigend. »Habt ihr was zum Aufpulvern genommen?« fragte Lutyens, und die Mannschaft schüttelte die Köpfe. Sie waren zu ausgetrocknet, um zu sprechen.

»Recht so. Die ›Erzengel‹ haben's getan. Sie sind schlimmer ausgepumpt als wir.«

»Sie haben die besseren Ponys«, meinte Powell; »soll mir nicht leid tun, wenn dies Geschäft vorbei ist.«

Die fünfte Partie war in jeder Weise traurig. Faiz Ullah spielte wie ein kleiner roter Dämon; das »Kaninchen« schien überall zugleich zu sein, und Benami raste gegen all und jedes, was ihm in den Weg kam, während die Schiedsrichter auf ihren Ponys wie Möwen um das hin und her jagende Spiel kreisten. Aber die »Erzengel« waren besser beritten — sie hatten ihre Renner bis zuletzt aufgehoben — und ließen es nicht dazu kommen, daß die »Skidars« Fußball machten. Sie schlugen den Ball hin und her über den weiten Platz, bis Benami und die übrigen nicht mehr nachkommen konnten. Dann gingen sie, und einmal und noch einmal konnten Lutyens und Gray Dawn noch knapp, aber auch nur knapp, den Ball mit einem langen splitternden backhand abschlagen. Gray Dawn vergaß, daß er ein Araber war, und wurde fast blau vor lauter Galoppieren. Er vergaß es in der Tat nur zu sehr, denn er hielt die Augen nicht auf den Boden gerichtet, wie es ein Araber sollte, sondern streckte die Nase vor und rannte um die Ehre des Spiels. Ein- oder zweimal in den Pausen war der Platz besprengt worden, und ein unvorsichtiger Wasserträger hatte nahe bei dem Tor der »Skidars« seinen ganzen letzten Schlauch auf einmal ausgegossen. Es war kurz vor Schluß der Spielzeit, und zum zehntenmal war Gray Dawn hinter einem Ball her, als sein linker Hinterfuß auf der morastigen Stelle ausglitt und er sich mehrmals überstürzte, Lutyens noch gerade am Torpfosten vorbei abwerfend. Die triumphierenden »Erzengel« hatten ihr Tor. Dann wurde abgerufen — zwei Tore beide! Lutyens mußte aufgeholfen werden, und Gray Dawn kam mit verstauchtem linkem Hinterfuß hoch.

»Was ist's?« fragte Powell, den Arm um Lutyens.

»Schlüsselbein natürlich«, stieß Lutyens zwischen den Zähnen hervor. In zwei Jahren war es jetzt das drittemal gebrochen.

Powell und die anderen pfiffen. »Aus mit dem Spiel«, meinte Hughes.

»Nur Geduld. Wir haben jetzt noch gute fünf Minuten, und es ist nicht meine rechte Hand«, erwiderte Lutyens. »Wir schaffen's noch.«

»Scheußlich«, sagte der Kapitän der »Erzengel«, der herangetrabt kam. »Sind Sie verletzt, Lutyens? Wir warten gern, wenn Sie vielleicht einen Ersatzmann einschieben wollen. Ich wünsche – ich meine – Tatsache ist, ihr Burschen verdient die Partie, wenn überhaupt jemand. Wünschte, wir könnten Ihnen einen Mann oder ein paar von unseren Ponys abgeben – oder sonst was.«

»Sie sind wirklich sehr gütig, aber wir wollen zu Ende spielen, meine ich.«

Der Kapitän der »Erzengel« machte ein verdutztes Gesicht.

»Nicht übel«, meinte er und ritt zu seiner Partie zurück, während Lutyens sich von einem seiner eingeborenen Offiziere eine Binde borgte und eine Schlinge daraus machte. Dann kam ein »Erzengel« mit einem großen Badeschwamm herangaloppiert und riet Lutyens, ihn in die Achselhöhle zu legen, um die Schulter zu stützen.

Sein linker Arm wurde kunstgerecht aufgebunden, und dann kam einer von den eingeborenen Offizieren mit vier hohen Gläsern heran, in denen es schäumte und brauste.

Die Mannschaft sah Lutyens bittend an, und er nickte. Es war die letzte Partie, und was dann kam, war gleichgültig. Sie tranken den dunkelgoldenen Trunk aus und wischten sich die Schnurrbärte, und dann sahen die Dinge hoffnungsreicher aus.

Die Maltakatze hatte die Nase vorne in Lutyens Hemd gesteckt und bemühte sich zu sagen, wie leid es ihr täte.

»Sie weiß Bescheid«, sagte Lutyens stolz. »Das Viecherl weiß Bescheid. Ich habe schon früher ohne Zügel mit ihr gespielt – zum Spaß.«

»Jetzt ist's kein Spaß«, meinte Powell. »Aber wir haben keinen anständigen Ersatzmann.«

»Nein«, sagte Lutyens. »Es ist das letzte Spiel, und wir müssen unser Tor machen und gewinnen. Ich vertraue auf die Katze.«

»Wenn du diesmal fällst, wirst du's spüren«, meinte Macnamara.

»Ich vertraue auf die Katze«, entgegnete Lutyens.

»Hört ihr das?« sagte die Maltakatze stolz zu den anderen. »Da lohnt es sich schon, zehn Jahre lang Polo zu spielen, wenn das von einem gesagt wird. Nun los, meine Söhne! Wir wollen ein bißchen ausschlagen, um den ›Erzengeln‹ zu zeigen, daß dieser Vierer noch bei Kräften ist.«

Und richtig, als sie auf den Platz zogen, schlug die Maltakatze, nachdem sie sich überzeugt hatte, daß Lutyens fest im Sattel saß, drei- oder viermal aus, und Lutyens lachte. Die Zügel hingen irgendwie in den Fingerspitzen seiner eingebundenen Hand, und er rechnete nicht damit, sie zu gebrauchen. Er wußte, die Katze würde auf den leisesten Schenkeldruck antworten; um der Sache ein Ansehen zu geben – denn seine Schulter schmerzte ihn sehr –, ritt er mit der kleinen Grauen eine enge Acht um die Torpfosten herum. Donnernder Beifall der eingeborenen Offiziere und Mannschaften antwortete darauf, denn solch ein dugusbashi, wie sie es nannten, ein Reiterkunststück, liebten sie leidenschaftlich, und die Dudelsäcke stimmten in tiefen, gelassen-grimmigen Tönen die ersten Takte eines volkstümlichen Basarliedes an, das beginnt: »Frisch ist frisch und neu ist neu«, just als Warnung für die andern Regimenter, daß die »Skidars« auf dem Posten wären. Die Eingeborenen lachten. »Und jetzt«, sagte die Katze, als sie ihre Plätze einnahmen, »denkt daran, daß dies das letzte Spiel ist, und folgt dem Ball.«

»Nicht nötig, uns das zu sagen«, meinte »Der da«.

»Laß mich ausreden. All die Leute auf allen vier Seiten werden jetzt anfangen, vorzudrängeln – genau wie's in Malta war. Ihr werdet sehen, sie werden schreien und sich quetschen und zurückgedrängt werden, und das wird den Erzengel-Ponys sehr unangenehm sein. Wenn aber ein Ball nach der Grenze zu geschlagen wird, lauf ihm nach und laßt die Leute nur ausweichen. Ich ging einmal über die Deichsel eines Vierspänners und holte dadurch ein Spiel aus dem Dreck. Haltet euch zu mir, wenn ich renne, und folgt dem Ball.«

So etwas wie ein Chor der Teilnahme und Verwunderung ließ sich ringsum vernehmen, als das letzte Spiel begann: und dann kam es genauso, wie die Maltakatze vorausgesehen hatte. Die Leute drängten sich dicht an die Grenz-linien, und die Ponys der »Erzengel« warfen scheue Seitenblicke auf den immer enger werdenden Raum. Wenn man weiß, wie einem Mann zumute ist, wenn er beim Tennis eingeengt wird – nicht weil er über den Platz hinaus-laufen will, sondern weil er das Gefühl haben will, daß er es im Notfall kann –, so wird man sich vorstellen können, wie Ponys zumute sein muß, wenn sie in einer Hürde von menschlichen Wesen spielen.

»Ich werde ein paar von den Leuten umschmeißen, wenn ich loskomme«, sagte »Der da«, indes er hinter dem Ball herstürmte, und Bamboo nickte ohne ein Wort. Sie spielten mit dem Aufgebot ihrer letzten Kräfte, und die Maltakatze hatte das Tor unverteidigt gelassen, um mitzumachen. Lutyens versuchte, wie er nur konnte, sie zurückzubringen, aber dies war das erstemal in ihrer Laufbahn, daß die kleine kluge Graue auf eigene Verantwortung Polo spielte, und sie wollte soviel wie möglich dabei herausholen.

»Was machen Sie hier?« fragte Hughes, als die Katze quer an ihm vorüberkam und einen »Erzengel« überholte.

»Die Katze macht das – geben Sie acht auf das Tor!« schrie Lutyens, beugte sich vor, traf den Ball mit voller Kraft und folgte ihm, wodurch die »Erzengel« zu ihrem eigenen Tor zurückgetrieben wurden.

»Nicht Fußball«, rief die Katze. »Haltet den Ball an der Grenze und schneidet sie ab. Spielt offnes Spiel und treibt sie an die Grenze.«

Hin und her flog der Ball in großen Diagonalen über den Platz, und jedesmal, wenn Lauf und Schlag dicht an die Grenzlinie führten, wurden die Ponys der »Erzengel« steif. Sie hatten keine Lust, in vollem Schuß auf eine Mauer von Menschen und Wagen loszurennen, obgleich sie, wenn der Platz frei gewesen wäre, auf einem Sixpence hätten wenden können.

»Schlängelt ihn immer an der Seite lang«, rief die Katze. »Haltet ihn dicht bei der Menge. Sie hassen die Wagen. Shikast, halte ihn an dieser Seite.«

Polospieler im Berliner Olympiastadion

Bogenschießen in Oxford, England

Segelfliegen: Spiel mit Wind und Wolken

Kanufahrer auf der Oker bei Romkerhalle

Shikast und Powell hielten sich links und rechts hinter dem gefährlichen Gedränge der wilden Jagd, und jedesmal, wenn der Ball herausgeschlagen wurde, galoppierte Shikast in einem solchen Winkel drauflos, daß Powell gezwungen war, ihn wieder nach der Grenze hin zu schlagen; und wenn die Menge von dieser Seite weggetrieben war, schickte Lutyens den Ball nach der anderen hinüber, und Shikast sauste ihm verzweifelt nach, bis seine Freunde zu Hilfe kamen. Das war kein »Fußball« diesmal, sondern das reinste Billardspiel, immer an die Bande heran.

»Wenn sie uns in die Mitte des Platzes kriegen, gehen sie uns durch. Trudel ihn an den Seiten lang«, schrie die Katze.

So taten sie, die ganze Grenzlinie entlang, wo kein Pony von rechts an sie herankommen konnte; und die »Erzengel« wurden wild, und die Schiedsrichter konnten nicht mehr auf das Spiel achtgeben und brüllten: »Zurück!« in die Menge, und ein paar berittene Schutzleute machten hilflose Versuche, Ordnung zu schaffen – alles in nächster Nachbarschaft des Spielgetümmels –, und die Nerven der »Erzengel«-Ponys spannten sich und rissen wie Spinnweben.

Fünf- oder sechsmal trieb ein »Erzengel« den Ball bis in die Mitte des Platzes, und jedesmal gab der wachsame Shikast Powell Gelegenheit, ihn zurückzuschicken, und jedesmal danach, wenn der Staub sich verzogen hatte, konnte man sehen, daß die »Skidars« ein paar Yards gewonnen hatten.

Hin und wieder ertönten Rufe aus den Zuschauern: »Seite! Von der Seite weg!« aber die Mannschaften waren zu sehr in Anspruch genommen, um sich daran zu kehren, und die Schiedsrichter hatten genug zu tun, ihre wild gewordenen Ponys von der Hetz fernzuhalten.

Schließlich verfehlte Lutyens einen kurzen leichten Schlag, und die »Skidars« mußten holterpolter zurückfliegen, um ihr eigenes Tor zu schützen, Shikast voran. Powell stoppte den Ball mit einem back-hand, als er kaum fünfzig Schritt von den Torpfosten entfernt war, und Shikast wirbelte herum mit einem Ruck, der Powell beinahe aus dem Sattel warf.

»Jetzt geht's um die Wurst!« rief die Katze und drehte sich wie ein aufgespießter Maikäfer. »Jetzt müssen wir laufen, was das Zeug hält. Los!«

Lutyens fühlte, wie die kleine Graue tief Atem holte und sich gleichsam unter ihrem Reiter duckte. Der Ball hopste auf die rechte Grenzlinie zu, ein »Erzengel« hinterdrein, mit beiden Sporen und Peitsche; aber weder Sporen noch Peitsche konnten sein Pony vorwärts bringen, als er der Menge näher kam. Die Maltakatze glitt ihm unter der Nase vorbei, scharf mit den Hinterhufen ausgreifend, denn es war kaum ein Fuß Raum zwischen ihren Schenkeln und dem Gebiß des anderen Ponys. Es ging alles so elegant, wie beim Kunstlaufen auf dem Eis. Lutyens hieb mit aller Kraft, die er noch hatte, aber der Schläger glitt ein wenig in seiner Hand, und der Ball flog nach links weg, anstatt dicht an der Grenze zu bleiben. »Der da« kam von weit drüben herangaloppiert, scharf nachdenkend. Er wiederholte das Manöver der Katze Zug für Zug mit einem anderen »Erzengel«-Pony, haschte ihm den Ball unter den Zügeln fort und kam gerade noch um Haaresbreite von seinem Gegner klar, denn »Der da« war ein wenig schwerfällig auf der Hinterhand. Dann schwenkte er nach rechts, indes die Maltakatze von links kam, und Bamboo hielt genau die Mitte zwischen ihnen. So sausten sie alle drei in pfeilförmiger Attacke heran. Es war nur der Torwart der »Erzengel« da, um das Mal zu bewachen; aber unmittelbar hinter ihnen kamen drei »Erzengel« aus Leibeskräften dahergerast, und mitten unter ihnen war Powell, der Shikast um die letzte Hoffnung – das wußte er – laufen ließ. Es gehörte ein sehr tüchtiger Mann dazu, den Ansturm von sieben tollen Ponys bei einem Endspiel um den Ehrenpreis auszuhalten, wenn die Spieler auf Tod und Leben reiten und die Ponys rasend sind. Der Torwart verfehlte seinen Schlag und konnte gerade noch rechtzeitig ausweichen, um den Sturm vorüberzulassen. Bamboo und »Der da« bremsten, um der Maltakatze Raum zu geben, und Lutyens nahm das Tor mit einem sauberen, weichen, klatschenden Schlag, der über das ganze Feld zu hören war. Aber die Ponys waren nicht zu halten. Sie sausten zwischen den Torpfosten hindurch, in einem Knäuel, Sieger und Besiegte zusammen, so rasend waren sie im Schuß. Die Maltakatze wußte aus Erfahrung, was kommen würde, und wendete, um Lutyens zu retten mit einer letzten Anstrengung nach rechts, so daß sie sich eine Sehne hoffnungslos verzerrte. Im selben Augenblick hörte sie auch schon den rechten Torpfosten unterm Anprall eines Ponys krachen – krachen, splittern und stürzen wie ein Mast.

Er war, um Unglücksfällen vorzubeugen, schon im voraus zu drei Vierteln durchgesägt worden, aber das Pony wurde nichtsdestoweniger wild und taumelte gegen ein anderes, das taumelte gegen den linken Pfosten, und dann war nichts als Wirrsal, Staub und Splitter. Bamboo lag am Boden, und Sterne tanzten ihm vor den Augen; ein »Erzengel«-Pony rollte neben ihm, wütend und atemlos; Shikast hatte sich wie ein Hund hingesetzt, um nicht über die anderen zu fallen, und rutschte auf seinem kleinen Stutzschwanz in einer Staubwolke herum, und Powell saß auf der Erde, hämmerte mit seinem Schläger und versuchte Hurra zu schreien. Alle übrigen schrien, was die Kehlen noch hergeben wollten, und die Abgeworfenen schrien auch. Sobald die Menge sah, daß keiner verletzt war, brachen zehntausend Eingeborene und Engländer in Rufen, Klatschen und Schreien aus, und bevor jemand sie aufhalten konnte, stürzten die Spielleute der »Skidars« auf den Platz, alle eingeborenen Offiziere und Mannschaften hinterdrein, marschierten auf und ab und spielten ein wildes Lied aus dem Norden auf, das »Zakhme Bagaan« heißt; und durch das unverschämte Geplärr der Dudelsäcke und die schrillen Schreie der Eingeborenen hindurch konnte man die Musik der »Erzengel« pauken hören: »Hoch soll'n sie leben! Hoch soll'n sie leben!« und dann vorwurfsvoll an die unterlegene Mannschaft: »Ooh, Kafuzalum! Kafuzalum!«

Catch as catch can

Erich Kästner

Zu allen Zeiten haben sich Dichter und Schriftsteller mit Leibesübungen und Sport auseinandersetzen müssen, weil sie aus dem menschlichen Leben, der Gesellschaft nicht wegzudenken sind. Nicht selten haben sie das in sehr kritischer Form getan, haben Auswüchse des Sports, die dem Menschen nicht gerade zur Ehre gereichen, aufgespießt. Erich Kästner – geboren 1899 – ist einer dieser Dichter, die es in vollendeter Form verstanden haben, immer und überall ungeschminkt Zeugnis abzulegen von unserer Zeit. In seiner Satire »Catch as catch can« schildert er einen Ringkampf in freiem Stil, der in eben dieser Form in vorchristlichen Zeiten – ebenso wie heute – die Massen begeistert hat.

Die Halle, wo sonst in bunt gefälligem Wechsel Konzerte, Operetten und Varieteabende stattfinden, war seit einer Woche bis auf den letzten Winkel ausverkauft. »Mindestens tausend Menschen haben wir wegschicken müssen«, sagte der Veranstalter, zur Hälfte stolz und halb verzweifelt. Er wickelte seit Tagen eine »Internationale Ringkampfkonkurrenz« ab, und heute standen nicht nur die üblichen fünf Paarungen im griechisch-römischen Stile zu erwarten – das wäre mitten im Winter, also in dieser von Ringkämpfern bevorzugten Paarungszeit, höchstens Anlaß für ein mäßig oder mittelmäßig besuchtes Haus gewesen –, nein, es war auch eine Begegnung im freien Stil angekündigt, ein Herausforderungskampf bis zur Entscheidung, und die Feinschmecker unter den Fachleuten prophezeiten uns Laien eine athletische Delikatesse.

Das Wort »Freistil« deckt sich nicht ganz mit dem Sachverhalt. Es wird zwar außerordentlich »frei« gekämpft, aber von »Stil« ist dabei weniger die Rede. Die englische Floskel »Catch as catch can« trifft genauer. Übersetzt heißt das ungefähr soviel wie »Greif zu, wo's was zum Zugreifen gibt«. Die Herren Gegner dürfen nach Herzenslust greifen und packen, zwicken und zwacken, schlagen, strangulieren, reißen, biegen, dehnen und treten, was ihnen vom Körper des anderen in die Finger, vor die Fäuste, zwischen die Hände, Arme und Beine oder auch vor den als Rammbock sehr verwendbaren Kopf gerät. Eisenhämmer und Äxte dürfen sie allerdings nicht mitbringen, hier hat man ihrem Spieltriebe Grenzen gesetzt. Und dann ist noch etwas verboten, was den Laien angesichts einer derartig gründlichen Holzerei als Bagatelle erscheinen könnte: sie dürfen einander nicht an den Kopfhaaren ziehen. Der Ringrichter schaut, soweit seine eigene Existenz nicht gerade gefährdet ist, gelassen zu, wie der eine, mit lustbetonten Zügen, die Zehen des anderen verbiegt, oder wie dieser andere, gebückt und den Schädel vorneweg, in die Magengrube des einen hineinrast. Solche und ähnliche Divertissements findet der Herr mit der Trillerpfeife gesund, notwendig und angemessen. Doch kaum sucht einer den anderen am Schopf zu zupfen, springt er, empört trillernd, dazwischen, und der ertappte Übeltäter läßt auf der Stelle die Locke des Gegners fahren, der ihm, nun wieder ungestört, mit der Faust auf den Magen trommeln oder den Kopf abreißen darf.

Spielregeln haben, übrigens nicht nur im Sport, ihre Geheimnisse. In manchen Fällen ist man versucht, dahinter nichts weiter zu vermuten als die kichernde Willkür der Regelstifter. Schreckliches gilt für erlaubt, Lappalien sind verboten, die Spielregeln werden befolgt, die Stifter lachen sich noch nach ihrem Ableben ins Fäustchen.

Doch wir kommen vom Freistilringen zu weit ab. Der Herausforderer war ein Herr aus München, untersetzt, älteren Jahrgangs und, sieht man von seinem Nußknackerkinn ab, ein freundlicher Kleinbürger und Familienvater. Der Herausgeforderte war ein junger Athlet, ein Herr aus Prag, ein Liebling der Frauen und, sieht man von seiner Stupsnase ab, ein schöner Mann. Der Ausgang schien wohl niemandem sonderlich zweifelhaft. Doch die erste Runde brachte die von beiden gesuchte Entscheidung noch nicht. Sie taten einander so recht von Herzen weh. Sie stöhnten abwechselnd, sie taten's im Duett. Oft genug war es dem Außenstehenden nicht mehr möglich, die verrenkten und ineinander verschlungenen Arm- und Beinpaare ordnungsgemäß auseinanderzuhalten. Bekam man gelegentlich ihrer beider verzerrte, gequälte Mienen zu Gesicht, so ging einem Lessings Traktat über die Laokoongruppe durch den Kopf. Dann wieder schrak man zusammen. So etwa, wenn der eine den Schädel des anderen beim Wickel hatte, mit dem unbeschäftigten Arm weit ausholte und, den Körperschwung voll ausnutzend, dem Festgehaltenen mit der Faust ins Gesicht schlug. Der Erfolg war jedesmal probat. Der Geschlagene fiel um oder torkelte benommen durch den Ring, bis ihn die im Viereck gespannten Seile aufhielten.

Im Verlauf eines solchen unheimlichen Fausthiebs fand der Kampf dann auch, in der zweiten Runde, sein überraschendes Ende. Der ältere Herr aus München befand sich, wie man es wohl nennt, auf der Verliererstraße. Er hatte den Gegner, dessen Haupt zwischen den Knien rollend, sehr verstimmt und anschließend einen der eben beschriebenen, wütenden Faustschläge auf sein hierfür geradezu prädestiniertes Nußknackerkinn einstecken müssen. Er torkelte rückwärts. Die Seile hielten den Taumelnden auf. Der junge Herr aus Prag duckte sich wie ein Panther, um dem schwankenden, halb betäubten Familienvater, von der Mitte des Rings aus, Kopf vorneweg, geradewegs in die Rippen zu springen. Er sprang, wuchtig und elegant, wirklich einem Raubtier gleichend, auf sein Ziel los; doch in einer Zehntelsekunde, eben während des Sprungs, fiel der Herr aus München, in einer Mischung aus Entkräftung und List, zu Boden, und der andere schoß, von keinem feindlichen Brustkorb aufgehalten, zwischen dem obersten und mittleren Seil hindurch aus dem Ring hinaus ins Ungewisse. Er fiel, wie sich später herausstellte, in die Gasse zwischen den Stuhlreihen, nicht in den Schoß der Schönen und schon gar nicht wie ein Panther. Mittlerweile erhob sich der andere, schaute sich suchend um, fand sich allein und ging, unterm Toben der Menge, gütlich lächelnd in seine Ecke. Der Schiedsrichter zählte ziemlich lange. Bei »Zehn« stand der Sieger fest. Bei »Sechzehn« tauchte der Kopf des Verlierers, ziemlich verblüfft, am Ring auf. Die Zuschauer tobten und jubelten noch bei »Sechsundneunzig«.

Die Gladiatorentragödie hatte ihr satirisches Nachspiel. Als wir aufstanden, um zu gehen, sagte hinter uns eine klägliche Stimme: »Endlich komme ich hier heraus!« Wir sahen uns um. Die Stimme gehörte zu einer alten, zerbrechlichen Dame, die der Verzweiflung nahe schien. »Warum gehen Sie denn auch zu einer solchen Viecherei«, fragte einer, »wenn Sie so schwache Nerven haben?« »Ach«, jammerte sie, »ich habe mich ja bloß im Datum geirrt! Mein Billett gilt eigentlich erst morgen!« »Was ist denn hier morgen los?« Sie blickte uns wie ein sterbendes Reh an. Dann flüsterte sie: »Philharmonisches Konzert.«

Sport

Karl Jaspers

Der Sport mit allen seinen Einwirkungen ist nicht mehr wegzudenken aus unserer Welt. In den letzten 150 Jahren hat er unser Leben mehr und mehr durchdrungen, ist hinausgewachsen über das rein körperliche Üben und hat geistige Kräfte freigemacht. »So wie Sport Selbsthygiene ist, so ist er zugleich auch moralische Zucht« (Diem). Maler, Dichter und Philosophen müssen sich mit dem Sport auseinandersetzen, soll ihr Werk eine glaubhafte Aussage für unsere Zeit sein. Der Philosoph Karl Jaspers (1883–1969) tut das in seinem Aufsatz »Universaler Daseinsapparat und menschliche Daseinswelt« in einem Abschnitt über den Sport.

Das Eigendasein als Vitalität schafft sich Raum im Sport, als einem Rest von Befriedigung unmittelbaren Daseins, in Disziplin, Geschmeidigkeit, Geschicklichkeit. Durch die vom Willen beherrschte Körperlichkeit vergewissert sich Kraft und Mut; der naturoffene einzelne erobert sich die Nähe zur Welt in ihren Elementen.

Jedoch der Sport als Massenerscheinung, organisiert zur Zwangsläufigkeit eines geregelten Spiels, lenkt Triebe ab, welche sonst dem Apparat gefährlich würden. Die Freizeit ausfüllend, schafft er eine Beruhigung der Massen. Der Wille zur Vitalität als Bewegung in Luft und Sonne wünscht diesen Daseinsgenuß in Gesellschaft; er hat kein Verhältnis zur Natur und hebt die fruchtbare Einsamkeit auf. Kampflust sucht die höchste Geschicklichkeit, um in der Konkurrenz Überlegenheit zu fühlen; ihr wird alles Rekord. Sie sucht mit der Gemeinschaft die Öffentlichkeit, bedarf des Urteils und Beifalls. In den Spielregeln findet sie eine Form, die dazu erzieht, auch im wirklichen Kampf Spielregeln einzuhalten, welche den Gang des gesellschaftlichen Daseins erleichtern.

Was der Masse versagt bleibt, was sie darum nicht für sich selbst möchte, aber als den Heroismus bewundert, den sie von sich eigentlich fordert, das bringen die waghalsigsten Leistungen einzelner zur Anschauung. Sie schlagen als Bergsteiger, Schwimmer, Flieger und Boxer ihr Leben in die Schanze. Sie sind die Opfer, in deren Anblick die Masse begeistert, erschreckt und befriedigt ist, und die zu der geheimen Hoffnung Anlaß geben, auch selbst vielleicht zum außerordentlichen zu kommen.

Es mag aber auch mitschwingen, was die Masse schon im antiken Rom bei den Schaukämpfen suchte: der Genuß an Gefahr und Vernichtung des dem einzelnen persönlich fernen Menschen. Wie in der Ekstase für gefährliche Sportleistungen entlädt sich die Wildheit der Menge in der Lektüre von Kriminalromanen, dem fieberhaften Interesse an der Gerichtsberichterstattung, an der Neigung zum Verrückten, Primitiven, Undurchsichtigen. In der Helligkeit des rationalen Daseins, wo alles bekannt oder gewiß kennbar ist, wo das Schicksal aufhört, und nur der Zufall bleibt, wo das Ganze trotz aller Tätigkeit grenzenlos langweilig und absolut geheimnislos wird, da geht der Drang des Menschen, wenn er selbst kein Schicksal mehr zu haben glaubt, das ihn dem Dunkel verbindet, wenigstens auf den lockenden Anblick exzentrischer Möglichkeiten. Der Apparat sorgt für seine Befriedigung.

Was durch solche Masseninstinkte aus dem Sporte wird, macht jedoch die Erscheinung des modernen Menschen im Sport keineswegs begreiflich. Über den Sportbetrieb und seine Organisation hinaus, in welcher der in die Arbeitsmechanismen gezwungene Mensch nur ein Äquivalent unmittelbaren Eigendaseins sucht, ist in dieser Bewegung doch eine Großartigkeit fühlbar. Sport ist nicht nur Spiel und Rekord, sondern wie Aufschwung und Aufraffen. Er ist heute wie eine Forderung an jeden. Noch das durch Raffinement übertünchte Dasein vertraut sich in ihm der Natürlichkeit des Impulses. Man vergleicht wohl den Sport des heutigen Menschen mit dem der Antike. Damals war er wie eine indirekte Mitteilung des außerordentlichen Menschen in seiner göttlichen Herkunft; davon ist nicht mehr die Rede. Auch die heutigen Menschen zwar wollen wiederum irgendwie sich darstellen, und Sport wird Weltanschauung; man wehrt sich gegen Verkrampfung und möchte etwas, dessen transzendent bezogene Substanz jedoch fehlt. Dennoch ist als ein Ungewolltes, wenn auch ohne gemeinschaftlichen Gehalt, jener Aufschwung da wie zum Trotz der steinernen Gegenwart. Der Menschenleib schafft sich sein Recht in einer Zeit, wo der Apparat erbarmungslos Mensch auf Mensch vernichtet. Um den Sport schwebt etwas, das, unvergleichlich in seiner Geschichtlichkeit, der Antike als ein anderes wahlverwandt scheint. Der heutige Mensch ist dann zwar nicht Grieche, aber auch nicht Sportfanatiker; er scheint der im Dasein gestraffte Mensch, der in Gefahr ist wie in einem beständigen Krieg und der, von dem fast Untragbaren nicht erdrückt, für sich steht, aufrecht den Speer wirft.

Aber wie auch der Sport als Grenze rationaler Daseinsordnung erscheint, mit ihm allein gewinnt der Mensch sich nicht. Er kann mit der Ertüchtigung des Körpers, dem Aufschwung in vitalem Mut und beherrschter Form nicht schon die Gefahr überwinden, sich selbst zu verlieren.

Klaglos verlieren *Willy Meisl*

Mit Anstand zu verlieren ist eine schwere Kunst, die Einsicht und ein hohes Maß an Selbstdisziplin verlangt. Im Alltag des Lebens nimmt man es hin, daß viele Menschen diese Kunst nur schlecht beherrschen, in den Arenen des Sports jedoch legt man andere Maßstäbe an, denn hier agiert nicht der Mensch, sondern der geschulte Athlet, für den es selbstverständlich ist, daß er Selbstbeherrschung zeigt, daß er ein guter Verlierer ist, selbst wenn jahrelangem, hartem Trainingsfleiß durch die Ungunst eines Augenblicks der Erfolg versagt bleibt. Fast immer bestätigen die Athleten durch ihr Verhalten die Meinung der Menge. Sie haben es gelernt, ihre Enttäuschung zu verbergen, und ehren als erste ihren siegreichen Gegner.
Willy Meisl, ein bekannter Sportjournalist, hat in einer packenden Reportage den 5000-Meter-Lauf bei den X. Olympischen Spielen 1932 in Los Angeles geschildert. Er berichtet, wie durch die menschliche Größe eines Läufers ein Skandal vermieden und das Publikum dafür zu Beifallsdemonstrationen hingerissen wird.

Die 5000 Meter waren eines der aufregendsten Rennen. Man hatte nicht geglaubt, daß nach den Kämpfen des großen Dreigestirns Nurmi–Ritola–Wide schon der nächste olympische Wettbewerb über diese Strecke neue Rekorde, neue Sensationen bieten könnte. Lehtinen hatte Nurmis Weltrekord nicht nur verbessert, sondern geradezu erniedrigt (14:17), Virtanen war wenig langsamer, der Pole Kusoczinsky startete nicht, weil er sich bei seinem Siegeslauf über zehn Kilometer die Füße wund gelaufen hatte. Wer also könnte den Finnen gefährlich werden, wer könnte sie zu neuer Rekordzeit treiben? Niemand. Das Rennen war vor dem Startschuß so gut wie gelaufen. Man tröstete sich mit der Hoffnung, interessante Stilstudien machen zu können und vielleicht einen Kampf um den dritten Platz zu erleben, vielleicht Syring auf diesem enden zu sehen. Es kam anfangs auch alles ganz erwartungsgemäß. Lehtinen nahm die Spitze, lief 200 Meter in 31 Sekunden, die 400 Meter in 63,6, zwei Runden in 2:12 und ließ bei 1000 Metern (2:47,5) Virtanen statt seiner in Führung gehen. Die Schweden Petterson und Lindgren lagen hinter den Finnen, der Neuseeländer Savidan war der nächste, während sich der Deutsche Syring auf dem neunten Platz herumtrieb. In 4:15 passierte man die 1500 Meter, nach 5:42 den zweiten Kilometer und in 8:39 den dritten. Virtanen und Lehtinen lösten sich vorne ab. Sie hatten offenbar ihren Kampfplan verabredet, wollten scharfe Fahrt halten, um sich gegen jede Überraschung zu sichern. Monate zuvor hatte Nurmi erklärt, seine jungen Landsleute seien Leute von größter Klasse, doch mangele ihnen das so wichtige Spurtvermögen. Vielleicht war Lehtinen sich dieses Mangels bewußt. Vielleicht hatte er seinen strategischen Auftrag von der finnischen Führung, auf jeden Fall ließen die beiden nicht locker und sorgten für Tempo, sich selbst möglichst schonend, indem sie einander die gröbste Arbeit wechselseitig abnahmen. Plötzlich Riesenjubel!

Gleich nachdem 3000 Meter durchlaufen waren, löste sich aus dem Hinterfeld eine lange Gestalt, ein weißgekleideter Läufer – Startnummer 433 ... Wer war denn das? ... Ach ja, richtig, Hill. Er hatte bei den Auswahlkämpfen in Palo Alto die 5000 Meter in knapp unter 15 Minuten gewonnen, er war nie besser gelaufen als 14:15. Der wollte sich mit den Finnen messen? Lächerlich! Die Zuschauer jubelten, weil sie jede kämpferische Tat genossen und bedankten.

Hill machte lange Beine. Er lief in einem richtigen Spurt außen die lange Läuferkette entlang. Bis die Kurve kam, wo er angelangt, wo er anlangen wollte. Er ordnete sich als dritter hinter den dunkelblauen Leibchen Virtanens und Lehtinens in die Reihe ein. Die Menge konnte sich nicht beruhigen. Man liebt in den USA die langen Strecken nicht, man hat keine Leute und keine Geduld dafür, auch diesmal durchfieberte man die Viertelstunde, die der Lauf währte, besonders die letzten fünf Minuten.

Wir sahen, wie leicht dieser Hill dahinlief. Sein langer, flacher Schritt, seine lockere, nicht übertrieben aufrechte Haltung, seine eher tiefe leichte Armführung waren völlig verschieden von jenem Stil, den Nurmi eingeführt, stachen noch ab von dem natürlich laufenden Lehtinen. Man fühlte, dieser Mann war frisch, man wußte plötzlich – während andere Kenner noch dachten, hier spiele sich eine unterhaltende, aber für die Gesamthaltung bedeutungslose Episode ab –, hier bereitete sich etwas Dramatisches vor.

Als man sich den 4000 Meter näherte (10:34), hatte Lehtinen schon wieder die Spitze genommen. Der lange Yankee an seinen Fersen machte ihn offenbar etwas nervös. Virtanen konnte die Fahrt nicht mehr steigern, da mußte Lehtinen selbst nach dem Rechten sehen. Abschütteln mußte man den Kerl. Hill beschäftigte sich anschließend nicht mit der Strategie seiner Gegner und Vorläufer, er lief sein Rennen. Mit einem Mal mußte er das Gefühl haben, daß die Feste Virtanen reif war zum Sturm. Er ging ein paar Schritte schneller, und schon schob er sich vor der kommenden Kurve an die zweite Stelle. Erst 30 Meter hinter dem letzten Mann der Spitzengruppe sah man Syring sichtlich angestrengt kämpfen, um den Anschluß nicht zu verlieren. Die Fahrt war für ihn zu flott. Auch mit dem Dritten und Vierten konnte der

Deutsche die Fühlung nicht aufrechthalten. Schon überrundeten die drei Ersten den Letzten des Gesamtfeldes, da geschah das Unerwartete. Wie ein merkwürdiges Sandwich waren die drei da vorne. Zwischen den zwei dunkel gekleideten Finnen lief der weiße Amerikaner, wie zwischen zwei Broten ein Stück Speise liegt. Runde um Runde »servierten« sie sich so. Plötzlich fiel das Sandwich auseinander. Der Zwischenspurt Lehtinens, dazu bestimmt, den fremden Eindringling loszuwerden, gab Virtanen den Rest. Er konnte nicht mehr mit. Im Nu rückten die zwei an der Spitze 30 Meter von ihm fort. 80 Meter zurück folgte Savidan (Neuseeland), weitere 30 Meter dahinter der Schwede Lindgren, nicht viel vor Syring. Der kleine Japaner Takenaka ging in der Kurve aus der Innenbahn, um die ihn überrundenden Lehtinen und Hill vorbeizulassen und ihnen Umwege zu ersparen. Die Zuschauer applaudierten dieser Sportlichkeit. Sie applaudierten nun immer häufiger und lauter, schließlich war es ein ständiger Beifall, der die Läufer, der besonders Hill rings um die Bahn begleitete. Hill lief hinter Lehtinen, als ob der Finne ein Magnet und er ein Stück Eisen wäre, das an dem Magnet hinge. Er ließ sich »ziehen«, wie von einem Schrittmacher; man hatte das Gefühl, er nützte den Vordermann als völligen Windschutz aus. Die Glocke gellte: Letzte Runde! Noch immer hatte der Finne sich nicht frei machen, sich keinen Vorsprung verschaffen können; noch immer merkte man nicht, daß der Amerikaner sich anstrengte. Beide flogen dahin, als ob sie erst mit dem Rennen begonnen hätten, und doch waren beide angestrengt und ausgegeben bis zum äußersten.

80 000 sprangen von ihren Sitzen, begannen zu brüllen und zu klatschen, zu pfeifen – was in Amerika Beifall bedeutet – und zu winken. Man hatte einen großen Kampf erwartet, doch ein noch größerer »thrill« stand bevor: dieser Kampf über mehrere Minuten, über Tausende Meter, Schritte und Sekunden, er mußte jetzt, auf der letzten Bahnrunde, entschieden werden, mußte in einem phantastischen Duell gipfeln.

Auf der Gegengeraden, noch 300 Meter vom Ziele entfernt, wurde die Entscheidungsschlacht eröffnet. Ob Hill sie begann, um an Lehtinen vorbeizukommen, ob Lehtinen losging, um den langen Yankee endlich zu überwinden, man weiß es nicht. Man weiß nur, daß plötzlich aus den schon ohnehin schnellen Langlaufschritten eine noch viel schnellere Schrittfolge wurde. In die Kurve sausten die beiden und wieder aus ihr hinaus, und noch immer war nichts entschieden, noch immer lag Lehtinen vorn, doch noch immer war Hill dicht hinter ihm. Und schon erfolgte sein Angriff. Er kam fast auf eine Höhe mit dem Finnen, der aber wich aus seiner Bahn nach rechts und verlegte dem Gegner dadurch den Weg. Hill mußte verlangsamen, setzte aber zugleich zu neuem Vorstoß an, um Lehtinen links, an der Innenseite, zu passieren. Da wich der Finne nach links hinüber und sperrte Hill abermals den Weg. Er gab ihn zwar gleich wieder frei, aber es war auf jeden Fall zu spät. Hill konnte nicht mehr aufkommen, Lehtinen verlangsamte seine letzten Schritte, ein deutliches Zeichen dafür, wie mitgenommen er war. Nur mit einer Brustseite Vorsprung kam er als Erster ein, die neue Olympia-Rekordzeit 14:30 wurde für beide gemessen. Noch der Neuseeländer Savidan als Vierter lief 14:39,6, Vitanen als Dritter 14:38,8.

Zum erstenmal mischte sich in den Siegerbeifall Protestgeschrei. Nur ein Teil der 80 000 Zuschauer beteiligte sich an der Demonstration. So verhältnismäßig erstaunlich schwach sie war, so schnell klang sie ab, als der Sprecher an die Menge appellierte:

»Ladies and Gentlemen, please remember, that those people are our guests.«
Gibt es eine schlichtere Mahnung als die: »Meine Damen und Herren, vergessen Sie nicht, daß diese Leute unsere Gäste sind.« Gastfreundschaft gilt hier, und eine wilde, mit Recht empörte Zuschauermenge von 80 000 Personen, davon überzeugt, daß einer ihrer besten Kämpfer um den Sieg betrogen worden war, fühlte sich sofort als Gastgeber der Sportwelt, verzichtete darauf, ihre Gefühle laut zu äußern, war im Augenblick entschlossen, die Haltung zu wahren, die man einem Gast gegenüber an den Tag zu legen hat, auch wenn der einen Taktfehler beging.

Der Oberschiedsrichter erklärte den Sieg Lehtinens für korrekt, weil er annahm, daß der Finne seinen Gegner nicht absichtlich gehindert hätte.

Als Harry Hillmann, einer der amerikanischen Trainer, Hill fragte, ob er formell protestieren wolle, antwortete dieser bloß: »Nein.« Als sie ihn fragten, ob der Finne gegen ihn unfair gelaufen sei, sagte er abermals nur: »Nein.« Und doch hatte dieser Hill fast vier Jahre lang gearbeitet, mit keinem anderen Ziel vor Augen, als beim Olympia über 5000 Meter gut abzuschneiden, und doch war er dem höchsten Ziel seiner Träume so unendlich nahe gekommen, daß es schon männlicher Selbstzucht bedurfte, bei dieser Enttäuschung Fassung und Haltung nicht zu verlieren.

Stundenlang beriet das Kampfgericht, bis endlich Lehtinens Sieg bestätigt wurde. Die Läufer waren nicht mehr im Stadion. Sie waren schon ins olympische Dorf heimgekehrt. Die Siegerehrung fand am nächsten Tage statt. Lehtinen hatte offenbar seine Weisungen erhalten. Er wollte Hill neben sich auf die Siegerplattform stellen. Der Amerikaner ließ das nicht zu: Schließlich steckte Lehtinen Hill die finnische Mannschaftsnadel an, Hill revanchierte sich mit seinem Abzeichen, und das ganze Stadion jubelte über die versöhnende Geste, freute sich der Sportlichkeit, freute sich solcher Kämpfer.

Bobrennen mit Pausen

Walter Richter

Das olympische Programm wurde wesentlich bereichert, als man bei den VIII. Olympischen Spielen im Jahr 1924 nicht nur Sommer-, sondern auch Winterspiele durchführte. Skiläufer, Eisläufer und Bobrennfahrer rangen nun ebenfalls um olympische Medaillen. 1936, als die Olympischen Winterspiele in Garmisch-Partenkirchen stattfanden, gab es für Aktive und Offizielle zunächst nur eine große Sorge: Werden wir überhaupt genug Schnee haben? Erst im allerletzten Augenblick fiel der Schnee, und dann gleich in solchen Mengen, daß die Eröffnungsfeier in dichtestem Schneegestöber stattfinden mußte. Für die Bobfahrer waren damit allerdings die Sorgen noch nicht behoben, sie fürchteten nun noch die Sonne. Die künstlich angelegte Bahn war so empfindlich, daß ein bißchen zuviel Sonne den Ablauf der Rennen ernsthaft in Frage stellen konnte. Denn eine beschädigte, nicht einwandfreie Bahn bedeutete höchste Gefahr für das Leben der kühnen Fahrer.
Walter Richter hat in dem folgenden Beitrag beschrieben, wie wichtig bei künstlichen Bahnen ein guter »Eistechniker« für das Gelingen der Rennen ist.

Eine Bobbahn benötigt Schnee und Frost. Manchmal beides zugleich. Manchmal nur eins von beiden. Unsere Olympia-Bobbahn wurde dem Rießersee bekanntlich »entlehnt«. Mit Eissägen hatte man aus der Eisplatte des Sees große Kacheln herausgeschnitten und die Kurven damit gebaut. Alle Wettervorbedingungen zum vollkommenen Schlittenfahren waren nun gegeben, doch irgend etwas war noch nicht in Ordnung. Das Eis der Kacheln war nicht in der gewünschten Weise aus dem Wasser entstanden. Woran es auch liegen mochte: es splitterte.

Wenn die schweren Schlitten in die Kurven gedrückt wurden, lasteten das Gewicht und etliche Zentner Schwungkraft von Schlitten und Menschen auf der Kurvenmitte. Dann stöhnte das Eis wie ein Lastträger im Hafen von Lissabon. Die Menschen hörten es aber nicht, denn der Bob hatte nicht nur die Geschwindigkeit eines D-Zuges, sondern auch die Eigentümlichkeit, auf schmaler Spur zu donnern wie dieser.

Bobrennen sind atemberaubend und sensationell. Die Olympia-Bobbahn führte in vielen Windungen zu Tal. Wenn der Zuschauer jeweils auch nur Ausschnitte der rasenden Schlittenfahrt zu Gesicht bekommt, so kann er

*Der siegreiche Zweierbob »USA I« bei den Olympischen Winterspielen 1936
in Garmisch-Partenkirchen*

Internationales Schispringen in Saint-Nizier

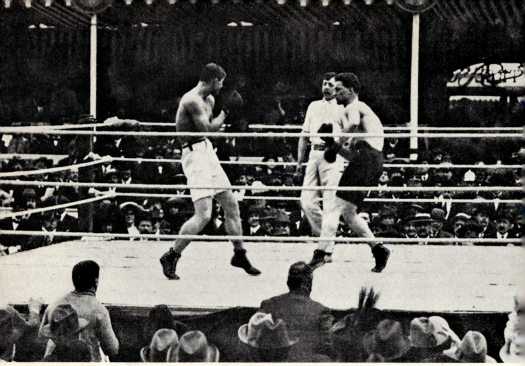

George Carpentier (links) und Jim Sullivan im Kampf um den Titel des Europameisters im Mittelgewicht, Monte Carlo, Februar 1912

Max Schmelings Weltmeisterschaftskampf gegen Joe Louis. Hier eine Szene aus der vierten Runde: Joe Louis geht zu Boden

sich doch anhand der Start- und Geschwindigkeitsmeldungen sehr gut ein Bild über den Verlauf des Rennens machen. Die tadellose Lautsprecheranlage vermittelt in Garmisch-Partenkirchen überdies alle Einzelheiten über Zwischen- und Ausfälle.

Eis ist ein recht veränderliches Naturprodukt; seiner Verwendung als Baustoff sind enge Grenzen gesetzt, weil Festigkeit und Maß anderen Gesetzen unterworfen sind. Solange die Bahn oder einzelne Teile im Schatten lagen, ging alles gut. Doch die Sonne brachte es an den Tag, daß Eis eigentlich nur Wasser in gelegentlich fester Form darstellt. Die schützenden Sonnensegel konnten nur während der Ruhezeiten ausgebreitet werden, am Tage des olympischen Kampfes mußten sie verschwinden und den Strahlen freie Bahn lassen. Sie setzten im Bunde mit den Stahlkufen der Schlitten dem seltenen Bauwerk stark zu. Sehr bald waren Pausen notwendig, weil dringende Reparaturen ausgeführt werden mußten. Doch die fröhlich gelaunten Menschen fanden sich damit ab. Sie brachten den Instandsetzungsarbeiten sogar größtes Interesse entgegen. Wie immer, gab dann die Musik den Schunkeltakt an. Die Männer kamen mit Leitern, Sauerstoffgebläsen und Eisplatten, brachen auf und pflasterten wieder zu, wie die Mauerleute. Zur Unterhaltung erklärte der Mann am Lautsprecher den ganzen Arbeitsvorgang. Das Sauerstoffgebläse erzeuge eine Kälte von minus 40 Grad, was man ihm ohne weiteres glaubte. Als die liebe Sonne in einige Winkel tiefer hineinschien als uns lieb war, mußten die Rennen einige Male abgebrochen werden. Das sind die Gefahren, die einer allzu künstlichen Bobbahn drohen. Dieser reißt ein Loch in den gewagten Bau, und jener haut sich an der schnell geflickten Stelle die Kufen krumm. Es ist und bleibt ein Spiel mit der Gefahr, ein Rennen auf Glück und Leben. Es genügt nicht, daß sich jemand in der vertrauten Schlucht wie zu Hause fühlt, daß er jeden Winkel kennt. Hier kommt der nächste mit dem Teufel im Nacken und holt die wenigen hundertstel Sekunden mehr heraus.

Hätte man die olympische Bobbahn für einige Tage in Garmisch personifiziert, die Beleidigungsprozesse wären nicht abgerissen. Jeder hatte etwas zu diesem Thema zu sagen, und jeder Mißgelaunte kühlte daran sein Mütchen. Woran das lag, ist leicht erklärt. Einmal gab es in Garmisch-Partenkirchen wenig oder gar keine Gründe zum Schimpfen, und dann deuteten die Lautsprecher auf den Kampfstätten und in der Stadt immerzu auf einen vermeintlichen hin. Da wurde nämlich, natürlich im Interesse des Publikums, rechtzeitig darauf hingewiesen, daß die »morgigen« Bobrennen verlegt seien. Da diese Meldung aber fortwährend wiederholt wurde, wohl zehnmal an der Zahl, und da den Olympiabummlern im Verleben der schönen Tage auch wohl die Zeitrechnung durcheinander lief, hörte man beim dritten oder vierten Male schon die Bemerkung: »Schon wieder... Schon wieder verlegt!« Nun, so schlimm war es nicht. Aber die ein- oder zweimalige Verlegung der

Rennen hat sich gelohnt. Die Fahrer selbst haben es bestätigt, daß noch nie olympische Bobrennen auf so einwandfreier Bahn wie auf der am Rießersee ausgetragen wurden. Es wäre wirklich unrecht, der schönen Bahn mit ihren zehn sauberen Kurven, von denen acht allein ausgebaut waren, entgelten zu lassen, was die deutschen Bobfreunde enttäuschte. Nicht nur in Deutschland, auch im Ausland hatte man auf den Garmischer Kilian gesetzt. Wenn einer im Bilde sein konnte, dann mußte es der Gewinner der bronzenen Medaillen von St. Moritz und Lake Placid sein. Wahrscheinlich hat Kilian die vielen Vorschußlorbeeren nur ungern angenommen oder sogar weit von sich gewiesen. Die Verantwortung, die auf ihm lastete, war schließlich zu groß. Das mußte ja schiefgehen. Und es hieß sicherlich das Schicksal noch herausfordern, als sich die unterhaltende Literatur des spannenden Stoffes vorzeitig bemächtigte. Die Skandinavier sind gute Sachverständige, wenn auch nicht des Bobfahrens. Sie hatten vorher den Deutschen zwei sichere Siege zugetraut. Angesichts des olympischen Trubels, der sich manchmal bis über die Mitternacht hinaus ausdehnte, änderten sie ihre Meinung und bekannten sich zur Schweiz. Sie hatten recht.

Mit den Rennen des Viererbobs begann es. Mehr als zwei Läufe ließen Zeit und Bahn an einem Tage nicht zu. Man mußte der Sonne aus dem Weg gehen und begann bereits um 8 Uhr morgens. Als der Böller krachte, sauste auch schon der Bob »USA II« durch die Mulde. Die Zuschauer, noch nicht geübt in der Abschätzung der Geschwindigkeiten, erhaschten ihn nur mit kurzem Blick, dann war er schon weg, in der abwärtsführenden Schlucht verschwunden. Erst die Zeitangabe (1:25,61) belehrte die Umwelt darüber, daß Geschwindigkeiten hier mit dem Auge nicht mehr zu unterscheiden waren. Schon der nächste Schlitten, »Tschechoslowakei I«, überwand die Bayernkurve nicht, wurde hoch an der Muldenwand emporgetragen, hing seitlich schon in der Luft, wurde aber von seinem Führer wieder in die Bahn gebracht. Der Schwung war jedoch zu groß: beim nächsten Jumper stürzte der Schlitten um, machte sich selbständig und fuhr allein zu Tal. Nach den Tschechen die Italiener, Belgier und Franzosen. »Frankreich II« verlor dabei den Bremser, kam also ebenfalls ohne Wertung über die Bahn. Von den beiden deutschen Schlitten startete »Deutschland II« zuerst: ein schöner Anlauf, ein kurzes Verdrehen vor der Bayernkurve, hoch hinauf geht's an die Steilwand, er rutscht ab und . . . aus ist's mit der ersten Chance. Den Gestürzten passierte gottlob nichts, der Schlitten kam unlädiert durchs Ziel. Alle Hoffnung der Deutschen ruhte also auf »Deutschland I« mit Kilian am Steuer. Ruhig und sicher fuhr der Garmischer die beste Zeit des ersten Laufes mit 1:20,73 Minuten heraus. Deutschland führte also. Das war aber auch der erhebendste Augenblick des Bobrennens für die Deutschen. Im zweiten Lauf änderte sich das Bild vollständig. Schon der erste Schlitten »Schweiz I«, mit Capadrutt am Steuer, fuhr die Zeit von 1:19,88 heraus und

sicherte sich so die beste Gesamtzeit des ersten Tages mit 2:43,37. Der Bob »Italien II« stürzte. Dafür kam »Großbritannien I« wunderbar durch die Kurve, er erreichte in diesem Lauf 1:18,78 und schob sich somit im Ergebnis des ersten Tages noch zwischen Deutschland und die beiden Schweizer Bobs. Immerhin, die deutschen Hoffnungen wurden noch künstlich genährt. Mit dem Vorschreiten des zweiten Tages, an dem der dritte und vierte Lauf gefahren wurde, schwanden sie gänzlich dahin. Musy und Capadrutt fuhren mit ihren Schlitten »Schweiz II« und »Schweiz I« im dritten und vierten Lauf die beste Zeit des Tages heraus. 23 Mannschaften begannen und beendeten den Kampf im Zweierbob. In den vier Läufen dieses Rennens unterbot der nächste Bob fast regelmäßig die Zeit seines Vorgängers. Capadrutt, der Schweizer, fuhr zunächst 1:25,20 Minuten. Feierabend mit dem zweiten Schweizer Bob schaffte es in 1:26,34, aber der zweite Amerikaner (Colgate am Steuer) war noch vierhundertstel Sekunden besser als Capadrutt. Italien blieb mit 1:27,29 hinter diesen dreien nicht weit zurück. Schließlich kamen Brown–Washbond, die zwei vom Bob »Amerika I«, mit 1:22,50 am Ziel an. Sie verbesserten im zweiten Lauf noch ihren eigenen Rekord auf 1:21,02, aber auch damit noch nicht genug: die zweiten Schweizer (Feierabend–Beerli) unterboten diese glänzende Zeit noch um einige hundertstel Sekunden. Das war ein gigantischer Kampf um die Sekunden. Das Publikum ging erregt mit, und wenn der Lautsprecher die neuen Zeiten meldete, hörte man die Erregung der Masse aus allen Winkeln und Windungen am Rande der Bobbahn heraus. Energien und Ströme von Menschen, die man nicht sah, aber spürte.
In den beiden letzten Läufen des zweiten Tages waren die Zeiten sehr verschieden. Unsere Meisterfahrer hielten sich noch verhältnismäßig gut in dieser Elite der Weltklasse. Der Vorsprung der Amerikaner war kaum noch einzuholen, doch Feierabend–Beerli vom Bob »Schweiz II« setzten trotzdem alles dran. Beide Male waren die Schweizer schneller als Brown–Washbond. In einem tollkühnen Endkampf rückten sie, zuletzt mit einer Zeit von 1:19,88, an die gleichmäßigen Techniker der USA heran. Im Grunde entschied also die bessere Taktik und Kurventechnik, und nicht der einmalige Wagemut. Unsere deutschen Mannschaften schoben sich noch auf den fünften und sechsten Platz, womit sie sich bei 18 Mannschaften noch über den Durchschnitt stellten. Enttäuschung über dieses Abschneiden ist durchaus nicht am Platze. Olympia-Medaillen liegen nicht parat wie reife Brombeeren. Auch der Streit um des Kaisers Bart, ob Seil- oder Radsteuerung das einzig Richtige sei, wurde bei den olympischen Bobrennen nicht beigelegt. Im Vierer siegte ein Seilsteuer, im Zweier einer, der das Rad in seinen Fäusten hatte. Ob die Art der Austragung in vier Läufen mit der Addierung der Bestzeiten unter allen Umständen die gegebene ist, bezweifeln nicht nur die Fachleute.

Eine Stromschnelle
ist verrückt geworden

Herbert Rittlinger

*Nach Herbert Rittlinger ist der Kanusport ein Volkssport, der Spaß macht,
aber eine Schinderei ist. Betrieben wird er von einem Kanu, Kajak oder Falt-
boot aus mit Hilfe eines Doppelpaddels. Die Geschichte dieser Sportart reicht
weit zurück in sehr frühe Zeiten. Und noch heute ist das Kanu in Amazonien,
der Kajak bei den Inselbewohnern der Südsee und den Eskimos im hohen
Norden ein Gebrauchsfahrzeug.*
*In der zweiten Hälfte des 19. Jahrhunderts erschienen die kleinen wendigen
Boote zuerst vereinzelt, allmählich in größerer Zahl auch auf unseren Flüssen.
Zu einem Volkssport aber wurde der Kanusport erst, seit man begonnen hat,
Faltboote zu bauen: zerlegbare Boote, bestehend aus Gerüst und Haut, die
der Kanute wohlverpackt auf dem Landwege »leicht« an jeden gewünschten
Ort transportieren kann. Die Zünftigen lieben die schnelle Fahrt auf schwie-
rigkeitsgespickten Wildflüssen, während sich die weniger engagierten Paddler
mit einer geruhsamen Binsenbummelei zu zweit begnügen.*
*Herbert Rittlinger hat in seiner Geschichte von der verrückten Stromschnelle
beschrieben, daß auch ein Zünftiger nicht sicher ist vor bösen Überraschun-
gen, weil eben ein Wildfluß heute oft ganz anders ist, als er gestern noch war.*

Einmal kamen meine Frau und ich die Enns herunter. Wächterschwall und
Hieflauer Höll, nichts für Frauen, hatte ich mit einem Kameraden bewältigt,
der in Groß-Reifling leider auf die Bahn mußte, weil sein Urlaub ablief. Dort
nahm also meine Gefährtin, das Aveckle, wieder den Platz in ihrem Einer ein.
Das war gegen Abend gewesen. Wir wollten nur rasch noch die »Kripp«
durchfahren, um auf den Sandbänken des romantischen Kessels unterhalb des
Hirschensprungs das Zelt aufzuschlagen. Das Aveckle hatte neuen Proviant
eingekauft und den Küchenbeutel nur eben so achtern verklemmt. Sie brauche
ihn nicht groß zu verstauen, hatte ich ihr zugerufen – das lohne sich gar nicht
für den einen Kilometer! Frohgemut stießen wir ab ...
Nun ist die Kripp eine Felsenge, die ich von meinen früheren Fahrten her als
überaus harmlos in Erinnerung hatte.
Als ich diesmal einfuhr, stutzte ich.
Wir hatten Niederwasser – und die große Geröllbank rechter Hand ragte

geradezu ungebührlich hoch heraus. Auch waren Profil und Höhe durch voraufgegangene Hochwässer gründlich verändert worden. An ihr entlang raste der Fluß im rechten Winkel auf die haushohe Felswand zu, als wolle er sie und den ganzen Berg dahinter zermalmen. Dann saß ich schon mitten in der Bescherung . . .

Von der unterwaschenen Wand prallten auf engstem Raume ganze tobende, lärmende Wasserwalzen zurück, weißgischtende Roller. Diese tobenden Roller und das seitlich nachdrängende Wasser liefen in einer hohen, sehr schrägen Widerwelle mit einem außerordentlich langen, scharfen Grat aus, wie ich ihn in dieser Art noch gar nicht erlebt hatte. Rechts neben dieser wenig einladenden Widerwelle aber (und nun unterhalb der Geröllbarre) kreiste in unheimlicher Geschwindigkeit ein riesiger Saugwirbel, wie ich sie nur auf dem Huallaga, einem Amazonasnebenfluß in den Kordilleren, bisher gesehen hatte. Aber dort war mehr Platz zum Vorbeischwindeln gewesen . . .

Es galt, zentimetergenau den hohen scharfen Wellengrat zwischen Rollern und dem Mahlstrom zu treffen, um überhaupt einige Aussicht auf Durchkommen zu haben. Ich konterte rechts mit aller Kraft und riß links, was ich konnte, stützte mich mit dem Paddel abwehrend in den ersten Roller – kam genau auf die seltsame schmale Widerwellenzunge und war hindurch.

Als ich zurücksah, machte das Boot meiner Frau einen geradezu bildschönen Sprung. Dann wurde es von einer der seitlichen Wasserwalzen tief begraben. Das Aveckle mochte die Einfahrt nur um Zentimeter verpaßt haben. Ich hörte noch einen Schrei, der halb wie Hilferuf, halb wie ein nonchalanter Juchzer klang – dann bäumte sich das Boot wie ein Haifisch auf und war samt seiner Fahrerin verschwunden.

Ich schwang mich unterhalb der Schnelle an Land und sah dann auch schon das Aveckle und das kieloben treibende Boot. Aber als ich eiligst ins Wasser sprang, ihr zu Hilfe zu eilen, ging das gar nicht: der Wirbel! Ich wurde einfach wieder ans Ufer gespült. Ich rannte zum oberen Teil der Geröllbarre und warf mich oberhalb der Schnelle ins Wasser. Mehr drunter als drüber wurde ich regelrecht hindurchgespien – und hing plötzlich am einen Ende des gekenterten Bootes. Das Aveckle hing am anderen Ende. Wir blickten uns beide in die betöpperten Gesichter – und mußten plötzlich furchtbar lachen!

Wahrscheinlich haben wir beide gleich geistreich ausgesehen. Es war der komischste Heiterkeitsausbruch, den wir beide bisher erlebt haben.

Es war überaus lustig. Aber dann war es nicht mehr so lustig. Wir bekamen das Boot einfach nicht ans Ufer. Wir trieben ziemlich schnell im Kreise herum in dem riesigen Saugwirbel. Immer wenn wir dachten, wir hätten das Boot endlich in ruhigerem Wasser, wurde es samt uns unerbittlich wieder zurückgesogen und wieder an die donnernde Schnelle getrieben – um dort aufs neue ergriffen zu werden und die Kreisfahrt fortzusetzen.

Dabei soff es immer mehr ab. Ich schrie dem Aveckle zu, Boot Boot sein zu lassen und ans Ufer zu schwimmen. Aber sie schüttelte energisch den Kopf. Sie war bereits einmal vom Boote abgekommen und unverzüglich in die Tiefe gezogen worden. Es sei ganz dunkelgrün über ihr geworden, erzählte sie hinterher, und sie habe alle Mühe gehabt, wieder hochzukommen und Halt am Boot zu gewinnen.

Friedlich senkte sich der Abend über die Berge... Es war nicht sehr nervenberuhigend, immer wieder in den Bereich der donnernden Schnelle zu kommen und von den stürzenden Wassern begraben zu werden, daß sich das Boot in der Längsachse rundum drehte. Sollte ich ausgerechnet hier mein erstes Boot verlieren? Wir selbst wären schließlich bald heraus. Wir arbeiteten unentwegt. Wir mußten versuchen, trotz des nervenaufreibenden Lärms das Boot möglichst tief in die Stromschnelle und ihre stürzenden Wasser hineinzustoßen, um aus der Zentripetalkraft des fürchterlichen Mahlstromes herauszukommen. Schließlich gelang es. Wir wurden gepackt und samt Boot unter Wasser gezogen – dann spie uns die Stromzunge aus. Das war jenseits des Wirbels, und da waren wir gleich heraus und auf dem Sand.

Dort standen wir wie die begossenen Pudel. Auf den Bergen oben lag verklärter Abendsonnenschein.

Dann mußten wir auf einmal wieder lachen. Meine Sporthose hing in Fetzen herunter. Vom Dreß der Gefährtin gar klebten nur noch einige seltsame, nasse Fragmente an unwichtigeren Körperteilen, während ihr Büstenhalter überhaupt dahin war. Dabei war sie keineswegs in Felsberührung gekommen, die ramponierte Eva. Da mußten wir noch mehr lachen, und dabei klapperte das tapfere Weib mit den Zähnen und wurde von einer Gänsehaut überzogen, und meine Zähne klapperten, daß es das Rauschen der Enns schier übertönte. Wir waren über zwanzig Minuten in dem Mahlstrom herumgetrieben, und das Bergwasser der Enns war eiskalt und durchaus nicht für ein so ausgedehntes Badevergnügen geeignet.

Im Unglücksboot sah es wüst aus. Küchenzeug, Proviant, Zelt und Schlafsack trieften. Sonst war nichts abgeschwommen oder kaputt. Wir fuhren dann noch durch das kleine Stück enge, aber glatte Klamm und schlugen auf den Sandbänken des einsamen Talkessels das nasse Zelt auf. Bald prasselte ein mächtiges Feuer, Holz war genug da, an dem wir die Sachen trocknen konnten, und in der Pfanne brutzelten zwei köstliche Schnitzel.

Aber die Schnitzel lagen uns schwer im Magen, und mitten in der Nacht mußten wir beide hinaus und uns übergeben.

Der nächste Tag war herrlich und glühendheiß, da ruhten wir uns aus. Wir waren ziemlich zerschlagen und matt. Mein getreues Weib – sie ist empfänglich für so etwas – war zusätzlich an den unpassendsten Körperstellen mit blauen, grünen und andersartig schillernden Flecken übersät – als hätten wir eine eheliche Auseinandersetzung mit handfesten Gegenständen gehabt. Ich ärgerte mich über die sonst so unscheinbare Kripp. Auch sind wir beide gewöhnt, in kaltem Wasser zu schwimmen. In unserem heimatlichen Badesee schwimmen wir vom März an und oft noch an föhnigen ersten November-tagen. Aber die konzentrierte Herumbalgerei mit dem Boot in dem eiskalten Wasser hatte uns gewaltig mitgenommen. Noch Tage hinterher hatten wir eine nicht wegzuleugnende Magenverstimmung ...

An dem eingeschalteten Ruhetag kam eine Gruppe Münchener Kajakfahrer durch die Kripp. Wir sahen sie von unserem Zeltlager aus am oberen Ende der Schlucht herumtanzen. Nachdem ihre beiden ersten Boote umgeschmissen hat-ten, aber glücklicherweise nicht in den großen Wirbel, sondern gleich darüber hinaus getrieben worden waren, zogen es die übrigen vor, zu umtragen (was über die Geröllbank sehr leicht ging). Später kamen zwei Wiener durch, von denen der eine umschmiß – und mit dem kieloben treibenden Boot gleich durch die ganze Schlucht getrieben und samt Boot von dem stets hilfsbereiten Aveckle in Empfang genommen und »gerettet« wurde. (Ich war gerade ein Stück den Berg hinaufgegangen.) Das war aber ein sehr ehrgeiziger Kajak-fahrer, der Weibeshilfe verschmähte und sein Unglück lieber still mit sich ab-gemacht hätte. Aber sonst war er ein vortrefflicher und sein Bruder obendrein ein sehr lustiger Sportskamerad. Beide kannten die Enns wie ihre Westen-tasche. Sie bestätigten die verblüffende, völlige Strukturveränderung der Kripp, die sie noch nie so erlebt hatten. Schon bei Mittelwasser kann man nämlich rechts ganz gut vorbeirutschen, und der Wirbel ist viel schwächer. Es ist hier wie bei der Einfahrt zum »Dolni Bug« auf der Drina, der gerade bei Niederwasser die schwerste Schnelle dieses schönsten Balkanflusses ist.

Ärzte für Gesunde

In den Listen der ersten Olympischen Spiele der Neuzeit sucht man vergebens
nach Teilnehmern oder gar Siegern aus der Sowjetunion. Das hat sich mittler-
weile gründlich geändert. In den letzten Jahren haben die Russen weder bei
Weltmeisterschaften noch bei Olympischen Spielen gefehlt – ja, sie halten
sogar in vielen Disziplinen die ersten Plätze. Wie gelang den Russen der Ein-
bruch in die sportliche Vormachtstellung westlicher Länder? Wie kamen sie in
so vielen Disziplinen zu dieser Leistungshöhe? Gewiß mag es eine Rolle spielen,
daß ihre Spitzensportler vom Staat besonders gefördert werden, daß sie gute
Trainingsmöglichkeiten voll ausnutzen können, ohne berufliche Schwierigkei-
ten zu haben oder finanzielle Einbußen zu erleiden.
Aber das alles kann noch nicht der Grund sein für die bedeutende Leistungs-
steigerung auf breitester Basis. Rudolf Hagelstange, ein Schriftsteller, der sich
viel mit sportlichen Themen beschäftigt hat, hat 1962, gemeinsam mit Hein-
rich Böll und Richard Gerlach, eine Reise durch die Sowjetunion gemacht. Er
hatte Gelegenheit, auch über den Sport – Organisation und Trainingsmöglich-
keiten – Genaueres zu erfahren. Im folgenden Beitrag erzählt er davon.

Wer die Männer und Frauen im Straßenbild Moskaus oder Leningrads auf
Gangart, Haltung und Bewegungen hin studierte, um sich Aufschluß zu verschaffen über Neigung und Eignung dieser Menschen, würde kaum zu dem
Schluß gelangen, die Russen seien ein besonders sportliches, sportbegeistertes
oder gar sportbegabtes Volk. Aber der Eingeweihte weiß nur zu gut, daß das
äußere Bild trügt und zumindest einen Tatbestand nicht offenkundig werden
läßt: daß sich aus dieser scheinbar amorphen und wenig »smarten« Masse im
Laufe von kaum zwei Jahrzehnten eine echte Elite entwickelt hat, die es auf
jedem Felde – von ganz wenigen mehr oder weniger luxuriösen Sportarten wie
Golf, Polo, Segeln etwa abgesehen – mit den Eliten anderer Völker aufnimmt,
ja insgesamt vielleicht um ein nicht geringes über die Gesamtheit dieser Elite
triumphiert. Die Ergebnisse der letzten drei Olympischen Spiele – London,
Melbourne und Rom – und der Europa- und Weltmeisterschaften seit etwa
zehn Jahren zeigen auf vielen Gebieten die Athleten der Sowjetunion in Führung oder in ebenbürtigem Kampf um diese Führung. Russische Turner,
Schwer- und Leichtathleten, Eisschnell- und Eiskunstläufer, Skiläufer und
Boxer sind, wie es im Sportjargon heißt, »Weltklasse«. Auch in den Ballspielen

mischen sie kräftig mit, und das gilt nicht nur für den auch in der UdSSR sehr populären Fußballsport, sondern selbst für entlegenere, eigentlich uneuropäische Spielarten wie Volley- oder Basketball. Vor allem aber führen sie – vom Schwimmen einmal abgesehen – im Frauensport.

Ich mußte aus einer vielleicht recht aufschlußreichen Besprechung im Zeitschriftenverlag für Ausländische Literatur vorzeitig ausscheren, um die Verabredung einzuhalten, die für mich mit dem Institut für Körperkultur getroffen worden war. Irgend jemand hat mir weismachen wollen, mein Besuch würde nicht zustande kommen, weil gerade dieses Institut einer wohlgehüteten Gralsburg gleichkomme. Und als unser Taxichauffeur nach drei vergeblichen Anläufen den Wagen noch immer nicht vor den Eingang des Instituts bugsiert hatte, war ich fast bereit, an gezielte Sabotage zu glauben. Aber am Ende erwies sich sein Fluchen als aufrichtig: er hatte etliche Sperren und Neubauzonen zu umfahren – plötzlich waren wir an Ort und Stelle.

Ich hatte mich auf irgendeinen aufwendigen Neubau, im Stile der Moskauer Untergrundbahn vielleicht, gefaßt gemacht und sah mich überraschenderweise vor einem relativ altmodischen Gebäudetrakt abgesetzt, der sich später tatsächlich als ein nach der Revolution übernommenes und umgebautes gräfliches Besitztum erwies. Wir wurden, die Dolmetscherin und ich, bereits erwartet: ein jüngerer Herr mit Bürstenschnitt und nicht gerade intelligentem, aber sympathischem Gesicht, von mittelgroßer, schlanker Statur, führte uns zunächst in einen Raum, der eine Art Museum darstellte, in dem einige Sportgeräte zu sehen waren – unter anderem die Bambusstange, mit der ein Russe irgendwann einen Weltrekord aufgestellt haben soll, von dem ich niemals etwas erfahren hatte. (Es hieß denn auch, zu jener Zeit habe die Sowjetunion noch nicht am internationalen Sport teilgenommen.) Des weiteren das Trikot, mit dem Wladimir Kuz seinen Olympiasieg in London herausgelaufen hatte, und manches andere mehr an Geräten, Fotografien, Siegespreisen und Ehrenzeichen. Es war ein wenig rührend, und mir schien denn auch, als erwarte mein Führer keine besonderen Kniebeugen von mir in dieser Krypta sowjetischer Sportheiligtümer. Immerhin förderte die Frage nach dem sowjetischen Stabhochsprung-Weltrekordmann die verbindende Tatsache ans Licht, daß der Subdirektor, jetzt knapp 40 Jahre alt, als beste Leistung seiner Sportkarriere einen Stabhochsprung von genau vier Metern aufzuweisen hat; und daß wir demnach von der gleichen Fakultät waren, er es aber 20 Zentimeter höher gebracht hatte, ließ mich Teilhaber jener hochherzigen Sympathie werden, die Sportsieger immer für ihre besiegten Konkurrenten empfinden.

Der Subdirektor führte uns dann in andere Zimmer des Institutes, die mit Tabellen, Lehrmaterial, Farbtafeln und mancherlei graphischen Darstellungen und Meßgeräten angefüllt waren; aber da es inzwischen bereits später Nachmittag geworden war, fanden wir diese Räumlichkeiten fast samt und sonders menschenleer.

Dann aber gerieten wir in die sportmedizinische Abteilung und begegneten dort einem etwa fünfunddreißigjährigen Arzt von imponierender, eigentlich westlicher Art, der für eine knappe Viertelstunde die Führung und den Kommentar übernahm. Er war groß und schlank, einigermaßen gut gekleidet, im Typ nicht unbedingt russisch – er hätte eher Belgier oder Westschweizer oder Süddeutscher sein können. Ohne eine Geste der Propaganda, der Besserwisserei, des Außerordentlichen erklärte er Herztabellen, Leistungskurven, Formentwicklungen, überhaupt Statistiken verschiedenster Art, organische Befunde, physiologische Messungen, psychologische Einflüsse und Derivate; es war ein Vergnügen, ein intellektueller Genuß, ihn reden zu hören in einem geschmeidigen Russisch, das er zuweilen aufgab, um ein nicht übel klingendes Französisch als vielleicht nicht gleichwertigen, aber schneller faßbaren Ersatz anzubieten. Und als es ihm des Statistisch-Tabellarischen genug schien, führte er uns in einige andere Räumlichkeiten, wo man gerade an lebendigen Objekten Messungen vornahm. Es lagen da einige Athleten, die zuvor irgendeine körperliche Anstrengung auf sich genommen hatten und nun mit Hilfe einer am Kopf befestigten Elektrode, die eine kurvenmäßige Aufzeichnung der Aktionsströme des Gehirns ermöglicht, auf ihre Reaktionen hin gemessen wurden. Ich entsann mich dieser Athleten etwa vierzehn Tage später in Suchumi (am Schwarzen Meer), als wir die große Versuchsstation der 1500 Affen besichtigten und an einer bestimmten Stelle gebeten wurden, haltzumachen, weil wir auf dem Wege zu mit bestimmten Krankheiten infizierten Schimpansen waren, deren traurigen Anblick man uns ersparen oder auch verheimlichen wollte. Aber im Augenblick unseres Besuches hier schien, was das Versuchsobjekt Mensch betraf, nichts Entmutigendes oder Inhumanes an Eindrücken befürchtet zu sein.

»Es ist außerordentlich interessant und aufschlußreich«, formulierte etwa der Sportmediziner, » die Zusammenhänge seelischer Konstitution und körperlicher Leistungsfähigkeit zu beobachten. Der Mensch ist alles andere als ein Roboter. Er unterliegt den feinsten Schwingungen des Seelischen, die entweder parallel oder diagonal oder senkrecht auf seine physische Form oder Gestimmtheit auftreffen. Es gibt Situationen der Enthusiasmiertheit, die sich wie eine Potenzierung der normalen physischen Disposition auswirken können. Und es gibt außerphysische Depressionen oder Vorbehalte, die sich – selbst im Falle äußerster Kondition – lähmend oder doch einschränkend auswirken. Der Laie hat keine Ahnung von den psychologischen Voraussetzungen einer außerordentlichen Leistung. Wir wissen, daß es selbstverständlicher Vorgaben von körperlicher Eignung und Fähigkeit bedarf, um bedeutender sportlicher Leistungen fähig zu sein. Die Ärzte wissen aber auch, daß – glücklicherweise – unsere Athleten oft gar nicht in der Lage sind, ihr Handikap oder ihren Vorteil einzukalkulieren. Der Athlet ersetzt ja den Intellekt durch Instinkt – was zuweilen für den mehr handwerklich arbeitenden Künstler auch zutrifft. Man denke an Bildhauer und Maler zum Beispiel oder auch an Schauspieler: es gibt ja ausgesprochen dumme, aber instinktsichere Komödianten. Der Instinkt ist gewissermaßen der Intellekt des einfacheren Menschen. Wenn Sie jemals größere Sportwettkämpfe miterlebt haben, werden Sie wissen, wie zuweilen in diesen Wettbewerb körperlicher Kräfte ein unerwarteter Zug jägerischer, klassisch zu nennender Klugheit kommt, wie sich uralte Triebe und Instinkte verbinden mit unseren nüchternen Berechnungen und Beobachtungen. Der gesunde Mensch ist ja ein Kunstwerk ohnegleichen. Und wir sowjetischen Sportmediziner betrachten uns auch gewissermaßen als Ärzte am gesunden Menschen.«

Ich kann mich nicht entsinnen, jemanden intelligenter über Lust, Launen und Lähmungen des menschlichen Körpers durch Geist oder Seele oder beides reden gehört zu haben. Der Eindruck wollte sich nicht abweisen lassen, daß in diesem sauber gedrechselten, intelligenten Mediziner ein Rest liebenswürdig vergossenen Franzosenblutes aus den Wochen napoleonischer Besetzung ausrauchte.

Wir verabschiedeten uns von ihm und gingen mit dem Subdirektor, die weiträumige Sportanlage zu besichtigen.

Irgendwo versuchte ein » Narr«, 16 oder 17 Jahre alt, sich an einer Grube im Hochsprung, möglicherweise inspiriert durch den Weltrekord, den Valerij Brumel zwei Tage zuvor im Lenin-Stadion mit 2,27 Metern gesprungen hatte. (Sein Nachfolger war erst bei etwa 1,65 Metern angelangt.) An einer anderen Stelle übten etwa fünfzehn Jünglinge sich im schwierigen Diskuswurf. Es war ein Lehrgang von Fußballspielern, die sich, natürlicherweise, nicht allein auf ihr Fußballspiel beschränken durften. Einseitigkeit sei ja der eigentliche Hemmschuh auf dem Wege zu großer sportlicher Leistung ...

Ich mußte an die Tenniskämpfe denken, denen ich, zwanzigjährig, am Hundekehlensee in Berlin beiwohnte, als der athletische Engländer Perry den klugen, aber schwerfälligen Daniel Prenn besiegte; an die nie voll ausgespielte Rolle des klassischen, aber nicht athletisch gebildeten Gottfried von Cramm; an die mangelnde Standfestigkeit glänzend begabter deutscher Sportler »im letzten Gefecht«, das verlorenging, weil ein kurzsichtiger teutonischer Verstand sein Heil stets im forcierten Spezialtraining, aber nie in dem Bemühen um eine athletische Grundkondition sah; an die Spiele unserer Fußballmannschaft in Santiago und an manches andere mehr. Verscherzte Sportsiege bedeuten nicht die Welt; aber falsche Methoden schmerzen wie fehlerhaftes Klavierspiel. Die Jünger der Weltrevolution machen, zu unserem Heil, aber ohne unser Verdienst, auf dem Sektor des Ökonomischen, der wirtschaftlichen Organisation, der Planung und Verwaltung die dümmsten und (auch für sie) verhängnisvollsten Fehler. Was aber den Bereich der Volksgesundheit, der Körperkultur, der Ausbildung einer repräsentativen Elite betrifft, sind sie uns eindeutig überlegen: an Systematik, an Methoden, an Wissenschaftlichkeit, Breitenarbeit,

Spezialistenschulung – es wird schwierig sein, in diesem Bereich ein Eckchen zu entdecken, wo sie uns nicht den Rang abgelaufen haben.

An einer Stelle der weiträumigen Anlagen tobte sich eine Schar von Schulbuben aus. Die Anlagen des Institutes standen ja nach Abschluß des Dienstplanes, also ab 17 Uhr etwa, der Allgemeinheit zur Verfügung. Da kann denjenigen, der sich gewisser, ans Groteske grenzender Kompetenzstreitigkeiten zwischen Vereinsfunktionären, Stadt- und Schulbehörden erinnert, nur ein Jammern ankommen. Natürlich stellte ich auch die Frage nach jenen sowjetischen Athleten, die ich im Verdacht hatte, Staatsamateure zu sein, in der Annahme, alle wirklich führenden Athleten der Sowjetunion wären, wie man gemeinhin glaubt, Studenten des Institutes. Aber es stellte sich heraus, daß nur ein geringer Teil der besten Athleten Mitglieder beziehungsweise Studenten des Institutes waren. Einige, deren Namen ich kannte und nannte, hatten ihren Beruf und gehörten nur Moskauer Sportvereinen an. Andere wohnten in Städten der Provinz und gingen dort ihren Beschäftigungen nach.

Wer je eine Spanne Zeit auf einer Hochschule für Leibesübungen oder irgendeinem Lehrinstitut sportpädagogische Talente zu erwerben trachtete, weiß im übrigen zur Genüge, daß gerade das Alltägliche, Selbstverständliche, Gewohnheitsmäßige – die permanente Leibesübung – den Todeskeim für Höchstleistungen in sich birgt, daß also die Vergünstigung, ein Sportstudent zu sein, eine zweischneidige Vergünstigung darstellt. Es mag gewisse Übungen geben, die durch ein besonderes Ausmaß an Training zu einer lang anhaltenden Hochform erziehen können – Geräteturnen etwa, Langstreckenlauf, technische Kraftakte –, aber für die Mehrzahl athletischer Höchstleistungen sind ursprüngliche Impulse, Spontanreaktionen und eine Grundsubstanz an Enthusiasmus, ja Exaltiertheit unentbehrlich. Gerade die Olympischen Spiele lassen ja immer wieder erkennen, daß kalte Routine und statistisch belegtes Favoritentum am Ende sehr oft von dem Instinkt und der Jungfräulichkeit unverbrauchter Außenseiter überspielt werden. Die Serie sowjetischer Sporterfolge in den letzten anderthalb Jahrzehnten läßt nicht darauf schließen, daß man die Tugenden und Vorteile des echten Amateurs, die auch heute noch oft genug ausschlaggebend sind für Leistung und Erfolg, in der Sowjetunion nicht mehr zu schätzen wüßte. Vieles, was wir – um besser schlafen zu können – nur dem Professional- oder Staatssportler zutrauen, kommt aus ideellen Affekten, aus dem Bereich sozialistischer Begeisterung. Der Umstand, daß wir an diesem System entschiedene Kritik üben, daß wir es für verfehlt und im letzten inhuman halten, lähmt weder die allgemeinen noch die persönlichen Impulse und Ambitionen dieser Menschen. Sie haben nun einmal keine Freiheit, zu wählen. Sie haben nur die »Freiheit«, sich zwischen stupidem Gehorsam und energischem Elan zu entscheiden.

Da sie ein junges Volk sind, wählen sie den Elan.

Plötzlich hört man Hundegebell   *José Ortega y Gasset*

Der spanische Philosoph Ortega y Gasset (1888–1955) wurde gebeten, zu dem Jagdbuch seines Freundes, Graf Yebes, ein Vorwort zu schreiben. Mit Freuden stimmte Ortega zu. »Das Thema der Jagd«, so sagte er, »war schon mehrmals in Sprüngen wie ein junger Bock an meinem schriftstellerischen Horizont aufgetaucht, und ich benütze nun die günstige Gelegenheit, um aufs Geratewohl darauflozuschießen.«

Ortegas von Geist und Witz sprühende »Meditationen über die Jagd«, in denen er alle ihre Bereiche ausschöpft, gehören wohl zum Eindrucksvollsten, das je über dieses Thema geschrieben wurde. Seine Schilderung eines Jagdmorgens ist voll verhaltener Spannung und verrät innerste Anteilnahme und tiefes Einfühlungsvermögen.

Der Mensch verfügt, um jenem überlegenen Instinkt des Tieres, sich unsichtbar zu machen, entgegenzuwirken, über keinen entsprechenden Instinkt. Wenn er ihn in seiner vormenschlichen Epoche besaß, so hat er ihn mit den übrigen verloren, oder er bewahrt von ihm höchstens noch Rudimente. Die Vernunft ihrerseits, die den Hohlraum ausfüllte, den die schwindenden Instinkte zurückließen, scheitert bei der Bemühung, das argwöhnische Wild aufzubringen. Jahrtausendelang versuchte der Mensch diese Schwierigkeit durch Magie zu lösen, aber eine Lösung war das nicht. Eines Tages jedoch hatte er eine geniale Eingebung; um das übervorsichtige Tier aufzuspüren, nahm er zu dem Spürinstinkt eines anderen Tieres seine Zuflucht und nahm dessen Hilfe in Anspruch. Damit tritt der Hund in die Jagd ein, und das ist der einzige denkbare, wirkliche »Fortschritt« bei der Jagd; er besteht nicht in der direkten Betätigung der Vernunft, sondern vielmehr darin, daß der Mensch ihre Unzulänglichkeit anerkennt und zwischen seine Vernunft und das Tier ein anderes Tier einschaltet.

Das wäre unmöglich gewesen, wenn der Hund nicht von sich aus jagte. Der Mensch hat nichts anderes getan, als daß er den instinktiven Jagdstil des Hundes verbesserte und der Zweckmäßigkeit einer Zusammenarbeit anpaßte. Angesichts dieser Tatsache, die im Mittelpunkt der Jagdtätigkeit des Menschen steht, hätte es niemand einfallen dürfen, diese Tätigkeit vollkommen von der Jagd im allgemeinen, wie sie so viele Tiere ausüben, zu trennen und der Vernunft dabei eine übergroße Rolle zuzuschreiben, als ob sie aus dieser menschlichen Beschäftigung etwas vollkommen Neues gemacht hätte. Da ist der Hund, der von jeher und aus eigenem Antrieb ein begeisterter Jäger war. Infolgedessen bezieht der Mensch in sein Jagen das Jagen des Hundes ein und führt so die Jagd zur höchsten Vervollkommnung, zur vollendeten Form: entsprechend dem, was in der Musik die Entdeckung der Polyphonie war. Und in der Tat, wenn zu den Treibern und Schützen noch die Hunde dazukommen, so gewinnt das Jagen ich weiß nicht welche symphonische Majestät.

Noch regt sich nichts auf dem Feld. Auf den Jägern lasten noch die Ketten des Schlafs. Die Treiber ziehen lässig dahin, stumm und fast mißmutig. Man könnte meinen, es habe noch niemand Lust zu jagen. Alles ist noch statisch. Die Szenerie ist noch rein vegetativ und infolgedessen paralysiert. Höchstens die Spitzen von Ginster, Heidekraut und Thymian erzittern ein wenig, wenn sie der Morgenwind durchkämmt. Da sind noch einige andere Bewegungen von kinematischem Aspekt, ohne jede Dynamik, die irgendwelche Kräfte am Werk zeigte. Schweifende Vögel rudern langsam zu irgendeinem Ziel. Schneller gleiten musizierende Insekten am Ohr vorbei und streichen ihre Weise auf mikroskopischen Violinen. Der Jäger ist noch in sich gekehrt. Man redet zu dieser Stunde doch nur dummes Zeug, das ihn dazu einlädt, sich noch mehr in sich zu verschließen. Er tut nichts. Er will nichts tun. Das plötzliche Aufgehen in der Landschaft hat ihn schwerfällig gemacht und wie ausgelöscht. Er fühlt sich als Pflanze, als botanisches Wesen, und gibt sich dem hin, was beim Tier fast vegetativ ist: dem Atmen. Aber da, da kommt die Meute . . ., und schon ist der ganze Horizont von einer seltsamen Elektrizität geladen, er wird beweglich, er dehnt sich elastisch aus. Plötzlich strömt das orgiastische, dionysische Element herein, das auf dem Grunde eines jeden Jagens flutet und kocht. Dionysos ist der jagende Gott: »ein kluger Jäger« – kynegetas sophós – nennt ihn Euripides in den Bacchantinnen. »Ja, ja«, antwortet der Chor, »der Gott ist Jäger.« Und das All erzittert. Und die Dinge, die zuvor träge und schlaff waren, haben Leben bekommen und regen sich, sie melden, sie künden an. Da ist sie schon, da ist sie schon, die Meute: dicker Geifer, Keuchen, das Korallenrot der Lefzen und die Bogen der unruhigen Ruten, die die Landschaft peitschen! Schwierig, sie zu bändigen. Sie können sich nicht mehr halten vor Jagdlust, sie schäumt ihnen aus Auge, Schnauze und Fell. Schatten von flüchtigem Wild ziehen vor der Phantasie der rassigen Hunde vorüber, die in ihrem Innern schon in wildem Lauf sind.

Wieder kommt eine lange Pause, da alles still und unbeweglich ist. Aber jetzt ist die Ruhe voll verhaltener Bewegung, wie die Scheide, in der der Degen steckt. Von fern her hört man die ersten Rufe der Treiber. Vor dem Jäger ist alles unverändert, und trotzdem ist es ihm, als sähe er, nein, fühle er einen Hauch von verborgener Glut in der ganzen Landschaft: kurze Bewegungen von Strauch zu Strauch, unsicheres Fliehen, und die ganze aufgeschreckte Kleintierwelt des Waldes, das Ohr stutzt, lauscht. Unwillkürlich strömt dem

Jäger die Seele über und spannt sich über sein Schußfeld wie ein Netz, das da und dort von den Krallen der Aufmerksamkeit gespannt wird. Denn schon ist alles gespannte Gegenwart, und in jedem Augenblick kann jedes strauchartige Gebilde sich wie durch Zauber in leibhaftiges Wild verwandeln, und dann muß der Jäger bereit sein.

Da plötzlich bricht Hundegebell das herrschende Schweigen. Dieses Gebell ist nicht nur ein tönender Punkt, der von einem Punkt des Gehölzes aufsteigt und dort bleibt, er scheint sich vielmehr schnell in eine Linie von Gebell zu verlängern. Wir hören und sehen fast das Gebell forteilen und einem Meteor gleich durch den Raum schweifen. In einem Augenblick erscheint auf der Platte der Landschaft der Strich des Gebells. Darauf folgen viele Stimmen, die in derselben Richtung vorrücken. Man ahnt das Wild, das aufgescheucht in rasenden Fluchten wie Wind im Wind vorüberfegt. Das ganze Feld polarisiert sich, es scheint magnetisiert. Die Angst des verfolgten Wildes ist wie ein leerer Raum, in den alles hineinstürzt, was um ihn herum ist. Treiber, Hunde, Kleinwild, alles drängt dorthin, und selbst die Vögel fliegen vor Schrecken hastig in dieser Richtung. Die Angst, die das Wild fliehen macht, saugt die ganze Landschaft auf, saugt sie aus und zieht sie hinter sich her, und selbst dem Jäger, der äußerlich ruhig ist, klopft das Herz schneller und stärker in der Brust. Die Angst des Wildes ... Aber ist es so sicher, daß das Wild Angst hat? Zum mindesten hat seine Angst nichts mit dem zu tun, was die Angst beim Menschen ist. Beim Tier ist die Angst etwas Dauerndes, sie ist seine Art zu existieren, sein Lebensinhalt. Es handelt sich also um eine Art Berufsangst, und wenn etwas Beruf wird, ist es schon etwas anderes. Während das Entsetzen den Menschen an Geist und Körper lähmt, bringt es die Fähigkeiten des Tieres zur höchsten Entfaltung. Das tierische Leben gipfelt in der Angst. Zielsicher weicht der Hirsch dem Hindernis aus; mit millimetrischer Genauigkeit fädelt er sich schnell durch die Lücke zwischen zwei Stämmen. In herrlichen Fluchten, den Hals nach rückwärts gebeugt, läßt er das königliche Geweih, das seiner Akrobatik zum Ausgleich dient wie die Stange dem Seiltänzer, auf seinem Körper wuchten. Mit der Schnelligkeit eines Meteors gewinnt er Raum. Seine Hufe berühren kaum die Erde, vielmehr begnügt er sich damit, wie Nietzsche vom Tänzer sagt, sie mit der Zehenspitze zu prüfen, um sie zu beseitigen, um sie hinter sich zu lassen. Plötzlich über dem Rande eines Gestrüpps erscheint der Hirsch dem Jäger; er sieht ihn den Himmel mit der Anmut eines Sternbilds durchschneiden und, von der Spannkraft seiner feinen Läufe vorwärtsgeschnellt, dahinfliegen. Der Sprung des Rehbockes oder des Hirsches – und noch mehr der gewisser Antilopen – gehört zum Schönsten, was die Natur bietet. Von neuem berührt er den Boden in der Ferne und beschleunigt seine Flucht, weil ihm schon die Hunde keuchend in den Kniekehlen sitzen – die Hunde, die all diesen Taumel hervorgebracht haben, die ihre geniale Wildheit auf den Wald übertragen haben und jetzt dem Wild wie besessen, die Zunge weit heraushängend, die Körper in ihrer ganzen Länge gespannt, nachjagen: Jagdhund, Hetzhund, Spürhund, Windhund.

Der Hund tritt gegen Ende der Altsteinzeit im letzten Capsien in Verbindung mit dem Menschen auf. Sein erstes Erscheinen läßt sich in Spanien nachweisen, in der Cueva de la Vieja von Alpera. Es hat nicht den Anschein, als hätte man ihn damals schon zur Jagd verwendet. Das geschieht erst ein wenig später, besonders zu Beginn der Jungsteinzeit, in der Schicht, die man als »Maglemosien« bezeichnet. Er war also das erste Haustier. Es ist nicht einmal erwiesen, daß ihn der Mensch gezähmt hat. Gewisse Anzeichen lassen daran denken, daß es der Hund war, der sich spontan dem Menschen genähert hat. Zweifellos lockten ihn die Überreste der menschlichen Nahrung. Vielleicht noch mehr als das mochte der Hund beim Menschen etwas anderes suchen: Wärme. Man braucht heute nur zu sehen, wie glücklich der Hund in der Nähe des Feuers ist. Die Glut macht ihn trunken, und man vergesse nicht, daß der Mensch vor allem das Tier mit dem Feuer in der Faust ist. Die Handhabung des Feuers, die Fähigkeit, es zur Verfügung zu haben, war die erste physikalische Entdeckung des Menschen und die Wurzel aller übrigen. Früher als alles andere beherrschte er die Flamme; er tauchte in der Natur auf als das feuersprühende Tier.

Es ist eine Schande, daß die Rätsel der Zähmung der Tiere so wenig geklärt sind. In der späteren Altsteinzeit und in den ersten Abschnitten der Jungsteinzeit, also während einer verhältnismäßig kurzen Epoche, zähmt der Mensch eine Reihe von Tierarten. Später ist es ihm nicht mehr gelungen, den damals gezähmten Arten noch eine einzige hinzuzufügen. Im Gegenteil, einige, die damals schon gezähmt waren, sind später wieder wild geworden. Auf den ältesten ägyptischen Zeichnungen erscheinen schon die Hyäne und der Gepard gezähmt. Die Gabe der Zähmung ist also auf eine bestimmte Etappe in der menschlichen Entwicklung beschränkt. Es ist ein Talent, das der Mensch besaß und wieder verlor. Soviel, was den Menschen angeht. Was das Tier anbelangt, so ist etwas zu sagen, auf dessen wesentlichen Zug, soviel ich weiß, noch niemand aufmerksam gemacht hat.

Vom zoologischen Gesichtspunkt aus ist das Haustier ein degeneriertes Tier, wie es der Mensch auch ist. In dem künstlichen Dasein, wie es ihm dieser bietet, verliert das Tier nicht wenige seiner Instinkte, wenn es auch andere reiner entwickelt, nämlich diejenigen, die den Menschen interessieren und die er in den verschiedenen Rassen auszubilden bemüht ist. Der Raum, den diese verlorenen Instinkte im Leben des Tieres freilassen, wird von der Abrichtung und der Dressur ausgefüllt. Aber man versteht dies gewöhnlich zu trivial und oberflächlich. Durch die Abrichtung führt der Mensch in das Tier gewisse Formen menschlichen Verhaltens ein. Das heißt, die Zähmung enttiert teilweise das Tier und vermenschlicht es teilweise. *Das heißt, das Haustier ist eine Wirklichkeit zwischen dem reinen Tier und dem Menschen.* Das heißt, im Haustier wirkt schon so etwas wie Vernunft. Und das hat man nicht zu sehen vermocht, obwohl es in die Augen springt.

Ein hervorragendes Beispiel dafür ist das Gebell. Fast allen Jägern ist es unbekannt, daß das Bellen dem Hund nicht angeboren ist. Weder der wilde Hund noch die Gattungen, von denen er abstammt – Wolf, Schakal –, bellen, sondern heulen einfach. Zur vollen Bestätigung der Tatsache verfügen wir sogar über das Übergangsstadium: der älteste Haushund, gewisse amerikanische und australische Rassen, sind stumm. Man erinnere sich an die Überraschung, die Kolumbus in dem Bericht über seine erste Reise aufzeichnet, daß die Hunde auf den Antillen nicht bellen. Sie haben aufgehört zu heulen und haben noch nicht gelernt zu bellen. Zwischen dem Bellen und dem Heulen ist ein radikaler Unterschied. Das Geheul ist wie der Schmerzensschrei beim Menschen eine Ausdrucks»geste«. In ihr äußert sich wie bei den übrigen spontanen Gesten ein Gefühlszustand des Subjektes. Das Wort dagegen, sofern es nichts als Wort ist, drückt nichts aus, sondern hat eine Bedeutung. Dementsprechend sind das Heulen und der Schrei unwillkürlich; sind sie es nicht, dann sind sie falsch, nachgemacht. Man kann nicht einen echten »Schreckensschrei« ausstoßen *wollen;* das einzige, was man wollen kann, ist, ihn unterdrücken. Das Wort dagegen wird nur willentlich geäußert. Deshalb sind Heulen und Schreien kein »Sagen«. Nun, das Bellen ist schon ein elementares Sagen. Wenn der Fremdling in der Nähe des Bauernhofs vorbeikommt, bellt der Hund, nicht, weil ihm etwas weh tut, sondern weil er seinem Herrn »sagen will«, daß ein Unbekannter in der Nähe ist. Und wenn der Herr den »Wortschatz« seines Hundes kennt, kann er noch mehr Einzelheiten heraushören: welcher Art der Vorübergehende ist, ob er nah oder fern vorübergeht, ob es ein einzelner ist oder eine Gruppe, und, was ich unheimlich finde, ob der Wanderer arm oder reich ist. Durch die Zähmung hat also der Hund mit dem Gebell eine Quasi-Sprache erworben, und das bedeutet, daß in ihm eine Quasi-Vernunft zu keimen begonnen hat.

Man beachte, wie treffend und wunderbar der Ausdruck ist, mit dem unsere einfachen Treiber das Gebell der Koppel bezeichnen: sie nennen es »la dicha«. Der erfahrene Jäger lernt das reiche »Vokabular« und die feine »Grammatik« dieser hündischen »Quasi-Sprache« perfekt kennen.

Mensch und Hund haben ihre Art zu jagen aufeinander eingestellt und dadurch den Gipfel des Jagens erreicht, das zur Kynegetik wird. So sehr ist die Jagd mit dem Hunde Vollendung und Höhepunkt des Jagens, daß der eigentliche Sinn des Wortes Kynegetik auf die ganze Jagdkunst übertragen wurde, welcher Art sie auch sei.

Nachdem sich die Eignung des Hundes für die Jagd erwiesen hatte, war es naheliegend, das Verfahren zu verallgemeinern. Und tatsächlich versuchte der Mensch auch, andere Tiere in seine jagdliche Betätigung einzubeziehen. Erfolg hatte er jedoch nur in sehr beschränktem und kümmerlichem Umfang bei dem

Frettchen und in höherer und rühmlicherer Form mit dem Raubvogel. Die Jagd mit Hunden findet ihr Gegenstück in der Falkenbeize. Auch der Raubvogel ist von Natur aus ein großer Jäger. Selbstverständlich ist sein Stil von dem des Hundes sehr verschieden. Diese Wappenvögel sind übelgelaunte Herren, sie sind finster und halten sich abseits wie alte Marquis, ohne daß man zu ihnen in ein engeres Verhältnis kommen könnte. Ihre Zähmung war immer beschränkt. Sie sind und bleiben Raubtiere. Der Vogel ist im allgemeinen viel zuwenig »intelligent« und ohne Wandlungsvermögen. Um dies festzustellen, braucht man nur die Starrheit seiner Körperform zu betrachten, die aus dem Vogel ein ausdrucksloses, geometrisches, hieratisches Tier macht. Das ändert nichts daran, daß die Raubvögel, richtig gesehen, vielleicht die eindrucksvollsten Gestalten der ganzen Tierwelt sind. Der Adlerkopf, flach und gut gekämmt, der nur Hebelansatz für den unerbittlichen Schnabel ist, war immer das Sinnbild der Herrschaft. Das Falkenauge, das ganz Pupille ist, ist das Jägerauge, das wache Auge schlechthin. Der Raubvogel – Habicht, Edelfalke, Geierfalke – ist, wie der echte Aristokrat, düster und hart und ein Jäger.

Bevor jedoch der Mensch mit dem Vogel aus Fleisch und Blut jagte, hatte er schon den mechanischen Vogel erfunden. Es ist nicht unwahrscheinlich und würde sehr gut zu der geistigen Lebensform des ersten Menschen passen, daß der Pfeil eine materialistische Metapher darstellt. Als der Jäger das Tier unerreichbar dahineilen sah, dachte er, ein Vogel könnte es mit seinem leichten Flügel einholen. Da er kein Vogel ist und auch keinen zur Hand hat – es ist überraschend, wie wenig sich der ganz primitive Mensch um die Vögel gekümmert hat –, brachte er am einen Ende eines kleinen Stabes einen Schnabel an, am anderen Federn, das heißt, er schuf den künstlichen Vogel, den Pfeil, der blitzschnell durch den Raum fliegt und sich in die Flanke des großen flüchtigen Hirsches bohrt.

Sport am Dach der Welt *Heinrich Harrer*

»Das Dach der Welt« – Tibet – ist das ausgedehnteste Hochland der Erde und liegt 3500 bis 5000 Meter über dem Meeresspiegel. Tibet ist heute ein autonomer Teil Chinas. Priester üben hier, als Statthalter Gottes, die höchste Gewalt aus.
Professor Heinrich Harrer, Wissenschaftler und Forschungsreisender, floh während des Zweiten Weltkriegs aus einem Internierungslager in Indien nach Tibet und lebte viele Jahre in der Hauptstadt Lhasa. Als Lehrer und Freund des Dalai Lama gewann er, wie kaum ein Europäer vor ihm, Einblick in viele Bereiche des tibetanischen Lebens. Harrer, der Sport studiert hat, 1937 akademischer Skiweltmeister war und Erstbesteiger der Eigernordwand ist, hat einen aufschlußreichen Beitrag über den Sport in Tibet geschrieben, welcher, wie man feststellen muß, mit unserem Hochleistungssport nichts gemein hat.

Die Einstellung der Tibeter zum Sport wird von dem das Land beherrschenden, über die heranwachsende Jugend ängstlich wachenden, streng konservativen lamaistischen Mönchstum bestimmt, das jeder systematischen sportlichen Betätigung ablehnend gegenübersteht. Und da es keine allgemeinen Schulen gibt, kann man natürlich auch von Leibeserziehung nicht sprechen. Nur die Kinder der Adeligen, die in Indien erzogen werden, wissen von systematischer Körpererziehung. Doch gering ist ihr Prozentsatz, und nach Lhasa zurück-gekehrt und wieder im Banne der Religion, vergessen sie schnell jene neuen Ideen. Ein Beispiel für die Unduldsamkeit der Mönche erfuhr ich in Lhasa: Unter der Jugend der Stadt hatten sich einige Sportbegeisterte zum Fußball-spiel gefunden. Mit der Zeit hatten sich elf Mannschaften gebildet, und man begann regelmäßig Turniere abzuhalten. Erst schwieg die Kirche; als sie aber zusehen mußte, wie das Interesse immer größer wurde und selbst Mönche zum begeisterten Publikum wurden, schritt sie ein. Ein harmloser Hagel während eines Spieles wurde als das Zürnen der Götter ausgelegt und weitere Veranstaltungen kurzerhand verboten.
Doch finden ein- bis zweimal im Jahr allgemeine Sportfeste im Lande statt. Sie sind ein Ersatz für die großen Heerschauen, die dieses einst so kriegerische Volk früher abhielt. Zu gleicher Zeit sollen diese Veranstaltungen zeigen, daß die Untertanen des Dalai Lama in guter körperlicher Verfassung sind. Während meiner sieben Jahre in Tibet versäumte ich nie, mir die Wettkämpfe

anzusehen. Sie begannen immer mit dem Ringen; antreten konnte jeder, der Lust hatte. Regeln gab es keine, und es galt als K. o., wenn jemand mit einem anderen Körperteil als den Füßen den Boden berührte. Alle Kämpfer waren ohne Training, und jedesmal war der Sieg rasch errungen. Für einen wirklichen Ringer wären sie alle zusammen eine leichte Beute geworden. War der Gegner auf der Filzmatte gelandet, dann verneigten sich Sieger und Besiegter und holten sich vom Bönpo, so heißen die hohen Herren, eine weiße Schleife als Preis für ihre Beteiligung. Gemeinsam treten sie dann in Freundschaft ab. Weder schöne Preise noch die Gefahr, von der Masse vergöttert zu werden, verlocken hier zum Ehrgeiz. Körperliche Kräfte oder Hochform werden nicht besonders bewundert, und jeder Goliath verblaßt neben der Verehrung, die man einem Weisen oder Heiligen entgegenbringt. Die ganzen Wettkämpfe entspringen nur den gesunden Instinkten dieses Bergvolkes, doch fehlt jede Systematik und jedes Training. Nur in den großen Klöstern und beim Militär möchte ich dabei eine Ausnahme machen. Die Mönche, die in den bis zu 10 000 fassenden Klosterstädten leben, haben oft Fehden untereinander. Der harmlosere Teil dieser Auseinandersetzungen sind die leichtathletischen Wettkämpfe zwischen den Mannschaften der Klöster Sera und Drebung. Wettlauf, Steinwerfen und eine Art Weit-Tief-Springen werden jährlich ausgetragen und auch regelrecht trainiert. Mich zog es als ehemaligen Sportlehrer oft zum Training der Mönche, und es herrschte immer große Freude, wenn ich mitmachte. Hier konnte ich auch die einzigen, wirklich athletischen Gestalten in Tibet bewundern. Man nahm die Wettkämpfe in diesen Hochschulen der Kirche sehr ernst und feierte jedes Ende mit einem richtigen Festschmaus.

Auch das Militär war regelmäßigen Übungen unterworfen, die etwas unserem Drill im Kasernenhof gleichen. Man kopierte dabei die Ausbildung der Inder durch die Engländer und schickte immer wieder Tibeter zum Anlernen in die indische Armee. Große Erfolge wurden dabei nicht erzielt, denn die Tibeter eignen sich nicht zu besonders exakten Soldaten. Was ihnen an Disziplin fehlt, ersetzen sie durch Mut, Ausdauer und Genügsamkeit.

Zurück zu den jährlichen Sportfesten; dort folgte auf das Ringen das Gewichtheben. Wieder machte mit, wer Lust hatte; ein glatter, schwerer Stein mußte gehoben und zu einem bestimmten Platz getragen werden. Meist überschätzten die Männer ihre Kräfte, und unter Gelächter mußten viele von ihnen abtreten. Sehr beliebt war auch das Pferderennen. Immer geht es um die Ehre des Stalles. Nur in Tibet gezogene Pferde dürfen mitmachen, und jedes Tier trägt den Namen seines Besitzers sichtbar angebracht. Die Pferde tragen keinen Reiter und werden in einem Massenstart losgelassen. Natürlich darf nur ein Pferd des Dalai Lama oder der Regierung gewinnen, und falls dies nicht der Fall ist, wird die Zeit von einem Diener am Ziel korrigiert. Eine Rennbahn ist nicht vorhanden, und die Pferde müssen sich ihren Weg durch die erst in letzter Minute weichenden Menschen bahnen.

Nach den Pferden kommen die Läufer, und wieder sind es Männer aus der Zuschauermenge, die sich beteiligen. Vom kleinen Straßenjungen bis zum Greis ist alles zu sehen, und viele geben mitten auf der Strecke auf. Dabei ernten sie den Spott der Massen, denn die Tibeter lachen gern und am liebsten aus Schadenfreude. Frauen beteiligen sich nie an sportlichen Veranstaltungen und sind nur unter dem Publikum anzutreffen. Emanzipation ist eben noch ein unbekannter Begriff im Lamaland.

Reiter in historischen Trachten brausen gleich nach den letzten Läufern heran und werden stürmisch begrüßt. Preisrichter dekorieren die Sieger mit bunten oder weißen Seidenschleifen, und stumm reagiert die Menge. Beifall kennt man nicht; man eifert wohl die Teilnehmer durch Gebrüll an, doch wird der Sieger nicht besonders ausgezeichnet. Eilig strömt man dann auf die großen Wiesen außerhalb der Stadt, um sich nichts von den großen Reiterspielen entgehen zu lassen. Hier sind die Tibeter in ihrem Element, und ich war immer wieder von ihrer Geschicklichkeit beeindruckt. Aus jeder Adelsfamilie sind eine Anzahl Bewerber gestellt, und hier ist man auch ehrgeizig, zu siegen. Reiten und schießen sind die Bewerbe, und darin wird das Höchste an Geschicklichkeit erreicht. Fast stehend galoppieren die Männer an eine Scheibe heran und, den Vorderlader über den Kopf schwingend, schießen sie im rechten Winkel auf das Ziel. Während sie wenige Meter bis zur nächsten Scheibe heranbrausen, vertauschen sie das Gewehr gegen Pfeil und Bogen, und nur wenige verfehlen das neue Ziel. Jubel und Geschrei verkünden jeden neuen Treffer und feuern zugleich den nächsten Teilnehmer an. Seit ich diese Reiterkunststücke, die besondere Spitzenleistungen darstellen, gesehen habe, schienen mir die Wunderdinge, die man sich noch heute über die Geschicklichkeit der Mongolen in Lhasa erzählt, viel glaubhafter.

Jedes dieser Sportfeste gibt gleichzeitig dem Adel Gelegenheit, seinen Reichtum zu zeigen. In kostbaren Zelten, mit Seide und Brokaten verziert, wohnen sie dem Schauspiel bei und lassen sich vom Volke bewundern. Riesig ist der Unterschied der Klassen, und die zerfetzten Nomaden und Bettler, die in solcher Nähe um so mehr abstechen, genießen trotzdem neidlos den Luxus ihrer Herren. Im Grunde sind die ganzen Sportfeste nur Schauspiel für die Prunksucht der Orientalen, und die Adeligen wissen, daß ein Teil ihrer Macht von ihrem Auftreten abhängt.

Abschluß des Festes bildete immer ein Wettbewerb der Adeligen im Pfeilschießen. Mit unheimlicher Sicherheit traf fast jeder Pfeil die vor einem bunten Vorhang konzentrisch hängenden Lederringe mit einer schwarzen Scheibe als Zentrum. Ungefähr dreißig Meter entfernt nehmen die Schützen Aufstellung. Beim erstenmal war ich erstaunt über die merkwürdigen Töne, die der fliegende Pfeil hervorrief. Ich besah mir den Bolzen näher, und dabei wurde mir klar, wie die singenden Töne entstanden. An jedem Ende des Schaftes steckte statt einer Pfeilspitze ein durchlöcherter Holzkopf, durch den die Luft im

Fluge pfiff; das dadurch verursachte Geräusch war ziemlich weit im Umkreis hörbar.

Nach Belohnung der Sieger mit den weißen Glücksschleifen begibt sich der Adel in feierlicher Prozession in die Stadt, und es dauert wieder viele Monate, bis ein neues Spiel das Volk aus seinem Alltag reißt.

Als ich mich in Lhasa eingelebt hatte, versuchte ich natürlich auch, mich etwas sportlich zu betätigen. Die zwischen fünf- und sechstausend Meter hohen Berge der Umgebung lockten zum Besteigen, und mein Fluchtkamerad Aufschnaiter und ich benützten jede freie Stunde, um uns davonzumachen. Die Tibeter stehen dem Bergsport völlig verständnislos gegenüber, und nur religiöse Gründe zwingen sie hin und wieder, einen Berg in Stadtnähe zu ersteigen und Weihrauch am Gipfel zu brennen, um damit den Göttern ihre Ehrfurcht zu erweisen. Diese Unternehmen dauern immer Tage und werden von den Dienern der Adeligen ausgeführt. Uns wollte man nie glauben, daß wir den von uns zum Hausberg ernannten 5700 Meter hohen Mindrutsari an einem Tag erstiegen und wieder am Abend in der Stadt waren.

Oft werde ich nun hier gefragt, warum ich nie versuchte, Schi zu fahren oder eine Expedition auf einen der zahlreichen Siebentausender zu machen. Das Schifahren scheiterte nicht nur am Mangel an Ausrüstung, sondern es gab auch kaum Schnee in der Umgebung der Stadt. Lhasa liegt wohl fast 4000 Meter hoch, doch sind Niederschläge im Landesinnern sehr selten. Fiel einmal Schnee, dann war er in der Morgensonne gleich wieder geschmolzen. Ebenso erging es uns mit dem Eis, und die Stunden, die wir uns darauf tummeln konnten, waren gezählt. Mit einer kleinen Gruppe von Freunden – auch der Bruder des Dalai Lama war dabei – hatte ich eine kleine Eislaufgemeinschaft gegründet. Wir waren nicht die ersten, die dies in Tibet versuchten, schon die britische Vertretung in Gyantse hatte zum größten Erstaunen der Einheimischen damit begonnen. Wir hatten die Schlittschuhe, die sie beim Verlassen des Landes ihren Dienern schenkten, erwerben lassen, und das Fehlende ließen wir uns aus Indien besorgen. Viele Schaulustige verfolgten ängstlich unsere ersten Versuche. Die kleinen, zugefrorenen Flußarme des an Lhasa vorbeifließenden Kyitschu waren unsere Eislaufplätze. Man wartete nur darauf, daß wir uns verletzen oder im Eis einbrechen würden. Man nannte die Schlittschuhe »Messer« und fand es sehr mutwillig, daß wir darauf »rutschen« wollten. Doch die Jugend war begeistert, und zum Entsetzen ihrer Eltern verlangte sie immer wieder, mitmachen zu dürfen. Leicht wäre es gewesen, diese Jugend für sportliche Übungen zu begeistern, doch hätten uns die Mönche niemals so viel Einfluß zugestanden. Genauso ablehnend hätten sie sich jedem Plan einer Expedition widersetzt, und wir durften aus Klugheit nicht gegen sie handeln. Selbst als ich später den Dalai Lama unterrichtete und uns ein Freundschaftsverhältnis verband, unternahm ich nichts, um diese Sonderstellung auszunützen. Natürlich versuchte ich, ihm neue Ideen und Reformen, denen er aufgeschlossen gegenüberstand, auseinanderzusetzen. Doch war er zu dieser Zeit noch nicht großjährig, und als er an die Macht kam, war bereits Krieg im Lande. Immer wieder mußte ich ihm von unseren Schulen erzählen, und ebenso interessierten ihn die verschiedenen Lehrfächer. Als er auf seiner Flucht vor den Rotchinesen nach der indischen Grenze die Riesen des Himalaja erblickte, war auch er tief beeindruckt. Doch konnte er nie verstehen, warum wir auf die höchsten Gipfel wollten, und es wäre mir auch nie gelungen, ihn für eine Expedition zu begeistern. Tief verwurzelt ist in jedem Buddhisten der Glaube, daß der Himalaja Sitz der Götter sei, und jedes Unglück in den Bergen wird als Rache der Schutzgeister angesehen. Ohne Hilfe und Ausrüstung wären Aufschnaiter und ich aber nie zu einem Erfolg gekommen, und wir waren schon froh, daß wir die Berge der Umgebung ohne Einspruch ersteigen konnten. Man hat nicht so oft die Gelegenheit, aus seinem Fenster 5000 bis 6000 Meter hohe Berge nahe sehen zu können. Trotzdem bedauerten wir immer wieder, daß wir so gebundene Hände hatten, denn Tibet wäre das ideale Ausgangsland für Expeditionen gewesen.

Da mir die Ausflüge aber zu wenig Betätigung waren und wir auch nicht immer so lange von unserer Arbeit wegkonnten, suchte ich nach einem Sport, den wir auch in Lhasa ausüben konnten. Im Sommer konnte man wohl im Kyitschu schwimmen, doch war das Wasser eiskalt und die Strömung ziemlich schnell. Die Tibeter bewunderten meine Schwimmkünste immer sehr, denn nur wenige haben eine wirkliche Technik erlernt. Meist schwimmen sie wie die Hunde und haben Angst vor der Strömung. Am schönsten fanden sie es immer, wenn ich ins Wasser sprang, und konnten nie genug davon haben. Einmal kam mir eine Idee, einen Tennisplatz anzulegen, und ich begann, eine Anzahl von Leuten dafür zu interessieren. Ich legte eine Mitgliederliste an und ließ mir Vorauszahlungen geben, um die Sache finanzieren zu können. Viele hatten erst Angst, mitzumachen, da sie, gewitzigt durch das Fußballspiel, fürchteten, die Kirche könnte Einspruch erheben. Doch zerstreute ich ihre Bedenken, indem ich anführte, daß auch die britische Vertretung in Lhasa innerhalb ihres Gartens einen Platz habe und dieser Sport wohl auch keine Massen anlocken würde. Ich nahm Landarbeiter auf und ließ am Fluß eine geeignete Fläche planieren. Nach einem Monat war der Platz fertig, und Netze und Schläger und Bälle waren von nach Indien pilgernden Adeligen besorgt worden. Die Kinder rissen sich darum, bei uns Balljunge spielen zu dürfen, und wir alle hatten großen Spaß an diesem Sport. Der »Tennisclub Lhasa« war also ein großer Erfolg und wiederum Beweis, wie leicht es gewesen wäre, dort Begeisterung für jede Art von Sport zu erwecken.

Wenige Nachrichten sickern jetzt aus Tibet über Indien zu uns. Vielleicht werden die Chinesen, die kommunistische Schulen im Lande errichten, nun auch den Sport dazu benützen, um die Jugend des Landes für ihre Idee zu gewinnen.

Auf dem Silbersattel
des Nanga Parbat

Peter Aschenbrenner

Schon im Altertum haben Feldherren mit ihren Heeren Hochgebirgsketten überquert. Mit sportlichem Bergsteigen, mit der Eroberung bisher unbezwungener Gipfel, hatte das jedoch nichts zu tun. Viele Jahrhunderte später waren es die Künstler – Maler und Schriftsteller –, welche die Schönheit des Hochgebirges entdeckten, in ihren Werken schilderten und die Menschen verlockten, sie selbst zu erleben. In der zweiten Hälfte des 19. Jahrhunderts wurde das Bergsteigen zu einem Sport, dessen Anhänger kühn und furchtlos immer neue, höhere Gipfel zu ersteigen versuchten. Heute gibt es in den Alpen keinen Gipfel mehr, der den Bergsteigern nicht von allen Seiten zugänglich ist, und es zieht sie nun in andere Länder.

Der Himalaja ist das mächtigste Hochgebirge der Erde – er ist doppelt so hoch und doppelt so lang wie die Alpen. Dreizehn Berge über achttausend Meter liegen in seinem Bereich. 1934 rüstete der Deutsche Willy Merkl seine zweite Expedition aus, um den 8114 Meter hohen Nanga Parbat im westlichen Himalaja zu bezwingen. Es gehörten zehn Bergsteiger, drei Wissenschaftler und viele einheimische Träger zu der gut ausgerüsteten Expedition. Doch auch diesmal blieb Willy Merkl der Erfolg versagt. Mehr noch, er selbst, drei seiner Kameraden und sechs Träger büßten kurz vor dem Erreichen des Gipfels in einem mörderischen Schneetreiben ihr Leben ein. Peter Aschenbrenner, ein Teilnehmer der Expedition, schildert in dem folgenden Tagebuchbericht die unheimlichen Strapazen, die Hoffnung auf den greifbar nahen Sieg über den Berg und die Enttäuschung, als sie einsehen müssen, daß der Angriff auf den Gipfel für diesmal abgeschlagen ist.

Knapp unterhalb des Silbersattels löste ich Schneider wieder im Vorangehen ab. Die letzten 200 Meter mußten wir Stufen schlagen, um den Weg für die Träger gangbar zu machen. Trotz der harten Eisarbeit in dieser Höhe kamen wir schnell vorwärts. Mit Spannung erwarteten wir das Betreten des Sattels und den freien Blick auf den Weiterweg, endlich standen wir oben (7600 Meter). Eine neue Welt tat sich vor uns auf. Von hier bis zum Vorgipfel erstreckt sich in einer Fläche das schneeige Hochplateau ohne Hindernis. Neue Kraft und Siegesfreude durchströmte uns bei diesem Anblick. Unsere Begeisterung läßt sich kaum in Worte kleiden. In dem scharfen Wind, der uns auf dem Plateau empfing, ließen wir uns im Schutz der warmen Felsen des Nordostgipfels zu einer Zigarettenrast nieder. Für die 600 Meter Steigung seit Verlassen des Lagers VII hatten wir nur drei Stunden und 15 Minuten benötigt. Meinen Vorschlag, den Nordgipfel zu ersteigen, lehnte Schneider ab. Für ihn gab es nur ein Ziel: den Hauptgipfel.

Um das zu errichtende Lager VIII weiter gegen den Gipfel vorzutreiben und einen windgeschützteren Platz dafür zu finden, gingen wir weiter. Um 12.30 Uhr erschien Welzenbach am Silbersattel. In unserer Freude tauschten wir einige Jodler. So gut man halt in 7600 Meter Höhe jodeln kann. Während Schneider weiterging, unterhielt ich mich noch kurz mit Welzenbach über unser Vorhaben. Er blieb zurück, um auf die andern zu warten. Der Weg über das Plateau, über die vielen Windgangeln und durch den Bruchharsch, war sehr mühsam. Aber in unserer Begeisterung spürten wir nichts von Müdigkeit. Ungefähr um 2 Uhr sahen wir Merkl und Wieland mit den Trägern am Sattel auftauchen. Schneider und ich zweifelten, ob sie noch nachkommen würden, und beschlossen deshalb, hier zu warten. Der Wind blies immer heftiger aus Nordost und jagte über das ganze Plateau. Wir waren hier 50 Meter unter dem Vorgipfel in 7900 Meter Höhe. (Später genauer von Finsterwalder mit 7895 Meter vermessen.) Da wir sahen, daß die Träger versuchten, 200 Meter unter uns auf dem Plateau das Lager zu errichten, ging Schneider zurück, um sie zum Weitergehen zu überreden. Nach einhalb Stunden Warten, bei dem ich kläglich fror, entschloß ich mich ebenfalls hinabzusteigen, da Schneider anscheinend keinen Erfolg hatte. Gegen Abend nahm der Sturm heftig zu, obwohl blauer Himmel über uns war. Doch nichts konnte unsere Zuversicht erschüttern. Zum Abendessen gelang es, noch ein wenig Suppe zuzubereiten, dann legten sich alle in ihre Zelte. Der Sturm nahm stündlich zu und wurde zum brüllenden Orkan. In den furchtbaren Windböen wurde das große Hauszelt, in dem Merkl, Welzenbach und Wieland lagen, vollständig eingeknickt. Erst am anderen Morgen gelang es, das Zelt mit Seilen zu befestigen. Feiner Schneestaub drang durch alle Ritzen. Unaufhörlich knatterten in dem Sturm die Zeltwände. Wir verspürten leichte Kopfschmerzen und fanden lange keinen Schlaf. Noch immer glaubten wir, daß morgen das Wetter wieder freundlicher sein würde. So verging die erste Nacht in Lager VIII, die zu den fürchterlichsten meiner Bergsteigererlebnisse zählt.

Gegen sonstige Gewohnheit trieb es am Morgen des 7. Juli Erwin Schneider als ersten aus dem Schlafsack. Unser Rucksack für den Gipfelsturm war gepackt. Er enthielt nicht viel, aber das wichtigste: Gipfelfahne, Photoapparat und etwas zu essen. Im anderen Sahibzelt verhandelte Schneider mit Merkl, Welzenbach und Wieland. Der Sturm tobte an diesem Morgen mit solcher Gewalt, daß wir unsere Gipfelabsichten aufgeben und rasch im Zelt wieder Zuflucht suchen mußten. Mit wahnsinniger Geschwindigkeit jagten dichte Schneeböen über das Plateau und verdeckten die Sonne. Um 10 Uhr und 11 Uhr vormittag war es noch völlig dunkel. Trotzdem fühlten wir uns in unseren Zelten geborgen. Auch unsere Träger waren genügend mit Schlafsäcken versorgt und brauchten nicht unter der bitteren Kälte zu leiden. Obwohl wir Nahrung für fünf bis sechs Tage mithatten, wurde die Zubereitung der einfachsten Speisen bei dem furchtbaren Sturm unmöglich gemacht. Nur einmal gelang es uns an dem Tag, etwas Schnee zu schmelzen, um den trockenen Gaumen anzufeuchten. Der Orkan wuchs von Stunde zu Stunde. So erwarteten wir mit Sorge die zweite Nacht. An eine Besserung des Wetters wagten wir kaum noch zu denken. Der Morgen des 8. Juli hatte tatsächlich keine Besserung gebracht. Der Aufenthalt in den Zelten wurde fast unerträglich, ein Vorstoß zum Gipfel war völlig aussichtslos. Um 8 Uhr früh kam Wieland zu uns ins Zelt. Wir alle waren der gleichen Überzeugung, daß der erste Gipfelangriff abgeschlagen sei und wir zunächst nach Lager IV absteigen müßten. Angesichts des nahen Gipfels ein schwerer Entschluß! Als die Anordnung kam, daß Schneider und ich mit drei Trägern vorausgehen und den Weg spuren sollten, rüsteten wir uns für den Abstieg. Wir hatten die größte Mühe, die Träger aus den warmen Schlafsäcken in den tobenden Sturm herauszuziehen. Während ich die Träger anseilte, besprach Schneider mit den andern, was wir für den nächsten Angriff in Lager VIII zurücklassen wollten. Niemand klagte über irgendwelche Erkrankung, wir waren alle in guter Verfassung. Bei unserem Aufbruch waren auch Merkl, Welzenbach und Wieland schon zum Abstieg gerüstet, und wir waren der Überzeugung, daß sie sofort nachfolgen würden.

Als wir zum Silbersattel kamen, steigerte sich der Sturm derart, daß wir nur mit der größten Vorsicht an den Abstieg der Steilflanke gehen konnten. Pinzo Nurbu und Nima Dorje gingen sehr schlecht, während Pasang in bester Form war. Wir hatten zwei Schlafsäcke, einen für die Träger und einen für uns. Schneider ging voraus, die Träger in der Mitte und ich am Schluß, jeden Augenblick bereit, einen Sturz abzufangen. Etwa 100 Meter unter der Scharte wurde Nima Dorje vom Sturm aus den Stufen gerissen. Nur mit größter Mühe gelang es Pasang und mir, ihn zu halten und uns dadurch alle vor dem sicheren Absturz zu bewahren. Aber der Sturm hatte von seinem Rücken den Schlafsack gerissen. Wie ein Luftballon segelte der große Packsack vor unseren Augen über die Rupalseite hinaus. Wir fünf Mann hatten nur mehr einen Schlafsack. Damit ergab sich die zwingende Notwendigkeit, noch am gleichen Tage Lager V oder Lager IV zu erreichen, wenn wir nicht erfrieren wollten. Wir konnten in dem tobenden Schneesturm keine 10 Meter weit sehen und machten viele Irrgänge. Um die Träger von diesen ermüdenden Umwegen zu befreien, seilten wir uns in dem unschwierigen Gelände vor Lager VII ab. Wir erklärten ihnen, sie möchten uns unmittelbar in der Spur folgen. Sie waren damit durchaus einverstanden. Einmal, als der Sturm für einen Augenblick die Wolken auseinanderriß, sahen wir die zweite Partie den Silbersattel herabkommen.

In Lager VII stand noch das zurückgelassene Zelt. Auf dem Weg nach Lager VI überkam mich starke Müdigkeit. Alle 30 Meter saß ich zur kurzen Rast im Schnee. Wie glühende Nadelstiche peitschte uns der Sturm die Schneekristalle ins brennende Gesicht. Unsere Träger hatten wir aus dem Sehkreis verloren, wir vermuteten sie aber kurz hinter uns. Außerdem würden sie ja von der nachfolgenden Partie mitgenommen werden. In Lager VI war das zurückgelassene Zelt tief verschneit. Bei der absoluten Unsichtigkeit hielten wir es für besser, den Rakiot-Peak zu überschreiten und nicht zu queren, obwohl uns eine Gegensteigung von 150 Meter bevorstand. Ich hatte mich wieder erholt. Nun überfiel Schneider jene Müdigkeit, die ich überwunden hatte. Erst der Abstieg über die steilen, ausgesetzten Felsen des Rakiot-Nordgrat regte ihn wieder an. Weiter drunten bei der Seilversicherung kamen wir rasch nach Lager V hinab. In den Zelten fanden wir außer den Schlafsäcken auserwählten Höhenproviant. Wir aßen reichlich und erholten uns so gut, daß wir wagen konnten, nach Lager IV abzusteigen. Wir trafen dort am späten Nachmittag ein, freudig begrüßt von Bechthold, Bernard und Müllritter. Endlich waren wir geborgen, wie in einer Schutzhütte in den Alpen.

Ein Gewitterflug

Paul Karson

Segelfliegen ist ein Sport, der mehr als fast jeder andere auf die Partnerschaft mit den Wissenschaften angewiesen ist. Ohne die Wissenschaft von der Meteorologie, der Aerodynamik, der Statik und der Erforschung der Stratosphäre gäbe es den heutigen Segelflugsport nicht – und ohne die beim Segelfliegen gewonnenen Daten und Erkenntnisse wäre die stürmische Weiterentwicklung in diesen Wissenschaften nicht möglich gewesen.

Segelflieger starten überall da, wo Hänge aufragen. Sie sind mit Wind und Wolken im Bunde und scheuen weder Sturm noch Gewitter. Der Kampf mit den gewaltigen Kräften der Natur gehört zu ihrem Sport. Allein in ihren leichten Seglern, ganz auf sich gestellt, müssen sie ihn bestehen. Die Gefahr gehört zu ihrem Leben, Mut und Entschlossenheit sind die Waffen, mit denen sie siegen. In einem erregenden Bericht schildert Paul Karson einen Gewitterflug, der leicht zu einem Todesflug hätte werden können.

In sorgsamen, tastenden Kurven schraubt sich mein Flugzeug höher, immer weiter durch den merkwürdigen Dunst hier in der Höhe. Ich nähere mich den Wolken. Unten liegt München. Die Türme der Frauenkirche ragen heraus, das silberne Band der Isar schlängelt sich durch das Häuserfeld, rechts daneben, der große, viereckige Kasten mit dem hohen Turm, das Deutsche Museum. Wie lange ist es her, daß ich mir die Stadt nicht mehr so in aller Ruhe von oben betrachtet habe? Ich denke an meine Schleißheimer Zeit auf der Verkehrsfliegerschule – an meine ersten Überlandflüge, die erste Bekanntschaft mit den Wolken. Wunderbar schön war das alles damals – aber das Dröhnen des Motors klang in den Ohren, und die ganze Maschine zitterte und vibrierte. Heute bin ich allein, ganz lautlos schwebe ich mit meinem »Fafnir« in der Höhe – und ich kenne die Luft und die Wolken jetzt. Seltsam vertraut ist mir die ganze Stimmung, als hätte ich sie irgendwann einmal, vor langen Zeiten, schon ganz genauso erlebt. Gruppen von Menschen, schwarze Flecken auf dem Hellgrau des Pflasters, finden sich zusammen. Was mögen sie wohl bereden? Ob sie hinaufsehen zu dem großen, hellen Vogel? Blendend hell liegt die hohe Kette der Alpen, eine schimmernde schwarz-weiße Mauer, die dunklen Felshänge und der letzte Schnee auf den Gipfeln. So klar ist die Luft, ich glaube die Gipfel greifen zu können. Man müßte dorthin fliegen, einsam, still über den hohen, feierlichen Bergen schweben. Aber ich habe keine Höhe – was ich mir mühsam erkämpfe, geht ebenso schnell im plötzlichen Abwind verloren. Da ist ein großer Wolkenberg – mitten im Himmel. Ich fliege nach Norden, ihm entgegen, in geradem, schnellem Flug. Wir steigen. In endlosem Kreisen winde ich mich unter der Wolke hoch – ich erreiche ihre Basis und bin auf einmal mitten im feuchten Grau. Unentwegt steigend, kurve ich in der Wolke. Gleichmäßig ticken meine Instrumente, sachte pendelt der Zeiger des Variometers. Sonst nichts. Weiße, feuchte Luft umher. Es wird bockig, und ich muß auf meinen guten Vogel aufpassen. Aber das ist gewohnte Arbeit für mich, und schnell und sicher, mechanisch reagieren meine Hände. Die Hautpsache ist, daß wir steigen, nicht wahr, mein »Fafnir«?

Ja, er schüttelt sich etwas unwillig und knarrt, wenn eine harte Bö ihn anpackt – aber es stört ihn nicht weiter. Wir sind heraus aus der Wolke, seitlich herausgestoßen. Die feuchte, graue Wand liegt dicht hinter mir – zu beiden Seiten türmen sich riesige, helle Wolkenberge, und ich fliege in einem tief eingeschnittenen Tal, in einer hohen düsteren Klamm zwischen den schimmernden, lebenden Bergen. Ein wunderbares Bild – aber ich habe keine Zeit. Ich wende den »Fafnir« in der engen Straße und fliege zurück in den brodelnden Nebel, aus dem er geflohen ist. Man muß noch höher kommen! Aber es ist nicht mehr viel los. Langsam verliere ich meine Höhe wieder, ich sinke abwärts, gespenstisch rauschend im einförmigen, trostlosen Grau, und falle nach unten aus der Wolke heraus.

Oho, so weit sind wir über Land gesegelt? Wie im Schlafwagen ging das – gesehen haben wir nichts von der Landschaft. Aber jetzt liegt Schleißheim unter mir, und ich drehe den »Fafnir« herum und fliege zum Flugplatz Oberwiesenfeld zurück. Es gibt keinen Aufwind mehr, man muß wohl nach Hause. Nun, ich habe meinen schönen Flug, und die Wetterpropheten haben etwas gesehen. Die strahlende, leuchtende Helle der Landschaft ist verschwunden. Noch lacht im Osten die Sonne, noch liegt das Land unter mir in ihrem warmen Schein. Aber die lachenden, jagenden Wolken sind gestorben – ein trübes, trauriges Grau hängt am Himmel, ein fahles Leichentuch, einförmig, weit über der Erde schwebend, so weit ich sehen kann.

Die Alpen sind fort – verhängt von dichten, grauen Regenstreifen –, trostlos, kalt, wie die glanzlosen, schmutzigen, häßlichen Schutzüberzüge über der warmen, lebendigen Farbenpracht der alten Brokatmöbel in einem Barockschloß. Geduckt, trübe und melancholisch wartet das Land unter mir, ängstlich, wehrlos, auf das kommende Unheil. Dichter, drohender ziehen sich die Wolken zusammen.

Da zuckt, fern noch, in den dunklen Wolken vor mir, der erste Blitz. Scharf und hell wie ein Signal, wie ein Befehl.

Siehst du es, »Fafnir«? Das Gewitter liegt vor uns; unsere große Aufgabe. Kurs Süden! Wir fliegen hinein ins Gewitter!

Wahnsinn, denke ich einen Augenblick, Wahnsinn – du fliegst in das Gewitter hinein, in das Zentrum von Blitz und Donner. Es ist Vermessenheit – der Mensch soll die Götter nicht versuchen! Ein Tritt ins Seitenruder, und die Maschine würde drehen, sie käme wieder heraus, fort von den dichten Wolken und dem unheimlichen Trommelwirbel des Hagels. Aber es ist schon zu spät – vorhin noch hätte ich umkehren können. Jetzt existiert dieser Gedanke für mich nicht mehr. Es gibt kein Zurück. Der »Fafnir« fliegt starr, wie gebannt, geradeaus.

Die Blitze, grelle, dröhnende Feuerzungen, zerreißen die Wolkenwand vor mir. Ihre blendende, prasselnde Hitze versengt den Blick, und hart, mit kalter, beängstigender Präzision folgen die Donnerschläge, schnell, polternd, krachend. Das Luftmeer brandet, zerrissen von der brüllenden Macht des Feuers. Die ganze Welt ist voll Lärm, es ist ein weiter, hallender leerer Raum, in dem ich verloren in meinem »Fafnir« treibe. Dunkelheit fällt über mich.

Noch einmal lausche ich gespannt nach hinten auf das gleichmäßige, ruhige Ticken der Instrumente. Sie werden die einzigen Zeugen dieses Fluges sein. Dann beginnt die Maschine zu steigen – die schwarzen, unheilvollen Wolken über mir ziehen den »Fafnir« an sich – mit unwiderstehlicher, langsamer Gewalt.

Ein dröhnender, wirbelnder Sturmmarsch, ein rasendes Fortissimo, trommelt der Hagel auf den langen Flächen – der Kampf beginnt. In dichten weißen Streifen stürzt der Hagelfall zu Boden. Mit wilder Zerstörungsfreude und grausamem, nervenzerreißendem Pfeifen jagen die Schloßen abwärts. Der »Fafnir« steigt durch das wütende Trommelfeuer aufwärts – dichter wird der Dunst unter mir und lauter das Heulen des Windes. Noch ziehen ein paar eilige dunkle Wolkenfetzen unten vorbei – abgesprengt, verlassen unter dem großen Heer daherirrend. Noch einmal öffnen sich die feuchten, kalten Schwaden zu meinen Füßen – einen letzten Blick werfe ich auf das traurige Land in der Tiefe. Dann weicht es langsam, hoffnungslos zurück, und der kalte Schleier zieht sich zusammen. Es geht hinauf – ins Nebelland. »Fafnir«, der Urzeitdrache, kehrt zurück in die versunkenen Länder der Edda, nach Jötunsheim, in das grausige, einsame Wolkenreich – so weit hinter dem Tag und der warmen Sonne.

Hinein in die Heimat des Donners – hinein zu den tobenden Blitzen zieht er. Noch liegt er ruhig, er schüttelt sich im Hagelschauer, der klappernd und rasselnd gegen die Sperrholzwände trommelt. Schneller jagt er hinauf, rücksichtsloser schiebt er sich aufwärts durch den kalten, eisgefrorenen Steinhagel – und in aufheulender Wut steigert sich der Lärm der niederstürzenden Eisschloßen zu einem grausigen Getöse.

Ja, der »Fafnir« straffte sich – furchtlos und entschlossen tauchte er in die Nacht. Aber hier oben war das Nebelland – das wilde, eiskalte Reich, wo die erbarmungslosen, wilden Götter über Sturm und Blitz herrschen. Wild sind sie und groß und furchtbar. Was gilt ihnen der Mensch? Und die Böen werfen sich gegen den »Fafnir«, sie zerren mit wütender, reißender Wucht an den bebenden Tragflächen. Sie biegen die langen Flügel hin und her, verzweifelt flattert der »Fafnir« durch das Grau, und ächzend stöhnt das gepeinigte Holz. Die Zeiger der Instrumente, kluge, verläßliche, treue Helfer, von Menschen erdacht, geistreiche feine Wunderwerke, sinken müde, kläglich gebrochen zurück. Von Sturm und Hagel verstopft, versagt die Düse, und höhnisch heult der Orkan – Menschenwerk – Spielzeug – was soll das bei uns? Allein bist du, Günther Groenhoff, ohne deine stummen mechanischen Freunde —— sie haben nicht durchgehalten.

Es bleibt nur der Mann in seinem großen hölzernen Vogel – ein einziger Mann in der Hölle. Es heißt die Zähne zusammenbeißen, es heißt kämpfen. Ein Mann allein gegen die Übermacht der entfesselten Urgewalten. Und dort links peitscht ein greller, feuriger Blitz durch das Grau der Wolken, und hellrot aufleuchtend erglimmt der nasse Dunstschleier. Das Zentrum des Gewitters! Ich höre den Donnerschlag nicht. Nußgroße Hagelkörner, mit rasender Wucht durch den Nebel schießend, schlagen gegen die Bespannung, sie brechen den Widerstand der straff gespannten, klingenden Haut, die plötzlich klafft, lange Risse ziehen sich über die Decks, durchlöchert ist der nasse Stoff. Zerfetzt, ein Sieb das Höhenruder, und die kleinen losgerissenen Fetzen der Bespannung schlagen flatternd im Sturm. Sie machen mit dem »Fafnir«, was sie wollen. Sie schleudern sich die Maschine zu, verzweifelt krümmen sich die Tragflächen, umsonst suchen sie, dem Sturm zu entgehen, vergebens biegen sie sich bis über die Grenze des Möglichen in die Richtung des kalten, harten Drucks, vergebens stemmen sie sich ächzend, zitternd gegen die Wirbel. Der Sturm umtobt die Maschine, das brandende Nebelmeer schlägt über dem Flugzeug zusammen. Ich kann nicht gegensteuern, ich kann die überlastete Maschine nicht noch mehr beanspruchen. Ich überlasse den »Fafnir« seinem Geschick und dem tobenden Sturm. Wo ist hier im Grau, im undurchdringlichen, kalten, unheimlichen Grau, das Gewitter – wo verbirgt es sich? Ich suche den Sturm – ich bemühe mich starren Blicks, hinter die tote Dunkelheit des brodelnden Nebels zu sehen – wo ist mein Feind selbst? – Er soll sich zum Kampf stellen, ich will ihn leibhaftig erblicken, den Blitz, den Donner – herbei, ihr Götter! –, aber er ist nicht zu fassen, er ist überall zugleich, dicht neben mir, in meiner Nähe hinter der formlosen, feuchten Wand – von allen Seiten stürmt er auf mich los und verspottet kalt und höhnisch meine Anstrengung – er beugt sich wild und drohend über mich und wächst riesenhaft in den Raum über mir – und einen kurzen Augenblick ducke ich mich unter meinem hölzernen Schutzdach.

Ein plötzlicher, heimtückischer Stoß, ein tödlicher, rasender Überfall aus dem Hinterhalt, so hart und erbarmungslos ergreift der Sturm den »Fafnir« und schleudert ihn hinab in den weißen Abgrund.

Es ist genug!

Der Ruck hebt den Menschen vom Sitz, er reißt an den Gurten und wirft mich mit dem Kopf gegen die Holzwand des Gehäuses, daß der Deckel an seinen Federn zieht und aus dem Lager springt. Ich klammere mich hart, mit ausgestreckten Armen am Steuerknüppel fest – ich sperre mich mit starr angedrückten Knien gegen die Holzwand, verklammert im Rumpf. Ich muß bei der Maschine bleiben. Und wild, in entsetztem, verzweifeltem Schrecken, bäumt sich der »Fafnir« auf und stürzt kopfüber hinab – in jagender, rasender Flucht. Sinnlos stößt er durch das feindliche Grau der Nebelmauern, laut, furchtbar pfeifend, ein Pfiff der Todesangst, und die langen Flügel biegen sich nach hinten, weit, verzweifelt. Es ist unmöglich – wie kann der »Fafnir« das aushalten? Legt er jetzt seine Schwingen nach hinten zusammen wie ein Falke, um steil nach unten zu schießen wie ein Stein aus der Höhe – nur fort aus dem unheimlichen Wirbel?

Bricht er jetzt – ist es aus, mein »Fafnir« -, ist das leise unheimliche Knacken im Holm der Todesstoß gewesen? Nein, er hält, er fängt sich und hält zuckend mit hartem Stoß mitten im tobenden Sturm – und ein wütender blendender Blitz fährt auf die zitternde Maschine zu, wie eine zischende gereizte Schlange schnellt er aus dem jagenden düsteren Grau hervor, und der Donnerschlag kracht von allen Seiten zugleich über dem Flugzeug zusammen. Die Wolke wirft sich über den »Fafnir«, der Himmel stürzt ein und begräbt ihn unter seinen Trümmern.

Und wieder und wieder in den kurzen Pausen, die mir der Sturm mit höhnischem, kaltem Lachen gewährt, versuche ich meinen »Fafnir« nach Nordosten zu drehen – und er wendet sich gehorsam mit letzter Kraft und fügt sich meinem Willen. Schwächer wird das Trommeln des Hagels, matter wird der Ansturm der Böen. – Lichtet sich das Dunkel? Und da, fern hinter dem nebligen Schleier, taucht tief unten die Erde auf – in einer steilen, brausenden Spirale drücke ich den »Fafnir« nach unten – aus dem Gewitter heraus.

Wir atmen tief auf.

Der lähmende Druck weicht von meiner Brust. Eine Ewigkeit ist vorüber. Kurz, hundert Meter, hinter mir zieht die Gewitterfront – eine graue, schwere, brodelnde Wand. Dort toben die Wirbel, dort reißen sie das Grau der Wolken durcheinander. Hoch reckt sie sich in den Himmel, eine wilde, lebende Mauer, schiebend, drängend, vorwärts stürmend. Wehe dem Flugzeug, das in solchen Hexenkessel hineingerät, denke ich – und dann läuft mir ein Schauer den Rücken herunter – wir waren ja eben da drin, der »Fafnir« und ich! Mitten durch das Gewitter sind wir eben geflogen. Aus diesem jagenden, kochenden Meer sind wir eben herausgeglitten! Und rasch steigt meine Maschine vor der Wand empor, in wenigen Minuten erreichen wir die höchste Zinne der wallenden Nebelmauer. Zweitausendzweihundert Meter sind wir hoch. Weit dehnt sich vor uns das sonnenbestrahlte Land – und schimmernd in leuchtender Klarheit glänzt die majestätische Kette der Alpen im Süden.

Mein Gott, wie sieht der »Fafnir« aus! Zerrupft, zerfetzt, zerschlagen. Die Tragflächen sind vom Hagel durchlöchert, die Leinwand zerschlissen, zentimeterhoch liegen die Hagelkörner und das eisige Schmelzwasser in den langen Decks. Aber noch fliegt die Maschine sicher und gleichmäßig in der starken, glatten Aufwindströmung. Stundenlang geht es so vor dem Gewitter über Land. Regengüsse überschwemmen die Dörfer, unaufhörlich krachen die Blitze hernieder – aber so weit unter mir, so fern von meiner sicheren Höhe. Ein Schmetterling treibt vorbei, hilflos flatternd. Was will er vor einer Gewitterfront in diesen eisigen Höhen? Auch er wurde vom Aufwind heraufgetragen – willenlos gibt er sich der rauschenden Luft hin. Was wird aus ihm? Hoffentlich gerät er nicht in die Wolken.

Ich sitze im Wasser! Ein kaltes Sitzbad, pfui Teufel! Das Schmelzwasser der eisigen unerwünschten Zuladung sammelt sich im Rumpf an. Ich bohre stillvergnügt vor mich hin – und endlich habe ich ein Loch in der Sperrholzwand, und munter gurgelnd fließt der kalte See ab.

Eine lange Rauchfahne zieht, aus einem dunklen Schornstein herausquellend, über das Land, vom Gewitter fort. Dann schlägt der Wind da unten um, langsam dreht der dunkle Zeiger, der Qualm weht jetzt dem Gewitter entgegen und steigt in großen, steilen Spiralen vor der Front aufwärts! Ein Schulbeispiel für die Wetterflugtagung, denke ich und freue mich über die schöne Regelmäßigkeit, mit der die Natur unsere Kenntnisse von Gewitterfronten bestätigt. Dauernd bilden sich neue Wolken vor der Front, die ich im Blindflug durchstoße. Es geht kurz und schmerzlos, und ruhig schaukle ich in meiner Luftlimousine weiter durch die Gegend. Plötzlich, mitten in einer Wolke, sinkt mir der »Fafnir« unter den Füßen weg, er fällt rasend schnell durch den Dunst, und prasselnd setzt der Hagelfall wieder ein.

Bin ich falsch geflogen? Hat mein Kompaß versagt? Bin ich wieder im Gewitterwirbel? O weh, mein lieber »Fafnir«! Aber schon gleiten die letzten Wolkenfetzen seitlich an meinen Fenstern in die Höhe, der Blick öffnet sich, und rasch sinkt der »Fafnir« dem Boden zu. Da ist des Rätsels Lösung – ein junges, frisches Gewitter, das dem alten vorgelagert war. Da war ich hineingeraten, und die Abwindbö hinter den dunklen Wolken wirft mich jetzt hinunter. Ich werde landen müssen! Vor einem winzig kleinen Hang kann ich mich einige Minuten aufhalten, sorgfältig kurvend, halte ich meine schwere Maschine in dem schweren Aufwindfeld. Dann naht meine alte, gewaltige Wolkenwand wieder heran – sie nimmt mich aufs neue auf den Rücken, ruhig wie ein Brett liegt der »Fafnir«, und wie im Fahrstuhl geht es hinauf auf meine alte Höhe. Das ging noch einmal gut! Auf und ab, so geht es nun einmal im Leben. Und weiter ziehen wir über Land. In weiter Ferne sinkt langsam die Sonne unter den Horizont und schüttet noch einmal ihre strahlende, glühendrote Lichtflut über das abendliche Land.

Ich verlasse meine Front mit ihrem schönen Aufwind und suche einen Platz für die Nacht für meinen »Fafnir« und mich. Aber wir verspäten uns – viel zu schnell bricht die Dunkelheit herein, und aus meiner großen Höhe sehe ich im schwarzen, düsteren Land unten die Lichter aufflammen. Eine große Stadt liegt dort vor mir, eins nach dem anderen entzünden sich ihre hellen Lichter. Da werden wir heut' über Nacht bleiben. Ich fliege darauf zu.

Mit leisem Rauschen gleitet der müde »Fafnir« durch die Nacht. Wie hoch mag ich sein? Himmel und Erde fließen zusammen in dieser undurchdringlichen, beinahe greifbaren Finsternis. Und plötzlich blinken dicht unter mir die Lichter eines einsamen Hauses auf. Ich rufe laut hinunter in die Nacht, um die Leute auf mich aufmerksam zu machen. Noch spähe ich angespannt nach unten in das gleichmäßige Dunkel. Da versinkt urplötzlich der Boden unter mir. »Fafnir« schwebt über einem tief eingeschnittenen Flußbett. Das brausende Rauschen der reißenden, strudelnden Wasser tönt herauf, steil, ohne den kleinsten Uferstreifen, wachsen die senkrechten Abhänge unvermittelt aus dem schwarzglitzernden Fluß. Ich mache kehrt und lege den »Fafnir« in die Kurve, aber er sinkt rapide, viel zu schnell. Ich kann das Ufer nicht wieder erreichen.

Es wird noch einmal ernst. Das andere Ufer liegt etwas tiefer, und ich halte darauf zu. Wie müde ist der »Fafnir« geworden! Bleischwer zieht ihn die Wasserlast von den vielen Regengüssen des Tages hinunter. Zerfetzt, verwundet ist er von den harten Kämpfen. Sein müheloses, weites Ausschweben, das ich so an ihm liebte, das lange, weiche Gleiten dicht über dem Boden hat der todwunde Vogel vergessen. Jetzt strebt er mühsam, mit ängstlicher, qualvoller Anstrengung dem rettenden Ufer zu und sinkt in jeder Sekunde unheimlich rasch tiefer.

Aber er schafft es. In zwei, drei Meter Höhe überflog er die Kante und fiel müde und erschöpft in einem jungen Haferfeld zu Boden.

»Fafnir« war heimgekehrt.

Zu Tode ermattet – aber siegreich.

Es war die längste Strecke, die damals ein Segelflugzeug überflogen hatte.

Zweihundertzweiundsiebzig Kilometer, von München nach Kaaden in der Tschechoslowakei.

*Die große Popularität, die Max Schmeling noch heute besitzt, ist wohl kaum
allein aus seinen Erfolgen als Boxer zu erklären. Gewiß, sein großes Können
hat ihn herausgehoben aus der Menge der Sportler, aber erst seine besonderen
menschlichen Qualitäten haben ihn zu dem Idealbild des Sportlers gemacht,
das er noch als 65jähriger verkörpert. Für Max Schmeling ist Boxen, so hat
er immer betont, die ehrlichste Auseinandersetzung, die es gibt. Für ihn ist
die Rivalität, die Wochen vor einem Kampf in beiden Lagern gegen den
Gegner gezüchtet wird und die dann im Ring ihre Entladung findet, nach
dem »Aus« des Ringrichters oder nach dem letzten Gong vorüber. Wenn
Max Schmeling dem Gegner nach dem Kampf die Hand reichte, so war das
für ihn mehr als eine Geste.*
*Liest man die folgende Schilderung vom Kampf gegen Joe Louis – 1936 –, so
ist das schwer zu verstehen, so hart und voller Aggressivität ist dieser Kampf.
Aber dem Menschen Max Schmeling wird man diese faire Einstellung zu
seinem Gegner und zu seinem Sport glauben müssen.*

»Are you ready?« rief der Funktionär der Boxkommission zur Kabinentür
herein.
Ich war bereit!
Polizisten bahnten mir den Weg durch die tobende Menge. Es waren nicht
nur Freundlichkeiten, die man mir ins Gesicht schrie. Doch Anpöbeleien
nahm ich grundsätzlich nicht zur Kenntnis, außerdem gingen sie unter in
dem Beifall, mit dem ich begrüßt wurde.
Der grelle Lichtfinger eines Scheinwerfers geleitete mich zum Ring. Gefolgt
von meinen Sekundanten kletterte ich kurz nach dem »Braunen Bomber«
durch die Seile.
Sekundenlang kreuzten sich unsere Blicke, als Joe in seiner, ich in meiner
Ecke auf dem Schemel saß. Das Gesicht des Negers wirkte ausdruckslos wie
eine Maske. Seine Kaltblütigkeit hatte schon manchen aus dem Konzept
gebracht.
Gegen diese Art von Anfechtungen war ich zum Glück immun. Nach außen
hin die Ruhe selbst, saß ich da und wartete – wartete geschlagene elf Minuten, bis die Vorstellung der Prominenten und das übliche Drum und Dran
vorüber waren.

Während dieser elf Minuten steigerte sich die Stimmung in eine Siedehitze hinein. Die Nerven der Zuschauer wurden zum Zerreißen gespannt.

Und die Nerven der Kämpfer?

Joe Louis saß immer noch unbewegt wie eine Sphinx, und ich blieb ihm an äußerer Gleichgültigkeit nichts schuldig.

Was sich nach dem Gong ereignete, haben Millionen Rundfunkhörer in Deutschland durch die Reportage von Arno Hellmis miterlebt. Noch heute gibt es Millionen, die sich an diese für mich so denkwürdige Nacht erinnern. Noch nie hatte ein deutscher Boxer in einer ähnlich dramatischen Ringschlacht gestanden.

»Und nun geht in eure Ecken zurück«, sagte Referee Arthur Donovan, der berühmteste Ringrichter der Welt, der uns zu einer letzten Unterweisung in die Ringmitte gerufen hatte. »Geht zurück und kommt kämpfend heraus!«

In Deutschland war es 3.06 Uhr nachts, als der Gong zur ersten Runde ertönte.

Aus der Ecke stürmen und sich auf den Gegner werfen, das ist es, was das Publikum von Joe gewohnt ist und jetzt erwartet. Auch ich habe mich auf diesen Überfall eingestellt. Doch er bleibt aus.

Joe Louis kommt vorsichtig. Wir tasten uns ab.

Ich weiß, daß der Bomber eine eminent gefährliche Linke schlägt. Peng! Da sitzt sie schon in meinem Gesicht! Nicht als Volltreffer, wie sie eigentlich gedacht war, aber verflucht schmerzhaft.

Auf keinen Fall darf ich mich aus dem Konzept bringen lassen. Habe ich mir nicht vorgenommen, ihn so schnell wie möglich mit meiner Handschrift bekanntzumachen? Meine Rechte liegt abschußbereit vor meiner Brust. Die Linke pfahlartig ausgestreckt, halte ich mir Joe vom Leib.

Da ist eine Gelegenheit, die ich ausnutzen kann: Sekundenbruchteile habe ich freie Schußbahn. Ich jage ihm eine Rechte an den Kopf, treffe ihn zwar nicht am Kinn, sondern etwas weiter oben, mitten ins Gesicht.

Louis ist perplex. Ach nee, der hält ja nicht still! denkt er offensichtlich. Und das genügt mir für die erste Runde. Der Bursche ist gewarnt!

Die Pause dauert nur eine Minute. Aber eine Minute hat 60 Sekunden, und in jeder Sekunde leben unzählige Gedanken – bei mir, bei Machon, bei den Zuschauern, bei Louis, der dort in seiner Ecke sitzt, und bei meiner Frau in Deutschland.

In dieser einen Minute arbeitet Max Machon, um mich zu erfrischen, redet Chefsekundant Blackburn auf seinen Schützling ein, überschlagen die Wetter ihre Chancen, versucht Arno Hellmis, den Hörern in der Heimat ein anschauliches Stimmungsbild zu geben ... Das alles geschieht in dieser einzigen Minute. Schon einen Herzschlag später aber kann vieles ganz anders sein.

In der zweiten Runde muß ich schwer einstecken. Am eigenen Leib erfahre ich, welch brillanter Boxer Joe Louis ist. Ich versuche, seinen geschickten

Angriffen auszuweichen, doch mehr als einmal erwischt er mich mit seiner stechenden Linken. Blitzartig funkt er sie heraus.

Nachdem er mein linkes Auge getroffen hat, sucht er es immer wieder.

Noch ein linker Treffer! Die Wucht des Schlages schüttelt mich durch, aber ich verliere die Übersicht nicht. Ich sehe freie Bahn für meine Rechte und jage sie Joe ans Kinn. Solche Brocken nimmt auch der Bomber nicht ohne Wirkung! Er schwimmt und geht sofort in den Clinch.

Gong?

Sind die drei Minuten schon um?

Joe und ich lassen voneinander ab, um in unsere Ecken zu gehen.

Der Ringrichter macht ein verblüfftes Gesicht: er hat keinen Gong gehört.

»Los! Weiterkämpfen!« fordert er uns durch Gesten auf.

Ich hätte auf den Rest der Runde gern verzichtet, denn Louis trifft mich mit einer Serie von schnellen Linken, und nicht allen diesen blitzschnell abgeschossenen Geraden kann ich ausweichen.

Jetzt erst läutet der Gong die Runde ab.

Eine Minute zum Erfrischen, zum Kräftesammeln, zum Konzentrieren! Eine Minute Zeit, um mit Machon und Doc Casey die Lage zu peilen!

»Werd' nicht ungeduldig, Max!«

»Keine Angst, meine Chance kommt schon noch!«

Runde drei: Sie beginnt gut. Ich bringe bei Louis eine Rechte an, hinter der meine ganze Kraft steckt. Er verzieht schmerzlich das Gesicht. Unglaublich – aber er wankt nicht!

Und schon rächt sich der Bomber für den fürchterlichen Schlag: er schickt eine Rechte voraus und läßt ein Bombardement von Linken folgen.

Mein linkes Auge fängt an, sich zu schließen. Vorübergehend muß ich den Rückwärtsgang einschalten.

Eine wertvolle Minute zwischen den Runden! Doc Casey kühlt das geschwollene Auge. Joe Jacobs ist um Schattierungen blasser geworden. Arno Hellmis bemüht sich, bei den Hörern jenseits des Atlantiks noch einen Funken Optimismus wachzuhalten.

»Denk an den Paolino-Kampf, Max«, mahnt Machon. »Louis macht über kurz oder lang denselben Fehler wie damals.«

»Verlaß' dich auf mich«, sage ich. Von meiner Zuversicht habe ich noch nichts eingebüßt.

Den Fehler, auf den ich warte, macht der Bomber in der vierten Runde.

»I have seen something!«

»Ich habe etwas gesehen!« sagte ich damals, und jetzt – in diesem Augenblick – sehe ich es wieder: Joe schlägt eine Linke, trifft mich, schlägt eine zweite Linke, trifft mich noch einmal. Er nimmt den Arm zurück, um zu einer dritten auszuholen. Dabei läßt er ihn um Zentimeter nach unten fallen. Auf diese Sekunde, auf diese Chance habe ich gewartet! Wie der Blitz bin ich mit einem Konterschlag in dieser Blöße, schmettere Joe die Rechte ans Kinn. Ich treffe ihn um eine Idee zu hoch, doch der Schlag genügt: der »Braune Bomber« sackt in sich zusammen und geht auf die Bretter.

Das hat Amerika noch nicht erlebt! Im Yankee-Stadion bricht der Wahnsinn aus. Joe Louis am Boden! 40 000 springen auf die Stühle und stimmen ein höllisches Konzert an.

Da sind sie zu Tausenden gekommen, um mich sterben zu sehen. Und nun liegt ihr Idol, der für unschlagbar gehaltene Favorit dieses Kampfes, im Ringstaub...

Nach vier Sekunden steht Joe Louis wieder auf den Beinen, stellt sich zum Kampf. Doch er hat jetzt ein anderes Gesicht. Trotz der Maske des stoischen Gleichmuts fühle ich, daß auch dieser Mann verwundbar ist.

Eine Minute Pause! Eine Minute, in der alles ganz anders aussieht, in der mir Machon anerkennend auf die Schulter klopft und Joe Jacobs seine Erregung kaum meistern kann. Eine Minute, die den Journalisten zu denken gibt. Haben sie mit ihren einseitigen Kommentaren nicht leichtfertig geurteilt? Eine Minute, in der viele Wetter um ihren Einsatz zu bangen beginnen. Eine Minute, in der sich die Landsleute vor den Lautsprechern lachend in die Augen sehen.

In der fünften und sechsten Runde ist Joe Louis vorsichtig geworden. Geschickt deckt er sein Kinn ab. Unmöglich für mich, den Kernschuß anzubringen. Ich treffe immer nur die linke Gesichtshälfte, die sich zunächst gerötet hat und nun anschwillt wie ein Luftballon.

Der Bomber hat offensichtlich in der Ecke Anweisung erhalten, endlich auch seine Rechte einzusetzen! Die Rechte, die schon die besten Boxer der Welt gefällt hat. Eine Unachtsamkeit von mir, und das Blatt kann sich entscheidend wenden!

Pause vor der siebten Runde!

Eine Minute, in der sich mein hart mitgenommener Gegner überraschend erholt, in der sein cleverer Trainer Blackburn ein wahres Wunder vollbringt.

Nach dem Gong stürzt der Bomber aus seiner Ecke. Er scheint so frisch, als hätte ich ihn nie getroffen. Er rammt mir einen gewaltigen rechten Haken an den Körper, schlägt links und rechts. Ich habe Mühe, dem wilden Ansturm zu entgehen.

Einer dieser Schläge sitzt verdammt tief, und Ringrichter Donovan verwarnt Joe sofort.

Die siebente Runde gehört mir nicht.

»Mein Lieber, der schlägt immer noch wie ein Büffel«, stöhne ich in der Pause.

»Bei dem mußt du auf alles gefaßt sein«, warnt Machon.

»Laß nur, ich werd' schon fertig mit ihm.«

Joe macht es mir nicht leicht. In den nächsten vier Runden wehrt er sich erbittert seiner Haut. So groggy er nun nach dem Aufflammen seiner Lebensgeister in der siebten Runde wieder ist – mit penetranter Hartnäckigkeit versucht er, sich mit seiner Linken Luft zu schaffen. Magisch zieht es seine Faust auf mein verschwollenes linkes Auge. Ich trommle mit der Rechten auf seine unförmig aufgequollene linke Gesichtshälfte.

Als die elfte Runde zu Ende geht, gibt es an Joe Louis nur noch die Härte zu bewundern, mit der er durchhält.

Und wieder sitze ich auf meinem Schemel.

Eine Minute Pause, in der ich Luft schöpfen kann. Eine Minute, in der der Rundfunksprecher sein eigenes Wort wieder versteht, das während der Runden in einem Orkan von Leidenschaft untergegangen war. Eine Minute, in der Blackburn sich verzweifelt bemüht, seine Bestürzung vor Joe Louis zu verbergen.

Es ist nicht mehr der gefährliche, der unschlagbare Bomber, der mir in der zwölften Runde gegenübersteht. Es ist nur noch ein Mann, der instinktiv versucht, über die Zeit zu kommen, der zum erstenmal am eigenen Leib erfährt, was er in 24 Profikämpfen seinen Gegnern zugefügt hat.

Joe Louis wehrt sich verzweifelt und landet einen tiefsitzenden linken Haken. Jetzt wird es Zeit für mich, ein Ende zu machen! Ich schieße die Linke ab. Joe weicht ihr aus. Doch er kann mir nun nicht mehr entrinnen. Mit einer erbarmungslosen Rechten fege ich ihn an die Seile.

Noch eine Rechte! Der Bomber läßt kraftlos die Arme fallen. Sein Kinn ist ungedeckt.

Der Augenblick, auf den ich in elf Runden vergeblich gelauert habe, ist da: Alle Kraft, allen Ehrgeiz lege ich in den Schlag, der der letzte dieses Kampfes sein soll.

Joe wird durch den Volltreffer zur Seite gerissen. Er bricht in die Knie, versucht, sich in den Seilen festzuklammern.

Ringrichter Donovan eilt herbei und weist mich gebieterisch in die neutrale Ecke. Ich drehe ab. Der Bomber will sich aufrichten, doch der Versuch mißlingt. Als Joe die Arme vom Seil löst, fällt er auf den Rücken, rollt auf den Bauch und bleibt liegen.

Lauernd stehe ich in der neutralen Ecke. Mein Herz klopft bis zum Hals.

»... eight – nine – out!« zählt Ringrichter Donovan.

Nie werde ich das Bild vergessen, wie er sich mit weit ausgebreiteten Armen über den geschlagenen Joe Louis beugt.

Mit dem »out« des Unparteiischen bricht im Yankee-Stadion ein Hexenkessel los, wie ihn selbst im sensationsgewohnten Amerika noch niemand erlebt hat.

Ich bin glücklich wie noch nach keinem Sieg und mache ausgelassene Freudensprünge.

Machon und Jacobs tanzen weinend und lachend im Ring.

Bartali gegen Coppi

Hans Blickensdörfer

Die Tour de France ist das älteste, bedeutendste und schwerste Etappen-rennen der Welt. Es stellt an die Teilnehmer ungeheure Anforderungen und sichert dem Sieger die begeisterte Anerkennung der Massen. Henri Des-grange, Chefredakteur der Sportzeitung »L'Auto-Velo«, hat dieses giganti-sche Rennen begründet; vor allem wohl zunächst zum Ruhm und wirt-schaftlichen Vorteil seiner Zeitung. Es war im Mai des Jahres 1903, als ihm einer seiner jungen Journalisten die Idee vortrug, ein Radrennen durch ganz Frankreich zu veranstalten. Desgrange war skeptisch. Doch schon drei Wochen später, am 30. Mai 1903, schrieb er in seiner Zeitung die Tour de France aus. Allerdings mußte er den Aufruf wiederholen, um genügend Fahrer für sein Rennen zu gewinnen.

Am 1. Juli 1903 war es dann soweit: Desgrange gab für sechzig Fahrer den Start frei zur ersten Tour de France. Sechs Etappen – Nantes, Bordeaux, Toulouse, Marseille, Lyon, Paris – insgesamt 2500 Kilometer – waren zu bewältigen. Viele Fahrer blieben auf der Strecke, und der eindeutige Kom-mentar der Presse lautete: »Die Tour de France verlangt ganze Kerle, Mut-tersöhnchen müssen zu Hause bleiben.« Das gilt heute fast noch mehr als vor siebzig Jahren. Die Tour ist länger und schwieriger geworden; die ge-fürchteten Etappen über die Pyrenäen sind hinzugekommen.

Hans Blickensdörfer hat in einem Pressewagen die Tour mitgefahren. In seinem Bericht schildert er den Kampf der beiden italienischen Campionissimi Coppi und Bartali um den Sieg in der Tour de France 1949.

Alfredo Binda, der technische Direktor der italienischen Nationalmannschaft für die Tour de France, hat schlaflose Nächte. Beim Giro, der mit Fabrik-mannschaften bestritten wird, war die Sache höchst einfach gewesen. Coppi war der Kapitän von Bianchi, Bartali der von Legnano. Bei der Tour aber müssen die beiden Campionissimi in der italienischen Nationalmannschaft untergebracht werden, und jeder von ihnen stellt unerfüllbare Forderungen. Jeder verlangt präzise Garantien und will seine eigenen »Domestiken«.

Binda muß sein ganzes diplomatisches Geschick aufbieten, um die beiden Asse schließlich zur Unterzeichnung eines »Nichtangriffspaktes« zu bewe-gen. Trotzdem reißen die Aufregungen um die Bildung der italienischen Nationalmannschaft bis zum Vorabend des Starts nicht ab. Zwar steht sie auf dem Papier, aber in Paris gehen Gerüchte um, Coppi habe sich mit Bartali endgültig entzweit und bereits Karten für den Schnellzug nach Mailand bestellt.

Am nächsten Morgen aber erscheint Fausto Coppi beim Start wie alle anderen. Das Rennen beginnt durchaus nicht verheißungsvoll für die Italiener. Nach vier Etappen trägt der kleine, unbekannte Franzose Jacques Marinelli das Gelbe Trikot mit rund 18 Minuten Vorsprung vor Coppi und Bartali, die gehofft hatten, sich bis zum Fuße der Pyrenäen schonen zu können.

Aber es kommt noch viel schlimmer. Coppi, der in der fünften Etappe aus seiner Reserve herausgeht, um einen Teil dieses Rückstandes aufzuholen, stürzt infolge der Ungeschicklichkeit einer Zuschauerin, die ihm eine Flasche Mineralwasser reicht, just in dem Augenblick, da er Marinelli abhängen will. Während der Mann im Gelben Trikot mit erhöhter Geschwindigkeit hinter der nächsten Kurve entschwindet, sitzt Fausto Coppi im Straßengraben, diesmal nicht mit gebrochenen Knochen, sondern mit einem gebrochenen Vorderrad. Sechs endlose Minuten muß er warten, bevor Binda mit dem Materialwagen zur Stelle ist. Damals war der Sprechfunk bei der Tour noch nicht eingeführt.

Als Binda aus dem Wagen springt, sieht er sich nicht einem Campionissimo, sondern einem völlig niedergeschmetterten Fahrer gegenüber. Mit Windeseile wechselt er das Vorderrad aus, aber der teilnahmslos dreinblickende Coppi brummt nur:

»Gib dir keine Mühe, Alfredo. Keine zehn Gäule bringen mich wieder in den Sattel. Heute abend fahre ich heim!«

Aber so leicht wird man mit Ex-Weltmeister Binda, der alle Höhen und Tiefen des Rennfahrerberufes aus eigener Erfahrung kennt, nicht fertig.

»Und du schämst dich nicht, mir so etwas ins Gesicht zu sagen? Kein Hund nimmt in Italien noch ein Stück Brot von dir! Denkst du denn gar nicht an Gino? Willst du ihm diesen Triumph lassen?«

Der Name des Rivalen bringt Fausto wieder in den Sattel. Doch man spürt, daß er ohne jegliche Moral fährt. Binda spürt, daß dieser Mann bald wieder resignieren wird, und jagt im Hundert-Kilometer-Tempo dem enteilten Felde nach, um drei von Coppis Mannschaftskameraden zurückzurufen. Die schieben nun den Campionissimo, muntern ihn auf, geben ihm zu trinken.

Aber Fausto findet den Rhythmus nicht. Er quält sich, wie er es bisher selten hat tun müssen, um mit Hilfe seiner Kameraden wieder den Anschluß ans Feld zu finden. Als es endlich geschafft ist, hört er, Bartali habe inzwischen die Verfolgung von Marinelli aufgenommen. Auch das noch! Wiederum muß er mit aller Gewalt gegen die Versuchung ankämpfen, einfach abzusteigen und sich im Schatten eines der Apfelbäume am Rande der Landstraße auszuruhen. Aber dann quält er sich doch weiter, Kilometer um Kilometer. Zwanzig Minuten nach Marinelli und Kübler trifft er im Etappenziel St. Malo ein. Sein Rückstand in der Gesamtwertung beträgt nun mehr als eine halbe Stunde.

Behutsam massiert ihn der blinde Cavanna auf dem breiten Bett seines Hotelzimmers. Die Journalisten, mit denen er sich sonst während dieser Prozedur bereitwillig unterhält, warten vergeblich vor der verschlossenen Tür. Fausto will niemanden sehen außer dem blinden Freund, dessen feinnervige Finger die müden Muskeln bearbeiten. Nicht einmal den Sonnenschein läßt er herein; die Gardinen sind zugezogen, und im Halbdunkel brütet der demoralisierte Fausto Coppi über die für ihn verlorene Tour de France.

Geschlagen? Verloren? Cavanna will davon nichts wissen.

»Nun hör mal gut zu, Fausto. Du hast kein Recht, jetzt aufzugeben. Die Tour hat ja gerade erst begonnen; noch kann sich alles ändern. Außerdem liegt Gino in der Gesamtwertung vor dir. Wenn du jetzt aufhörst, dann sagen sie in Italien, du hättest Angst gehabt, von ihm geschlagen zu werden.« Aber der Blinde redet umsonst.

»Hat alles keinen Sinn mehr. Wie soll ich mich vorarbeiten, da ich mich schriftlich verpflichtet habe, Bartali nicht anzugreifen, wenn er in der Gesamtwertung vor mir liegt? Auch scheinen die Franzosen und Belgier keine anderen Sorgen zu haben, als mich im Feld einzuklemmen. Wenn ich antrete, dann hängen sie wie die Kletten an meinem Hinterrad und weigern sich, auch nur einen Meter zu führen. Nein, es hat wirklich keinen Zweck mehr, morgen fahre ich nach Hause.«

Doch dann – am nächsten Morgen – steigt Fausto Coppi wieder in den Sattel, und drei Tage später gewinnt er an der Atlantikküste in großem Stil das Zeitfahren von Les Sables d'Olonne nach La Rochelle. Freilich, bei einem Zeitfahren über 50 Kilometer kann man die Gesamtwertung nicht auf den Kopf stellen, aber dieser Sieg im Kampf gegen die Uhr gibt ihm das Selbstvertrauen zurück. An diesem Abend braucht Cavanna während der Massage die Vorhänge nicht zuzuziehen, und was seine Augen nicht sehen, das spüren seine Hände: die Muskeln sind locker, der Puls ist eine Stunde nach der gewaltigen Anstrengung des Zeitfahrens auf 60 Schläge in der Minute zurückgegangen. Cavanna atmet erleichtert auf.

Zwar hat Bartali sich in der Gesamtwertung sehr viel besser placiert, aber in den Pyrenäen werden die Bergspezialisten, vor allem die französischen, angreifen. In diesem Fall darf auch Coppi attackieren, ohne seinen Nichtangriffspakt mit Bartali zu brechen.

Weit hat Fausto Coppi die Fenster seines Hotelzimmers geöffnet; in vollen Zügen genießt er die frische Brise, die vom Atlantik herüberweht. Die große Enttäuschung der fünften Etappe ist völlig überwunden; und die Journalisten staunen über die Bereitwilligkeit, mit der er ihre Fragen beantwortet.

Im Nebenzimmer zieht Gino Bartali nachdenklich an der Zigarette, die er sich am Abend jeder Etappe genehmigt. Er ist mit der Entwicklung nicht ganz so zufrieden wie sein Rivale, aber als er ausgerechnet hat, daß Coppi noch immer 33 Minuten hinter dem Träger des Gelben Trikots liegt, geht er beruhigt zu Bett, nicht ohne vorher die Streckenkarte der nächsten Etappe genau studiert zu haben.

Er weiß, daß er in taktischer Hinsicht dem Jüngeren noch immer weit überlegen ist. Er lernt das Profil der Strecke auswendig; keine Steigung soll ihn überraschen. Auch kennt er alle Finessen des Angriffs- und Verteidigungskrieges auf der Landstraße. Trotz seiner reichen Erfahrung ist er auf einem Gebiet jedoch noch nicht so weit wie Coppi – auf dem der Ernährung nämlich. Fausto hat sich so eingehend mit dem Nahrungsproblem befaßt wie kein anderer Rennfahrer vor ihm. Denkt er an seine ersten Rennen zurück, die er mit fünf hartgekochten Eiern im Verpflegungsbeutel durchgestanden hat, dann wundert er sich, daß er damals überhaupt ins Ziel gelangt war.

Deshalb ernährte er sich auch bei den Rundfahrten ganz anders als in der Vorbereitungszeit. Cavanna mußte ihn stets sehr früh, wenn die meisten Fahrer noch schliefen, wecken und ihm heißen Orangensaft zu trinken geben. Er hatte herausgefunden, daß das ein ausgezeichnetes Stimulans zur Vorbereitung seines Magens für ein ausgiebiges Frühstück war.

Dieses Frühstück bestand bei Coppi gewöhnlich aus einer Gemüsesuppe, einem Beefsteak, das er im Saft einer ganzen Zitrone badete, einem Fruchtsalat und einer riesigen Tasse Milchkaffee – mehr Milch als Kaffee. Niemals nahm er eine Banane, obwohl gerade diese Frucht den Fahrern kiloweise angeboten wird.

Bartali war da weniger wählerisch. Eines jedoch hatte Fausto von dem »vecchio« gelernt: die Enthaltsamkeit im Trinken während des Rennens. Nur bei ganz großer Hitze nahm er gelegentlich eine Flasche Mineralwasser an. Im übrigen suchte er sich mit einer Disziplin, die fast an Selbstentäußerung grenzte, mit dem am Lenker befestigten, nur Tee enthaltenden Bidon zu begnügen. Im Gegensatz zu vielen hitzköpfigen Fahrern passierte es ihm nie, während des Rennens das Essen zu vergessen, selbst dann, wenn der Hunger sich nicht bemerkbar machte. Allzu leicht führt ein hoher Kräfteverschleiß zu plötzlicher Schwäche, die sich bei zu später Nahrungsaufnahme nicht mehr vertreiben läßt. So aß er während des Rennens Schinkenbrote, Reiskuchen, Hühnerfleisch und Orangen und nahm im Hotel als erstes Getränk einen Liter Milch zu sich. Nichts konnte ihn dazu verleiten, seinen Speisezettel zu ändern.

Besonders ausgiebig frühstückt Fausto Coppi vor der ersten Pyrenäen-Etappe, denn das Rennen wird zu einer Tortur werden, wenn die Sonne so unbarmherzig brennt wie in diesen Julitagen des Jahres 1949.

Schon in den ersten Serpentinen des Aubisque zeigt sich, daß die Tour de

France hier in eine neue Phase geht. Der kleine Marinelli, den sie »Kanarien-vogel« getauft haben, fühlt das Gelbe Trikot plötzlich nicht mehr so fest auf seinen schmalen Schultern sitzen. Er fürchtet, daß er nicht länger der lachende Dritte des Duells sein wird, das Coppi und Bartali an der Spitze des Feldes ausfechten.

Am halben Berg haben beide Campionissimi die Meute weit hinter sich ge-lassen. Am besten hält sich noch der kleine südfranzösiche Kletterkönig Apo Lazaridès, ein Schüler von René Vietto. Aber, obwohl er schier seinen Lenker zerreißt, muß er die beiden Italiener ziehen lassen. Dicht hinter ihm liegen sein Bruder Lucien und Jean Robic, der Tour-Sieger von 1947. Sie alle sind gute, ja sogar hervorragende Bergfahrer, aber die beiden Männer, die dort vorn ihr privates Duell austragen, haben sie abgeschüttelt.

Bartali fährt seinen typischen, eigenwilligen Stil, mit dem er bei seinen Tour-Siegen von 1938 und 1948 die besten Kletterer hinter sich gelassen hat. Seinen vielen ruckartigen Zwischenspurts läßt er unregelmäßige Pausen fol-gen; und just in dem Augenblick, da der Gegner, der an seinem Hinterrad hängt und sich eine Atempause gönnen will, stellt er sich wieder in die Pedale. Es ist eine Art grausamen Katz-und-Maus-Spieles, das Gino, dem Frommen, ein teuflisches Vergnügen zu bereiten scheint.

Nur bei Coppi verfängt es nicht. Bartali weiß das vom Giro her. Da bleibt ihm nichts anderes übrig, als die wirksamste Waffe einzusetzen, über die er verfügt. Doch selbst seine schärfsten Zwischenspurts können den Rhythmus des lockeren, ausgeglichenen Pedaltritts Coppis nicht brechen. Zwar gewinnt er gelegentlich einige Meter Vorsprung, sobald er jedoch ein wenig verschnau-fen will, ist der unheimlich gleichmäßig steigende Coppi wieder bei ihm.

Schließlich gibt er es auf. Insgeheim wundert er sich, daß Coppi diesen Waf-fenstillstand akzeptiert. Gino, von Natur aus mißtrauisch, wittert eine Falle. Will Coppi nicht oder kann er nicht? Aber Fausto bleibt ihm die Antwort schuldig. Er tut gerade so viel, daß er an Bartalis Hinterrad bleibt. Das Tempo der beiden Ausreißer verringert sich; sie fahren, ohne viel zu wagen, zu Tal. Die Brüder Lazaridès und Robic können wieder aufschließen. Und in den Begleitwagen munkelt man: die beiden haben sich nur abgetastet. Ihr großes Duell hat noch nicht begonnen.

Coppi versucht es am Aspin. Er stürmt den Berg in so unwiderstehlicher Manier, daß die Journalisten bereits zündende Schlagzeilen über seinen ersten großen Etappensieg bei der Tour de France ausknobeln.

Doch dann macht ein Reifendefekt alle Anstrengungen zunichte. Er verliert viel Zeit und kann nicht verhindern, daß Robic am Col de Peyresourde zusammen mit Lucien Lazaridès der entscheidende Ausreißversuch gelingt. Immerhin belegt Coppi auf dieser Etappe den dritten Platz, und in der Ge-samtwertung tut er einen gewaltigen Sprung nach vorn.

Was nützt es? Er muß seine Ungeduld zügeln, weil er an den Pakt mit

Bartali gebunden ist. Was er auf den Riviera-Etappen zwischen Pyrenäen und Alpen mitmacht, haben auch andere vor ihm erlebt. Die Tour de France ist ein Mannschaftsrennen. Nur als Mannschaftskapitän darf ein Rennfahrer eine sich bietende Chance ohne Rücksicht auf seine Kameraden nutzen. Die italienische Nationalmannschaft aber hat noch immer zwei Kapitäne, von denen der ältere bevorrechtigt ist.

Alfredo Binda sieht sich in einer wenig beneidenswerten Lage. Zwar haben die Pyrenäen ihm gezeigt, wie stark Coppi ist, aber kann er es vor der öffentlichen Meinung Italiens verantworten, Gino Bartali zu opfern – den zweimaligen Sieger der Tour de France? Und wer weiß, ob der »vecchio« in den Alpen nicht zum entscheidenden Schlag ausholt?

Schweren Herzens entschließt Binda sich, Bartalis Aussichten mit allen Mitteln zu verteidigen. Er ringt Coppi das Versprechen ab, den »vecchio« vorläufig nicht anzugreifen. Und weil nun die Konkurrenz froh darüber ist, daß die beiden Italiener nichts unternehmen, ereignet sich zwischen Pyrenäen und Alpen so gut wie nichts.

Der Ruhetag im Schatten der Palmen von Cannes ist das große Atemholen. Was dann geschieht, verschlägt selbst den erfahrensten Fachleuten, die die Tour de France seit Jahrzehnten begleiten, den Atem. Die Überquerung der Alpen beginnt mit der klassischen Etappe nach Briançon; hier sind die Berge Allos, Vars und Izoard zu bezwingen.

Mit einer für die Konkurrenz deprimierenden Selbstverständlichkeit wiederholt sich das Schauspiel der Pyrenäen. Coppi und Bartali hängen schon am Allos die ganze Meute ab. Als sie nach halsbrecherischer Talfahrt den Vars erklimmen, ist es klar, daß die Campionissimi den Etappensieg unter sich ausmachen werden.

Die Entscheidung muß am Izoard fallen, wo Bartali schon zweimal entscheidende Schläge geführt hat. Dort kennt er jeden Kieselstein. Auf halber Höhe des Berges aber wird ihm klar, daß er es diesmal nicht schaffen kann. Coppi pariert seine ruckartigen Zwischenspurts mit einem Gleichmut, der ihn aus der Fassung bringt. In dieser vielleicht schwersten Stunde seiner langen und ruhmreichen Karriere ringt Gino Bartali sich eine Bitte an den jüngeren und stärkeren Rivalen ab:

»Hör zu, Fausto, du weißt, daß heute mein 35. Geburtstag ist. Willst du mir diese Etappe schenken? Mehr kann ich nicht verlangen, denn ich weiß, diese Tour gehört dir!«

Coppi ahnt, wie schwer dem Alten diese Bitte gefallen sein mag. Er zügelt seine Lust zum Angriff. Gemeinsam bezwingen sie die letzten Kilometer bis zum Gipfel des Izoard. In Briançon verzichtet Coppi auf den Spurt, um dem Geburtstagskind den Etappensieg zu überlassen. Die beiden Campionissimi haben einen so großen Vorsprung herausgefahren, daß dieser Sieg Gino Bartali sogar das Gelbe Trikot einbringt.

Doch der »vecchio« betrachtet es an diesem Abend nicht mit Triumph, sondern voll Wehmut. Er weiß, daß es eigentlich auf die Schultern eines anderen gehört. Und er wird es auch wohl kaum länger als 24 Stunden tragen dürfen. Aber, entweder ist man ein Campionissimo oder man ist keiner! Nachdem Bartali die Sache überschlafen hat, kommt ihm Coppi plötzlich gar nicht mehr so groß vor wie in den Rampen des Izoard. Der Zauber des Gelben Trikots, die überschwenglichen Kommentare des italienischen Rundfunks tun ein übriges, ihm sein altes Selbstvertrauen wiederzugeben. Er nimmt die zweite Alpenetappe mit neuem Schwung in Angriff; und da er sieht, daß Coppi weder am Mont Genève noch am Mont Cenis etwas gegen ihn unternimmt, beginnt er, alle Kräfte einsetzend, den Aufstieg zum Iseran.

Die Attacke des Mannes im Gelben Trikot wirkt auf das Feld wie ein Alarmsignal. Die Bergspezialisten, die ja ebenfalls einen Ruf zu verteidigen haben, stellen sich in die Pedale. Bartali kann sich keinen entscheidenden Vorsprung verschaffen. Bei der Abfahrt zum berühmten Wintersportplatz Val d'Isère wird er von einem ganzen Rudel eingeholt. Zähe, hartnäckige Burschen sind dabei – Raphael Géminiani etwa, oder Stan Ockers, der sechs Jahre später tödlich verunglücken wird, und – Fausto Coppi. Ein Coppi, der nicht gesonnen ist, dem Träger des Gelben Trikots ein neues Geschenk zu machen. Er will ihn aber auch nicht hinterrücks anfallen, sondern ihm lediglich zeigen, daß er sich nicht abhängen läßt. Wie das Duell sich weiterhin entwickeln wird, darüber macht Fausto Coppi sich vorerst keine Sorgen. Ist sein Rückstand in der Gesamtwertung nicht auf lumpige 1,22 Minuten zusammengeschmolzen? Nur 82 Sekunden trennen ihn noch von Bartali und dem Gelben Trikot. Der Kleine St. Bernhard ist das letzte große Hindernis dieser Etappe. Hinter seinem Gipfel beginnt Italien; das Etappenziel heißt Aosta, denn kurze Abstecher in die Nachbarländer haben sich als sehr zugkräftig erwiesen.

Gino und Fausto holen unter dem ohrenbetäubenden Jubel ihrer Landsleute zum großen Schlag aus. Sie lassen alle hinter sich, auch einen Apo Lazaridès, der seine Maschine im Schaukeltrab und mit verzweifelter Anstrengung von einer Straßenseite auf die andere wirft. Gemeinsam überfahren Coppi und Bartali den Gipfel des Kleinen St. Bernhard. In den Begleitfahrzeugen werden Wetten über den Etappensieger abgeschlossen. Die einen schwören darauf, Coppi werde jetzt nicht länger auf den »vecchio« Rücksicht nehmen, die anderen sind überzeugt, daß Bartali unschlagbar ist.

Da aber geschieht das Unerwartete. Bei der Abfahrt knallt Bartalis Vorderradreifen weg. Er muß auf den Materialwagen warten. Jetzt stellt sich heraus, daß Coppi auch auf dieser Etappe nicht angegriffen hätte. Sofort bremst er ab, um auf Bindas Weisungen zu warten. Endlose Minuten verstreichen, ehe die Antwort des italienischen Mannschaftsleiters eintrifft. Fast der ganze Vorsprung ist dahin, als endlich ein italienischer Motorradfahrer heranrast und brüllt: »Hau ab, Fausto! Gino hat fünf Minuten verloren. Die Franzosen greifen an.

Du brauchst dich um nichts mehr zu kümmern!«

Coppi holt tief Luft, neigt den langen Oberkörper nahezu waagerecht über den Lenker. Und nun folgt einer der eindrucksvollsten Alleingänge in der Geschichte der Tour de France. Mit 90 Stundenkilometern durchrast Coppi die Kurven. Als die Straße dann wieder eben wird, spult er auf seiner größten Übersetzung ein so höllisches Tempo herunter, daß es selbst den erfahrensten Experten die Sprache verschlägt.

40 Kilometer muß Coppi, jetzt aller Rücksichtnahme ledig, noch bis zum Ziel zurücklegen. Dichter und dichter wird das Menschenspalier zu beiden Seiten der Straße, immer stürmischer der Beifall seiner begeisterten Landsleute. Fausto zwingt seine langen Beine in einen wahren Rausch der Geschwindigkeit hinein. Unbeschreiblicher Jubel empfängt ihn, als er in Aosta den Zielstrich überfährt.

Das ist nicht nur der Etappensieg, das ist auch das Gelbe Trikot! Fausto hat es längst übergestreift und seine Ehrenrunde hinter sich, als Bartali eintrifft, gefolgt von Ockers, Robic und Marinelli. Am Abend gleicht sein Hotelzimmer einer belagerten Festung. Hunderte wollen ihm die Hand drücken. Cavanna muß Carabinieri anfordern, um seinem Schützling die dringend benötigte Ruhe zu verschaffen.

Von nun an kann nur noch ein schwerer Sturz den ersten Tour-Sieg Fausto Coppis verhindern. Aber Coppi stürzt nicht, und die restlichen Etappen sind ein einziger Triumphzug des Campionissimo, wobei er seinen Vorsprung in der Gesamtwertung stetig vergrößert. Bei seiner Ankunft im Pariser Prinzenpark wird es klar: er hat sich die Herzen der Franzosen erobert wie noch kein ausländischer Rennfahrer vor ihm; sie feiern ihn wie einen der ihren. Und die Fachleute wissen: Dieser harte Sport hat noch nie einen Champion wie ihn hervorgebracht, ja vielleicht wird es niemals wieder seinesgleichen geben.

Hinter Coppi haben die Abstände katastrophale Ausmaße angenommen. Bartali wird zweiter mit 15 Minuten Rückstand, Marinelli dritter mit 25 Minuten, Robic vierter mit 34 Minuten. Wie hätten sie wohl ausgesehen, wenn Coppi nicht bis zur letzten Alpenetappe Rücksicht auf Bartali genommen hätte?

Fußballweltmeisterschaft

Fußball ist ein so mitreißendes Spiel, daß es Sonntag für Sonntag die großen Sportarenen der Städte füllt und zu Zeiten die Welt in Atem hält. Dann nämlich, wenn die besten Stürmer, Läufer, Verteidiger und Torhüter um olympischen Lorbeer oder um den Titel eines Weltmeisters gegeneinander kämpfen. Die erste ausführliche Beschreibung eines »Giuco di calcio«, eines Fußballspiels, finden wir in einem Spielbuch des Italieners Scaino, das 1595 in Venedig erschienen ist. Auch in Frankreich und England ist eine Form des Fußballspiels bereits im Mittelalter nachweisbar. Und schon damals scheint die Begeisterung für diesen Sport Formen angenommen zu haben, die es Eduard III. von England 1349 und Karl V. von Frankreich 1369 ratsam erscheinen ließen, das Spiel zu verbieten.
Die Spieler der Nationalmannschaft sind heute Berufsspieler. Nur ein hartes, unermüdliches Training und dazu ein bißchen Glück sind die Voraussetzungen für einen Sieg bei Länderspielen oder gar bei Weltmeisterschaften. Fritz Walter, lange Jahre Spielführer der deutschen Fußball-Nationalmannschaft, schildert das Weltmeisterschaftsspiel gegen die Ungarn am 4. Juli 1954 in Bern.

Ein Endspiel ist ein Fußballspiel wie andere auch. Und doch ist es etwas völlig Neues. Eine gewisse Feierlichkeit, die jeden erfaßte, dämpfte unsere fiebrige Einsatzbereitschaft.
Als ein Vertreter des Schweizer Fußball-Verbandes in unserem Umkleideraum erschien, um uns mit dem Ablauf des Zeremoniells vertraut zu machen, wurde es schlagartig still.
»Vor dem Spiel werden die ungarische und die deutsche Nationalhymne gespielt«, sagte er. »Nachher dann nur noch die deutsche.«
Sprachlos starrten wir uns an. Nur die Hymne des Siegers wurde ein zweites Mal gespielt. Hatte sich der Schweizer versprochen, oder wollte er uns aus Höflichkeit ein Vorschußkompliment machen?
Als er die Kabine wieder verlassen hatte, stellten wir uns im Kreis auf und faßten uns bei den Händen. Ringsum ernste Gesichter.
Ernster und blasser noch als wir war der Bundestrainer. Ihm standen auf der Reservebank neunzig peinvolle Minuten bevor.
Neunzig Minuten, in denen er zusehen mußte, in denen er selbst machtlos war, in denen wir Spieler die Träger seiner Gedanken und Ideen wurden.

Weltmeisterschaftsspiel Deutschland gegen Ungarn am 4. Juli 1954 in Bern.
Rahn schießt das dritte Tor

Mannschaftskapitän Fritz Walter mit dem Siegerpokal

Auch Damen bringen es zu hervorragenden Leistungen.
Hier K. Whiteman bei den Leichtathletikkämpfen in Cosford, England

Damen-Hockey-Spiel England gegen Deutschland am 13. März 1971 in Wembley

Was mochte er denken, als er die Ungarn gleichzeitig mit uns in das mit 65 000 Zuschauern besetzte Wankdorf-Stadion einlaufen sah? Was ging in ihm vor, während FIFA-Präsident Jules Rimet die elf Ungarn und die elf Deutschen mit Handschlag begrüßte? Was empfand er beim Anblick der Fotografen und Kameraleute von Film und Fernsehen, die einstweilen nur Augen für unseren Gegner hatten und uns völlig links liegenließen? Was dachte er in dem Moment, in dem Schiedsrichter Ling aus England das Endspiel um die V. Weltmeisterschaft anpfiff?

Etwa ein Drittel der Zuschauer – fast alle mit Wettermänteln und Hüten gegen den Regen geschützt – waren Deutsche. Unter ihren Anfeuerungsrufen verlor sich unsere letzte Nervosität.

Die ersten Minuten gehörten zur allgemeinen Verblüffung uns. Dreimal Beschäftigung für Torhüter Grosits!

Dann waren die Ungarn da. Kurz, schnell und präzise kamen ihre Pässe. Sie zauberten mit den Füßen. Wir ahnten, wie brandgefährlich diese Pußta-Virtuosen werden konnten.

Nur nicht überrumpeln lassen! Doch wie plötzlich, wie unabwendbar so etwas in Wirklichkeit geschieht!

Lähmendes Entsetzen auf den Rängen. Der gefürchtete Torjäger Kocsis in Ballbesitz! Horst Eckel warf sich verzweifelt in den Schuß des Ungarn. Von seinem Körper sprang das Leder – ausgerechnet Puskas vor die Füße. Der Major, nach seiner Verletzung zum erstenmal wieder aufgestellt, demonstrierte eindrucksvoll, wie prächtig sein Knöchel geheilt war. Ein mächtiger Flachschuß! Da gab es für Toni Turek nichts zu halten.

Nun war das Unglück doch passiert! Erst sechs Minuten gespielt, und wir lagen 0:1 im Rückstand. Wir würgten die Enttäuschung hinunter. In einem Endspiel gibt man so leicht nicht auf. Weiter!

Mochten die Ungarn ihren Puskas feiern! Mochten sie sich freuen. Noch war unsere Kampfmoral intakt.

Wirklich kritisch wurde es erst, als zwei Minuten später abermals ein Tor für den Gegner fiel. Ein Mißverständnis zwischen Turek und Kohlmeyer, und schon war es geschehen. Czibor konnte ungehindert einschießen.

0:2! Das war schon ein deftiger Brocken!

Die Zuschauer spendeten Beifall, aber sie reagierten gleichzeitig enttäuscht. Ein Endspiel, bei dem einer der Teilnehmer haushoch überlegen war, versprach nicht viel Spannung. Es war sein Eintrittsgeld nicht wert.

Es sah trostlos für uns aus. Bahnte sich ein neues 3:8 an?

Wir Stürmer wechselten bedeutungsvolle Blicke. Acht Minuten waren erst um. Max Morlock schrie zuerst: »Wir schaffen es noch, Tempo!«

»Los, Fritz, jetzt kommen wir!« Das war Bruder Ottmar.

Ich forderte die Hintermannschaft auf, sich zusammenzureißen, endlich Linie ins Spiel zu bringen.

Unser Publikum ließ uns zum Glück nicht im Stich. Pfiffe hätten uns nicht gutgetan. Doch nichts von alledem. Jede Angriffsaktion von uns wurde von aufmunternden Zurufen unterstützt.

Ich spielte Rahn an, der vielversprechend von rechtsaußen auf den linken Flügel gewechselt war. Die Zuschauer jubelten, als der Boß mit dem Ball kraftvoll losmarschierte und schoß. Später hat man behauptet, der Essener habe aus 25 Metern geflankt. Ich glaube, es war eher ein direkter Torschuß, der jedoch bei einem ungarischen Verteidiger hängenblieb. Wie zuvor bei den Ungarn rollte auch dieser Abpraller dem richtigen Mann im richtigen Moment vor den Stiefel: Max Morlock! Im Fallen, im Rutschen auf einem Knie brachte er den rechten Fuß an das Leder und spitzelte es an Grosits vorbei in die linke Torecke.

Es hieß nur noch 1:2!

Bravo, Max! Bravo, Helmut! Wir fielen über die beiden her, die uns in feiner Zusammenarbeit diesen kostbaren Anschlußtreffer spendiert hatten. Jetzt erst erwachte im Stadion echte Kampfstimmung. Der Jubel in den Zuschauerreihen wollte nicht verebben.

Herberger auf der »Stabsbank« schlug sich mit der flachen Hand aufs Knie.

Endlich schien der Mechanismus unserer Maschinerie zu funktionieren. Das Sturmspiel kam auf Touren. Die Hintermannschaft hatte sich gefunden. Mochte der ungarische Wundersturm in Gedankenschnelle die Positionen wechseln, unsere Abwehrspieler waren ebenso schnell. Kein überflüssiger Respekt lähmte mehr die Aktionen.

Viel Sonderbeifall für Werner Liebrich, als er sich wieder einmal mit mächtigem Sprung in einen ebenso mächtigen Schrägschuß von Puskas warf.

Staunend spürten die Ungarn den Kampfgeist der deutschen Elf. Soviel Entschlossenheit hatten sie nach dem 3:8 im Achtelfinale nicht von uns erwartet.

Mit einem Spagat bremste der blonde Lorant einen Schuß von Max Morlock. Ecke für Deutschland! Das fiel in meinen Aufgabenbereich.

Verteidiger Budzansky fälschte den Ball beinahe zu einem Eigentor ab. Im allerletzten Moment schlug er ihn ins Aus. – Ecke Nr. 2!

Ich nahm zum zweitenmal Maß. Morlock lief täuschend auf mich zu und verleitete Torwart Grosits zum Mitgehen. Doch der Ball kam – wie vereinbart – nicht kurz, sondern lang. Hans Schäfer und der ungarische Schlußmann schraubten sich in die Luft, um ihn zu erreichen. Grosits, um abzuwehren, Schäfer, um ihn ins Tor zu befördern. Aber das Leder segelte über die beiden hinaus.

Im Hintergrund lag Rahn auf der Lauer. Er nahm den Ball mit dem Innenrist des rechten Fußes an und knallte ihn kurz und trocken zwischen zwei ungarischen Verteidigern hindurch ins Netz. 2:2!

Achtzehn Minuten erst waren gespielt. Wir hatten 0:2 im Rückstand gelegen und zwei Tore aufgeholt.

Die deutschen Schlachtenbummler waren außer sich vor Begeisterung. Die Freude machte sie halb verrückt. Auch die Schweizer Zuschauer spendeten herzlich Beifall. Nun sahen sie doch noch ein schönes und spannendes Finale. Die Ungarn quittierten den Kurseinbruch mit kalter Wut! Leidenschaftlich und verbissen berannten sie unseren Strafraum. Ohne Erfolg! Unsere Verteidigung ließ sich nicht mehr einschüchtern.

Was Herberger immer als Idealbild einer Mannschaft vorschwebte: hier sah er es erfüllt. Jeder Spieler verteidigte. Jeder half mit, Angriffe aufzubauen. Lauter Stürmer. Lauter Verteidiger. Die Fußballelf der Zukunft! In Angriff und Abwehr immer eine Mannschaft.

Die Ungarn kämpften mit imponierendem Elan weiter. Wir spürten das Geniale in ihrem Spiel. Nicht ohne Grund hielt man ihren Sturm für den besten der Welt. Wenn trotzdem keiner ihrer Angriffe etwas einbrachte, so lag das an der konsequenten deutschen Deckung. Beste Herbergerschule!

Die letzten Minuten vor dem Halbzeitpfiff gehörten wie der Spielbeginn uns. Chance für Hans Schäfer. Grosits wehrte zur Ecke ab.

Chance für Boß Rahn. Budzansky klärte auf der Linie.

Lantos, der linke ungarische Verteidiger, verletzte bei einem Zusammenprall Horst Eckel mit den Klötzchen seiner Schuhe. Mit einer langen, blutenden Rißwunde am Oberschenkel blieb der Kaiserslauterer am Boden liegen. An ihm vorbei brauste die ungarische Jagd gegen unser Tor.

Kopfball von Kocsis. Toni Turek boxte ihn weg. Ecke! Sie wurde noch ausgeführt.

Halbzeit!

Das hatten wir geschafft! Erleichtert und mit Beifall überschüttet trabten wir in die Kabine. Erst mal tief durchatmen!

Herberger ließ uns schweigend gewähren. Als er merkte, daß immer mehr Leute in unseren Umkleideraum hineindrängten, ging er zur Tür und drehte den Schlüssel um.

Arzt und Masseur kümmerten sich vor allem um Horst Eckel. Dr. Loogen desinfizierte die Wunde und verpflasterte sie.

Boß Rahn konnte es sich nicht verkneifen, Kohlmeyer und Turek wegen ihrer folgenschweren Kurzsichtigkeit in der achten Spielminute auf die Schippe zu nehmen.

Darauf erhob sich zwischen den beiden Angegriffenen eine lebhafte Diskussion. »Seid jetzt sofort ruhig!« wies Herberger sie zurecht. »Was wollt ihr denn? Ob es 0:0 oder 2:2 heißt, spielt doch überhaupt keine Rolle. Wir wollten bis zur Halbzeit ein Unentschieden. Unser Plan ist doch wunderbar aufgegangen.« Sein Gesicht war schmal und weiß. Mit einer ehrlichen Reverenz vor den Ungarn fuhr er fort: »Männer, geben wir es ruhig zu: Sie spielen eleganter und schöner. Ohne Frage haben sie uns in spielerischer Hinsicht manches voraus. Aber ihr spürt es doch selbst, daß sie zu packen sind.«

»Hoffentlich schaffen wir's!« flüsterte Rauhbein Rahn mir zu. »Das wär' doch für den Chef mal ein großes Glück! Für uns natürlich auch ...« Ich konnte ihm nur zunicken.

»45 Minuten noch!« fuhr Herberger nahezu beschwörend fort. »Ihr habt die Kraft, sie durchzustehen. Selbst für eine eventuelle Verlängerung reicht eure Kondition. Ich weiß es. Wir sind dem Ziel so nah wie noch nie!«

Ein letzter Händedruck für jeden. Schon ging es wieder aufs Spielfeld hinaus. Donnernder Beifall schlug uns entgegen.

»Ungarn 2 – Deutschland 2« zeigten die Tafeln auf dem Uhrenturm im Berner Wankdorf-Stadion.

Der Chef saß – blaß vor Erregung – wieder auf der Reservebank. Jubel und aufgeregtes Geraune auf den Rängen.

Auf Biegen oder Brechen gewinnen! Das wollten nicht nur wir. Auf Biegen oder Brechen gewinnen! Das wollte auch der Gegner.

Vor allem Puskas warf sich mächtig ins Zeug. Doch er konnte anstellen, was er wollte, er sah seine Kreise gestört. Da war entweder Horst Eckel mit den langen Beinen und dem unerschöpflichen Luftreservoir, oder aber Werner Liebrich, einer der eindrucksvollsten Stopper des gesamten Turniers. In ähnlich guter Obhut befand sich der ganze ungarische Sturm.

Bundestrainer Sepp Herberger hatte jeden von uns auf jede nur erdenkliche Situation eingestellt. Und das wichtigste: Der Mechanismus unserer Deckung funktionierte wie geschmiert. Die ungarische Abwehr benahm sich sorgloser. Ich konnte manchen Angriff einfädeln, weil mein Gegenspieler Bozsik sich lieber in den eigenen Spielaufbau einschaltete, statt mich konsequent zu beschatten.

Nein, bedauernswerte Schlachtopfer für einen haushoch überlegenen Gegner waren die Deutschen an diesem 4. Juli nicht. Im Gegenteil! Der Kampf wogte ziemlich ausgeglichen hin und her. Nur Tore fielen nicht mehr.

Zehn, zwanzig, dreißig Minuten vergingen, ohne daß es einen Treffer gab. Und das bei spritzigen Angriffen auf beiden Seiten!

Stöhnendes, vieltausendstimmiges Oooh und Uuuh aus der Kopf-an-Kopf-Masse im brodelnden Viereck des Wankdorf-Stadions. Imponierende Geräuschkulisse aus den »Urlauten« erregt reagierender Menschen!

Atemlose Stille, als Kocsis mit der Sprungkraft eines Panthers in eine weite Flanke von Toth schnellte. Über Turek hinweg köpfte er den Ball ins lange Eck. Ungarns drittes Tor? Um ein Haar! Die Querlatte verhinderte es. Ein befreiender Schlag von Werner Kohlmeyer bereinigte die Situation.

Weiter tobte das hinreißend dramatische Spiel.

Ungarns Anhang frohlockte! Puskas war ausnahmweise an Liebrich vorbeigekommen. Aus nur acht Metern ballerte er kraftvoll gegen das deutsche Tor. Doch Toni, unser unbezahlbarer Toni, klärte blitzschnell mit einem Spreizschritt. Abermals schlug »Kohli« zur Befreiung weit nach vorn.

Die Fußballkönige der letzten Jahre fielen aus sämtlichen Wolken. Sie riskierten alles, sie setzten sich voll ein, aber sie erreichten nichts. Diesem hartnäckigen deutschen Gegner schien die Luft nicht auszugehen.

Zu unserer vorzüglichen Kondition kam an diesem 4. Juli 1954 bei allen eine hervorragende spielerische Form. Wir befreiten uns mehr und mehr aus der langsam erlahmenden Umklammerung und diktierten selbst das Geschehen. Tempo! Tempo!

Das Spiel lief unheimlich schnell. Noch fixer aber als die fixen Ungarn waren oft wir am Ball. Der Gedanke an eine mögliche Verlängerung jagte uns keinen Schrecken ein. Wir trauten uns durchaus noch zweimal fünfzehn Minuten zu.

Es wäre ungerecht, die Leistung einzelner bei dieser kämpferisch so hochgradigen Begegnung hervorzuheben. Im Sturm – Rahn, Morlock, Ottmar Walter, Fritz Walter, Schäfer – gab es keine schwache Stelle. Eckel, Liebrich und Mai in der Läuferreihe setzten sich vorbehaltlos ein. Auch Posipal, Kohlmeyer und Turek waren in einer Bombenverfassung. Jeder meisterte seine Aufgabe glänzend.

Rahn, der nach Bundestrainer Herbergers Ansicht ein Spiel entscheiden konnte, rackerte, als ginge es um sein Leben. In der 72. Minute ließ er wieder einmal eine Bombe auf Grosits Kasten los. Ein Ungar wehrte zur Ecke ab.

Der Boß hob den Ball absprachegemäß zu mir. Ich stand außerhalb des Strafraums. Von mir bekam Helmut, der sich inzwischen freigelaufen hatte, die Lederkugel zurück. Wieder ein Schuß Marke Rahn. Grosits wehrte in tollkühner Parade ab.

Nichts! Einfach nichts zu wollen! Die Ungarn erzielten kein Tor. Und wir erzielten auch keines. Spielstand nach wie vor 2:2!

Acht Minuten noch! – Sieben Minuten! – Sechs ...

Der ungarische Verteidiger Budzansky holte sich eine Vorlage, die ich Hans Schäfer zugedacht hatte. Der Kölner im Zweikampf! Seine Zähigkeit machte sich bezahlt. Nicht Budzansky, sondern Schäfer zog mit dem Ball davon. Ein paar Schritte. Weich und wunderschön segelte seine Flanke gegen den gegnerischen Strafraum. Zwei ungarische Abwehrspieler sowie Morlock und Ottmar sprangen hoch. Keiner erwischte den Ball richtig. Er trudelte langsam vom gegnerischen Strafraum weg.

Da stürmte mit seinen mächtigen Schritten der Boß herbei. Jetzt, jetzt – aus vollem Lauf heraus muß er schießen, dachten wir. Auch das Publikum wartete darauf. Die Verteidiger starrten wie hypnotisiert auf Helmuts rechten Fuß und warfen sich in die vermeintliche Schußbahn.

Doch was machte Rahn, der links so gut wie rechts schießt? Im entscheidenden Sekundenbruchteil bremste er ab, nahm den Ball mit dem rechten Fuß an und zog ihn mit einer Körpertäuschung nach links. Er suchte sich eine Lücke aus und donnerte aus siebzehn, achtzehn Metern mit dem linken Fuß in die linke untere Torecke.

Keine Chance für Ungarns Schlußmann! Diesen flachen, scharfen Ball konnte er nicht erreichen.

Grosits am Boden! Helmut am Boden! Mehrere Abwehrspieler am Boden! Das war die Sekunde, in der Rahn das Tor seiner Tore schoß, die Sekunde, in der es Herberger von seiner Bank hochriß.

Die Sekunde, die die Ungarn wie ein Blitz traf, in der die Entscheidung fiel, in der Fußball-Deutschland in eine nie erlebte, unvergeßliche Ekstase geriet.

»Tor! Tor! Tor! Tor! Tor für Deutschland!« schrie heiser vor Erregung Rundfunk-Kommentator Herbert Zimmermann in sein Mikrofon.

Und völlig aus dem Häuschen fügte er wenig später hinzu: »3:2! Es steht 3:2 für Ungarn!« – »Für Deutschland!« wurde er sofort durch einen Zwischenrufer korrigiert.

»Entschuldigung, liebe Hörer!« bat der Hamburger. »Ich bin auch schon total verrückt.«

Total verrückt waren vor allem wir Spieler. In unserer Begeisterung hätten wir Rahn vor Liebe und Dankbarkeit bald ins Jenseits befördert. Der handfeste Essener bat um sein Leben.

Total verrückt waren nach dem sensationellen Treffer auch die deutschen Zuschauer im Berner Stadion. Sie tanzten auf den Plätzen herum, warfen ihre Hüte in die Luft und schwenkten Fahnen und Transparente …

Zur gleichen Zeit saß in Hohensachsen an der Bergstraße eine einsame Frau vor ihrem Radiogerät: Eva Herberger.

Als Rahn das Tor für Deutschland geschossen hatte, hielt sie es in ihrem Sessel nicht mehr aus. Mit klopfendem Herzen rannte sie im Zimmer auf und ab, auf und ab. Bald wurde ihr auch das unerträglich. Sie flüchtete in den Garten, um aber sofort wieder an ihr Radio zurückzulaufen.

Sie zuckte zusammen, als Ungarns Ferencz Puskas bei einem leidenschaftlichen Gegenstoß das dritte Tor für seine Mannschaft schoß. Und sie atmete auf, als dieser Treffer wegen Abseits nicht anerkannt wurde.

Qualvoll langsam schlichen die Minuten, die Sekunden. Eva Herberger dachte an ihren Mann, der in Bern jetzt todsicher auch auf die Uhrzeiger starrte. Dauerte dieses Spiel denn eine Ewigkeit?

Jetzt, jetzt war es doch noch geschehen! Czibor hatte aus nur sieben Metern einen Mordsschuß auf das deutsche Tor gejagt. Doch was sagte die sich vor Enthusiasmus überschlagende Stimme im Radio? Toni Turek, der Prachtkerl, hatte den tollen Schuß abgewehrt. Eva Herberger setzte ihre einsame Wanderung durch das Zimmer fort. Plötzlich blieb sie wie angewurzelt stehen:

»Aus! Aus! Aus! Aus!« schrie Herbert Zimmermann im Radio. »Das Spiel ist aus! Deutschland ist Fußball-Weltmeister 1954!«

Sepp Herberger stand, während sich nach dem Schlußpfiff im Berner Wankdorf-Stadion unbeschreibliche Szenen abspielten, im triefenden Regenmantel bescheiden und glücklich bei seiner Mannschaft.

Inmitten der jubelnden Menschenmassen, inmitten des Heeres von Fotografen und Reportern spürten wir voll Dankbarkeit und Rührung, wie eng dieser Mann zu uns gehörte, wie sehr wir auf ihn angewiesen waren. Nicht hier in Bern allein waren wir Weltmeister geworden, sondern auch schon in München-Grünwald und überall, wo wir bei Herberger in die Schule gehen durften.

Ich weiß nicht mehr, was sich im einzelnen in diesem Tohuwabohu von Jubel, Gratulationen und Glückstaumel alles zutrug. Ich erinnere mich aber noch gut, daß wir zu den Tribünen hinüberliefen und den Schlachtenbummlern zuwinkten.

Endlich stellten wir uns in einem abgesperrten Viereck in Reih und Glied zur Siegerehrung bereit. Rechts von mir Bundestrainer Herberger, neben der deutschen Elf, durch das Schiedsrichtergespann getrennt, die Ungarn.

Und dann stand ich vor dem 82jährigen FIFA-Präsidenten Jules Rimet, der mir nach einer kurzen Ansprache in Französisch den Weltmeisterpokal überreichte.

Mit der kostbaren, heiß umstrittenen Trophäe kehrte ich – Höhepunkt meiner sportlichen Laufbahn – zu den Kameraden zurück. Abgekämpft aber glückstrahlend ging ich an ihnen vorbei auf meinen Platz.

Spontan wollte ich die »Coupe Rimet« dem »Vater unseres Sieges«, Sepp Herberger, übergeben. Doch er wehrte sofort ab: »Behalten Sie ihn nur, Fritz. Der Pokal gehört Ihnen und der Mannschaft.«

Nennen Sie mich sentimental! Nennen Sie mich altmodisch! Als die deutsche Hymne gespielt wurde, lief es mir heiß und kalt den Rücken hinunter. Den meisten anderen erging es ebenso. Und da Glück und Erregung für einen einzelnen viel zu groß waren, faßten wir uns bei den Händen. Nie zuvor und nie danach hat einer von uns intensiver gespürt, was es heißt, zu einer Mannschaft zu gehören!

Ottmar und Rahn verständigte ich, kaum daß die Hymne verklungen war, mit einer Kopfbewegung. Zu zweit stürzten sie sich auf den Chef und hoben ihn auf ihre Schultern. Noch einige andere Spieler halfen mit, ihn im Triumph vom Platz zu tragen.

Herrschte in der Kabine noch ein unvorstellbares Gewirr von Zeitungsleuten, Gratulanten, Funktionären, übermütigen Spielern und Ersatzleuten, so wurde es im Omnibus nach Spiez überraschend still. Nachdenklich und abgespannt ging jeder seinen Gedanken nach.

Ich saß wie immer vorn beim Einstieg neben Herberger, er schaute schweigend zum Fenster hinaus. Ab und zu griff er nach meiner Hand: »Fritz, wer hätte geglaubt, daß wir das heute noch erleben durften?«

Ich konnte nur stumm nicken.

In blauem Frack und rotem Rock
um olympischen Lorbeer

Fritz Thiedemann

Reiten ist eine olympische Disziplin. Genauer gesagt, sind es sogar drei reiter-
liche Übungen, in denen Medaillen vergeben werden: Jagdspringen, Dressur
und Military, eine Vielseitigkeitsprüfung.
Fritz Thiedemann, der schon als zehnjähriger Junge seine ersten reiterlichen
Übungen auf dem elterlichen Hof absolvierte, hat mit seinem Pferd Meteor
als Springreiter dreimal an Olympischen Spielen teilgenommen. In Helsinki,
1952, errang er die Bronzemedaille; in Stockholm, 1956, und in Rom, 1960,
gab es für die deutsche Mannschaft eine Goldmedaille. Für den siebzehn-
jährigen Meteor und seinen Reiter war das ein ganz persönlicher Rekord.
Ein Jahr nach dem Sieg bei den Europameisterschaften in Aachen beendeten
Reiter und Pferd ihre erfolgreiche Laufbahn. Für Fritz Thiedemann gewiß
kein leichter Entschluß; ein Stück Reitergeschichte liegt in seinem Leben
beschlossen. Von seinem ersten Start bei den Olympischen Spielen erzählt
er in seinen Erinnerungen.

Wie für fast alle deutschen Sportler war auch für mich die Flugreise nach
Helsinki der erste Flug überhaupt. Wir starteten in Hamburg-Fuhlsbüttel,
aber vorher gab es noch einige Aufregung, da man bei uns Reitern die
blaugraue Krawatte vergessen hatte. Meine Frau, die sich im Geschäftsviertel
von Hamburg einigermaßen auskannte, half bei der Hetze von einem Herren-
geschäft ins andere mit – schließlich brachte uns ein Angestellter des DOK
aus Warendorf die Tüte mit den ersehnten Krawatten in dem Moment, in
dem wir das Rollfeld in Fuhlsbüttel betraten. Ein Schokoladenhufeisen und
ein vierblättriges Kleeblatt von Freunden aus Elmshorn wurden mir noch
mit auf den Weg gegeben, dann schlossen sich die Türen der Maschine. Als
uns die Stewardeß die Flugroute erklärte, war es für uns eine Beruhigung,
als wir hörten, daß wir mehr über Land als über See flogen, so naiv standen
wir dem Flug und seinen möglichen Gefahren gegenüber. Natürlich fühlten
wir uns wenige Minuten später, als wir die Wolkendecke durchstoßen hatten
und über ihr in strahlendem Sonnenschein dahinflogen, schon wie alte
Weltreisende.
Bereits auf dem Flugplatz in Helsinki umfing uns die olympische Atmo-

sphäre. Alle paar Minuten traf eine Maschine ein, und immer entstiegen ihr Sportler. Schon hier wurde sichtbar, daß die ganze sportliche Welt in Finnland zusammenströmte.

Unser Glücksgefühl, dabeizusein, konnte auch durch die leeren Zimmer im Olympischen Dorf kaum beeinträchtigt werden: Es standen lediglich Betten darin, man hatte es nicht geschafft, noch Schränke oder genügend Garderobehaken hineinzustellen oder einzubauen. Es war also beim besten Willen und selbst mit viel Talent und Phantasie nicht möglich, sich auch nur einigermaßen gemütlich und wohnlich einzurichten. Ich wurde mächtig beneidet, denn ich hatte zwei Schrankkoffer mitgebracht und konnte meine Kleidung daher einigermaßen ordentlich unterbringen.

Unser erster Weg führte uns selbstverständlich zu unseren Pferden. Der Eindruck dort war niederdrückend: Das Dressurpferd Afrika von Baronesse von Nagel hatte seit Tagen nichts gefressen und hohes Fieber. Man wußte nicht genau, was der Stute fehlte, man vermutete, daß sie auf der Schiffsreise seekrank geworden war. Seekrankheit, die bei Menschen gewiß scheußlich unangenehm ist, führt bei Pferden bei längerer Dauer immer zum Tod, da Pferde sich nicht erbrechen können. Unsere Sorge war sehr groß, zumal wir kein Ersatzpferd hatten und die Chance auf einen Erfolg in der Mannschaftswertung schon vor Beginn der Spiele dahinging, wenn Afrika nicht wieder gesund würde.

Aber natürlich hoffte man, und Altmeister Lörke ließ gerade uns Dressurreiter in den letzten Tagen vor den Spielen noch ganz besonders hart trainieren. Als der Tag der Olympischen Dressurprüfung, des ersten Reiterwettbewerbs der Spiele überhaupt, herankam, war die Ungewißheit endlich gewichen: Afrika konnte teilnehmen.

Mitten im Wald war eigens für diese Dressur ein wunderschönes Reiterstadion angelegt worden. Das Dressurviereck lag auf einer Waldwiese, auf allen Seiten stieg der Hang an, so daß in diese Kulisse hineingestellte Tribünen aus Naturholz prächtige Sicht gaben, zugleich aber gar nicht auffielen, so daß wir das Gefühl hatten, mitten in einer herrlichen Waldlandschaft zu reiten. Vielleicht lag es ein wenig an dieser Umgebung, daß ich in meine erste olympische Prüfung ohne allzu große Nervosität hineinging. Ich wußte außerdem ja, daß ich in der Einzelwertung ganz bestimmt nicht in der Spitze landen würde und daß es für mich nur darauf ankam, für unsere Mannschaft mein Bestes zu geben.

Am guten Willen hat es bestimmt nicht gefehlt, und auch der kleine Rapphengst Chronist tat, was er konnte, aber es reichte eben doch nur zum zwölften Platz. Etwas besser als Chronist und ich kam schon Freiin von Nagel mit Afrika durch den Wirrwarr der einzelnen Lektionen der olympischen Dressurprüfung: sie wurde zehnte. Unsere große Hoffnung war Heinz Pollay, der 1936 bei den Olympischen Spielen in Berlin Sieger in der Großen Dressurprüfung geworden war. Als er geendet hatte, standen wir alle unter dem Eindruck einer ausgezeichneten, ja überragenden Vorstellung. Die Enttäuschung bei uns Deutschen, aber auch bei sehr vielen Fachleuten der ganzen Welt, war riesig, als Pollay und sein Pferd Adular nur auf den siebenten Platz gesetzt wurden. Die Entscheidung war sicherlich nicht richtig — aber gehört es nicht auch zum olympischen Geist, daß man sich mit jedem Richterspruch abfinden muß? Wir Reiter taten es, glaube ich, in guter Haltung und freuten uns über die Bronzemedaille, die wir in der Mannschaftswertung hinter den Schweden und Schweizern errangen.

Natürlich standen wir an einem der nächsten Tage an der Querfeldeinstrecke der Großen Vielseitigkeitsprüfung. Es gab viele Stellen, an denen ich die Pferde und Reiter bewunderte, die nach rund dreißig Kilometern noch recht schwierige Hindernisse im Gelände überwanden. Unsere Militaryreiter schnitten über Erwarten gut ab: Zur Silbermedaille für die Mannschaft kam die Bronzemedaille für Dr. Willi Büsing in der Einzelwertung.

So sehr mich der Kampf in der Military auch packte, ganz war ich natürlich nicht bei dem, was meine Augen sahen und meine Ohren hörten. Denn meine Gedanken gingen voraus zu dem Kampf, den ich selbst noch am letzten Tage der Spiele zu bestreiten hatte. Wie ein Alpdruck, von dem uns drei, Hans Evers, Georg Höltig und mich, niemand befreien konnte, lag diese schwere Aufgabe noch vor uns. Wir dachten an sie, wenn wir im herrlich weißen Olympiastadion unter dem schlanken hohen Turm saßen und die Kämpfe der Leichtathleten auf dem gleichen Rasen sahen, über den dann die Hufe unserer Pferde fliegen würden. Wir wurden an den eigenen Kampf erinnert, wenn wir das Glück der Sieger und die Enttäuschung und Niedergeschlagenheit der Unterlegenen am Abend im Olympischen Dorf erlebten.

Uns wurde das Herz schwer, wenn wir die Konkurrenten aus allen Reiternationen der Welt im Training sahen, denn unsere eigenen Leistungen schienen uns oft weit weniger gut.

Froh hingegen waren wir über die ausgezeichneten Trainingsmöglichkeiten, die wir vorfanden. Das letzte Training absolvierten wir zwei Tage vor unserem Kampf auf einem acht Kilometer vom Stadion entfernten Platz. Dort bauten wir uns einige Einzelsprünge, aber auch doppelte und dreifache Kombinationen in jenen olympischen Abmessungen auf, wie wir sie für den übernächsten Tag im Parcours selbst erwarteten.

Man sagt zwar, daß Generalproben möglichst schiefgehen sollen — aber es wäre uns doch weit wohler gewesen, wenn dieses letzte Training zufriedenstellender verlaufen wäre. Baden unter Hans Evers, Meteor und auch unser Reservepferd Original Holsatia unter mir gingen nicht schlecht, aber unser drittes Pferd, Fink, das Georg Höltig ritt, machte uns um so mehr Kummer. Dieser mächtige, großrahmige, sehr schwere Holsteiner war trotz seiner Schwere etwas sensibel. Als er bei einem Sprung eine Stange sehr hart heruntergeworfen hatte, war ihm die Lust am weiteren Springen vergangen – er blieb sturweg stehen. Erst dann, als wir ihn über leichtere Sprünge gehen ließen, war er wieder bereit, auch Kombinationen zu springen. Für Georg Höltig war es eine schwere Belastung, nach diesem unbefriedigenden letzten Training in den Preis der Nationen gehen zu müssen.

Schon in der Nacht kreisten unsere Gedanken um den olympischen Parcours. Wir wußten, daß er in der Nacht im Olympiastadion aufgebaut wurde und unter strengster Bewachung bis zum Morgen geheimgehalten würde.

Schon ab 7.30 Uhr standen alle Teilnehmer am Preis der Nationen mehr oder weniger nervös vor dem Eingang, und genau 8 Uhr durften wir das Stadion betreten. Es war dann, als das Tor geöffnet wurde, so ähnlich wie auf dem Gang zum Flugzeug in aller Welt: jeder mühte sich, möglichst würdig und gemessen daherzuschreiten, und doch eilte jeder von Hindernis zu Hindernis. Natürlich habe auch ich mich ganz intensiv mit jedem Sprung und mit jeder Distanz beschäftigt, ich habe jeden Bogen und jede Wendung sehr genau abgeschritten und mir meinen Ritt bis in alle Einzelheiten eingeteilt. Denn ich mußte ja mit meinem schweren Brocken die Bögen größer reiten als die meisten meiner Konkurrenten, um die Hochweitsprünge möglichst fließend überwinden zu können.

Als erster Reiter unserer Mannschaft startete Hans Evers mit Baden. Sie hatten eine ausgezeichnete Runde bis zum letzten Hindernis. Dort rutschte die Stute auf dem noch taufrischen Rasen beim Absprung aus. Ein Sturz war nicht zu vermeiden, der nicht nur diesem Paar, sondern damit ja auch unserer Mannschaft zu den vier Springfehlern, also sechzehn Fehlerpunkten, nochmals acht Fehlerpunkte einbrachte. Wir konnten natürlich nicht ahnen, daß dieser Sturz uns am Ende eine Medaille kostete.

Mit großer Sorge erwarteten wir dann den Start von Georg Höltig mit Fink. Aber unsere Befürchtungen waren unnötig gewesen: Fink warf nur an zwei Hindernissen ab, Georg Höltig beendete also mit nur acht Fehlerpunkten den Parcours und war damit einer der Besten des ersten Durchgangs.

Meine eigene Zuversicht stieg, nachdem ich viele meiner Konkurrenten gesehen hatte. Meteor und ich sind tatsächlich mit einem ruhigen Pulsschlag zur ersten Runde angetreten. Von allem Anfang an ging mein Dicker mit außerordentlicher Aufmerksamkeit und gespitzten Ohren. Er reagierte sofort auf meine Hilfen, und ich hatte über jedem neuen Sprung das wunderbare Gefühl: hier kann nichts passieren.

Nur als mal eine Strecke zu galoppieren war, auf der kein Hindernis stand, schoß mir plötzlich ins Bewußtsein, daß wir beide uns auf einem olympischen Kurs befanden und daß da doch irgendwo Schwierigkeiten lauern müßten.

Ein einziges Mal, auf der kurzen Seite, wo ein kleiner Bogen zu reiten war, gab es einen sekundenlangen Zweikampf, aber die Zuschauer werden ihn nicht einmal wahrgenommen haben, so rasch ging er vorüber.

Meteors Präzision hielt an, selbst der Wassergraben und die folgenden schweren Hindernisse machten ihm nicht viel aus, obwohl gerade das letzte Hindernis, eine Mauer mit blumengeschmücktem Aufsatz davor und weißen Stangen darüber und dahinter, insgesamt zwei Meter breit, ein gewaltiges Sprungvermögen verlangte.

Es war alles wunderbar gegangen. Noch in der Schwebe des letzten Sprunges hörte ich am Raunen der Menge, daß ich fehlerlos über den Parcours gekommen war.

Kein Pferd war vorher null Fehler gegangen, und auch nach mir kam keines mehr ohne Fehler zum Ziel. Ich führte im Kampf der besten Reiter und Pferde der ganzen Welt. Ich, Fritz Thiedemann aus Weddinghusen, dem man noch ein Vierteljahr zuvor in Rom angeraten hatte, Meteor wieder ins Geschirr zu spannen! Ich war selig!

Mochte kommen, was da wollte, dieser Ritt war die Bestätigung für Meteor und wohl auch für mich, daß mein unerschütterlicher Glaube an mein Pferd richtig gewesen war, meine Arbeit, ja mein ganzer Weg. Das Leben schien, als mir die Bedeutung dieses Rittes bewußt wurde, für Minuten stillzustehen, und die Freude schlug, einer riesigen Welle gleich, über mir zusammen.

In der Mittagspause glaubte ich noch nicht, daß ich zu den drei Besten der Welt auch nach dem zweiten Durchgang gehören würde.

Meine Reiterkameraden und viele Besucher kamen auf mich zu und beglückwünschten mich. Ich bin in aller Ruhe ins Olympische Dorf gegangen und habe die Gedanken an den entscheidenden Umlauf am Nachmittag sogar so weit zurückschieben können, daß ich einen guten Mittagsschlaf gehalten habe.

Trotzdem fühlte ich in mir eine gewisse Spannung, als der zweite Durchgang heranrückte. Es war eben doch nicht irgendein Turnier hier, es ging nicht um irgendeinen Preis, sondern um olympischen Lorbeer! Ehe ich anritt, sah ich noch einmal das Feuer auf dem Turm aufflackern, dann begann der Ritt.

Ich war nicht der gleiche wie am Vormittag, und Meteor wohl auch nicht – ich nicht, weil der größte Triumph, den wir Sportler überhaupt im Leben feiern können, greifbar nahe lag, und Meteor nicht, weil er den Parcours und den Stadionboden nun schon einmal kennengelernt hatte. Er ging noch etwas flüssiger als früher, und in der ersten Hälfte lief alles ideal. Mag sein, daß ich nun, um ganz sicher zu gehen, im Bemühen, jedes Risiko auszuschalten, etwas zu vorsichtig geworden war – jedenfalls fühlte ich im letzten Drittel, am Doppeloxer, plötzlich ein Raunen der Menge, nachdem es vorher totenstill im weiten Rund gewesen war. Ein Jahrzehnt ist seitdem vergangen – ich höre dieses Raunen noch immer – es mögen noch viele weitere Jahre verrinnen – es wird immer in meinem Ohr bleiben. Ich tat das, was man als Springreiter eigentlich nicht tun soll, ich blickte über die Schulter zurück,

Olympische Reiterspiele 1956 in Stockholm: Fritz Thiedemann reitet zum Training aus

Hans-Günther Winkler auf »Halla« während des zweiten Umgangs in Stockholm

*Rennen um den »Großen Automobilpreis von Italien« auf der Monza-Bahn
am 4. September 1966
Beim Training in Monza verunglückte Jochen Rindt auf Ford Lotus
am 5. September 1970 tödlich*

um zu sehen, was geschehen war. Meteor hatte nur ganz leicht mit dem rechten Hinterbein touchiert – aber die Stange war gefallen! Was schoß mir in dieser Sekunde nicht alles durch den Kopf! Etwas war verloren, aber noch nicht alles!

Drei Hindernisse waren noch vor mir, passierte nichts mehr, so gehörte mir trotz des Mißgeschicks die Goldmedaille immer noch!

Der fünf Meter breite Wassergraben kam. Ich durfte keinen Fehler mehr machen. Schon aus weiter Distanz stellte ich fest, daß Meteor weit vor dem Graben abspringen mußte – eine Sprungweite von sechseinhalb bis sieben Meter aber war selbst für Meteor gefährlich. Ich versuchte daher mit allen mir zur Verfügung stehenden Kräften, diese Masse Pferd unter mir schneller zu machen. Aber der Dicke ist nun mal kein Düsenjäger – wie immer wartete er auch hier in aller Ruhe ab, ob ich es mit meinen Hilfen, mit denen ich ihn überfiel, auch wirklich ernst meinte. So zögerte er ein, zwei Galoppsprünge lang – erst als ich ihn immer noch antrieb, zog er an. Aber da war es bereits zu spät, und ich mußte wieder einmal rückwärts reiten, wie wir es nennen, der letzte Galoppsprung vor dem Graben mußte klein gemacht werden, sonst hätte er die Buchhürde an der Absprungstelle schon ins Wasser geschoben. Nun war der Schwung erst recht genommen, die Fliehkraft dahin. Meteor kam zwar hinüber, aber berührte das weiße Band! Es war so knapp, daß die Richter den Aufsprung noch einmal ganz genau untersuchten, ehe sie entschieden: zwei oder drei Zentimeter zu kurz – der zweite Fehler! Ein ganz leichtes Anschlagen am Oxer, so leicht, daß dabei in 95 von 100 Fällen die Stange oben geblieben wäre, und nun wenige Zentimeter – bei uns Springreitern hängt wahrlich Sieg oder Niederlage oft am seidenen Faden –, und diesmal, in meiner und Meteors bisher größter Stunde, war das Glück gewiß nicht bei uns gewesen …

Doch noch war ich nicht aus dem Kampf um die Medaillen ausgeschieden. Als alle Reiter den zweiten Umlauf beendet hatten, stellte sich heraus, daß fünf Reiter in beiden Durchgängen auf acht Fehlerpunkte gekommen waren, darunter ich.

Das olympische Stechen begann. Die Nervenbelastung war größer als zuvor: Wir alle fünf sahen den Olympiasieg schon vor uns – aber nur drei von uns konnten eine Medaille erringen. Niemand war so nahe am endgültigen Sieg an diesem Tag gewesen, war es jetzt nicht nur gerecht, wenn ich dazu gehörte? Ach, man rechnete, wog ab, hoffte, fürchtete, ersehnte die Minute herbei, in der die Entscheidung mit dem eigenen letzten Ritt fallen mußte, und wünschte sich doch zugleich weit fort, hinaus aus diesem Stadion, hinweg von den Augenpaaren von 70 000 Menschen, die dieser Entscheidung entgegenfieberten, die jeden Ritt mit klopfendem Herzen erlebten, die stöhnten und jubelten, aufschrien und uns am liebsten mit ihrer Anteilnahme über jedes einzelne Hindernis hinweggetragen hätten.

Mein ganzes Leben mit Meteor bis zu dieser Stunde im weißen Stadion von Helsinki zog in den Minuten der Wartezeit an mir vorüber. Ich schalt mich töricht, daß ich mit dem jetzt schon riesigen Erfolg noch immer nicht zufrieden war. Aber wie wenig nützt in solchen Augenblicken, da der Puls schneller schlägt, da das Leben in und um uns gewaltig aufrauscht und der Ehrgeiz in uns riesengroß aufsteht, die Stimme des nüchtern wägenden Verstandes!

Unser Oberlandstallmeister Dr. Gustav Rau ließ mir noch rasch einen Zettel zukommen: »Lieber Fritz! Im Stechen geht's um die Zeit! Bitte vorwärts! G. Rau.«

Ich wußte es zwar, aber der Rat war angesichts meiner Unerfahrenheit und der Temperamentlosigkeit meines Dicken sicherlich berechtigt. Alle vier Teilnehmer waren erfahrener als ich im schnellen Reiten über einen schweren Parcours; ich wußte also, wie schwierig die bevorstehende Aufgabe für Meteor und mich war.

Wir haben beide getan, was wir konnten. Das Einzigartige trat ein – wir, die langsamsten von Rom, erreichten die schnellste Zeit überhaupt –, aber um den Preis von zwei Fehlern. Da Jonqueres d'Oriola, dem großen französischen Reiter auf dem Angloaraber Ali-Baba, ein Null-Fehler-Ritt und dem Chilenen Christi auf dem geschmeidigen Bambi ein Ritt mit nur einem Fehler glückten, errangen Meteor und ich die Bronzemedaille.

Noch heute weiß ich nicht, ob diese Bronzemedaille für mich nicht mehr bedeutet als später die Goldmedaille von Stockholm 1956! Ich hatte die Ernte zum erstenmal einbringen können.

In später Stunde bin ich zu Meteor gegangen, der über so viel Zärtlichkeit, wie ich sie ihm in dieser Nacht entgegenbrachte, höchst erstaunt war. Es war halbdunkel im Stall, und wir waren allein. Trotzdem blickte ich mich scheu um, als ich mir mit dem Handrücken übers Gesicht fahren mußte.

Als der warme Stall wieder hinter mir lag und mich die Kühle der nordischen Sommernacht umfing, habe ich mir eins gepfiffen. Geschlafen habe ich übrigens wenig in dieser Nacht.

Funk und Fernsehen sind in unserer Zeit wirksame Mittel, um zu informie-
ren, aber auch um wichtige Fragen vor einer breiten Öffentlichkeit zu
diskutieren. Werner Höfer tut beides in seinem Internationalen Früh-
schoppen. In dem folgenden Frühschoppenprotokoll vom 28. April 1968 geht
es um ein Thema, bei dem Sport und Politik einmal mehr nicht zu trennen
sind: Die Olympiamannschaft der Südafrikanischen Republik wurde von
der Teilnahme an den Olympischen Spielen in Mexiko ausgeschlossen. War
diese Entscheidung des Internationalen Olympischen Komitees richtig?
Darüber diskutierten Werner Höfer und fünf Journalisten (Onyeabo Eze,
Biafra; Alfredo Herzka, Chile; Rudolph van den Hende, Niederlande; Rudolf
Gruber, Südafr. Republik; Dieter Ader, BRD).

Höfer: Daß man Sport und Politik überhaupt in einem Atemzug nennen
muß, ist schon bedenklich. Bedenklicher wird diese Bezüglichkeit des
Unbezüglichen im Gedanken daran, daß es die ach so strahlende olympische
Idee ist, die da unversehens in ein Zwielicht geraten ist. Die dunklen Wolken
ziehen justament aus dem schwarzen Erdteil herauf. Ja, was ist geschehen,
Herr Gruber? Erste Frage: Gab es einmal Olympische Spiele, an denen Ihr
Land, die Südafrikanische Republik, teilgenommen hat?
Gruber: Ja, Südafrika nahm an allen Spielen seit 1912 teil – außer den Spielen
in Tokio 1964.
Höfer: Daß Ihr Land vor vier Jahren nicht dabei war, hatte damit zu tun,
daß die übrigen sporttreibenden Nationen mit bestimmten Erscheinungen
Ihrer Innenpolitik nicht einverstanden sind.
Gruber: Richtig.
Höfer: Gut. – Herr Herzka, Sie waren in Grenoble dabei, als nun die Süd-
afrikaner die Eintrittskarte für Mexiko wiederbekommen hatten. Was ging
dem voraus?
Herzka: Vorher, 1967, im September – Südafrika war ja von den Olympischen Spielen von 1964 an ausgeschlossen –, gab's einen Bericht von einer
gemischten Kommission des IOC, die Südafrika bereiste, um zu sehen, ob die
Bedingungen gegeben wären, daß Südafrika wieder hineinkommt. Dieser
Bericht wurde an die 71 Mitglieder des IOC verteilt. Es gab eine Briefwahl
nach Artikel 20 des Reglements, und die Abstimmung war: 36 gegen 27; 36

pro Südafrika, 27 gegen Südafrika. Das wurde in Grenoble bekanntgegeben. Nachher kamen sofort die Proteste des Afrikanischen Sportbundes. Sogar die Außenminister des schwarzen Afrikas trafen zusammen – in Addis Abeba. Es wurde der Boykott der Olympischen Spiele in Mexiko angekündigt. Der Ostblock, vor allem die Sowjetunion, hat sich schon in Grenoble angeschlossen. Er hat nicht mit Boykott gedroht, aber er wollte eine Änderung.

Höfer: Nun müssen wir es ganz festmachen, Herr Adler: In Grenoble hat man die Südafrikaner zugelassen, weil sie zugestanden hatten, daß in »Mexiko« eine integrierte schwarzweiße Mannschaft...

Adler: Ich weiß nicht, ob man sagen kann: integriert; ich glaube, »gemischtrassisch« trifft...

Höfer: Gemeinsam reisen, gemeinsam wohnen, gemeinsam essen, gemeinsam kämpfen...

Adler: Aber getrennt selektiert, getrennt ausgewählt.

Höfer: Aha. Ist das das Kriterium?

Adler: Das war das Kriterium, unter dem Südafrika bereit war, den Auflagen, den Vorschlägen des IOC zu folgen. Man muß es ja so sehen: Südafrika war aufgefordert worden, das heißt: das Südafrikanische Olympische Komitee war aufgefordert worden, seine Haltung zur Apartheid-Politik seines Landes zu definieren. Der südafrikanische NOK-Präsident Frank Braun hat dies mehrfach getan, zuletzt in Innsbruck. Aber er vermochte die anwesenden IOC-Delegierten nicht zu überzeugen, daß Südafrika seine Rassentrennungspolitik, auf den Sport bezogen, aufgeben würde. Für Grenoble hatte Südafrika zugestimmt, eine gemeinsame Mannschaft nach Mexiko zu senden. Sie würde gemeinsam reisen, unter einer Fahne marschieren, unter einem Dach wohnen, unter dem Emblem des Springbocks starten, was alles zum erstenmal geschehen wäre – aber man war nicht bereit – das war auch nicht ausdrücklich verlangt worden –, die Wettbewerbe der Sportler in gemischtrassischen Kämpfen auszutragen. Das heißt: die Schwarzen, die Nichtweißen und die Weißen hätten sich getrennt qualifizieren müssen. Bei weiteren notwendigen Qualifikationen hätte man dies auf olympischem Boden in Mexiko tun können.

Gruber: Darf ich etwas hinzufügen: Ein Komitee, bestehend aus schwarzen und weißen Mitgliedern, sollte die Mannschaft wählen. Die Mannschaft sollte – wie gesagt – sich »apart« qualifizieren. Aber wenn dieses Komitee sich nicht über einen Kandidaten einig wäre, würde es beide Kandidaten – also schwarz und weiß – schicken. Was auch wichtig ist: Die Drei-Mann-Kommission der Olympischen Spiele, bestehend aus dem Hauptrichter von Nigeria, Richter Ade Ademola, Lord Killalin von Irland und Reginald Alexander von Kenia, hat zehn Tage in Südafrika verbracht. Sie hat Kontakt mit allen Sportlern und Sportbehörden in der Republik gehabt. Sie hat sich alle Sporteinrichtungen zeigen lassen. Sie hat in ihrem Bericht – eine sehr tüchtige Arbeit, 118 Seiten – berichtet, daß alle Sportler und alle Sport-behörden in Südafrika sich darin einig waren, daß sie die Vorstellung gut-finden, »apart« entscheiden zu lassen und dann als gemischte Mannschaft nach Mexiko zu fahren.

Höfer: Nun haben mehrere afrikanische Staaten – an ihrer Seite einige sozialistische Länder; ich glaube, auch aus Skandinavien kamen kritische Stimmen – gemeint, das sei nicht genug, und haben mit Boykott gedroht.

Adler: Herr Höfer, darf ich unterbrechen: Dieser Bericht, den Herr Gruber erwähnte, war im Grunde genommen – ich hab' ihn gelesen – negativ für Südafrika. Das muß man erwähnen, glaube ich. Ich habe den Eindruck, daß viele IOC-Mitglieder den Bericht nicht genau gelesen haben.

Höfer: Weil der 118 Seiten lang war.

Adler: Nicht deswegen. Südafrika befand sich nach diesem Besuch noch immer im Gegensatz zu dem Artikel 1 der olympischen Charta, der absolute Rassen-, religiöse und politische Gleichheit in den Ländern verlangt. Wo außerdem verlangt wird, daß die Bestimmungen des Nationalen Olympi-schen Komitees von jedem Land den IOC-Bestimmungen angepaßt werden müssen. Der Bericht war also im Grunde negativ. Deswegen waren ja auch so viel Stimmen dagegen.

Höfer: Jetzt brauchen wir einen neutralen Schiedsrichter, wie so häufig beim Sport. Herr van den Hende, wo ist denn jetzt Wahrheit?

Van den Hende: Ja, es ist so: Die drei Leute haben festgestellt, daß in Süd-afrika die Situation nicht so ist wie in der olympischen Charta. Aber man hat gesagt: Weil die Südafrikaner diese große Konzession gemacht haben, eine gemischte Equipe nach Mexiko zu senden – und das war zum erstenmal –, müssen wir sagen: Geben wir ihnen . . .

Höfer: Also war das eine pragmatische Konzession – kann man das sagen? Und das genügte den Afrikanern nicht, Herr Eze.

Eze: Das genügt ihnen nicht. Die Afrikaner haben einmal gesagt: Das war sowieso ein Verstoß gegen die olympische Charta, weil Südafrika die Bedin-gungen nicht erfüllt habe. Schon im Artikel 1 steht, daß man keine Rassen-unterschiede macht und daß Sportler einfach so gesehen werden – nicht nach Hautfarbe oder Religion oder sowas.

Adler: Es gibt das harte Wort von André Hombessa, dem Präsidenten des Obersten Sportrates von Afrika. Der sagte: Die schwarzen Sportler Süd-afrikas werden nichts anderes sein als trainierte Affen, die man in Mexiko vorzeigt und die man dann wieder in den Urwald zurückschicken wird.

Höfer: Das ist ein hartes Wort. Glauben Sie, Herr Eze, daß es so gekommen wäre? Glauben Sie, daß hier ein Potemkinsches Dorf inszeniert werden sollte, daß man im Zuge einer weltweiten Augenwischerei hier zwar eine gemischte Mannschaft schicken wollte, aber sowohl vorher als auch hinterher im Lande selbst alles beim alten lassen wollte?

Eze: Ja. Es herrschen auch in Südafrika selbst erstaunlicherweise zwei verschiedene Meinungen darüber. Einige Afrikaner sagen, es sei schon erstaunlich, daß die Südafrikanische Union solche Konzessionen gemacht hat, und das könnte nur etwas zur Verbesserung führen, und wenn man Südafrika kategorisch ablehnt, wäre das ein Schlag ins Gesicht der Liberalen in Südafrika, die versuchen, die Apartheid-Politik etwas zu mildern. Aber die andern meinen, das ist ungesetzlich; die Leute kommen zurück, und dann merkt man gar nichts davon.

Gruber: Ich möchte zuerst sagen: Die vollkommene Gleichheit besteht nicht in Südafrika – wie auch nirgends. Man wird ja nicht behaupten können...

Höfer: Wie meinen Sie das: wie auch nirgends?

Gruber: In welchem Lande besteht vollkommene Gleichheit?

Höfer: Zwischen wem? Zwischen den Menschen?

Gruber: Zwischen den Menschen. Zum Beispiel: In der Schweiz wird man sagen, daß die Schweiz nicht an den olympischen Spielen teilnehmen soll, weil die Frauen dort das Wahlrecht nicht besitzen.

Höfer: Ihr Bild wäre völlig richtig – wenn die Schweiz daraufhin beispielsweise bei den Olympischen Winterspielen keine Frauen sich beteiligen ließe.

Gruber: Nein, wir reden über die vollkommene Gleichheit. Ich gebe sofort zu: In Südafrika wie auch nirgends besteht die vollkommene Gleichheit. Aber was ich dazu sagen möchte...

Höfer: Herr Gruber, das kann ich nicht so akzeptieren. Es macht doch einen Unterschied, ob Sie hier erklären: Es gibt keine komplette Gleichheit, die einen sind gleicher als die anderen – oder ob diese Erfahrungserkenntnis erklärte und praktizierte Politik eines Landes ist. Es macht doch einen Unterschied – entschuldigen Sie, das sage ich in diesem Lande. Niemand kann gezwungen werden, Menschen jüdischer Konfession zu lieben. Aber wenn ein Staat sagt: Menschen jüdischer Konfession sollten per Endlösung umgebracht werden – das sind doch zwei ganz verschiedene Dinge.

Gruber: Ja, das gebe ich sofort zu. Aber das ist ja nicht der Fall in Südafrika.

Höfer: Nein, sie bringen die Farbigen nicht um, aber sie halten sie sich ganz entschieden vom Leibe.

Gruber: Die Politik besteht darin, daß man anerkennt, daß es keine südafrikanische Nation, sondern viele Völker in diesem geographischen Raum gibt, und daß die einzige Lösung für dieses Problem darin besteht, allen Völkern die Möglichkeit zu bieten, die Selbstbestimmung zu haben und sich am Ende selbst zu regieren. Also: Die Richtung ist die Gleichheit, aber die Gleichheit in »aparten« Staaten – nicht: zu versuchen, alle Menschen in einem Staat ohne Ansehen der Verschiedenheiten zwischen diesen Menschen mit Gewalt oder was auch immer zu integrieren. Das ist der Unterschied.

Höfer: Gut. Aber jetzt, Herr Eze, doch mal folgendes gefragt. Ich weiß nicht, welchem Flügel der Afrikaner – Sie haben vorhin von zwei Flügeln gesprochen – Sie angehören. Man kann doch den Eindruck haben, daß es in der Tat – wie Herr Herzka vorhin sagte – eine Art von Sportpolitik der kleinen Schritte gewesen wäre. Es wäre doch die Möglichkeit gewesen, daß farbige Bürger der Südafrikanischen Union in Mexiko mit ihren weißen Landsleuten und Sportsfreunden einmarschiert wären, daß sie mit dem einen oder anderen Lorbeer, der einen oder anderen Medaille nach Hause gekommen wären – das wäre doch keine schlechte Sache gewesen.

Eze: Ja, dazu ist aber noch etwas anderes zu sagen. Wir können das Problem nicht in der Isolierung betrachten. Es ist etwas größer – es ist die Spannung zwischen Schwarz und Weiß oder zwischen hochentwickelten und unterentwickelten Ländern, die sich in der Welt bemerkbar macht. Diese Entscheidung fiel nicht nur wegen Südafrika oder wegen der Afrikaner, die dagegen sind; es geht auch um Amerika, besonders gegen die World Boxing Association.

Höfer: Cassius Clay.

Eze: Ja, Cassius Clay oder Muhamed Ali. Viele farbige Amerikaner haben schon vorher vom Boykott der Olympiade geredet, weil sie meinen – und ich bin auch selbst der Ansicht –, daß es unrecht ist, daß man Muhamed Ali seinen Titel aberkannt hat.

Höfer: Es ist gut, daß Sie das jetzt sagen. Jetzt wollen wir drei Fragen auf den Tisch legen und an drei Sportsfreunde mit der Bitte um drei Auskünfte verteilen. – Frage eins an den holländischen Gast: Hat es was mit der Entwicklung in Amerika zu tun? – Frage zwei an Herrn Herzka: Hat es auch etwas mit speziellen Prestigeerwägungen oder kommerziellen Überlegungen des gastgebenden Landes »Mexiko« zu tun? – Und die dritte Frage an Herrn Adler: Hat es auch was mit gewissen olympisch-sportlich-politischen Entwicklungen zu tun, an denen die Deutschen beteiligt sind? – Frage eins: Hat es was mit Amerika zu tun?

Van den Hende: Ja, ich glaube bestimmt, daß auch die aktuelle Situation in Amerika damit zu tun hat.

Höfer: Martin Luther King.

Van den Hende: Ja, Martin Luther King und was nach dem geschehen ist. Speziell, glaube ich, ist Herr Brundage ein wenig erschreckt worden. In seinem Hotel in Chikago hat man ihm einen Stein in den Raum geworfen.

Höfer: Da hat Herr Brundage aber schlechte Nerven.

Van den Hende: Ja, das hat er vielleicht. Er ist auch schon mehr als achtzig Jahre alt. Aber ich glaube, Herr Brundage hat dadurch seine Meinung etwas geändert. Vorher wollte er von Boykott oder so etwas nichts wissen.

Höfer: Es gibt ein großes Wort von ihm, ein herrliches Wort – leider hat er es nicht wahr gemacht –: Und wenn die ganze Welt sich gegen uns verschwört, dann marschiere ich allein mit fünf Sportlern aus Südafrika in das Stadion ein. – Daraus ist nichts geworden. Mit Amerika hat das also was zu tun.

Jetzt wandele ich meine Frage an Sie ab, Herr Herzka: Die Mexikaner meinten – vielleicht war das eine Schutzbehauptung –, sie könnten, wenn die Südafrikaner kämen, nicht für deren Sicherheit und Gesundheit garantieren. Was steckt denn da an finsteren Perspektiven dahinter?

Herzka: Ach, das ist ein bißchen übertrieben. Wer Mexiko und Lateinamerika kennt, weiß ganz genau, daß es in diesem Kontinent absolut keine Rassendiskriminierung gibt. Es gibt vielleicht wirtschaftliche Diskriminierung, die es wirklich in der ganzen Welt gibt. Aber Rassendiskriminierung gibt es in diesem Kontinent nicht, der doch riesig tolerant ist. Mexiko ist das erste lateinamerikanische Land, das überhaupt jemals die Ehre gehabt hat, Olympische Spiele organisieren zu dürfen. Man darf nicht vergessen: Als man sich für Mexiko entschied, waren Detroit in Nordamerika, Lyon in Frankreich, aber auch die Städte Buenos Aires in Südamerika und Mexiko im Gespräch. Mexiko wurde ausgewählt, weil es die besten und idealsten Bedingungen hatte.

Höfer: Und weil es so schön hoch liegt.

Herzka: Die Mexikaner werden sich wahrscheinlich eine Riesenmühe geben, um dieser Ehre gerecht zu werden. Es ist natürlich für einen Gastgeber enttäuschend, wenn durch Dinge, mit denen er gar nichts zu tun hat – noch dazu in einem Land, wo die Menschenrechte wirklich herrschen wie in Mexiko –, dann einfach so ein Problem wie eine Lawine über ihn kommt und man nicht weiß, warum und woher, und auf einmal diese ganze Prachtorganisation ins Wasser fällt.

Höfer: Ja, Moment, aber was hätte denn geschehen können? Hätte einem farbigen, hätte einem weißen Sportler aus Herrn Grubers Land ein Haar gekrümmt werden können? Hätte man bei Siegen von weißen oder farbigen Südafrikanern irgendwelche Protestdemonstrationen, die man allerwärts ja jetzt trägt, zu befürchten gehabt?

Herzka: Protestdemonstrationen hätten kommen können. Vielleicht nicht von den Mexikanern, aber von Leuten, von Schwarzen, die aus Amerika eingereist wären. Das kann man ja in einem freien und demokratischen Land, wie es Mexiko ist, nicht verbieten.

Van den Hende: Aber ich glaube, es gibt auch kommerzielle Aspekte – wenn man so viel gemacht und so viel gebaut hat und vielleicht dreißig oder vierzig Länder nicht kommen, also die Hälfte oder ein Drittel ...

Gruber: Ich glaube, das ist nicht so wichtig; denn wenn man die Teilnehmer ansieht, die vierzig oder fünfundvierzig Länder, die gesagt haben, sie würden nicht kommen, obgleich sie das offiziell noch nicht angekündigt haben – ich glaube, 13 haben das angekündigt, nur 13 kommen nicht von diesen 45 oder 48 Ländern; es wären also nicht sehr viel.

Eze: Wir haben noch etwas anderes vergessen. Wahrscheinlich wäre es auch zum Boykott der gesamtamerikanischen Farbigen gekommen.

Herzka: Aber es gibt noch eine wichtige Sache: Der Staat Mexiko ist durch sein Grundgesetz für die Menschenrechte. Wie hätte Mexiko ausgesehen, wenn es nicht mittels der olympischen Bestimmungen und der olympischen Charta einfach gegen diesen Beschluß von Grenoble interveniert hätte? Dazu kam es ja, und dadurch wurde auch nachher Lausanne aktuell. Wäre der Boykott durchgeführt worden und hätte Mexiko als freiheitliches Land, wie es in seiner Konstitution steht, einfach diese südafrikanische gemischte Mannschaft, die nicht hundertprozentig dem olympischen Ideal entsprochen hätte, akzeptiert – die Leute wären nach Mexiko gekommen, aber dafür wären diese ganzen afrikanischen Länder nicht dabeigewesen.

Höfer: So, aber jetzt kehren wir, Herr Adler, vor unserer eigenen Tür. Sport und Politik, auf Olympia bezogen – da sind wir doch zweifellos gebrannteste Kinder.

Adler: Nicht, daß wir in Deutschland, in der Bundesrepublik mit dieser ganzen Südafrika-Frage sehr viel zu tun hätten – es betrifft uns nur am Rande eben als Mitglieder des IOC –, aber Sport und Politik: das betrifft uns sehr – auf den anderen Teil Deutschlands bezogen. Wir hatten ja bis zum IOC-Kongreß in Madrid die gemeinsame deutsche Mannschaft, die nicht zuletzt von Brundage sehr hartnäckig verfolgt und befürwortet wurde – im Sinne von »verteidigen«. Wir haben jetzt zum erstenmal in Grenoble bei den Winterspielen und in Mexiko bei den Sommerspielen die getrennten deutschen Mannschaften, die zwar unter einer Fahne mit der gemeinsamen Hymne einmarschieren, aber es sind de facto zwei deutsche Mannschaften. Wie sich das bis Mexiko entwickeln wird, ist die Frage. Man kann sich vorstellen, daß nach den jüngsten Ereignissen, wo durch massiven Druck von außen das hehre Gremium des IOC gezwungen wurde, eine einmal getroffene Entscheidung umzustoßen, beim nächsten Anlaß – und dieser Anlaß wird politischer Natur sein – wieder Druck ausgeübt wird und wieder das IOC starken Pressionen ausgesetzt ist und möglicherweise einmal getroffene Entscheidungen zurücknehmen muß. Das ist überhaupt der Nervus rerum der Situation, die Vermischung von Politik und Sport. Coubertin hat in seiner Charta im ausgehenden 19. Jahrhundert gefordert, daß die Politik sich aus dem Sport heraushalten soll und umgekehrt der Sport sich nicht mit der Politik einzulassen habe. Das ist aufgrund der Wandlungen unserer Zeit im heutigen Zeitpunkt einfach nicht mehr denkbar. Der Sport hat eine andere Funktion. Er ist zugegebenermaßen – das sagt auch die Charta des Deutschen Sportbundes von 1966 – soziales, pädagogisches, sogar biologisches Instrument geworden. Er benötigt, um seine Aufgaben durchzuführen, staatliche Unterstützung. Auf der anderen Seite – und das ist je nach Situation, nach politischem Standort verschieden – bedient sich der Staat des Sportes, um nationales Prestige zu erringen.

Höfer: Aber, Herr Adler, das sind doch alles herrliche Zitate und wunderbare

Worte. Das Schönste bei den Olympischen Spielen – so heißt es doch – ist, dabeizusein, nicht, zu gewinnen.

Eze: Nein, das glaube ich nicht. Man will dabeisein und am liebsten gewinnen.

Höfer: Ja, aber wer will gewinnen? Das Individuum oder der ...

Adler: Auch der Sportler. Beide. Das Individuum will gewinnen, und die Nation, der Staat, will gewinnen. Die Zeit ist vorbei – wenn sie überhaupt jemals bestanden hat –, in der man wirklich sagen kann: Das Wichtigste ist, teilzunehmen.

Höfer: Bestreitet irgend jemand den weithin erhobenen Vorwurf, daß nirgends in der Welt, vor keinem Gericht so viele Meineide geleistet werden wie auf dem olympischen Rasen? (Zustimmung.) Also, dann ist offenbar die olympische Idee ein anderes Wort für die Idee der Heuchelei und Verlogenheit. Aber zunächst noch mal eine sehr konkrete Frage: Herr Brundage hat doch von Lausanne aus diese salomonische Idee gehabt, per telegrafischen Rundruf diese Ausladung herbeizuführen.

Herzka: Artikel 20, Herr Höfer, das steht im Reglement. Nach Artikel 20 des Reglements kann man die sogenannte Briefwahl durchführen.

Höfer: Der Präsident des Nationalen Deutschen Olympischen Komitees, Willi Daume, der gewiß sein Bestes tut und der es gewiß nicht ganz leicht hat, meinte, in solchen Fragen, die mit Rassenfragen zu tun haben, sollten die Deutschen sich zurückhalten. Man kann auch genau umgekehrter Ansicht sein, nicht wahr, Herr Adler?

Adler: Ja, wir haben – es ist ein kühner Vergleich – unsere »Schwarzen« auch in Deutschland.

Höfer: Das sagt aber wahrscheinlich jeder Teil vom anderen.

Adler: Ganz sicher, das ganz sicher. Ich kann verstehen, daß man sich unsererseits hier zurückhält, um nicht einen der beiden Blöcke, eine der beiden Parteien und Gruppierungen für ganz bestimmt kommende Diskussionen zur deutschen Frage im IOC zu verärgern.

Van den Hende: Ist Herr Daume IOC-Mitglied? (Zurufe: Ja.) Das ist auch noch ein Gesichtspunkt. Das IOC-Komitee ist nicht eine demokratisch gewählte Institution. Es wählt sich selbst. Ich kenne die Verhältnisse – vielleicht ist das für Sie interessant: Es gibt 123 olympische Länder, 32 aus Europa, 32 aus Amerika, 32 aus Asien und Australien, 27 aus Afrika. Das Internationale Olympische Komitee hat 71 Mitglieder. Sie wählen sich selbst. (Zuruf: Auf Lebenszeit!) Wenn Sie den IOC-Vorstand nehmen, der aus neun Mitgliedern besteht, sehen Sie sechs aus Europa, zwei aus Amerika, einen aus Asien und Australien und keinen aus Afrika.

Höfer: Jetzt reden wir nicht von Politik, jetzt reden wir vom Sport.

Van den Hende: So sind die Verhältnisse. Ich glaube, das hat auch bei den Bestimmungen mitgespielt.

Höfer: Herr Gruber, es gibt in Ihrem Lande zwei Sportler – weiße –, die im Augenblick auf den Sportseiten Schlagzeilen machen: ein Mädchen namens Muir, eine Schwimmerin, und einen Sprinter namens Nash, der dem Armin Hary, der inzwischen fast so mollig geworden ist wie ich, hart auf den Fersen ist. Gibt es für Paul Nash – streng legal genommen – eine Möglichkeit, für das United Kingdom, also für Großbritannien oder das Commonwealth zu starten?

Gruber: Es wäre theoretisch möglich; denn er ist in England geboren und hat die ersten drei Monate seines Lebens in England verbracht.

Höfer: Wird er das tun?

Gruber: Er wird es nicht tun.

Höfer: Warum nicht?

Gruber: Er ist ein patriotischer Südafrikaner. Ich möchte aber, wenn ich auf diesen Fall zurückkommen darf, sagen: Wir reden und fragen uns, was denken die Ausländer, was denken die schwarzen Staaten, was denken die Leute in Deutschland von dem Teilnehmen Südafrikas. Wir fragen aber nicht genug: Was denken die Schwarzen in Südafrika über...

Höfer: Ja, dann sagen Sie das mal.

Gruber: Und da ist vollkommen klar, daß die Kommission des IOC festgestellt hat, daß alle Sportler und alle Sportbehörden, auch die schwarzen, vollkommen mit dieser Vorstellung einverstanden waren. Man kann alle schwarzen Zeitungen in Südafrika durchgehen, von der »World« bis zur »Golden City Post« – alle unterstützen diese Vorstellung. Ich habe jetzt diese Woche die Hauptartikel durchgelesen. Alle sagen: Diese Leute im Ausland haben uns mit diesem Entschluß viel Leid angetan.

Höfer: Das verstehe ich, Herr Gruber. – Herr Eze, wollen wir gemeinsam mal Herrn Gruber einiges abwechselnd fragen. Meine erste Frage wäre: Gibt es in der Südafrikanischen Republik sportliche Begegnungen zwischen Schwarzen und Weißen?

Gruber: Nein.

Höfer: Zusatzfrage: Dürfen Schwarze wenigstens zusehen, wenn weiße Sportler Sport miteinander treiben?

Gruber: Ja. – Es gibt keinen Sport zwischen Schwarzen und Weißen, weil anerkannt wird, daß unter den heutigen Umständen in Südafrika wie auch in anderen Ländern Sport nicht immer Freundschaft zwischen Sportlern und zwischen Volksgruppen als Resultat hat.

Höfer: Da haben Sie recht, ja.

Gruber: Und wir glauben, daß unter den heutigen Umständen zum Beispiel in einem harten Spiel wie Rugby die Möglichkeit besteht, daß am Ende des Spieles Krach und Radau herrschen. Und das entwickelt sich. Zum Beispiel ist jetzt angekündigt worden – vor zwei oder drei Wochen –, daß, wenn Neuseeland eine Rugby-Mannschaft nach Südafrika schickt – mit Maoris –, uns das willkommen ist. Sie werden als Gleiche in Südafrika anerkannt, und sie werden als Gleiche dort spielen.

Höfer: Offenbar haben Sie eine internationale und eine nationale Regel.

Herzka: Kann ich dazu sagen, Herr Höfer, in anderen Kontinenten dürfte das Verhältnis zwischen Menschen doch anders sein. In Brasilien – zweimal Weltmeister im Fußball – gibt es immer eine gemischte weiß-schwarze Mannschaft, die Hervorragendes geleistet hat.

Höfer: Siehe Pelé.

Gruber: Die Situation in Brasilien ist historisch und soziologisch ganz anders als in der Republik Südafrika.

Eze: Wäre es zum Beispiel möglich, die Olympischen Spiele in Südafrika selbst auszutragen?

Gruber: Nein, ich glaube nicht. In zehn Jahren, glaube ich, auch noch nicht. Vielleicht in zwanzig Jahren, ja. Das ist die Richtung der Entwicklung.

Höfer: Meine Herren, was halten Sie von der negativen olympischen Idee, die die »Washington Post« druckt, da war offenbar ein Kommentator ganz besonders schlecht gelaunt und verzweifelt; denn die Zeitung schreibt: Hoffentlich sind die Olympischen Spiele von »Mexiko« die letzten! – Werden es die letzten sein? Sollten es die letzten sein? Ihre Antwort, Herr van den Hende, wird davon abhängig sein, wie sehr Sie München lieben oder nicht lieben.

Van den Hende: Nein, das hat nichts mit München zu tun. Ich glaube nicht, daß es die letzten sein werden. Und: Werden es die letzten sein, gibt es unmittelbar andere. Vielleicht auch mit Leuten, die man jetzt Profis nennt.

Höfer: Offene Turniere à la Wimbledon.

Herzka: Ich glaube auch nicht, daß es die letzten sein werden, auch nicht die vorletzten. Es wird weitergehen. Aber es werden natürlich entscheidende Änderungen in der Politik des IOC geschehen müssen. Das IOC wird sich an die Realitäten der heutigen Welt anpassen müssen. Man kann heute im Internationalen Olympischen Komitee juristisch nicht mehr mit den Gesetzen vom Anfang des Jahrhunderts verfahren. Das ist eine völlig klare Sache. Das IOC kann nicht mehr von 71 Herren, die auf Lebenszeit gewählt werden, beherrscht werden und ...

Van den Hende: Von denen die meisten 71 Jahre alt sind.

Herzka: – die in der Mehrzahl aus dem letzten Jahrhundert stammen. Es ist ein IOC unmöglich, in dem keine einzige Frau vertreten ist, obwohl die Frauen 30 oder 35 Prozent der Olympischen Spiele in den letzten Jahren ausgemacht haben; das muß einfach geändert werden. Es muß ein neues Gesetz kommen, ein neues olympisches Gesetz, und es muß einfach der Mehrheiten der Sportler in der Welt gerecht werden.

Höfer: Herr Adler, wenn Sie die Chance hätten, der Coubertin des 20. Jahrhunderts zu werden.

Adler: Um Gottes willen!

Höfer: Was wäre Ihr Vorschlag? Erstmal die Eidesformel weg?

Adler: Die Eidesformel muß geändert werden. Sie haben völlig recht, wenn Sie sagten, daß nirgendwo so viel Meineide geschworen werden wie gerade da. Aber neben der Eidesformel, die natürlich ein Ausdruck des Ganzen ist, muß das IOC – das sagte Herr Herzka ganz richtig – völlig reformiert werden. Es geht nicht, daß ein übernationaler Club mit starken oligarchischen Zügen sich selbst immer erneuert und nach den Verhältniszahlen – wie sie Herr van den Hende geschildert hat – die sportliche Welt regiert. Es müßten zumindest alle dem Internationalen Olympischen Komitee angeschlossenen nationalen Olympischen Komitees einen Vertreter im IOC haben. Es geht einfach nicht, daß eine ganze Reihe von Ländern und Staaten in diesem Gremium nicht vertreten sind. Aber die Äußerungen, die jetzt im Zusammenhang mit der Südafrika-Frage kamen, nämlich daß man einmal in Mexiko eine Rumpfolympiade aus organisatorischen, finanziellen Gründen durchführen würde, daß man zum anderen in Afrika erwog, getrennte afrikanische Spiele als Ersatzolympia durchzuführen . . .

Höfer: Hat man das nicht sogar schon gemacht?

Adler: Es gibt panafrikanische Spiele, die sogar unter der Aufsicht des IOC stehen; es gibt auch die panasiatischen Spiele; es gibt Mittelmeerspiele – aber man hat sogar expressis verbis gesagt, man würde eine Art Ersatzolympia auch in Afrika durchführen.

Eze: Vielleicht haben einige Leute so was erwogen, aber im gesamten wollen die meisten die Olympischen Spiele doch behalten.

Adler: Aber, Herr Eze, ich kann mich des Eindrucks nicht erwehren, daß man in Schwarzafrika die Situation sehr klug abgewartet hat. Die afrikanischen Staaten haben sehr wohl gegen südafrikanische Athleten gekämpft, wenn es im Rahmen der Commonwealth-Spiele darum ging, ihre Sieger zu ermitteln. Just in dem Moment, in dem Olympia vor der Tür steht, kommen sie mit dem massiven Boykott, mit der massiven Drohung, abzusagen. Ist da nicht eine verschiedene . . .

Eze: Das ist an sich etwas, das viele – vielleicht mit Recht – behaupten: daß die erste Entscheidung in Grenoble gar nicht sehr gesetzlich war; das heißt, Südafrika zuerst zuzulassen, ohne daß alle Bedingungen erfüllt sind.

Gruber: Ist diese letzte Entscheidung dann auch gesetzlich?

Eze: Ja, das ist wieder eine andere Frage.

Van den Hende: Ich glaube, ja. Die ganze Sache ist so, daß man eigentlich nicht mehr weiß, was gesetzlich ist und was nicht.

Höfer: Wenn man jetzt hier in diesem Sechserkomitee, das glücklicherweise keine Macht hat, bestenfalls ein Gewissen, abstimmte, würde wahrscheinlich – vermute ich – eine Mehrheit gegen Apartheid-Politik zustande kommen. Es würde aber paradoxer- oder konsequenterweise wahrscheinlich auch eine

Mehrheit gegen die Entscheidung von Lausanne, das heißt also für die Teilnahme, herauskommen. Ist damit nicht die Absurdität der Situation gekennzeichnet, Herr Eze?

Eze: Ja, das schon. Es ist doch etwas, was einen etwas bedenklich macht. Denn Sport ist etwas, Sport und Musik sind Sachen, die alle Völker zusammenbringen. Und deswegen ist ein Sportler wie ein Musiker; er kennt keine Grenzen. Und so was sollte Leute binden und nicht etwa trennen.

Adler: Aber, Herr Eze, wir haben auch Zeiten erlebt, wo selbst die Musik von der Politik beeinflußt wurde.

Höfer: Sogar bei den Olympischen Spielen – zwischen Beethoven und Becher.

Herzka: Herr Höfer, es ist in der Sache doch klar, daß die Politik beim Sport eine entscheidende Rolle spielt, daß der Sport ohne Politik nicht denkbar wäre, daß das heute einfach nicht gegeben ist; aber dann glaube ich, daß die im Sport Verantwortlichen auch Politik richtig ausüben müßten; denn Politik ist doch die Kunst des Verhandelns.

Höfer: Aber, Herr Herzka, wenn es schon wahrscheinlich romantisch und mithin unrealistisch ist zu erwarten, daß der Sport zu seinen attisch-coubertinschen Urgründen zurückkehrt – das ist vorbei; das ist ein ausgeträumter Traum –, sollte man dann aus der Politik nicht lieber eine andere Einrichtung machen, die auch nicht besonders angenehm ist, aber die dann doch wenigstens fairer und korrekter ist: Geschäft.

Herzka: Dafür wäre ich hundertprozentig. Ich glaube, die Aufgabe der Verantwortlichen der Olympischen Spiele und aller sportlicher Funktionäre ist, einfach die Realitäten zu erkennen, Politik zu machen und zu sagen: Wir wollen jetzt verhandeln. Ich glaube, vor Grenoble und vor Lausanne wurde einfach nicht genug verhandelt. Man hat einfach den Haß unterschätzt, der in Afrika herrscht. Ich kann ihn auch nicht beweisen; ich kenne Afrika nicht genug. Aber ich habe den Eindruck, daß das einfach unterschätzt wurde. So kam es zu dieser umstrittenen Entscheidung von Grenoble. Die Konsequenzen haben Sie jetzt gesehen.

Höfer: Herr Gruber, wie ist denn die Stimmung in Ihrem Lande zu Hause? Ist da eine Trotzsituation, eine Affektsituation eingetreten, igelt man sich ein?

Gruber: Nein, die Situation ist folgende: Die Leute sind im allgemeinen verbittert über diese Entscheidung, die sie als Unrecht ansehen. Am meisten verbittert sind die Schwarzen, die zum erstenmal die Chance hatten, im internationalen Sport teilzunehmen und vielleicht Medaillen zu gewinnen. Die Enttäuschung ist natürlich hier am größten.

Höfer: Herr Gruber, Sie meinen, zum erstenmal hätten schwarze Mitbürger Ihres Landes Chancen gehabt?

Gruber: Ja, richtig. Von der Republik, ja. Deren Enttäuschung ist natürlich am größten. Gerade weil diese Chance ihnen durch die Handlung ihrer schwarzen Brüder in Afrika weggenommen worden ist. Das Südafrikanische

Olympische Komitee aber sagt, daß es nicht zurücktreten werde; es werde ein Komitee der Olympischen Spiele bleiben, es werde versuchen und kämpfen, in die nächsten Spiele wieder hineinzukommen.

Höfer: Darf ich Ihnen einen sportlichen Vorschlag machen. Wissen Sie, was die beste Antwort wäre, die Ihr Land geben könnte: wenn im Sommer 1968 Paul Nash irgendwo, in Zürich oder in Stockholm – oder was weiß ich, wo –, einen Weltrekord läuft, daß allen Sportlern in Mexiko davon die Ohren dröhnen. Das wäre eine gute Antwort. – Herr Eze, was ist aber nun die Reaktion bei den afrikanischen Ländern? Triumphieren sie, sind sie zufrieden?

Eze: Einige wenige triumphieren nicht. Der größte Teil triumphiert. Aber wie ich schon gesagt habe: Die Sache geht nicht nur um die Olympischen Spiele. Die Ursachen der Spannungen liegen woanders. Dies sind Schwierigkeiten mit der Südafrikanischen Union selbst; und dies sind Spannungen zwischen unterentwickelten und überentwickelten Ländern. Zum Beispiel wollten einige Afrikaner sehen, was die sozialistischen Länder eigentlich machen. Die wollten sehen, ob die Russen wirklich die Olympiade boykottieren.

Van den Hende: Ich habe gehört, man hat gesagt: Es ist ein Sieg für die Menschenrechte. – Aber das glaube ich nicht. Diese zweite Abstimmung ist auch kein Sieg für die Menschenrechte.

Höfer: Schon das Wort Sieg im Zusammenhang mit Sport ist fatal.

Adler: Ich glaube, man sollte auch nicht unterschätzen und übersehen, daß es doch innerhalb der afrikanischen Staaten gewaltige Rivalitäten und Diskrepanzen gibt und daß diese ganze Gelegenheit sehr wohl ein Instrument war, eine pseudoafrikanische Einheit herbeizuführen, also wieder ein politisches Moment.

Höfer: Und noch ein politisches Moment, das letzte: War das, was man da zwischen Grenoble und Lausanne erlebt hat, Herr Adler, ein kleiner Vorgeschmack dessen, was man vielleicht so in zwei, drei Jahren erleben wird, wenn es um die Vorbereitung für München geht?

Adler: Ganz sicher. Ich glaube, wir werden noch mehr und noch Härteres erleben. Herr Herzka sagte vorhin, es war eine Ehre für Mexiko, die Olympischen Spiele übertragen zu bekommen. Ich weiß nicht, ob es wirklich eine Ehre ist. Ich glaube, es ist eine arge Bürde. Wir dürfen uns, was München betrifft, noch auf vieles gefaßt machen und wappnen.

Höfer: Dann waren das gewisse Einübungen hier für das, was in ein paar Jahren in diesem Lande geschehen wird. Herr Gruber, sehen Sie, Sie haben uns belehrt, daß die Menschen durchaus nicht alle gleich sind, was sicherlich richtig ist. Wir haben aber auch gelernt, daß es gewisse Übereinstimmungen der Probleme von Land zu Land und von Fall zu Fall gibt. Wenn ich vorhin sagte, daß mancher olympische Traum ausgeträumt ist, so ist der Urtraum der Sportler wahrscheinlich auch ausgeträumt: daß es im Sport mit Fairneß und ohne Heuchelei zugehen sollte.

Appell an alle

Walter Ulbricht

Wenn der Vorsitzende des Staatsrates, also der höchste Vertreter des Staates, persönlich die Verleihung von Auszeichnungen für verdiente Sportler, Trainer und Sportfunktionäre vornimmt, wenn er jede Gelegenheit nützt, die Bedeutung des Sports herauszustellen, neue Verordnungen zur Förderung der Körperkultur bekannt zu geben, so ist das für die Menschen der DDR und anderer sozialistischer Staaten etwas durchaus Selbstverständliches. Bei ihnen hat der Sport eine andere Bedeutung als in westlichen Ländern. Er ist ein überaus wichtiger Teil des Staats- und Parteiprogramms.

Ist der Sport in den westlichen Ländern eine vom Staat unabhängige und in freier Selbstverwaltung gelenkte Organisation, so bedeuten Körperkultur und Sport in der DDR und den sozialistischen Ländern ein »gesellschaftliches Anliegen« aller und ein vielseitiges Mittel, um »ein neues Menschenbild zu begründen« (Ulbricht).

Ganz besondere Förderung erfährt der Kinder- und Jugendsport. Bereits 1953 hieß es in einer »Verordnung über die körperliche Erziehung des Schülers an allgemein bildenden Schulen«: »Die Körpererziehung, als untrennbarer Teil der sozialistischen Erziehung, ist eine wichtige Voraussetzung, um die Jugend gesund zu erhalten, sie für den Beruf und die Verteidigung der Heimat vorzubereiten.« Gute technische Voraussetzungen, genügend Sportlehrer, vielseitige Wettkämpfe, Leistungsprüfungen zum Schuljahresende und die Verfügung, daß das Fach Körpererziehung als Hauptfach zu werten sei, sind die Mittel, um die vom Staat als »Gegenleistung« geforderte Leistungssteigerung zu erreichen.

Es ist für mich eine besonders große Freude, Euch, die erfolgreichen Sportlerinnen und Sportler der Deutschen Demokratischen Republik, bei den bisherigen Welt- und Europameisterschaften des Jahres 1970 und bei anderen bedeutenden Sportereignissen sowie verdienstvolle Trainer, Sportwissenschaftler und Funktionäre des DDR-Sports zu begrüßen. Euch allen, liebe Freunde, gilt der herzliche Glückwunsch des Zentralkomitees der Sozialistischen Einheitspartei Deutschlands, des Staatsrates und des Ministerrates sowie aller Bürger der Deutschen Demokratischen Republik zu Euren hervorragenden Leistungen.

Die bemerkenswerten Resultate des Leistungssports der DDR sind beileibe keine Wunder, und sie sind auch nicht dem Zufall zu danken. Diese Erfolge sind in erster Linie darauf zurückzuführen, daß die Vorzüge unserer vorwärtsstrebenden sozialistischen Gesellschaftsordnung systematisch, zielstrebig und schöpferisch genutzt werden. Mit dem Beginn der antifaschistisch-demokratischen Revolution 1945/46 verwirklichten wir auf Initiative der Freien Deutschen Jugend in der sowjetischen Besatzungszone die »Grundrechte der jungen Generation«. Wir brachten der Jugend Vertrauen entgegen, verwirklichten das Recht auf Bildung und ermöglichten den Jugendlichen, einen Beruf zu erlernen und Meister ihres Faches zu werden.

Wir hatten uns vorgenommen, alles, was uns, der Jugend von früher, im kapitalistischen Staat vorenthalten wurde, nunmehr gesetzlich zu gewährleisten. Das haben wir getan und noch einiges mehr.

Bereits kurz nach Gründung der DDR – also vor 20 Jahren – hatte ich die Ehre, als Stellvertreter des Vorsitzenden des Ministerrates vor der Volkskammer das »Gesetz über die Teilnahme der Jugend am Aufbau der Deutschen Demokratischen Republik und die Förderung der Jugend in Schule und Beruf, bei Sport und Erholung« zu begründen. Die Abgeordneten der Volkskammer ließen sich von der Idee leiten, daß Förderung der Jugend die Sicherung der sozialistischen Zukunft ist. Wir alle waren von der Idee erfüllt, die DDR solle ein Staat der Jugend werden. Das war auch der Dank an unsere Eltern. Zum Beispiel sorgten sich meine Eltern sehr um die körperliche Ertüchtigung von uns Kindern. In der Schule hatten wir von der ersten Klasse an zwei Stunden Turnunterricht. Etwas später schickte mich mein Vater außerdem in die Schülergruppe des Turnvereins der deutschen Turnerschaft. In der Lehrzeit war ich Mitglied des Arbeiterturnvereins »Eiche«. Im Sommer nahm mich mein Vater manchmal mit zum Schwimmen. Der erzieherische Einfluß meiner Eltern war also entscheidend. Ich sage das deshalb, weil das heute genauso gilt wie damals.

Was Körperkultur und Sport betrifft, so erinnerten wir uns des Übungssystems des deutschen Turnens, wie es Turnvater Jahn vor 120 Jahren begründet hatte. Darauf bauten der Deutsche Turn- und Sportbund und die Freie Deutsche Jugend wissenschaftlich auf. Ab Frühjahr 1950 wurde der Turn- und Sportunterricht an den Schulen obligatorisch. Ebenso wurde der Schwimmunterricht für die Schüler obligatorisch. Mit hervorragender Initiative und großen Anstrengungen hat die Freie Deutsche Jugend diese Jugendpolitik durchgeführt. Entscheidend war die Liebe der Partei zur Jugend, das Bemühen, möglichst günstige Bedingungen für die Entwicklung aller Fähigkeiten der Jugend zu schaffen. Das, liebe Freunde und Genossen, sind die wichtigsten Quellen unserer Fortschritte.

Nach dem Übergang zu einem neuen Abschnitt beim Aufbau des Sozialismus – dem umfassenden Aufbau des Sozialismus – legten der Deutsche Turn- und Sportbund und die Freie Deutsche Jugend gemeinsam mit der Partei- und

Staatsführung die neuen Aufgaben fest. Fast genau vor zwei Jahren – am 20. September 1968 – haben wir hier im Hause des Staatsrates der DDR unter aktiver Mitarbeit der Sportler und der verantwortlichen staatlichen Organe und gesellschaftlichen Organisationen den Beschluß über die Aufgaben der Körperkultur und des Sports bei der Gestaltung des entwickelten gesellschaftlichen Systems des Sozialismus in der Deutschen Demokratischen Republik gefaßt. Damit wurde der wichtigste Schritt getan, um die Verwirklichung der neuen sozialistischen Verfassung auf dem Gebiet von Körperkultur und Sport einzuleiten.

Seitdem sind wir in vielen Bereichen der Körperkultur und des Sports gut vorangekommen. Davon ausgehend, habe ich in der Botschaft an den IV. Turn- und Sporttag des Deutschen Turn- und Sportbundes erklärt, daß das gesellschaftliche Anliegen jetzt darin besteht, die sozialistische Volkskörperkultur in der DDR bedeutend umfassender zu gestalten. Sie zeichnet sich dadurch aus,

– daß Körperkultur und Sport die gesunde, optimistische und schöpferische Lebensweise unseres Volkes noch aktiver mitformen;

– daß die Körperkultur und der Sport in stärkerem Maße dazu beitragen, die Lebensfreude der Bürger zu fördern, ihre Gesundheit zu festigen und ihre aktive Erholung zu sichern;

– daß die wirkungsvollsten Formen der Körperkultur, daß regelmäßiges Üben und Trainieren und die Teilnahme an sportlichen Wettkämpfen immer mehr zu einer schönen Lebensgewohnheit vieler Bürger und insbesondere der Jugend werden;

– daß das Streben nach sportlichen Spitzenleistungen durch Förderung der besten Talente zu neuen Erfolgen bei internationalen Meisterschaften und olympischen Wettkämpfen führt.

Worin sehen wir die Bedeutung sportlicher Höchstleistungen, warum fördern wir die sportlichen Talente unseres Volkes?

Wir fördern das Streben nach sportlichen Höchstleistungen, weil wir uns in jeder Hinsicht von dem sozialistischen Grundprinzip leiten lassen, die Fähigkeiten des Menschen und seine Persönlichkeit zu entwickeln. Dieses humanistische Prinzip ist stets auf das Ziel gerichtet, zum Nutzen, zur Freude und zum Glück aller Bürger Hervorragendes auf allen Gebieten des gesellschaftlichen Lebens zu leisten.

Wir fördern das Streben nach sportlichen Höchstleistungen, weil das Beispiel der Besten die Jugend und die Werktätigen zur eigenen sportlichen Betätigung anregt. Der Sozialismus verwirklicht den olympischen Grundgedanken, wonach der sportliche Ruf eines Landes sowohl an seinen Meistern als auch im gleichen Maße an der Gesundheit, allseitigen Bildung und Lebensfreude des gesamten Volkes gemessen wird.

Schließlich fördern wir das Streben nach sportlichen Höchstleistungen, weil unsere Politik des Friedens und der Völkerfreundschaft mit dem friedlichen Wettbewerb des internationalen Sports und mit dem Wunsch der Jugend der Welt übereinstimmt, freundschaftlich und gleichberechtigt die Kräfte zu messen. In diesem Sinne vertreten die Sportler und Sportmannschaften der DDR ihre sozialistische Heimat und gehören zu jenen Kräften des Weltsports, die sich konsequent für seine Gesetze und Regeln einsetzen.

Diese Faktoren begründen die tiefe Verbundenheit unserer Sportler mit unserem sozialistischen Vaterland und seinen Bürgern. Das erklärt die hohe Wertschätzung Eurer sportlichen Leistungen durch die sozialistische Menschengemeinschaft. Für uns sind die guten Resultate unserer Sportlerinnen und Sportler ein Ausdruck des schöpferischen Leistungsvermögens sozialistischer Persönlichkeiten, ein Ausdruck der erfolgreichen Gesamtentwicklung der sozialistischen Gesellschaft, ein Ausdruck der kontinuierlichen Gestaltung der sozialistischen Körperkultur.

In diesem Sinne sind wir alle sehr erfreut über die sehr guten Resultate, die von Euch im bisherigen Verlaufe des Sportjahres 1970 erzielt wurden. Körperkultur und Sport sind eine Wissenschaft und müssen nach den gleichen Gesetzen des Ringens um Höchstleistungen betrieben werden. Auch beim Sport ist der Kopf entscheidend für Höchstleistungen. Dabei wissen wir, daß die Sportler, Trainer und Sportfunktionäre das Entwicklungstempo im Gesamtbereich des Leistungssports realistisch einschätzen, die notwendigen Folgerungen ziehen und in Zukunft alle erforderlichen Schritte unternehmen, um die kontinuierliche Weiterentwicklung zu sichern. Ich sage das auch unter dem Gesichtspunkt, daß noch nicht in allen Sportarten bzw. Disziplinen die von Euch angestrebten Leistungsziele erreicht wurden.

Ich bin davon überzeugt, daß Eure guten Leistungen für alle Bereiche des Sports neue Impulse geben. Das gilt insbesondere für den Kinder- und Jugendsport und für den Freizeit- und Erholungssport der Werktätigen.

Der Sport gibt unserer Jugend Gesundheit, Lebensfreude und Leistungsfähigkeit. Er hilft, ihre sozialistische Persönlichkeit und guten Charaktereigenschaften zu entwickeln. Der Sport fördert das Streben nach Höchstleistungen und den Willen zur Bewährung. Sport zu treiben ist heute für jedes Kind und für jeden Jugendlichen eine wichtige Aufgabe, ein schönes Erlebnis und wird zu einer Gewohnheit für das ganze Leben!

Ich schlage deshalb vor, daß wir am heutigen Tage gemeinsam mit den Welt- und Europameistern der DDR den Appell an alle Kinder und Jugendlichen unserer Republik richten, in den Schulsportgemeinschaften und in den Sportgemeinschaften des Deutschen Turn- und Sportbundes sowie im Kreise der Freunde und der Familien regelmäßig Sport zu treiben, fleißig zu üben und zu trainieren, mehr als bisher an interessanten sportlichen Wettkämpfen teilzunehmen!

Die wissenschaftlich-technische Revolution auf sozialistische Art zu meistern, erfordert, Körperkultur und Sport im gleichen Maße zum Lebensbedürfnis der Werktätigen zu machen wie das Lernen, die kulturelle Betätigung und andere Formen der Erholung. In den Wohngebieten, Betrieben und Erholungsgebieten sind die Bedingungen bedeutend zu verbessern, um den Bürgern in der Freizeit, zum Feierabend, am Wochenende und im Urlaub die Teilnahme an Körperkultur und Sport zu sichern. Körperkultur und Sport sind heute für die Werktätigen und ihre Familien ein unerläßlicher Bestandteil der gesunden, schöpferischen und optimistischen Lebensweise! Ich schlage deshalb weiter vor, daß wir gemeinsam mit den Welt- und Europameistern der DDR den Appell an alle Werktätigen unserer Republik richten, durch sportliche Betätigung das Wohlbefinden und die Gesundheit, die aktive Erholung und Spannkraft zu fördern!

Ich möchte allen Sportlerinnen, Sportlern, Trainern und Sportfunktionären bei der Vorbereitung auf künftige Höhepunkte des Weltsports vollen Erfolg wünschen, damit unsere Deutsche Demokratische Republik bei den internationalen Meisterschaften der nächsten Zeit und bei den Olympischen Spielen 1972 würdig vertreten wird. Ihr habt prächtige Erfolge errungen – die dynamische Entwicklung sportlicher Höchstleistungen wird jedoch Euch und den talentierten Nachwuchs vor neue Bewährungsproben stellen.

Das Zentralkomitee der Sozialistischen Einheitspartei Deutschlands, der Staatsrat und der Ministerrat der DDR danken nochmals den erfolgreichen Sportlerinnen, Sportlern, Trainern, Sportwissenschaftlern und Sportfunktionären sowie der Leitung des Sports für den guten Beitrag zur Stärkung der Deutschen Demokratischen Republik im 21. Jahr ihres Bestehens.

In Anerkennung außerordentlicher Verdienste bei der Entwicklung von Körperkultur und Sport und bei der Festigung des internationalen Ansehens der Deutschen Demokratischen Republik verleihe ich auf Vorschlag des Präsidiums des Ministerrates der DDR an verdienstvolle Sportler, Trainer, Sportwissenschaftler und Funktionäre die Ehrenspange zum Vaterländischen Verdienstorden in Gold, den Vaterländischen Verdienstorden und den Orden Banner der Arbeit.

Außerdem möchte ich einige Ehrengeschenke überreichen.

Ich beglückwünsche alle heute ausgezeichneten Sportlerinnen, Sportler, Trainer und Sportfunktionäre recht herzlich und wünsche Ihnen für die Zukunft alles Gute, beste Gesundheit und neue sportliche Erfolge zum Ruhme unserer sozialistischen Deutschen Demokratischen Republik.

Sisyphos als Zuchtmeister

Adolf Metzner

Schneller – Höher – Stärker, so lautete die Devise des Barons de Coubertin, als er die Olympischen Spiele der Neuzeit ins Leben rief. Schneller – Höher – Stärker, das ist das Ziel der Weltspitzensportler vor jeden Olympischen Spielen. Ist eine Leistungssteigerung überhaupt noch möglich? Und um welchen Preis? Diesen Fragen geht Adolf Metzner im folgenden Beitrag nach. Metzner, bekannter 400-Meter-Läufer der dreißiger Jahre, Olympiateilnehmer von Los Angeles, ist heute Sportarzt und Dozent am Institut für Leibesübungen der Universität Hamburg. Er ist daher aus guten Gründen prädestiniert dafür, diese Fragen zu beantworten.

Citius – Altius – Fortius = Schneller – Höher – Stärker lautete bereits die olympische Devise des Pierre de Coubertin, obwohl der französische Baron alles andere als ein Leistungssportler heutiger Provenienz war. Mit seinem schwärmerischen Reformeifer erwies er sich als echtes Kind seiner Zeit, die sich nicht nur im Lebensgenuß der belle epoque erschöpfte, sondern verführt durch die stürmische wissenschaftliche und industrielle Entwicklung auch einem kritiklosen Fortschrittsglauben huldigte.

1889 wurde der höchste Turm der Welt in Paris errichtet, und dort wurde auch die Parole Schneller – Höher – Stärker geboren, die bald zum kategorischen Imperativ der Athleten wurde und heute, über ein Menschenalter später, in ihrer Auswirkung zur Zerreißprobe des menschlichen Organismus zu entarten droht. Der Rekord frißt seine Kinder.

Wie exakte Untersuchungen zeigten, nimmt das Tempo der Verbesserungen der sportlichen Höchstleistungen geradezu unheimlich zu, immer rascher purzeln die Rekorde. Eigentlich sollte man das Gegenteil erwarten, da doch jene Grenze, die einmal ein gebieterisches Halt bedeutet, näher heranrückt.

Fragt man, wodurch diese immer rapider verlaufenden Leistungssteigerungen hervorgerufen werden, so bleibt, abgesehen von neuen »Techniken«, nur das immer unerbittlicher und härter werdende Training, das immer länger währt und dadurch immer mehr Reserven ausschöpft und immer stärker an die Belastungsgrenzen des menschlichen Organismus herankommt. Die tägliche Trainingsfron erreicht in manchen Übungen, vor allem in solchen, die im Deutschen das Epitheton »Kunst« tragen und besondere Geschicklichkeit erfordern (Kunstturnen, Eiskunstlauf, Kunstspringen usw.), heute schon vier bis fünf Stunden. Solange wurde vor drei bis vier Jahrzehnten nicht einmal in einer ganzen Woche trainiert. Die Trainingssumme hat sich in vielen Disziplinen gegenüber jener der dreißiger Jahre verzehnfacht!

Die täglichen Trainingsstrecken der Ausdauersportler von Weltklasse betragen bei den Schwimmern bis zu 14 Kilometer, bei den Läufern 25 Kilometer und bei den Straßenrennfahrern über 100 Kilometer. Aber auch die Kraftsportler müssen sich heute im Training ächzend und schweißtriefend fast bis zur Erschöpfung plagen. Reine Folterkammern mit wahren Marterapparaten sind als »Kraftstationen« zu ihrer Galeere geworden. Nur für jene Leistungssportler, die bei ihrer kurz dauernden Übung mit »anaerober Energie«, also praktisch ohne den Sauerstoff der Atmung auskommen, wie etwa die Sprinter, sind noch nicht zum Sisyphos geworden. Aber auch bei den Kurzstrecklern dürfte die maximale Schnelligkeit mit etwa 42 Kilometer pro Stunde kaum noch überboten werden können und weitere Verbesserungen nur durch ein gesteigertes Durchhaltevermögen, was wiederum ein größeres Trainingspensum erfordert, ermöglicht werden.

Die chemische und die pharmazeutische Industrie sorgen mit Kunststoffen und Drogen für weitere Höchstleistungen. Über die Aufputschmittel hinaus wird bereits in das Stoffwechselgeschehen eingegriffen und mit Hormongaben der Athlet manipuliert. Uns interessieren hier die Möglichkeiten, aber auch die Grenzen der Anpassung des Menschen an diese extreme Belastungen. In der allgemeinen Meinung stand lange das Herz in diesem Prozeß der Anpassung an immer höher geschraubte Leistungen als besonders gefährdet im Mittelpunkt des Interesses. Aber gerade dieses Organ, das manche Religionen mit einem magisch mythischen Glanz umgaben, erwies sich als viel anpassungsfähiger, als selbst die Kliniker bis dahin annehmen konnten. Seine Adaptationsmöglichkeit ist geradezu unglaublich. Ein Beispiel möge es deutlich machen.

Mit Hilfe bestimmter röntgenologischer Verfahren kann am Lebenden die Volumengröße des Herzens bestimmt werden; neben den Herzdurchmessern in drei Ebenen fließt dabei noch ein Faktor in eine Formel ein, bei dem das Herz als Ellipsoid beziehungsweise Paraboloid aufgefaßt wird.

Bei der Normalperson, die als sportlich untrainiert gelten kann, beträgt das Herzvolumen in der Regel zwischen 700 und 800 ccm, wobei die extremen Schwankungsbreiten noch erheblich größer sind. Das größte Herz, das bisher röntgenologisch ermittelt wurde, gehört dem belgischen Weltmeister im Straßenrennfahren, Rik van Steenbergen, es ist mit mehr als 1600 ccm über doppelt so groß wie ein Normalherz! Aber nur die Ausdauersportler besitzen solche Riesenherzen, Sprinter und jene Kraftsportler, deren »Arbeitszeit« nur nach Sekunden dauert, haben normal große Herzen.

In dieser eklatanten Herzvergrößerung der Ausdauersportler sehen wir heute keinen pathologischen, sondern einen regulativen Vorgang. Die Pumpe des

Kreislaufs wird dem stark erhöhten Bedarf entsprechend vergrößert und damit die auszuwerfende Blutmenge erheblich vermehrt.

Die Gefährdung des Herzens liegt also nicht, wie oft angenommen wurde, in der dauernd steigenden Belastung, sondern, wie die sportmedizinische Praxis lehrt, in Infekten wie eitrigen Fokalherden, deren Toxine auf den Herzmuskel einwirken, wodurch die Reservekräfte aufgezehrt werden können.

Auch die Lunge hat eine erstaunliche Anpassungsfähigkeit, wie Maximalwerte von Atemfunktionsgrößen zeigen. 180 Liter Luft wurden pro Minute von Rennruderern, die meist einen besonders großen Brustkorb besitzen, ventiliert; aus dieser gewaltigen Menge schöpften sie bis zu sechs Liter Sauerstoff; physiologische Weltrekorde, wie sie zwar der Sportmediziner, aber nicht der Kliniker zu Gesicht bekommt. Vor kurzem wurden von einem Untersucher noch bedeutend höhere Werte bekanntgegeben, doch muß hier erst die Bestätigung abgewartet werden.

Der locus minoris resistentiae – der Ort des geringsten Widerstandes scheint beim Spitzensportler also nicht, wie gern angenommen wird, bei Herz oder Lunge, sondern, wie die Erfahrung lehrt, in den »bradytrophen Geweben« zu suchen zu sein. Sie besitzen, wie der Terminus technicus sagt, einen sehr langsam verlaufenden Stoffwechsel und dadurch nicht jenes stupende Anpassungsvermögen wie das Herz, das sich schon nach wenigen Wochen Ausdauertraining erheblich vergrößert.

Das spektakulärste Ereignis als Ausdruck eines Gewebeschadens ist der Achillessehnenriß, von dem immer wieder Hochleistungssportler heimgesucht werden. Er erfolgt oft mit lautem Knall, während die Affektionen der Muskulatur, die sogenannten Zerrungen, meist nicht so dramatisch verlaufen. Hier sind die schweren Muskelrisse, wie sie früher öfter auftraten, relativ selten geworden, dagegen häufen sich immer stärker die Muskelfaserrisse. Mit Berg könnte hier von einem Panoramawechsel gesprochen werden. Ob eine gesunde Achillessehne überhaupt reißen kann, wird bestritten, denn sie vermag ein Gewicht von etwa acht Zentnern zu tragen.

Diese kräftigste Sehne des Menschen muß also, wenn sie schon bei üblicher sportlicher Belastung reißt, strukturell verändert sein. Wie telemetrische Belastungsuntersuchungen zeigten, reichen die beim Sport auftretenden Kräfte längst nicht aus, um das Gewebe zu zerreißen.

Durch ein ewig gleichförmiges Training kommt es aber nicht selten zu Entzündungszuständen, auch zu kleinen Einrissen, sogenannten Mikrotraumen. Der Sportler, besonders wenn er Professional ist, verbeißt den Schmerz und trainiert weiter, oft sind Medizinmänner zur Stelle, die ihn mit schmerzlindernden Spritzen scheinbar wieder fit machen. Eines Tages aber bricht die Katastrophe über ihn herein, dann nämlich, wenn das vorgeschädigte Gewebe der Belastung nicht mehr standhält und reißt.

Im allgemeinen führt ein operativ genähter Achillessehnenriß bei Sportlern allmählich wieder zu der alten Leistungsfähigkeit, wie das Beispiel Uwe Seeler, des Turners Jaschek, des DDR-Läufers Siegfried Herrmann beweist, dessen Achillessehne bei den Olympischen Spielen in Melbourne während des 1500-Meter-Laufes riß, nachdem er vorher 16 Cortisonspritzen bekommen hatte. Acht Jahre später in Tokio war Herrmann wieder dabei.

Manchmal kommt es aber bei der ärztlichen Behandlung zu schweren Zwischenfällen, wie bei Hürden-Weltrekordmann Martin Lauer, der sich eine Spritzenserie geben ließ und heute nach einer »Blutvergiftung« ein steifes Bein zurückbehalten hat, oder bei dem Turner Jürgen Bischof, der nach der für die Operation seiner gerissenen Achillessehne erforderlichen Narkose viele Wochen lang bewußtlos war und wohl nicht ohne Gehirnschäden davonkommen dürfte.

Sieht man nicht schon im Sisyphostraining den Irrweg, so ist aber bestimmt die »fit machende Spritze« ein Übel im modernen Leistungssport, da sie in Wirklichkeit oft nur das Alarmsignal Schmerz ausschaltet, was zu weiteren Schäden führt und die Katastrophe vorbereitet.

Züchten wir Monstren?

Brigitte Berendonk

Welche Rolle spielt die Chemie im heutigen Leistungssport? Wie stark wird das Leistungsvermögen der Spitzensportler in aller Welt mit ihrer Hilfe manipuliert? Sind unsere Sportler zu Pillenschluckern geworden? Werden Olympia-Sieger der Zukunft Monstren gleichen? Und hat das alles noch etwas mit freudebetontem Sport zu tun?
Brigitte Berendonk, eine hervorragende Diskuswerferin (Bestleistung 54,24 Meter), glaubt, daß sich der Weltleistungssport auf einem falschen Weg befindet, daß die heutigen Methoden, einen Sportler aufzubauen, nur wenig mehr zu tun haben mit Technik und Training, um so mehr aber mit der Chemie.

Seit Mexiko und Athen kann man es auch beim besten Willen nicht mehr vornehm vertuschen: Die Hormonpille (oder -spritze) gehört anscheinend ebenso zum modernen Hochleistungssport wie Trainingsplan und Trikot, wie Spikes und Spesenscheck. Nach meiner Schätzung treffen sich bei großen Wettkämpfen bald mehr Pillenschlucker als Nichtschlucker. Olympia nach dem Motto: Dianaboliker aller Länder, vereinigt euch! Nahezu alle Zehnkämpfer der Weltklasse nehmen die Pille, 90 Prozent der Werfer, Stoßer und Gewichtheber, etwa die Hälfte der Springer und Sprinter, und auch bei den Ruderern, Schwimmern und Mannschaftsspielern wird sie immer beliebter. Manche »Pillenkönige« wie der durch seine Sportverletzungen berühmte US-Zehnkämpfer Russ Hodge, sein glücklicherer Teamkamerad Bill Toomey oder der schwedische Diskus-Cassius Ricky Bruch sollen schon zum Frühstück horrende Portionen der muskelbildenden Androgene schlucken, so daß ihr Apotheker eigentlich Nachschubschwierigkeiten haben müßte.
Und wenn mir heute beispielsweise ein Wurfathlet beteuert, keine Anabolica zu nehmen, dann glaube ich ihm vorerst ganz einfach nicht; zuviel ist in dieser Frage bisher schon gelogen worden, von Offiziellen wie von Athleten. So sind auch die – schon an ihrem Beamtendeutsch als einstudiert erkennbaren – Dementis der urplötzlich so stark gewordenen DDR-Asse oder ihrer Vormund-Funktionäre schlichtweg unglaubwürdig. In privatem Gespräch – so etwa einem britischen Athleten gegenüber – haben einige von ihnen den Gebrauch von Anabolica (angeblich auch injiziert) unumwunden zugegeben. Im Frauensport scheint man ebenfalls mehr und mehr nach der Eliminierung der »natürlichen« nun die künstlichen = hormon-induzierten Intersexe

heranzubilden: Jedenfalls geben Muskelmassenzunahmen von mehr als fünf Kilo in wenigen Wochen (bei erwachsenen Frauen) ebenso deutliche Hinweise wie eine galoppierende Akne oder bestürzt erörterte Zyklusstörungen.

Es ist offensichtlich: Die Leistungssteigerungen des letzten Jahrzehnts zum Beispiel in den technischen Disziplinen der Leichtathletik gehen nur zum geringeren Teil auf Verbesserungen des Bewegungsablaufes (die heutigen 20-Meter-Kugelstoßer sind technisch keinesfalls besser als der Parry O'Brien der fünfziger Jahre), der Trainings- und Lebensbedingungen zurück. Schon seit vielen Jahren stärken sich etwa US-Athleten, die berühmten schwarzen »Naturtalente« nicht ausgenommen, regelmäßig mit dem CIBA-Präparat Dianabol, einem Mittel, das auch heute noch weithin – jedenfalls von westlichen Athleten – bevorzugt wird.

Der Erfolg dieser exzessiven, hormonalen Muskelmast ist augenscheinlich. Ein heutiger Kraftathletik-Wettbewerb versetzt ja durch die Typologie der Athleten das Publikum regelmäßig in einen Gefühlszwiespalt aus Horror und Amüsement. Eine kleine anabolische Zeitbombe liegt nun darüber hinaus noch in dem vor kurzem in dem renommierten US-Journal Science erschienen Bericht von Johnson und O'Shea (Oregon State University) versteckt. Diese stellten überraschenderweise nach Dianabol-Gabe nicht nur Muskelkraftzuwachs, sondern auch eine erhöhte Sauerstoffaufnahme fest. Sollten sich solche Befunde erhärten lassen, dann dürften sich demnächst wohl auch unsere Dauerleister in die Schar der Anabolicaschlucker einreihen.

Während aber in den Ländern des Ostblocks (und vielfach auch im Westen) die Anabolicaverabreichung anscheinend ärztlich wirkungsvoll kontrolliert ist, wird sie in der Bundesrepublik in geradezu grotesk dilettantischer Weise gehandhabt. Man überläßt sie nämlich – »nichts hören, nichts sehen« – mit besten Wünschen und ein wenig schlechtem Beigeschmack ganz einfach den Trainern, Hilfstrainern, Klubmedizinmännern, Masseuren und – meistens – den Athleten selbst: Es schlucke ein jeder nach seiner Façon!

Daß Androgene eine Reihe von – teilweise irreversiblen – Fehlentwicklungen verursachen können, steht wohl zumindest ebenso fest wie ihre muskelbildende Wirkung: beispielsweise Disproportionierung von Sexualorganen und -verhalten, Akne (mit all ihren psychischen Folgen), Ödeme, Schädigungen des Skelettsystems, des Stoffwechsels von Leber, Prostata und Nebennierenrinde, Libidostörungen (von den Athleten selbst natürlich am meisten gefürchtet und diskutiert).

Darüber hinaus wirken Androgene zwangsläufig auch die Psychopharmaka: Aggressivität, Stimmungsschwankungen, übertriebenes Selbstgefühl (»feeling of well-being«). Ganz generell scheint hierbei der – bei Leistungssportlern ohnehin schon verlangsamte – Reifeprozeß noch weiter gebremst zu werden. Die Pubertät nimmt schier kein Ende! Viele der seltsamen pubertären Show-Ausbrüche etwa von John Carlos, Ricky Bruch oder vielen Gewichthebern könnten durchaus auch eine Folge des erhöhten Androgenspiegels sein. Biochemiker und Biologen, mit denen ich die Problematik solcher Eingriffe in das Hormongleichgewicht diskutierte, zählten darüber hinaus mit Leichtigkeit noch eine ganze Reihe zu erwartender Nebenwirkungen auf; Nebenwirkungen, die sich bei Durcharbeiten der einschlägigen Literatur auch prompt als so gut wie gar nicht untersucht herausstellten. (Eine bezeichnende Parallele übrigens zu jener »anderen«, der Antibabypille!)

Wohl die größte Gefahr des Anabolica-Gebrauchs, vor allem des unkontrollierten, scheint mir aber in dem zunehmenden Mißverhältnis von Muskel und Skelett zu liegen. Sehnen- und Gelenkverletzungen, in der Öffentlichkeit gern mit Schaudern als unumgänglicher Tribut an den heutigen Leistungssport schlechthin angesehen, sind häufig nichts weiter (das muß einfach einmal klargestellt werden) als die persönliche Schuld des Athleten oder seiner Promoter. Diese von der Nation bejammerten Verletzungen von Starathleten (»Und wir alle, liebe Zuhörer, zittern in diesen Minuten um den Ellenbogen!«) sind nicht sport-, sondern dianabolbedingt; sind das Risiko derjenigen, denen ihr natürliches Talent nicht genügt, die sich und ihre Umwelt unfair betrügen wollen. Diese erhöhte Verletzungsgefahr durch Anabolica haben übrigens verschiedene Athleten, wie sie mir erzählten, durchaus an sich selbst registriert. Wer, um eine Wettkampfsaison überhaupt nur überstehen zu können, bis zu hundert Cortison-, »Scheroson«- oder sonst was für Spritzen benötigt, ist ein bemitleidenswerter Krüppel und keineswegs ein Vorbild für die Jugend. Mit dem heute üblichen »Bild«-breiten Erörtern von Sportverletzungen holt man bestimmt nicht die Jugendlichen auf den Sportplatz oder gar nach München.

Auf der anderen Seite ist natürlich der durch Pille und Steak gesteigerte Muskelzuwachs für den Athleten einfach zu verführerisch. Ich kenne mehrere bundesdeutsche Athleten, die bei einer Formkrise einfach sagen: »Was soll's? Mach' ich eben mal wieder 'ne Kur!«; dann ein paar Wochen bei hoher Trainingsbelastung und eiweißreicher Kost täglich bis zu 25 mg der kleinen weißen (oder roten) »Puppen« schlucken und anschließend die Öffentlichkeit mit einer »tollen Steigerung« überraschen, so etwa im Kugelstoß bis zu zwei Meter, im Diskuswurf bis zu sieben Meter und im Speerwurf bis zu zehn Meter. Natürlich sprechen nicht alle Athleten gleich optimal auf die androgenen Steroidpräparate an, zumindest nicht auf die zur Zeit im Westen kommerziell erhältlichen; einige sogar – zu ihrem Jammer – fast überhaupt nicht! So wie sich die Dinge entwickeln, wird etwa in einigen Jahren nicht mehr der talentierteste, technisch und kämpferisch beste Athlet der »Größte« sein, sondern der, dessen Muskelmetabolismus am besten auf die erhältlichen Androgene anspricht.

Sportführung und Sportpresse haben sich, von einigen gelegentlichen Vorstößen abgesehen, bisher im wesentlichen nur darum bemüht, daß der Sport nicht »sein Gesicht verliert«. Man war peinlich darauf bedacht, das derart weitverbreitete Doping mit Steroiden (und die chemische Kategorie ist ja, die Sache mal zu Ende gedacht, der einzige Unterschied zum verbotenen Doping etwa mit Alkaloiden) zu vertuschen und zu verdrängen. Genau wie man zuvor lange, sehr lange die Existenz von Intersexen im Frauensport verdrängt hat oder wie man auch heute noch sorgsam die zum Teil bereits zur Regel gewordenen Verstöße gegen das geltende Amateurstatut verdrängt und vertuscht. Solche handgreiflichen Mißstände zu registrieren steht wohl zu sehr der naiven »Mens-sana-Ideologie« entgegen, beschmutzt das eigene olympische Nest, stört den edlen Brundage-Coubertinschen Kaloskagathos-Traum. Denn das scheint allen Beteiligten doch halbbewußt zu sein: Hat das Publikum erst einmal den Sport und den Sportler als manipulierbar durchschaut, dann geht die Faszination natürlich schnell flöten. Nicht zuletzt daher dieses offensichtliche internationale Stillhalteabkommen.

Es besteht nun aber meiner Ansicht nach eine klare Informationspflicht gegenüber der Öffentlichkeit, die Pflicht nämlich, sie über Ursachen und Hintergründe des heutigen Leistungssports ungeschminkt aufzuklären. Zu bewundern gibt es nämlich in den Stadien von heute zunehmend mehr nur noch die Triumphe der pharmazeutischen Industrie, nicht die Triumphe des Sports. Die Eltern eines zum Mehrkampf begabten Sohnes beispielsweise müssen wissen, daß dieser im heutigen Trainings- und Wettkampfleben früher oder später zum Schlucken von Hormonpräparaten verführt wird. (Um Rezeptpflichtigkeit scheren sich die Trainer und Einflüsterer sowieso nicht; daß die ganze Dianabolschluckerei gesetzwidrig ist, stört anscheinend niemanden, auch einige der Herren Sportärzte nicht!)

In solchen Fragen mit der angeblich »freien Entscheidung« des Sportlers zu argumentieren, ist schlichter Nonsens. Denn die Verführung durch das von außen gesetzte Leistungsziel, die Magie des prophezeiten Erfolges ist einfach zu groß, als daß junge Menschen dem widerstehen könnten, zumal wenn sie erst gar nicht über das Risiko aufgeklärt werden. Wer heute die Welt des Leistungssports betritt, muß wissen, daß hier die Gesundheit des einzelnen Athleten nichts, der Erfolg des Verbandes alles bedeutet. Wer »draufgeht« – sei es durch Pech, sei es durch Doping – ist im Nu abgeschrieben, von hämischen Kommentaren der Funktionärskameraderie begleitet (»Keinen Biß mehr, der Junge! Verletzungsanfällig, immer schon gesagt! Verweichlicht! Aber wir früher: Zäh wie Kruppstahl!« – Man vergleiche hierzu etwa auch die entsprechenden Aussprüche von Dr. Danz anläßlich des USA-Länderkampfes).

Nach der weithin akzeptierten Definition von Doping als der bewußten Aufnahme von nicht zur normalen Nahrung gehörenden Substanzen zum Zwecke der Leistungssteigerung ist der Gebrauch von Anabolica Doping. Da beißt keine Maus einen Faden ab! Und alles Drumherumgerede ist scheinheilige Schönfärberei. Welche Möglichkeiten einer wirksamen Kontrolle von Anabolica-Doping gäbe es denn eigentlich? Nach vielen Diskussionen mit Fachleuten scheint mir nur ein – wegen der bekannten Nachweisschwierigkeiten von Hormon-Doping zugegeben etwas komplizierter – Weg beschreitbar:

1. Die Sportverbände verpflichten sich zur ständigen Hinnahme einer internationalen Hormon-Doping-Kontrolle.

2. Ein internationales Gremium aus mindestens drei Fachärzten verschiedener politischer Blockzugehörigkeit bestimmt stichprobenartig durch ein Zufallssystem in unperiodischer Folge unter den 20 oder 30 Weltbesten einer jeden Disziplin die Namen von Sportlern (Sportlerinnen), die sich dann (an ihrem Heimatort) binnen zwei Tagen einer Urin- und Blutuntersuchung durch eben diese internationale Kommission stellen müssen.

3. Überschreitet der Gesamtgehalt an Androgenen (beziehungsweise Androgenderivaten und Abbauprodukten) des Blutplasmas oder des Urins einen oberen Normalwert, oder werden qualitativ körperfremde androgene Steroide im Chromatogramm angetroffen, so liegt Doping vor, und der betreffende Athlet oder (und) Verband erhält eine Sperre. (Als einzige Ausnahme würde die medizinisch begründete Anwendung von Anabolica in Krankheitsfällen gelten.)

Aber man darf nicht übersehen, daß für eine solche unbestechliche und faire Kontrolle nicht viel Hoffnung besteht. Die Widerstände, vor allem von Ostblockländern, wären zu groß, als daß man hier optimistisch sein dürfte.

Ganz besonders bedenklich aber scheint mir an all dem Hormon-Doping-Wahn dieses zu sein: Hier wird zum erstenmal in der Geschichte des Sports der Mensch auf einen nur vom Unterhaltungs- und Prestigebedürfnis der Gesellschaft bestimmten Scheinwert (Rekord oder Medaille) hin biologisch – und zwar teilweise irreversibel – manipuliert. Für den Jugendlichen etwa, dessen Entwicklung durch Zuführung von Androgenen aberrant verläuft, gibt es kein Zurück. Der Sportler begibt sich durch die derart weitgehende Unterordnung unter das hysterische Medaillengeschrei des Volkes einen weiteren entscheidenden Schritt (der erste war die Bezahlung der sportlichen Leistung) auf das Gladiatorentum zu. Der Anspruch der TV-Nation auf die biologische Steuerung der sportlich talentierten Menschen (»Die Leute sind eben sauer, wenn kein Westdeutscher auf dem Treppchen steht«) geht zu weit, geht logischerweise noch wesentlich weiter als im Falle des kurzfristigen Dopings etwa mit Aufputschmitteln. Principiis obsta?

Doch so naiv kann man wohl spätestens seit der internationalen Drogenmesse Mexiko 68 nicht mehr sein! Der Zug scheint abgefahren, und zwar genau in die falsche Richtung. Wer würde sich denn auch noch wieder für nichthormonale 18-m-Kugelstöße oder Gewichtheberleistungen im olympischen Dreikampf unter 500 Kilo interessieren! Die nächsten Stationen zeichnen sich bereits klar ab, beziehungsweise sind in einigen Ländern schon Realität. So die in »Sportgymnasien« di(an)abolisch konsequent aufgebauten Olympioniken – oder die nach Kaninchenzüchterregeln, gewissermaßen als Sportlebensborn, durch Paarung von Hochleistern produzierten Höchstleiter (Beispiele solcher Versuche sind Kennern bekannt) – oder der Einsatz spezieller Wachstumshormone bei jugendlichen Talenten (hierüber wird schon recht konkret gemunkelt). Und ich nehme Wetten darauf an, daß bereits von den nächsten olympischen Show-Wettkämpfen an in bestimmten Disziplinen immer mehr hormonal gesteuerte Zuchtprodukte einmarschieren. Zum Diskus- oder Kugelfinale werden sie in die Arena stampfen wie Rückkreuzungen vorzeitlicher Fabelwesen: 2.30 Meter hohe und über 3 Zentner schwere Horrorkolosse aus dem Labor des Baron Frankenstein. Und das Publikum wird sie und ihre Darbietungen noch mehr belachen und bestaunen als schon heute üblich, so wie den Zuchtbullen Kasimir oder den großen Orang-Utan im Baseler Zoo: Schaubudenmonstren, »zweckvoll« konstruiert.

Kürzlich fiel mir Aldous Huxley wieder in die Hände: »...und ihre Föten, gestopft voll mit Blutersatz und Hormonen, wuchsen und wuchsen und wuchsen oder... schlafften ab zu kümmerlichem Epsilon-Dasein.« Brave New World? Im Sport hat sie jedenfalls bereits begonnen.

Wiedersehen mit Olympia

Carl Diem

Professor Carl Diem (1892–1962) hat die Entwicklung des Sports in unserem Jahrhundert entscheidend mitbestimmt. Die Einführung des Deutschen Sportabzeichens, der Bau des Berliner Stadions, die Gründung der Deutschen Hochschule für Leibesübungen in Berlin vor dem Krieg und die der Sporthochschule in Köln – deren Rektor er war – nach dem Krieg, um nur einiges zu nennen, sind seiner Initiative zuzuschreiben. Für ihn gab es keine Grenzen, kaum ein Land, das er nicht bereist hätte. Aus seinem Erleben, aus seinen Studien hat er wie kaum ein anderer den Sport in aller Welt in seinen Büchern und Schriften geschildert. Seine Liebe und sein unermüdlicher Einsatz galten der Förderung der olympischen Idee. Schon 1906 besuchte er zum erstenmal Athen. Freundschaft verband ihn mit Pierre de Coubertin, dem Begründer der modernen Olympischen Spiele. Den Ausgrabungen in Olympia galt sein besonderes Interesse. Der folgende Beitrag zeigt, wie intensiv der Mensch Carl Diem das Fluidum, das die historischen Stätten von Olympia heute noch ausstrahlen, empfand.

Gerade als ich die Spitze des Kronoshügels erstiegen hatte, ging über Arkadien die Sonne auf. Weiß Gott, ein frisch gewaschener Morgen! Aus der Ferne krähte ein Hahn, die Glocken der Ziegenherden läuteten herauf. Ein Esel klagte (sie wollten ihn wohl zum Schriftführer wählen). Der Kladeus, der Rauschebach, vom Regen der letzten Tage angeschwollen, schickte sein Murmeln zu mir herauf. Um mich herum herrliche, gewaltige Fichten, von den ersten Strahlen rötlich angeleuchtet. Ihr Duft umhüllte den Berg. Da, wo ich mich eigentlich zur Umschau hinstellen wollte, streckte eine Königskerze steil ihre weißen Dolden mit gelben Staubfäden zum blaßblauen Himmel.
Unter mir lag Olympia. Nach Süden abgegrenzt durch das breite, lehmig gelbe Band des Alpheios; auf dessen linkem Ufer die bewaldeten Berge Triphyliens, wo Xenophon sich einst seine Verbannungszeit durch fleißige Jagd vertrieb. Der Fluß, in den von Norden her der Kladeus mündet, windet sich in ostwestlicher Richtung durch das Tal. Er ist seicht, aber reißend, und als ich in ihm badete, mußte ich gut aufpassen, um nicht mitgerissen zu werden. Er hat auch heute so viel Wasser, daß ein Diskuswurf über ihn hinweg wie im Altertum als beträchtliche Leistung gelten würde. Er schleifte Fetzen von Morgennebeln mit sich, die vor dem olympischen Heiligtum ehrerbietig auswichen, als

ob sie dem einsamen Wanderer auf dem Gipfel das Gebiet seiner Betrachtung umrahmen wollten.

Also: unter mir Olympia! Der Ort, wo einmal die Turnsache ihre höchste Erfüllung gefunden hat: ein ganzes Volk geeint! Mehr kann sie nicht.

Oder doch? In ihrem Zeichen soll heute die ganze Welt das Fest der Brüderlichkeit erhalten. Weder damals noch in unseren Tagen wurde der Streit politischer Mächte durch Olympische Spiele abgedrosselt. Aber damals wenigstens bildete der Ort, an dem ich mich aufhielt, ein gemeinsames Heiligtum des Friedens, in welches aus freier Selbstüberwindung kein Streit, nicht einmal die Erinnerung an vergangenen Streit hineingetragen wurde.

Hier oben, in der reinen würzigen Höhenluft, empfand ich so recht den sittlichen Hochstand, der sich in jenem Friedensgebot aussprach. Niemals im Laufe der Geschichte des Altertums hat man den Versuch gemacht, die im blutigen Kampf Unterlegenen vom sportlichen Kampf auszuschließen oder sie für militärische Missetaten verantwortlich zu machen.

Noch immer waltet ein heiliger Friede über dem Gebiet. Es ist so, als ob die Griechen sich bis heute scheuten, angesichts des heiligen Hains zu siedeln. In weiter Ferne sieht man das eine oder andere Gehöft. Die Ortschaft Olympia hat sich hinter die nächsten Hügel versteckt. Um so deutlicher tritt aus der Vogelschau die klare Ordnung des antiken Festplatzes hervor. Unmittelbar südlich am Fuße: das umfriedete Heiligtum, etwa 200 Meter im Quadrat – die berühmten 600 olympischen Fuß = genau 192 Meter. Verschwunden ist natürlich dessen eigentlicher Mittelpunkt, der aus Asche der Opfertiere aufgebaute Zeusaltar. Geblieben sind die Reste einiger Tempel, deren Bauzeit sich über die Jahrhunderte verteilt. Ihr ältester, der Hera-Tempel, zeigt an den Säulen noch immer die Einschnitte, in die die Siegerinnen der für Frauen bestimmten olympischen Vorfeier ihre Porträtbilder einsetzen durften. Welch schöne Sitte! Wie gern werden die Athletinnen ihre Porträts der Göttermutter geweiht haben, und wie neugierig werden sie von den Athleten betrachtet worden sein, denn gemeinsame Feste beider Geschlechter auf olympischem Boden gab es nicht.

Der spätere Hochbau des heiligen Hains, der Zeustempel, zeigt heute noch seine beherrschende Lage und die gewaltige Plattform. Alle Säulen aber sind vom Erdbeben umgeworfen und liegen der Länge nach Trommel für Trommel geschichtet und auch in dieser Zerstreuung achtunggebietend und ehrfürchtig. Im Süden nach dem Alpheios zu befanden sich die Verwaltungsgebäude, im Osten nach Arkadien zu die Kampfstätten, nämlich das 200 Meter lange Stadion und die 400 Meter lange Pferderennbahn, im Westen nach dem Kladeus zu das Trainingsquartier mit der offenen und gedeckten 200 Meter langen Übungslaufbahn, mit der Palästra und ihren Umkleideräumen; da lag ferner das Olympische Dorf und dazugehörig die Badehäuser und das Schwimmbad.

Dies letztere Gebiet ist erst nach dem Jahre 1936 ans Tageslicht gekommen; wie erinnerlich, wurde im Anschluß an die Olympischen Spiele von Berlin und zum Andenken an diese die deutsche Grabung von 1880 wieder aufgenommen, mit dem Hauptzweck, die antiken Sportanlagen gänzlich freizulegen. Diese neue Grabung hat große Erfolge gebracht, die Geschichte von Olympia weitgehend aufgeklärt und Kunstfunde aus der archaischen Zeit beschert, die helles Licht auf Eigenart und Blüte des vorklassischen griechischen Kunstschaffens geworfen haben.

Für alle war es eine Freude, da wo Pausanias es beschrieben hat, die Steinbauten der Athleten-Quartiere vorzufinden. Diese Funde sind noch nicht genauer veröffentlicht, und ihre Erklärung setzt auch gründlichere Studien voraus, als ich sie treiben konnte. Ich habe rund 40 größere Räume gezählt. Es schien aber so, als ob es sich um verschiedene Bauperioden gehandelt hat, und ohne Zweifel war das ganze Gebiet im Alterum umfangreicher: ein größerer Bezirk ist inzwischen vom Kladeus, der seit dem Altertum sein Bett um mehr als eine Flußbreite nach Osten verschoben hat, weggefegt worden. In dem neuausgegrabenen Teil der Palästra und ebenso im Gymnasion wurde je ein besonderer, zum Olympischen Dorf führender Ausgang entdeckt und gerade da ein größeres Haus mit Einrichtungen, die hier vielleicht eine Töpferei oder die Speiseanstalt vermuten lassen. Südlich ans Olympische Dorf anschließend wurden dann Badeanlagen gefunden, die bis in die alte Zeit zurückgehen und beweisen, daß man in Olympia auf die Badehygiene immer großen Wert gelegt hat. Die Einrichtung von heizbaren Sitzbädern geht in die archaische Zeit zurück; von der klassischen Zeit an hat rund fünf Jahrhunderte lang ein freies Schwimmbecken von 24,4 m mal 16,3 m und 1,60 m Tiefe – mit Umgang genau 100 olympische Fuß lang – die Athleten zu erfrischendem Tummeln geladen, und später haben dann die Eleer, die Organisatoren der Spiele, wahrscheinlich mit römischem Geld, große Thermenanlagen zum Teil über dem Schwimmbecken errichtet.

Wohin sich die Ausgrabungen, die bis in den Krieg hinein fortgesetzt wurden, auch nach Süden erstreckten, überall kamen Bauten mit den dünnen Backsteinziegeln römischer Art zutage; die ursprünglich in griechischer Bescheidenheit und Naturliebe gehaltene Feierstätte muß zur Zeit der römischen Kaiser eine höchst ansehnliche und luxuriöse Siedlung geworden sein, ähnlich heutigen mondänen Kurorten.

Glücklicherweise ist der Ort zur alten Einfachheit und Natureinsamkeit zurückgekehrt. Es ist wieder so recht ein heiliger Hain geworden. Ich habe ihn während meines Aufenthaltes zu allen Tagesstunden durchwandelt: am frühen Morgen, in der Hitze des Mittags und in der Kühle des Abends. Eidechsen raschelten davon, und Schildkröten sahen mich erstaunt an. Feld- und Waldblumen in Hülle und Fülle. Ich bin nie ohne einen Schauer der Ehrfurcht dahingeschritten. Mit jedem Blick sah ich Zeugen der Jahrtausende, so die von

Dörpfeld ausgegrabenen Häuser des zweiten Jahrtausends v. Chr., die grüne Humusschicht auf der Oberfläche der ältesten Laufbahn, die noch in den heiligen Hain hinein bis zum Zeusaltar hineingeführt hat, bevor das jetzige, durch einen Tunnel zugängliche Stadion gebaut wurde, und die ganze Pracht der Mosaikböden, mit denen die römischen Ehrengäste sich ihr Schwitzbad und das lauwarme Bad und das kalte Bad und den Umkleideraum verschönten.

Alle Steine sprechen hier. Noch finden wir die Basen für die Ehrensäulen und für die Schandsäulen. Wer sich gegen die olympischen Gesetze vergangen hatte, mußte eine Geldbuße zahlen, und davon wurde ein Denkstein errichtet, der die Urkunde seines Vergehens trug. Die heutigen Spruchkammern heben zur rechten Zeit die Strafen wieder auf. Wer einen olympischen Sieg feiern konnte, hatte das Recht auf ein Ehrenmal, und wer drei Siege errungen hatte, durfte sogar eine porträtähnliche Bildsäule aufstellen. Keine von ihnen ist uns hier erhalten. Wir wissen aber von der Inschrift am Fuße her noch Namen und Anlaß. Und so habe ich unter anderem vor dem Standort der Säule, die Alexander der Große seinem Meisterläufer gewidmet hat, meine Reverenz gemacht.

Mein Trainingszeug hatte ich umsonst mitgenommen. Auf der olympischen Laufbahn kann man noch nicht wieder trainieren, und die Übungslaufbahn ist nur zu einem Drittel freigelegt; über das zweite Drittel führt die heutige Straße nach Arkadien. Im Gegensatz dazu ist das Stadion von Delphi völlig freigelegt, und man kann heute wie damals dort seine Runden laufen, was ich nicht versäumt habe. In Olympia hatte man zunächst bei der Grabung des Jahres 1937 etwa an der 40-Meter-Marke einen Quergraben gezogen, der höchst interessante Aufklärungen brachte. Beim Abstich traten deutlich wie bei einem Baumkuchen fünf Schichten hervor, die beweisen, daß man im Laufe der Zeit die Zuschauerwälle immer wieder neu aufgehöht hat, um den wachsenden Zuschauermengen zu genügen. Auch die Laufbahn mit ihrer bemoosten Oberfläche und der darüber gestreuten Puderschicht aus weißem Sand, ihre Entwässerungsanlagen, ihre Meß-Steine und alles bot sich dem Auge. Die Ausgräber beschlossen, den ganzen Stadion-Südwall abzutragen und die Erde in den Alpheios zu werfen, dann die Lehmmassen, die jetzt über der Aschenbahn liegen, zur Wiederauffüllung der Tribüne zu verwenden, – dann wäre das antike Stadion wieder so dagelegen, wie es Chionis, Astylos, Ladas und die anderen Laufsieger der Antike unter den Füßen gehabt haben. Der Krieg hat die Absicht verhindert. Der Quergraben ist zum Teil wieder eingesandet. Einsam und für den Besucher unerklärlich erheben sich auf der Fläche des Südwalles einige Lehmsäulen heraus, auf denen früher die steinerne Ehrentribüne und der Holzsitz der Schiedsrichter erbaut waren.

Der jetzige Zustand schreit geradezu nach einer Wiederaufnahme der Arbeit. Olympia ist ein Denkmal nicht nur der Kulturgeschichte, sondern auch deutscher Wissenschaft und selbstloser Gelehrtenarbeit. Es ist nicht nur unser Recht, sondern auch unsere Pflicht, den Plan zu Ende zu führen. Wir müssen Olympia wieder würdig herrichten, die Säulen des Zeustempels aufstellen, von den wichtigsten Bauten wenigstens einige Teile ergänzen, so daß man ihre alte Form sinnfällig vor Augen hat, kurz, ohne die Weihe des Ortes zu verletzen und die Naturhaftigkeit und Heimeligkeit anzutasten, dem Besucher doch eine plastische Schau des weltbürgerlichen Heiligtums vermitteln. Und die Besucher mehren sich, von der magischen Kraft des olympischen Gedankens angezogen: sie kommen mit dem Schiff, wie im Altertum nahe Pyrgos ankernd, mit dem Triebwagen die wundervolle Strecke am Korinthischen Golf entlang oder mit dem Autobus über Argos und Arkadien.

Das Museum von Olympia birgt ja kunst- und sporthistorische Schätze, mit denen sich nicht vieles auf der Welt vergleichen kann. Wer einmal der Gestalt des Apoll vom Westgiebel des Zeustempels Auge in Auge gegenübergestanden hat, ist für sein ganzes Leben vom Adel der Kunst gesegnet, und er kann auch dem menschlichen Leib nicht anders gegenüberstehen, als in ihm eine Verpflichtung für sich selbst zu erblicken. Dieser Apoll ruft uns und unser Gewissen, wie es einmal Rilke ausgesprochen hat: »Du mußt dein Leben ändern!«

Wer einmal vor der von Praxiteles gemeißelten Statue des Hermes stehen durfte, sich an der schwellenden Pracht der kräftigen Glieder entzücken konnte, wer unter dem glänzenden Marmor das Pulsieren des Blutes in den Adern zu sehen geglaubt hat, der wird für alle Zeiten wissen, daß über jedem Nutzen die Schönheit steht.

Wer einmal sich mit dem plumpen Stein auseinandersetzte, auf dem wir lesen, daß Bybon ihn mit einer Hand über den Kopf geworfen hat, und wer in die eingemeißelten Griffe fassend es nachahmen wollte, der weiß, daß er noch einige Zeit zu trainieren hat, um es den Alten gleichzutun.

Auch wir Turner verehren dieses Heiligtum von Olympia. Die Weisheit der Alten, die hier ihre höchste Sinnerfüllung fand, ist auch ins Turnertum eingegangen:

Es ist ein schönes Recht der Jugend, ihre Körperkräfte zu messen.

Indem sie es tut, genügt sie einer frohen, frommen Pflicht.

Was sie dieser Pflicht opfert, ist Opfer auf dem Altare des Vaterlandes.

Was sie an Ehren gewinnt, ist Leihgabe von oben. Ein Sieg ist Ergebnis sowohl ererbter Kräfte, als auch der Erfahrung unserer Vorgänger und der Aneiferung durch die Mitkämpfer, erst zuletzt unseres eigenen Einsatzes.

So nahm früher der Sieger das flüchtige Zeichen des Sieges, den Kranz vom Ölbaum, an geweihter Stätte zu vorübergehendem Schmuck entgegen und legte ihn danach auf den Altar seiner Heimat, woher ihm die Kräfte gekommen waren, nieder. Dann trat er als Gleicher unter Gleiche in den Kreis der Gefährten zurück. Ist das nicht auch Turnerbrauch?

Ich saß auf den Säulenresten des Zeustempels, vor mir wieder ein Ölbaum, wie in alter Zeit, als man von ihm Kränze schnitt, und ich dachte darüber nach, daß im olympischen Symbol des Kranzes und des Feuers, also etwas Vergänglichem, sich uns das Ewige darstellt.

Alle Bauwerke rings umher sind bis auf Reste vergangen, geblieben ist der Geist; nur geistgelenktes, nur geisterfülltes Turnen wird Bestand haben.

Wer einmal in Olympia den geistigen Gehalt des olympischen Gedankens durch das Nadel- und Blattwerk der Fichten und Ölbäume gewissermaßen hat hindurchschimmern sehen, der wird nie wieder ganz dem Idiotismus des Nur-Wettkampfes verfallen können. Er ist gegen Minderwertiges gefeit.

Daher will Griechenland auch Olympia zur Schulungsstätte des olympischen Gedankens machen, und es war der Zweck meiner Reise, hierbei mitzuraten. Es sollen in Zukunft junge Turner und Sportsleute aller Völker in Athen und Olympia zu internationalen Lehrgängen versammelt werden, auf denen sie das Ganz-Menschliche des olympischen Bildungsziels erkennen und seine Schönheit, seine Natürlichkeit, seine Sittlichkeit erleben. Soweit der Sport von heute in die Irre geht, kann er nur geistig wieder gesunden, und es bedarf dafür junger Missionare. Wo sollten diese wirksamer gebildet werden können als in Olympia selbst!

Ich stieg zum Abschied noch einmal um die Mittagsstunde auf den Kronoshügel. Ehrlich gesagt, die griechische Sonne sollte mich in griechischer Nacktheit bescheinen. Zeus möge mir verzeihen. Oben konnte ich kein Ärgernis erregen, denn Frauen ist bekanntlich das Betreten von Olympia verboten, mit Ausnahme einer Priesterin der Demeter Chamyne, und unter ihr habe ich mir immer ein Wesen vorgestellt – ich will die Frauenwartin nicht erzürnen –, das entweder kurzsichtig oder nachsichtig ist. Die Sonne schien auf meinen gelichteten Scheitel. Es dauerte nicht lange, da kam Hermes persönlich aus einem Goldregenbusch hervor, das Dionysknäblein im Arm. Genauso wie ich ihn gerade zuvor als Marmorwerk im Museum gesehen hatte. Er lächelte mich, wie mir schien, ironisch an. »Wo hast Du die Muskeln her?« fragte er mich. »Von der Riesenfelge«, log ich in meiner Verlegenheit (auf dem Kronosberg gibt's koa Sünd'). Da wußte er nicht, was das war.

Ich ging zum Gegenangriff über: »Wo hast Du den Turnerbuckel her?« Das Dionysknäblein lachte schadenfroh. Darauf drehte es sein Pflegevater um und gab ihm einen kräftigen hermesischen Klaps auf die Pyge – so hieß das damals –, und dann belehrte er mich: »Vom Fünfkampf.«

»Wenn Du nämlich alle Kräfte spielen läßt und alle Übungen treibst, die leichten und die schweren, die kurzen und die langen, die gespannten und die fließenden, auf der Laufbahn wie am Kletterbaum, im Ringen wie im Boxen, dann gibt es ebenso starke Bauch- wie Rückenmuskeln.«

Das Dionysknäblein wurde wieder unruhig und griff nach dem, was Hermes hoch in der rechten Hand hielt. Bisher war uns Heutigen dieser Gegenstand unbekannt geblieben, weil der Arm am Marmorwerk abgeschlagen ist; die Archäologen haben daher auf eine Weintraube getippt. Hermes hatte aber eine Sportzeitung in der Hand, und das Dionysknäblein jammerte nach den neuesten Ergebnissen.

»Nicht aufs Siegen, sondern aufs Teilnehmen kommt es an«, tönte es aus dem Mund des griechischen Gottes, der doch der Patron nicht nur der Händler und Diebe, sondern auch der Athleten gewesen ist, und der mir seinen Besuch, wie ich hoffen darf, nur in letzter Eigenschaft gemacht hat.

Da stellte ich ihm die Gretchenfrage. Nicht gerade, wie hältst Du es mit der Religion, sondern wie hältst Du es mit dem Amateurparagraphen?

Der schöne Mann lächelte: man solle die drei Dinge gut auseinanderhalten, den Handel, den außerplanmäßigen Austausch von Mein und Dein und den Sport. Jedes hat seinen Platz auf dieser Welt. Alle drei sorgen dafür, daß die Säfte nicht stocken!

»Aber kann man zur höchsten Leistung kommen, ohne daß man ganz für den Sport lebt und damit auch vom Sport lebt?«

»Man kommt nie zur höchsten Leistung, wenn man sich ganz allein dem Sport widmet; nicht einmal zur höchsten sportlichen Leistung, geschweige denn zur höchsten menschlichen!«

Das Dionysknäblein hatte die Zeitung erwischt und bohrte seine fünf Finger durch die fünf olympischen Ringe über dem Tippzettel. Hermes wollte es gerade wieder umdrehen und sich mit der Pyge beschäftigen – gerade wollte ich mir die verflixte Symbolik der Geste des kleinen Tunichtguts in die Sprache unserer heutigen Sportzeitungen übersetzen –, da wachte ich auf.

Die historische Entwicklung der Amateurfrage

Guido von Mengden

Die Amateurfrage ist seit langem ein ungelöstes Problem in unserem modernen Sport. Amateur, das heißt Liebhaber, ist ein Sportler nach unseren Amateurgesetzen so lange, wie er den Sport nur um des Sportes willen betreibt und keine materiellen Vorteile aus seiner sportlichen Betätigung zieht. Ob ein Sportler als Amateur oder als Berufssportler zu gelten hat, prüfen und entscheiden die jeweiligen Sportverbände seines Landes. Und schon hier wird der Inhalt der aufgestellten Amateurbestimmungen problematisch. Nicht nur, daß die Sportverbände in sozialistischen Ländern eine neue, besondere Auffassung von der Auslegung des Amateurbegriffs haben, auch in westlichen Ländern ist der Begriff des Amateurstatus durchaus nicht einheitlich. Ein Eisläufer zum Beispiel wird nicht als Amateur anerkannt, wenn er als Eislauflehrer tätig war oder ist; ein Turner dagegen ist auch als Turnlehrer bei Wettkämpfen startberechtigt. Von weltweitem Interesse ist die Auslegung der Amateurbestimmungen bei den Olympischen Spielen.

In einem Referat, von dem hier Auszüge folgen, hat Guido von Mengden vor einem sachkundigen Auditorium eingehend über diese Fragen gesprochen. Manche seiner Darstellungen und Folgerungen sind in der anschließenden Diskussion nicht unwidersprochen geblieben. Aber wohl alle Zuhörer waren letztlich der Auffassung: »Angesichts der gegebenen historischen Situation ist die Unterscheidung von Amateur und Professionellem nicht mehr aufrechtzuerhalten.«

Das Amateurproblem ist zweifellos das weitaus beherrschende innerhalb der olympischen Bewegung der Neuzeit. Alle führenden Persönlichkeiten der olympischen Bewegung haben die Auffassung geteilt, daß mit der Entscheidung »Tempel oder Markt« die ganze olympische Bewegung der Neuzeit steht oder fällt. Da Coubertin eine Erneuerung der antiken olympischen Gesinnung durchsetzen wollte, ist die Frage relevant, welche Rolle das Amateurproblem zur Zeit der Hochblüte der Olympischen Spiele in der griechischen Antike gespielt hat.

Wir finden nicht die geringste geistige Verwandschaft zwischen der Sportauffassung der frühantiken Zeit und den Amateurbestimmungen, mit denen die modernen Olympischen Spiele ins Leben getreten sind. Homer berichtet (Ilias XXIII) mit großer Selbstverständlichkeit von den handfesten Preisen für die Sieger: »Dreifüße, zwölf Rinder, flinkhufige Maultiere, ein üppiges Weib« – also eine Sklavin, u. a. m. Da die Wettkämpfer ausschließlich aus den begüterten Geschlechtern der Bauernkönige stammten, wäre es aus sozialen Gründen nicht nötig gewesen, Wertpreise festzusetzen. Offenbar aber wollte man um etwas Greifbares und nicht nur um die Ehre kämpfen.

Die Suche nach Amateurbestimmungen in der Antike läuft ebenso ergebnislos aus wie die nach einer allgemeinen Sportmoral jener Epoche. Homer schildert, daß Odysseus gegen Ajax im Wettlauf keine Chance hatte und daraufhin statt fair zu unterliegen die Göttin Athene bat, Ajax ein Bein zu stellen, was auch geschah. Ajax fiel in die Kuhfladen und hatte auch noch das schandebringende homerische Gelächter der königsblütigen Zuschauer zu ertragen, als er sich den Kot von Mund und Nase wischte. Alles das schildert Homer mit anschaulicher Unbekümmertheit. Ein solch unreflektiertes Verhältnis zum Sport beweist, daß dieser damals noch ganz in das Leben eingewachsen war und wie das Leben selbst gut und böse in sich schloß.

Dieselbe Unbefangenheit gegenüber jeder Sportmoral zeigt der Zeustempel in Olympia, erbaut von den Eleern in den Jahren 468 bis 456 vor der Zeitwende, in den Jahren der reinsten Ausprägung des olympischen Gedankens. Die modernen Deuter des Reliefs im Apollogiebel verstehen den Kampf der Lapithen gegen die Zentauern als einen Kampf nach Recht und Regel gegen die rohe Gewalt, also als eine Darstellung des olympischen Gedankens. Vor dem Ostgiebel über dem Eingang zum Tempel verstummen aber die Deuter; denn hier neigt sich der Göttervater Zeus huldvoll dem ersten Olympiasieger und doch dabei größten Betrüger aller Zeiten. Die Darstellung bringt den Kampf des sagenhaften Ordners der Olympischen Spiele, Pelops, gegen König Oinomaos. Pelops gewann den Kampf durch Betrug, er bestach mit Hilfe der Tochter des Königs, Hippodameia, den Wagenlenker seines Gegners Oinomaos, daß jener die Nägel in der Wagennabe seines Königs Oinomaos durch Wachsnägel ersetzte. So verunglückte der König, und Pelops gewann seine Tochter und sein Reich.

Es ist zwar die Frage, ob man aufgrund von Sagen über die moralischen Aussagen jener frühen Zeit streiten kann und aufgrund von olympischen Sagen über die olympische Moral. Mit unsern heutigen Maßstäben würden wir sagen, es hätte weit moralischere und olympischere Heldengestalten gegeben, die sich auf dem Giebel besser gemacht hätten als dieser Olympiasieger und Betrüger Pelops; Herakles etwa, welcher der Sage zufolge der eigentliche Gründer der Spiele gewesen sein soll. Doch dieser Vorschlag wäre von der modernen Sicht gegeben. Wir müssen sagen, wenn die Eleer in der Zeit der Hochblüte der Olympischen Spiele Pelops und Oinomaos im Giebel des Höchsten Heiligtums in Olympia haben anbringen lassen, so ist das ein unübersehbares Zeugnis dafür, daß es in jener Zeit den Olympismus als eine moralische Kategorie für sich selbst im Bewußtsein der Menschen dieser Epoche gar nicht gegeben hat. Wieviel weniger können also Amateurbestimmungen als moralische Ersatzgebote damals bestanden haben.

Wir müssen auch in der Frage der Belohnung der Sieger den damaligen Quellen auf den Grund gehen. Die Darstellung vom Ölzweig aus dem Heiligen Hain, der als einziger Siegespreis dem Athleten überreicht wurde, ist von faszinierender Symbolkraft. Leider gehört diese Darstellung zu jenen Wahrheiten, die durch das Verschweigen von unmittelbar dazugehörenden Tatsachen zu Fälschungen und Lügen werden. Die gleichen Autoren, die im Ölzweig das Kriterium des olympischen Sportes der Antike sehen, berichten begeistert gleichzeitig von den Belohnungen der Sieger durch Staatsämter, Freiplätze in Theatern, Steuerfreiheit und vieles andere. Diese Autoren von Curtius über Coubertin und Diem bis zu Brundage beabsichtigen zwar durch solche Hinweise die Bedeutung des Sports in der Antike zu unterstreichen. Es ist ihnen aber offenbar nicht aufgegangen, daß sie damit gleichzeitig den Nachweis erbringen, daß es sich nicht nur der Ehre wegen lohnte, Olympiasieger zu werden.

Doch das wäre nur ein indirekter Beweis; antike Quellen bringen die Feststellung der Wahrheit in direktem Beweise: Plutarch schreibt in seiner Schrift *Solon* (23,5), daß ein athenischer Olympiasieger nach den Solonischen Gesetzen einen Anspruch habe auf die Zahlung von 500 Drachmen und auf eine lebenslängliche kostenlose Verpflegung im Rathaus. Damals war eine Drachme einen Scheffel Getreide wert, und die »Hundertscheffler« gehörten der höchsten Steuerklasse an.

Noch 200 Jahre nach Solon bestand die gleiche gesetzliche Bestimmung, wie ein Passus aus der von Platon nachempfundenen Verteidigungsrede des Sokrates beweist: »Was ist also einem unvermögenden Wohltäter der Bürger angemessen, welcher der freien Muße bedarf, um euch auf den rechten Weg zu bringen, ihr Athener? Nichts ist so angemessen, als daß ein solcher Mann im Prytaneion gespeist werde, weit mehr jedenfalls, als wenn einer von euch . . . in den Olympischen Spielen gesiegt hätte.«

Mit der Wiedergeburt der Olympischen Spiele konnte nicht der Amateurgedanke wiedergeboren werden. Um den ganz anderen Ursprung darzulegen, muß ich ein wenig ausholen. In England gab es um 1650 zwei Arten von Leibesübungen. »England, das Mutterland des Sportes«, wie es das Schöffler'sche Buch nennt, kennt für die Gentry den »disport« und für das Volk die »games«. Nach dem Erstgeburtsrecht erbte in England nur der Älteste Titel und Besitz, während die Nachgeborenen in das Volk abstiegen. So vermischen sich disport und games. Ausgang des 17. Jahrhunderts begann der Adel sich für den Sport zu interessieren und ihn zu patronisieren; so entstand der »patronised sport«, bei dem die Akteure für ihre Darbietungen bezahlt wurden. Das Patronisieren konnten sich aber die Nicht-Erbenden nicht leisten. Sie fanden mehr und mehr

Gefallen daran, selbst Sport zu treiben; so entstand der »Gentlemen sport«. Die »Gentlemen-Sportler« waren natürlich den bezahlten Profis unterlegen. Dies war namentlich im Boxen und bei den beliebten Laufwettbewerben der Fall. Um nun unter sich zu bleiben und unter Chancengleichen zu kämpfen, schufen die englischen Gentlemen die Amateurbestimmungen, indem sie untereinander Sport und Wettkämpfe zu ihrem Vergnügen und ohne jeden materiellen Profit trieben (2. Hälfte des 19. Jahrhunderts). Hier müssen wir zweifellos den Ursprung der modernen Amateurbestimmungen suchen und auch konstatieren, daß sie nicht-ethischen Gesichtspunkten entsprungen sind, sondern auch pragmatischen Gesichtspunkten entsprechen.

Ihre Tradierung läßt sich noch bis weit in das 20. Jahrhundert nachweisen. So steht in den Amateurbestimmungen für die Spiele von 1908 folgender Satz: »Keiner gilt als Amateur, der zu irgendeiner Zeit im Bootsbau tätig war oder für Lohn oder Gehalt Handarbeit verrichtet hat.« Eine entsprechende Bestimmung gab es in dieser Zeit auch in den Satzungen des Deutschen Ruderverbandes. Die Gentlemen wollten keine Konkurrenz kräftiger Arbeitermuskeln.

Sozusagen die letzte Hexenverbrennung nach dem Malleus malificarum bestehender Amateurbestimmungen erfolgte 1948: Die schwedische Dressurmannschaft wurde disqualifiziert, weil ihr ein Reiter angehört hatte, der nur für die Dauer der Spiele in den Offiziersstand erhoben worden war, damit er den reiterlichen Amateurbestimmungen eines Berufsoffiziers genügte, während er nach den Spielen wieder in den Feldwebelstand zurückversetzt wurde. Gegen dieses Scheinmanöver erhob das Olympische Komitee Protest, und die Schweden mußten die Goldmedaille zurückgeben.

Was soll man von einer Institution halten, die »um der Reinheit der Olympischen Idee willen« Entscheidungen fällte, die einem sozialen Gerechtigkeitsempfinden ins Gesicht schlagen? Angesichts der angeführten Begebenheiten müssen wir eine Begriffsverwirrung der Olympischen Ethik konstatieren und die Frage stellen, wie es überhaupt dazu gekommen ist, daß Amateurbestimmungen eine Bedeutung eingeräumt worden ist, die sie ohne Frage zum wichtigsten Artikel des olympischen Glaubensbekenntnisses gemacht haben.

Zur Beantwortung dieser Frage müssen wir auf die Vorstellungen zurückkommen, die Coubertin bei der Erneuerung der Spiele vorgeschwebt haben und die er so formuliert:

»Das erste und wesentlichste Merkmal des alten wie des neuen Olympismus ist es, eine Religion zu sein. Durch Leibesübungen formte der Wettkämpfer der Antike seinen Körper und ehrte dadurch die Götter. Der Wettkämpfer, der heute gleiches tut, erhöht damit sein Vaterland, seine Rasse und seine Fahne. Ich glaube daher, recht getan zu haben, wenn ich mit der Erneuerung des Olympismus von Anfang an versuchte, ein religiöses Gefühl wieder zu erwecken ... Die religio athletae ist nur sehr langsam in das Bewußtsein der Sportler gedrungen.«

Auch der kongeniale Schüler Coubertins, Diem, der ihn in manchem übertroffen hat, hat am Kultischen des Olympismus festgehalten:

»Was die Feier einleitet: Glockenklang, Fanfaren, festlicher Umzug, Chorgesang, Ansprache, Fahnen, Tauben, Lichtsymbol, alles bedeutet Weihung, einem kirchlichen Fest gleichgeordnet, ohne ihm nachgebildet zu sein ... Olympische Spiele sind der Glaubenstag an den Heiligen Frühling der Völker ... Solange gesunde Jugend auf dieser Erde zu Überirdischem strebt, wird sie immer wieder die olympische Weihe suchen.«

In gleicher Richtung geht auch die Antwort von Brundage auf die Frage eines Journalisten, warum er denn die Amateurbestimmungen nicht endlich fallenließe: »Man setzt ja auch die zehn Gebote nicht außer Kraft.« Es ist reine Geschichtsklitterei, wenn heute einige Kommentatoren und Herausgeber von Schriftenreihen nicht wahrhaben wollen, daß es Coubertin und Diem mit der »religio athletae« ernst gewesen ist.

Ohne diese wäre der ganze moderne Olympismus nur Fassade geblieben, und von ihr sind Millionen gefangengenommen worden.

Hans Lenk stellt in seinem Buch *Werte, Ziele, Wirklichkeit der modernen Olympischen Spiele* fest, daß unter dem Begriff »religio athletae« nur eine säkularisierte Religion zu verstehen sei, die »Leitwerte, Riten und Sanktionen« beinhalte. Die Riten fand Coubertin bei antiken Vorbildern im feierlichen Aufmarsch, im olympischen Feuersymbol, in der Siegerehrung und im Eid.

Doch muß man hinzufügen, daß jeder Kult auch gute Werke und Opfer braucht, die man ihm darbringen muß. Die Fahnen und der Altar des Vaterlandes waren schon vom Patriotismus in Besitz genommen. Es gab andere und leider auch blutigere Werke und Opfer, die man vor diesem Altar darbringen konnte. Man mußte daher auch etwas speziell »Olympisches« an Opfern bringen können, und da gab es weit und breit nichts anderes als die Amateurbestimmungen. Nicht zufällig sind die Spiele der Neuzeit und olympischen Amateurbestimmungen gleichzeitig ins Leben getreten. Der Gründungskongreß 1894 war ursprünglich zur Beratung der Amateurfrage gedacht und befaßte sich zeitlich mit dieser weit mehr als mit der Gründung der Spiele. Allerdings bewirkte er kaum mehr, als die schon bestehenden Amateurbestimmungen ein wenig allgemeiner zu fassen. Coubertin hatte auch kaum Interesse daran, den Wortlaut zu ändern, denn das Verbot von materiellem Gewinn war für seine Opfertheorie unentbehrlich. Doch wurde in der Folgezeit durch Coubertin der Sinn der bestehenden Amateurbestimmungen umfunktioniert: Vom ursprünglichen Zweck des »unter sich bleiben Wollens« hat er sie auf die Aussage umgeschaltet, daß die vollkommene materielle Unbeflecktheit das Opfer sei, was die »religio athletae« verlangt.

Es blieb also nichts anderes übrig, als Amateurbestimmungen niederzuschreiben und als eine Art von Amateurkatechismus anzuerkennen, was auch geschehen ist. Seit 1894 ist dieser Katechismus um und um geschrieben worden.

Als Ausdruck einer Tendenz der Verschärfung wurden Sportlehrer als »Profis« ausgeschaltet; dann gerieten die Amateurbestimmungen in den Wind der Sportentwicklung: Der Fußball zog immer größere Massen an, der Rubel begann zu rollen. Es war 1927, als der FIFA-Präsident Jules Rimet das IOC mit dem berühmt gewordenen Wort vom Verdienstausfall, vom »manque à gagner«, erschreckte. Von da ab hat das IOC nur noch Rückzugsgefechte führen können. Allein schon der Hinweis darauf, daß ein Olympiakämpfer mit einem reichen Vater anderen gegenüber so sehr im Vorteil sei, genügte, daß die materielle Unbefleckheit aus sozialen Gesichtspunkten modifiziert werden muß. Es kam noch dazu, daß einige grobe Ungerechtigkeiten die Glaubwürdigkeit des olympischen Kultes infrage stellten.

Es gibt erschütternde Beispiele, die die Unglaubwürdigkeit des olympischen Kultes aufzeigen:

Jim Thorpe, ein bettelarmer Indianer, der sich auf der Highschool ein paar Dollar durch Baseballspielen verdiente, um am Leben zu bleiben, dann ein Stipendium am Carlisle College erhielt, wo er einige Jahre als reiner Amateur aktiv war. Die Mitwirkung in einem Baseballteam brachte üblicherweise hin und wieder ein paar Dollar ein. Er wurde als begabtester und beliebtester Athlet aller Zeiten geschätzt und von Carl von Halt als »das Ziel unserer Bemühungen« verehrt. Nach den Spielen von Stockholm wurde Thorpe angezeigt, Geld für sportliche Betätigung erhalten zu haben. Der Brief, in dem er die Umstände erklärte, gehört zu den erschütterndsten Dokumenten der Sportgeschichte und zu den grausamsten Beweisen für die Tatsache, daß »gerechte« Amateurbestimmungen nicht zu erstellen sind. Thorpe wurde disqualifiziert und sein Name als erster Zehnkampfsieger der Welt aus den Listen gestrichen. Viele Jahre später hat Coubertin dieses Scherbengericht als einen »Entscheid von vollkommener Würde und Gerechtigkeit« genannt. Das IOC wurde zum Gefangenen seines eigenen Amateurkatechismus.

Mit Nurmi ist das gleiche 20 Jahre später geschehen. Einst hatte Finnlands Staatspräsident Paasakivi gesagt, Nurmi habe »den Namen Finnlands in die Atlanten der Welt gerannt«; nun wurde er 1932 von den Spielen ausgeschlossen, weil er »überhöhte Spesen« angenommen hätte. – Wiederum 20 Jahre später trug eben dieser Nurmi das Olympische Feuer in das Stadion von Helsinki. Vor dem Stadion stand überlebensgroß sein Denkmal in Erz, und jeden Tag hatte der schwedische IOC-Präsident, Sigfrid Edström, an diesem Denkmal vorbeizugehen, derselbe Edström, der die Kunstwettbewerbe von den Spielen verbannt hat, »weil die Künstler alle Profis seien«.

Das Nurmi-Denkmal vor dem Stadion von Helsinki scheint nur der erste sichtbare Beweis dafür, daß ein Volk und seine Öffentlichkeit den auf die geltenden Amateurbestimmungen fundierten olympischen Kult nicht mehr für glaubwürdig hielt.

Inzwischen ist die Glaubwürdigkeit des olympischen Kultes derart erschüttert, daß sie allenthalben infrage gestellt wird. Diese Entwicklung ist auch von der allgemeinen Moral nicht aufgehalten, im Gegenteil sogar beschleunigt. Nirgendwo gilt es als unmoralisch, aus seinen geistigen oder körperlichen Fähigkeiten Kapital zu schlagen. Je mehr der Olympismus seinen Charakter als Kult verliert, desto weniger kann es als unmoralisch empfunden werden, für olympiareife Leistungen auch materielle Entschädigungen zu erhalten.

Den Kriterien der Moral muß sich allerdings derjenige Athlet stellen, der zum Spielbetrüger wird, indem er vorgibt, sich nach den vereinbarten Spielregeln zu richten, es aber wissentlich und vorsätzlich nicht tut. In diesem Zustand befindet sich die olympische Bewegung nun leider schon seit einer Reihe von Jahren. Man muß sagen, das Übel sitzt an Haupt und Gliedern. Jeder Athlet bestätigt nämlich bei seiner Meldung, daß er die bestehenden Amateurbestimmungen eingehalten hat, und jedes nationale Olympische Komitee bestätigt – wider besseres Wissen und Gewissen – die Richtigkeit der Angabe, und das IOC akzeptiert diese Meldungen, die beim jeweiligen Organisationskomitee abzugeben sind und unterstellt – auch wider besseres Wissen –, daß diese Meldungen der Wahrheit entsprechen. Dieses Verfahren muß man dann allerdings einen Rundumbetrug nennen, und an dieser Stelle sind wir bei einer Verletzung allgemeingültiger moralischer Kategorien. Es ist nun zu fragen: Wie ist die olympische Bewegung in diesen Zustand hineingeschlittert?

Festzustellen wäre, daß die Aktiven daran die geringste Schuld haben. Mit dem Theologen Thielicke suchen wir zuerst die Schuld bei dem allgemeinen Trend, den er in seiner Festrede zur Eröffnung des Internationalen Sportärztekongresses in Hannover »die allgemeine gesellschaftliche Perversion« nennt. Er meint damit den fast kultischen Ernst, den man dem Star jeder Kategorie entgegenbringt. Dieser Trend führte dazu, Leistungen immer höher hinaufzuschrauben in dem Verlangen, nicht mehr Sieger, sondern möglichst Weltrekordler zu sehen.

Die zweite Wurzel der Schuld sitzt in der Entideologisierung aller Lebensbereiche, der zufolge Fahnen, Zeremonien, Altäre und Hymnen und auch die Olympischen Spiele unter die allgemeine Ernüchterungswelle geraten sind. Kein Angehöriger der jungen Generation glaubt mehr an eine jene »religio athletae«, und warum sollte man für etwas Opfer bringen, an das man nicht mehr glaubt?

Da ich mit dieser Aussage möglicherweise heftigen Widerspruch hervorrufe, möchte ich sie verdeutlichen: Es ist sicherlich ein selbsterzieherisches Abenteuer, wenn ein junger Mensch auch vom Leibe her bis an die Grenzen seiner Persönlichkeit vorstoßen möchte. Aber alle Erfahrungswerte, die dabei zu erwerben sind, können auch eine Stufe unter der Schwelle der Leistungen heutiger Olympiasieger gewonnen werden. Wer das nicht wahrhaben will, spricht allen Olympiasiegern früherer Jahre damit den pädagogischen Effekt ab. Jedenfalls ist der Aufwand, der heute nötig ist, von einer sehr hohen Leistungsstufe zur höchsten zu kommen, so groß, daß er sich selbsterzieherisch nicht mehr auszahlt.

Im Problemkreis des olympischen Kultes wurde, zuerst in milden, dann in sehr ausgeprägtem Maße, das National- beziehungsweise Gesellschaftsprestige mehr und mehr relevant. Da bei den kommunistischen Staaten die Überlegenheit der sozialistischen Gesellschaft auch durch die Sportsiege unter Beweis gestellt wird, ist zum Beispiel die Erringung einer Goldmedaille eine wesentliche Leistung für die Gesellschaft, die nach den allgemeingültigen und anerkennenswerten Prinzipien im sozialistischen Gesellschaftssystem durch persönliches Prestige belohnt und auch materiell entlohnt wird. Von dort aus erhält der Staatsamateur seine gesellschaftliche Rechtfertigung und Würdigung. Selbstverständlich sagen Olympiasieger an sich nichts über den gesundheitlichen, moralischen und vitalen Zustand eines Volkes oder einer Gesellschaft aus. Das hat Herr Daume noch vor neun Jahren vor dem Bundestag des DSB klar ausgesprochen. Es ist darum im höchsten Grade sonderbar, daß sich die ganze Welt die kommunistische These zueigen gemacht hat. De Gaulle nannte es »eine nationale Schande«, als Frankreich bei den Römischen Spielen schlecht abschnitt, und setzte daraufhin eine gewaltige sportliche Aufrüstung in Gang. Robert Kennedy, Fitnessbeauftragter der USA-Regierung, schrieb in einem Aufruf an das amerikanische Volk: »Die Erfolge der Ostblockstaaten haben diesen den Anschein der Stärke gegeben. Es ist deshalb in unserem nationalen Interesse, daß wir unsere olympische Überlegenheit wiedergewinnen, so daß wir der Welt wiederum einen sichtbaren Beweis unserer Stärke geben können.«

Die geschichtliche Erfahrung lehrt, daß für das Nationalprestige oder das Prestige einer Gesellschaftsordnung keine Anstrengung zu groß und nichts zu teuer ist. Das hat die sportlichen Höchstleistungen so emporschnellen lassen, daß ein Athlet im Regelfall bis zur Olympiareife durch eine Reihe von Jahren drei bis sechs Stunden täglich trainieren muß. Dies ist einem jungen Menschen nicht mehr zuzumuten, ohne ihn dafür zu entschädigen, wie oder womit auch immer. In den kommunistischen Staaten ist diese Frage in menschlich durchaus befriedigender Form gelöst, und wohl auch in allen andern Staaten sind die Amateurgepflogenheiten entsprechend angepaßt. So müssen wir zu dem Schluß kommen, daß Gesetze, die von der Mehrzahl der Betroffenen nicht mehr gehalten werden, ja sogar nach dem Prinzip von Leistung und Gegenleistung als menschlich unzumutbar angesehen werden, geändert werden müssen.

Das IOC hat eine Kommission zur Ausarbeitung von Vorschlägen unter ihrem rumänischen Vorsitzenden Siperco eingesetzt und auf seiner 69. Session ihre Vorschläge vorgelegt. Wenn sie funktionieren sollen, setzen sie die Existenz eines sozialistischen Staates voraus, und Brundages Kommentar war dazu: »Es soll also alles erlaubt sein, bis auf Pensionen.«

Die Konzeption vom Standpunkt nichtsozialistischer Gesellschaftsordnungen hat der Generaldirektor der UNESCO Réné Maheu in seiner Rede zum hundertsten Geburtstag von Coubertin gemacht:

»Heute ist es für einen Athleten unmöglich, aus dem Mittelfeld herauszukommen, ohne daß für ihn Vorkehrungen getroffen werden, die ihn zu einem vom Staat oder von der Industrie oder sonstwie geförderten Athleten machen. Ein Amateur ist er sonst auf keinen Fall.

Warum zögern wir also, den Athleten einen Berufssportler zu nennen? Wird ein Künstler denn disqualifiziert, weil er Geld nimmt? Warum sollte ein sportlicher Meister dadurch befleckt werden, da nicht einmal ein Dichter dadurch geschändet wird? In Wirklichkeit ist es die Lüge, die beschmutzt.

Das eigentliche Problem ist nicht, ob ein Meister oder ein zukünftiger Meister aus praktischen und sozialen Gründen dem Sport wie einem Beruf ein paar Jahre nachgeht; das Problem ist vielmehr, daß sie in der gleichen Zeit auch einen Beruf erlernen müssen, einen Beruf, der sie befähigt, ihren Lebensstandard wie bisher aufrechtzuerhalten, wenn die Jahre kommen, wo sie aus physischen Gründen abtreten müssen.«

Ob sie und wie sie einmal in praktikablere und allgemein akzeptierte »Amateurbestimmungen« oder heute richtiger gesagt Zulassungsbestimmungen zu den Olympischen Spielen eingebunden werden können, ist zur Zeit nicht abzusehen.

Der Kapitän der Deutschen Fußballnationalmannschaft hat unlängst das Große Bundesverdienstkreuz erhalten. Er ist damit als Höchstleistungssportler von großen moralischen und menschlichen Qualitäten erklärt worden, er ist aber doch auch durch seine Sportausübung ein ziemlich reicher Mann geworden. Das hat ebensowenig sein großes Ansehen geschmälert, wie es Karajans Ansehen schadet, daß er phantastisch hohe Honorare erhält.

Man wird die Amateurbestimmungen ändern müssen, um nicht im Sumpf von Lüge und Betrug zu ersticken. Réné Maheu hat gesagt, Coubertin würde dies auch fordern, »weil er seine Idee nicht unter dem purpurnen Totenhemd begraben wissen wollte, unter dem die toten Götter ruhen«.

Über eins muß man sich allerdings dabei im klaren sein, wenn man die Amateurbestimmungen so ändert, wie es den Gebräuchen in der Praxis entspricht, wird man nur noch das Gehäuse von Coubertins Vorstellungen vor sich haben. Es werden dann nicht mehr seine Spiele sein, nicht mehr seine Ideale, sein Kult, sein Geist und sein Glaube. Damit ist aber die Welt – was immer man auch vom Amateurismus gehalten oder wofür man ihn gehalten hat – um einen Schein grauer geworden.

Hinter den Boxen von Monza *Birgit Kraatz*

Jochen Rindt, der junge Grand-Prix-Fahrer, der fast sichere neue Weltmeister, ist tot – beim Training verunglückt. Trauer und Entsetzen ergreift alle – der Rennstall Lotos zieht seine anderen Fahrer aus dem Rennen. Aber unsere Zeit ist schnellebig – schon 24 Minuten später steigen die Kameraden des toten Jochen Rindt wieder in die Wagen und fahren auf Anhieb die schnellste Trainingszeit.
Haben sie keine Nerven, berührt sie der Tod, der diesmal einen anderen getroffen hat, so wenig, oder ist es ganz anders: wollen sie dem toten Kameraden eine besondere Leistung darbringen? Ein ungelöstes Phänomen unserer Zeit. Birgit Kraatz hat in dem folgenden Beitrag versucht, den Fragen nachzuspüren und das besondere Geschehen dieses Grand-Prix-Rennens einzufangen.

Easyriders mit leichtem Campinggepäck auf schweren Honda- und Guzzi-Maschinen trugen ihren Grand-Prix-Sieger schon samstags bei der Anfahrt ins Autodrom von Monza: Schwarz getuschte Jochen-Rindt-Köpfe leuchteten auf himbeerroten Makko-Pullis in der grünen Alleestraße in Monza. Während Abertausende in einer stockenden Autoschlange für das Spektakel des Trainings noch anstanden, heulten auf der Gegenfahrbahn der Via le Margherita die beiden Großambulanzwagen vorbei, dicht gefolgt von einem grünen Carabinieri-Auto, aus dem für den Bruchteil einer Sekunde das erschrockene Gesicht einer jungen Frau, Nina Rindt, aufgetaucht war.
Des grünen Polizei-Fiats wegen sagte mein Taxifahrer: »Ein Rennfahrer muß verunglückt sein.«
Die Wahrheit konnte nicht absurder klingen an diesem strahlenden, sommerheißen Tag, an dem die Karawanen zu ihren Helden erst unterwegs waren. Die Wirklichkeit konnte nicht höhnischer mitspielen an diesem Samstagnachmittag, 15.40 Uhr italienischer Zeit, als der tote Jochen Rindt an dem Rosa-Hemdchen-Spalier seiner »Tifosi« und die junge Witwe an den frisch ausgehängten Glanzpapier-Gazetten vorbeiflog, in denen Rindtsches Familienglück im neuen Genfer Haus – Jochen, Nina und Natascha – noch so fabelhaft perfekt war.
In einer technisch und zeitungskosmetisch sich so up to date gebenden Welt, in der harte Männer mit 300 Stundenkilometer Geschwindigkeit ihre blinkenden Boliden nach einem Quotienten aus Wagengewicht, Luftwiderstand, Kur-

venzentrifugalkraft auf der weißen Rennbahn steuern, berührt das Zeitlupentempo, mit dem der Tod eines Rennfahrers Nachricht wird, merkwürdig.

Erschreckend zynisch wirken die lauen Konsequenzen, die der Verlust eines Pistengladiators nach sich zieht: 45 Minuten Trainingsstille. Die Piloten gehen an die Boxen. Lotus zieht zum Zeichen der Trauer Oliver und Fittipaldi, Rindts Stallgefährten, aus dem Rennen, schickt Fahrer, Autos und Techniker noch am Samstagabend nach England zurück; die technische Untersuchungskommission wird die Unfallursache am Sonntag klären. Die Witwe wird für den finanziellen Verlust vom Veranstalter mit zehn Millionen Lire abgefunden. Rindt-Pullover gehen schneller weg denn je; man zahlt Liebhaberpreise für das neue Sammelstück ...

Einer aus dem Monza-Management sagt bitter: »Morgen gibt es zehntausend Zuschauer mehr.«

An den Boxen geht zwei Stunden nach dem Unfall schon alles seinen gewohnten Gang. Die Elite des internationalen Automobilrennsports gibt Autogramme, stellt sich den Photographen, rechnet die Trainingszeiten durch. Autopiloten, wenn sie erst Formel-I-Wagen fahren, sind zu disziplinierten Männern gereift, gefaßt auch in den Stunden, in denen sie selber fühlen, daß der Tod ihnen allen auf den Fersen sitzt. Die jungen unter ihnen lockern sich tänzelnd. Die alten stehen stoisch oder plaudernd beisammen. Die Funktionäre erzählen sich, als führten sie das Seziermesser in der Hand, die durchsickernde Todesversion. Gänsehaut hat hier niemand.

Ein Achselzucken begleitet Worte des Bedauerns über die Bitternis dieses Sieges von morgen: »Das sind die Spielregeln. Das Risiko des Todes kalkulieren wir alle mit ein ...«

Der Kitzel der Todesgefahr ist der Stachel dieser Faszination, die Massen auf die Beine und Industrien ins Spiel bringt. In Monza schauten Zweihunderttausend zu, als die zwanzig besten Boliden in der 5,7 Kilometer messenden Rennarena für den Großen Preis von Italien ihre 68 Runden drehten. Die Neugier, ob es nach dem Ausfall des Rindtschen Lotus einen Ferrari-Sieg mit dem umkonstruierten »F I 312 b« (die »3« steht für drei Liter, »12« für das Dutzend Zylinder, das »b« für Boxer, die horizontal gegenüber angeordneten Zylinderköpfe) geben würde, die Hoffnung auf einen neuen Siegesgalopp des schwarzen Ferrari-Pferdchens aus Maranello wie zu Zeiten Nuvolaris, Varzis und Ascaris, sie hatten die Italiener so zahlreich wie nie nach Monza gelockt.

Indes, es lag nicht an der Überschwenglichkeit südländischer Temperamentsausbrüche, mit denen zeitweise die Masse der Zuschauer das Rennen manipulierte, Staatssekretäre ausbuhte und mit Gelächter antwortete, wenn die Ansagerstimme warnte, das Rennen werde abgesagt, falls die Sicherheitsmaßnahmen weiter ignoriert würden – daran lag es nicht, daß dieses Schauspiel in seinen flirrenden Farben, dieses mörderische Kräftemessen von Mensch- und Motorenkraft, diese rohe Lust an dem schnellsten, besten und gefährlichsten

Sieg mehr einer Corrida, einem Stierkampf, als einer weniger umstrittenen Vergnügungsart gleich...

Auch hinter den Grand-Prix-Kulissen blieben die gefährliche Jagd nach dem Sieg und seine publizistische Ausbeute die treibende Kraft, die Regie über das Rennen führte.

Die jungen, nicht gesetzten Fahrer kämpfen tollkühn in den Trainingsrunden um einen Startplatz, der ihnen noch eine reelle Chance bieten soll. Im Wettkampf selbst tritt ihnen der Angstschweiß erst auf die Stirn, wenn sie vor den Boxen halten und sie dort, machtlos in den Blechrumpf eingepfercht, ungeduldig das nervöse Ballett der fünf Techniker abwarten, bis sie wieder davonjagen. Sie müssen, mehr als sich selbst, die Marke ihres Hauses plazieren; die Neulinge unter ihnen kämpfen mit jeder Runde auch noch um das stabilere Prestige im eigenen Stall.

Ignazio Giunti, dem 29jährigen drahtigen Römer, kondoliert man, als er nach dem dritten Boxenstop aufgeben muß. Jackie Ickx klopft niemand mitfühlend auf die Schulter, als auch der Belgier mit dem zweiten Ferrari ausfällt. Giunti fährt Formel I in der ersten Saison; Hoffnungen sind auf ihn gesetzt, er muß sie – gleich wie – erfüllen; Ickx dagegen, den etablierten anerkannten Star, berührt die Panne weniger.

An den Großen Preisen hängt manches Geschäft der Autoindustrie; die Industrie ist der eigentliche Motor der Rennen; und die Zubehörfirmen für Reifen, Zündkerzen und so weiter und die Benzinkonzerne sind die wirklichen Veranstalter der Grand-Prix-Rennen. Allein die Benzinfirmen, so rechnet man, geben jährlich drei Milliarden Lire für den Motorrennsport aus. Jede Automannschaft am Start hat solche Mäzene hinter sich. Shell stützt BRM und Ferrari, »BP« Cooper und Honda, Esso steht hinter Brabham und Lotus; und dahinterstehen heißt in diesem Fall: 45 Millionen Lire Vorschuß jährlich. Die Firmenpolitik bedient sich mancherlei Taktiken. In der Regel schließen die Konzerne mit dem Rennwagenwerk direkt ab; Spitzenfahrer wie Jochen Rindt und Jackie Ickx aber werden von den Firmen auch direkt angegangen. Und selbstverständlich sind es die Siege, die die Honorarquoten hochtreiben. Jochen Rindt verdiente im vergangenen Jahr schon 25 Millionen Lire.

In dem Jahr seiner Siege, 1970, hatten ihm Verträge mit Shell (Benzin), Firestone (Reifen), Ford (Motor), Goldleaf (Zigaretten) ein Einkommen von sechzig Millionen Lire gesichert. Jackie Ickx, unter den Großverdienern der Piste der jüngste, erhielt ähnliche Verträge, die ihm jährlich siebzig Millionen Lire einbringen sollen.

Ferrari wie auch andere Autofirmen unterstreichen gelegentlich, daß sie »Autos, aber keine Piloten bauen« wollen. Sieben Jahre dauert gemeinhin die Ausbildung eines Formel-I-Fahrers. Der Rennsport ist nicht nur ein publizistisches Interessenspiel; er ist, wie die Raumfahrt, auch Forschung. Die Sicherheit der dreihundert Millionen Autofahrer, soweit sie bisher erreicht ist, wird in diesen Rennen verfeinert. Reifendauer, Benzineffektivität, Material-strukturen werden hier getestet.

Rennfahrer also sind weder Matadore noch Kamikazeflieger, sondern Test-piloten. Doch wieviel vernünftiger wirkte ihr Sport, wenn nicht gerade in letzter Zeit wiederholt die Fahrer gegen ihren eigenen Stallchef aufgemuckt hätten, weil sie in den Rennen um den Sieg auf Biegen und Brechen mit allzu leichten, allzu fragil gebauten Boliden losgeschickt worden wären!

Ihre eigene Vorstellung von ihrem Beruf kommt dem Titel »Testpilot« noch am nächsten, ja, sie lieben die flimmernde Einsamkeit des »Eingeschlossen-seins« in dem dröhnenden Rundenkarussell. Das Spiel mit dem Gashebel ist ein Teil ihrer Passion; aber weiter wollen sie ihren Sport nicht glorifizieren.

Formelfahrer ist man nicht, das wird man. Es kostet mehr Mühe und Mittel als die Konstruktion eines Boliden, eines Rennwagens. Rennwagenwerke kaufen die fertigen PS-Piloten daher ein – soweit sie es sich leisten können. Das Risiko mit den reiferen, möglichst ausländischen Pistenmannequins ist geringer: Man sieht gleich, was man an ihnen hat. Ausländer im Bolidengestüt erfüllen über-dies einen doppelten Zweck: Die Automarke dringt im öffentlichen Bewußt-sein breiter durch. Und im Todesfall regt sich die einheimische Öffentlichkeit weniger auf.

Außer seinen Exklusivfahrern, die fest unter Vertrag sind, mietet Ferrari vor-wiegend für die amerikanischen Rennen die italo-amerikanische Diva auf internationalen Rennpisten: den dreißigjährigen Mauro Andretti (Jahres-einkommen 300 000 Dollar, auch als »freier Mitarbeiter«). Mauro Forghieri, Konstrukteur des Siegerautos »F I 312 b«, mit 35 Jahren umschwärmte Auto-prominenz, rechtfertigt die hohen Honorare der Piloten: Er unterteilt die Autorennfahrer in die Professionellen und die Ehrgeizigen, und die Profes-sionellen wissen in der Kurvenfallinie ihr rechtes Hinterrad so in Zentimeter-präzision aufzusetzen, daß der Bolide um 500 Umdrehungen in der Sekunde geschont wird. Graham Hill sieht seine Fahrspur wie einen Pinselstrich auf der Leinwand; aber er ist von den 27 »Corridori«, die in Monza an den Start gingen, der einzige, der diese künstliche Note des Berufssports betont. Die anderen, auch die jungen wie Giunti und Galli, geben selbst zu, daß das leichte Fahrradlenkrad an dem 450-PS-Motor Präzisionsarbeit verlangt, die sich über die Formel II, die Prototypen und so weiter erlernen läßt. Ein Beruf, so lassen sie durchblicken, ist dieser Rennfahrsport, in dem man nach den gleichen Gesetzen wie ein Abteilungsleiter oder Direktor der Industrie Karriere macht: die gleichen Eifersüchteleien in der eigenen Firma um die Spitzenposition, Intrigen, rigorose Entlassungspolitik und der Streß, täglich gut und besser sein zu müssen ...

Die Jungen mit ihren rund achtzig bis hundert Starts im Jahr, zu denen nur vor dem Rennen trainiert wird, sehen das alles nüchtern, fern des Abenteuers – ausgeglichene, zuverlässige Fahrer, wie Clay Regazzoni, der in Monza seinen ersten Grand-Prix-Sieg errang, repräsentieren diesen modernen, neuen Rennfahrertyp. Von diesen Männern hört man auch nicht mehr die Legende von der Autopassion in der Wiege. Mehr durch Zufall sind sie auf die Rennbahn gekommen.

Sie sind ganz normale, intelligente Leute, spielen Golf und lesen »Goldfinger« und werden in ihrer verschlossenen Kurzsilbigkeit erst gesprächig, wenn von Rennen die Rede ist. Das kalkulierte Risiko des Todes deuten sie weniger als Mut, denn als Schwerelosigkeit. Angst ist für sie eher Besorgnis, daß »die Kiste durchhält«. »Angst«, sagt der Tessiner Clay Regazzoni, »habe ich, wenn ich von einem Fenstersims springen sollte, aber nicht in meinem Wagen auf der Rennbahn, dessen Bewegungen ich dort genau berechnen kann.«

Es sind kontrollierte Männer, diese Heroen der Arena. Die ruhige Entschlossenheit, die sie ausstrahlen, wirkt bei den Jungen noch wie kindliche Unbekümmertheit – wenn sie eine Viertelstunde vor dem Start an ihren Helmen basteln oder, wie Jackie Ickx mit der frisch angetrauten Frau, an den Boxen turteln. Die konzentrierte Spannung, das Nervenreißen spiegeln sich auf ihrem Gesicht, wenn sie das weiße, wollene Haubenvisier ihres Brandschutzdreß, der sie vier Minuten vor einem Verbrennungstod schützen kann, hoch über die Nase ziehen, wenn sie ihren Astronautenhelm aufstülpen und in den engen Sitzen schlüpfen.

Ihr Herzschlag schnellt in diesen Minuten auf doppelte Rundenzahl: 150 Töne, wie ein englischer Herzspezialist gemessen hat, 180 Töne gar, wenn, wie auf der Rennstrecke in Monza, auch der Sieger bis auf die letzten acht Runden im Rudel der heulenden Meute eingekeilt ist und höchste Gefahr von den Nachbarrädern lauert.

Die Herausforderung dieser nervenkitzelnden Stunde putscht ihre Passion für den Sport mehr auf als der jubelnde Triumph des Sieges. Doch der Lorbeerkranz wiegt schwer. Den Sieg müssen sie haben, um »im Rennen« zu bleiben, ihren Weg nach oben zu machen, ihre Stellung im Stall zu halten und letztlich das viele Geld zu machen, das ihnen allen so wichtig ist (wichtiger auch als der Ruhm).

Die entfesselte Euphorie der Fans, die in Monza die Ferrari-Box nach dem Sieg schon überbrandete, als die letzten überrundeten Nachzügler noch auf der Piste kurvten, diese Masse Mensch, blind und taub vom Siegestaumel, kann allenfalls die Neulinge dieser Eliteklasse noch elektrisieren. Formel-I-Fahrer haben über der Routine ihres Berufes die Gunst ihrer Fan-Meute eher rechnerisch einzusetzen als zu genießen gelernt; sie wissen und haben es oft genug miterlebt, daß das Publikum seine Idole wie die Hemden wechselt, daß auch Helden, die ihr Leben riskieren, keine längere Lebensdauer als Nachtfalter haben können: 24 Stunden, dann rollen am Sonntagabend die Easyriders mit dem Regazzoni-Stempelkopf auf der frischen Pulloverbrust aus dem Autodrom in Monza heimwärts...

München wird Olympiastadt

Das Internationale Olympische Komitee besteht in seiner jetzigen Form fast unverändert seit 1894; seine Arbeitsweise hat sich in dieser Zeit kaum verändert. Heute gehören dem IOC 74 Mitglieder an; sein Präsident, der jeweils für die Dauer von acht Jahren gewählt wird, ist seit 1952 der Amerikaner Brundage.

Zur Unterstützung des IOC wurden in den einzelnen Ländern Nationale Olympische Komitees gegründet, denen die Mitglieder des IOC, sofern sie in einem der Länder wohnen, und die Präsidenten der Sportverbände, deren Sportarten im olympischen Programm vertreten sind, angehören. Eine der Aufgaben des IOC ist es, den Austragungsort für die Olympischen Spiele zu ermitteln. Das geschieht in der Regel auf einer Sitzung, etwa sechs Jahre vor dem Termin, in geheimer Wahl. In jedem Land kann sich nur eine Stadt mit der Zustimmung des betreffenden NOKs und der Landesregierung bewerben. Im allgemeinen läuft die Bewerbungsfrist am 31. 12. des der Wahlsitzung vorhergehenden Jahres ab.

Vor der Wahlsitzung werden vom IOC die Internationalen Sportverbände gehört, die aber nicht stimmberechtigt sind.

In der Wahlsitzung selbst werden die Delegationen der Bewerberstädte – jede Delegation hat sechs Teilnehmer – nacheinander vorgestellt und erhalten Gelegenheit, ihre Bewerbung vorzubringen, sie durch Filme und Dias zu unterstützen und Fragen zu beantworten, die von IOC-Mitgliedern darüber hinaus noch gestellt werden.

Die Wahl ist geheim, nur IOC-Mitglieder sind stimmberechtigt. Es gewinnt der Bewerber, der die absolute Mehrheit der Stimmen der anwesenden IOC-Mitglieder erhält. Wenn es in den ersten Wahlgängen keine Stimmenmehrheit für eine der Städte gibt, scheidet jeweils der Bewerber mit der geringsten Stimmzahl aus. Im letzten Wahlgang entscheidet die einfache Mehrheit.

Hier folgt ein Ausschnitt aus dem Protokoll der Sitzung des IOC vom 25. bis 28. 4. 1966, auf der München zur Olympiastadt 1972 gewählt wurde.

*Vorstellung der Delegationen der Bewerberstädte
für die XX. Olympischen Spiele*
Die Vorstellung sollte in alphabetischer Reihenfolge erfolgen, zuerst die Delegationen der Bewerberstädte für die Sommerspiele. Bevor die Vertreter der

Internationalen Sportverbände hereingeführt wurden, erklärten sich die IOC-Mitglieder mit der Aufstellung über die Verteilung der Einnahmen aus den Fernsehrechten einverstanden. Diese sollte den Internationalen Sportverbänden vor der Vorstellung der Delegationen aus den einzelnen Bewerberstädten bekanntgegeben werden.

Die Vertreter der Internationalen Sportverbände wurden hereingeführt, und Herr Brundage informierte sie über die Vorschläge des Internationalen Komitees zur Verteilung der Einnahmen aus den Fernsehrechten.

Es gab eine lange Diskussion. Die folgende Abstimmung ergab, daß eine große Mehrheit der Vertreter der Internationalen Sportverbände für den Vorschlag des IOC stimmte. Der Verteilungsplan für die Spiele wurde angenommen.

Sommerspiele

Die Delegation aus Detroit wurde vorgestellt. Sie bestand aus Herrn Fred Matthai jr., Präsident, Herrn K. Jerome Cavanagh, Bürgermeister von Detroit, Herrn George Romney, Gouverneur von Michigan, den Herren Richard Cross, Jack Tompkins, Wade McCree und Charles Adams. Herr Roby, IOC-Mitglied, stellte Herrn Fred Matthai, den Präsidenten der Delegation, vor, welcher die Möglichkeiten seiner Stadt darstellte.

Präsident Brundage verlangte, daß die Vergabe der Fernsehrechte der Aufsicht des IOC unterläge, welches sich das Recht vorbehalte, diese gemäß ihrer Wichtigkeit zu verteilen.

Herr Matthai antwortete: »Ich verstehe völlig.«

Die Delegation aus Madrid wurde vorgestellt. Sie setzte sich zusammen aus Herrn Suevos, Bürgermeister von Madrid, Herrn Pardo de Santayana, Gouverneur, den Herren Elola Olaso, Präsident des NOK, Samaranch, Vizepräsident, San Roma, Geschäftsführer, und de Bebito. Baron de Guell, IOC-Mitglied, stellte den Bürgermeister von Madrid, Herrn Suevos, und Herrn Elola Olaso, Präsident des spanischen Olympischen Komitees, vor, welche nacheinander auf die Vorteile hinwiesen, die Madrid als die Stadt, in welcher die Olympischen Spiele veranstaltet werden sollten, bieten würde. Beide Sprecher führten an, daß Spanien durch keinen Vertrag gebunden, allen Athleten und Teilnehmern an diesen Spielen Visa bewilligen würde. Sie stimmten auch den Bedingungen des Internationalen Olympischen Komitees hinsichtlich der Fernsehrechte zu.

Herr Keller (Rudern) fragte nach Einzelheiten der Anlage für die Ruderwettbewerbe. Sie antworteten, daß ein Kanal am Manzanares in San Juan im Bau sei, ganz in der Nähe des Olympischen Dorfs.

Herr Plain (Leichtathletik) fragte nach weiteren Einzelheiten über die Trainingsstrecken, nach den bereits bestehenden und den noch zu bauenden, und nach Einzelheiten über die Ausbildung der benötigten Helfer. Herr Elola

Olaso verbürgte sich im Namen seines Komitees dafür, daß die Bedingungen des IOCs angenommen würden, für die Gegenwart wie für die Zukunft.

Die Delegation aus Montreal wurde vorgestellt. Sie setzte sich zusammen aus Herrn Jean Drapeau, Bürgermeister von Montreal, Herrn James Worrall, Präsident des NOK von Kanada, Herrn Gerry Snyder, Vizepräsident der Stadtverwaltung der Stadt Montreal, Herrn Howard Radford, Geschäftsführer des NOK von Kanada, Herrn René Belisle und Herrn Maurice Gauvin. Herr James Worrall, Präsident des kanadischen Olympischen Komitees, stellte Herrn Jean Drapeau, den Bürgermeister von Montreal, vor, der die Vorzüge seiner Stadt und ihre Verbundenheit mit der Olympischen Idee darlegte.
Er gab Herrn de Coquereaumont (Kanufahren), der im Namen von Herrn Keller (Rudern) in dessen Abwesenheit nach Einzelheiten über die Strecke für die Ruderwettkämpfe fragte, und Herrn Libaud (Volleyball) zusätzliche Informationen.
Auf Ersuchen von Herrn Brundage, der ihm die Bedingungen hinsichtlich der Fernsehrechte vorlas, antwortete Herr Jean Drapeau: »Wir akzeptieren diese Resolution und alle Abänderungen, die Sie hinzufügen könnten.« Darüber hinaus schlug er im Verlauf seiner Ausführungen dem IOC vor, alle Athleten bei freier Unterkunft und Verpflegung einzuladen.

Die Delegation aus München wurde hereingeführt. Sie setzte sich zusammen aus Dr. Vogel, Oberbürgermeister der Stadt München, Herrn Brauchle, Bürgermeister, Herrn Schielein, Sport-Direktion, Herrn Daume, Präsident des NOK, Herrn Dr. Danz und Herrn Dr. Wülfling, den Vizepräsidenten. Herr Daume stellte den Oberbürgermeister von München vor und wies besonders auf die Zusammenarbeit zwischen Ost- und Westdeutschland hin.
Die Kosten für die Unterkunft und Verpflegung der Athleten wurden mit sechs Dollar pro Tag festgesetzt. Herr Daume antwortete Herrn Croces (Segeln) auf Fragen über die Reihenfolge der Wettkämpfe in dieser Sportart, die je nach Wahl des Verbandes auf dem Bodensee oder an der See bei Kiel oder Lübeck abgehalten werden könnten.
Herr Daume verpflichtete sich, die IOC-Bedingungen hinsichtlich der Aufteilung der Fernsehrechte zu respektieren, und bestätigte, daß die Regierung der Bundesrepublik Deutschland zugesichert habe, allen Vertretern und Mannschaften der Nationalen Olympischen Komitees, welche vom IOC anerkannt werden, ohne irgendwelche Diskriminierung Einreisevisa zu bewilligen.

Besprechungen mit den Internationalen Sportverbänden
der Bewerber-Delegationen
Die Vertreter der Internationalen Sportverbände zogen sich zurück, nachdem sie der Versammlung bestätigt hatten, daß nach ihrer Meinung eine jede der

Städte, die eine Bewerbung abgegeben hatte, die Möglichkeit zur Organisierung der Olympischen Spiele habe.

Wahl unter den Bewerbern
Der Prinz von Mérode und Herr Csanadi wurden benannt, die Stimmzettel auszuzählen. 61 Stimmzettel wurden ausgegeben. Die Mehrheit betrug also 31. Beim zweiten Wahlgang erhielt die Stadt München 31 Stimmen und wird daher die Spiele 1972 organisieren.
Herr Daume (Deutschland) sprach seinen Dank aus.

Quellenverzeichnis

Altes Testament, David schleudert den Stein gegen Goliath.

Altnordische Sagabibliothek, hrsg. von G. Cederschiöld, H. Gering, E. Mogk, 18 Bände. Leipzig 1892 ff.

Bechthold, Fritz, Deutsche am Nanga Parbat. München 1935. Mit freundlicher Genehmigung des Verlags F. Bruckmann KG, München.

Berendonk, Brigitte, Züchten wir Monstren? In: DIE ZEIT. Mit freundlicher Genehmigung von Fräulein Brigitte Berendonk.

Bintz, Julius, Die Leibesübungen des Mittelalters. Gütersloh 1880.

Blickensdörfer, Hans, Tour de France. Stuttgart 1963. Mit freundlicher Genehmigung des Union Verlags, Stuttgart.

Catlin, George, Die Indianer. Abenteuer und Schicksale, hrsg. von Adolf Sommerfeld, Deutsch von Heinrich Berghaus. Berlin-Friedenau 1925.

Comenius, Johann Amos, Orbis pictus, hrsg. von J. Kühnel. 1910. Mit freundlicher Genehmigung der Julius Klinkhardt Verlagsbuchhandlung, Bad Heilbrunn.

Cotlow, Lewis, Wilde Paradiese. München o. J. Mit freundlicher Genehmigung des Bechtle Verlags, München.

Coubertin, Pierre de, Der Olympische Gedanke. Mit freundlicher Genehmigung des Carl-Diem-Instituts an der Deutschen Sporthochschule Köln.

Diem, Carl, Ewiges Olympia. München 1948. Mit freundlicher Genehmigung der Nomos Verlagsgesellschaft, Baden-Baden.

Diem, Carl, Wiedersehen mit Olympia. In: Deutsches Turnen, 96. Jg. 10. 6. 1951. Mit freundlicher Genehmigung des Carl-Diem-Instituts an der Deutschen Sporthochschule Köln.

Dokumente zur Frühgeschichte der Olympischen Spiele. Mit freundlicher Genehmigung des Carl-Diem-Instituts an der Deutschen Sporthochschule Köln.

Festschrift Leibeserziehung in der Kultur. Graz 1954. Mit freundlicher Genehmigung des Instituts für Leibeserziehung der Universität Graz.

Flavius Vegetius Renatus, De re militaris. 1524.

Galen, Claudius, Die Leibesübung mit dem kleinen Ball. Berlin 1932.

Garsault, von, Die Kunst der Ball- und Raquettenmacher und vom Ballspiele, hrsg. von Daniel Gottfried Schreber. Leipzig 1768.

Goethe, Johann Wolfgang von, Dichtung und Wahrheit.

Grix, Arthur E., Unter Olympiakämpfern und Indianerläufern. Berlin 1935. Mit freundlicher Genehmigung der Wilhelm-Limpert-Verlags GmbH, Frankfurt.

Guts Muths, Johann Christian Friedrich, Spiele zur Erholung des Körpers und des Geistes. 1796.

Hagelstange, Rudolf, Die Puppen in der Puppe. Eine Rußlandreise. Hamburg 1963. Mit freundlicher Genehmigung des Verlags Hoffmann und Campe, Hamburg.

Herodot, Neun Bücher der Geschichte. Leipzig 1911. Mit freundlicher Genehmigung der Langen Müller Verlags GmbH, München.

Homer, Die Sportgesänge des Homer.

Jahn, Friedrich Ludwig und Eiselen, Ernst, Die Deutsche Turnkunst. Dresden 1816.

Jaspers, Karl, Die geistige Situation der Zeit, Sammlung Göschen Bd. 1000. Berlin 1931. Mit freundlicher Genehmigung des Verlags Walter de Gruyter & Co., Berlin.

Kästner, Erich, Der tägliche Kram. Mit freundlicher Genehmigung des Droemer Verlags, München, und der Atrium Verlags AG, Zürich.

Kammenhuber, Anneliese, Hippologia Hethitica. Wiesbaden 1961. Mit freundlicher Genehmigung des Verlags Otto Harrassowitz, Wiesbaden.

Karson, Paul, Segelflug durch Wind und Wolken. Berlin 1955. Mit freundlicher Genehmigung der Ullstein Verlags GmbH, Berlin.

Kiang, L. K., Die Leibesübungen im alten China. Würzburg 1939. Mit freundlicher Genehmigung des Konrad Triltsch Verlags, Würzburg.

Kipling, Rudyard, Gesammelte Werke, Band II. München 1965. Mit freundlicher Genehmigung des Paul List Verlags KG, München.

Klopstock, Friedrich Gottlieb, Der Eislauf.

Kluge, H. O., Ein Schwimmfest in Berlin. In: Monatsschrift für das Turnwesen, Heft 8/9. Berlin 1882.

Kraatz, Birgit, Hinter den Boxen von Monza. In: DIE ZEIT, Nr. 68, vom 18. 9. 1970. Mit freundlicher Genehmigung von Frau Birgit Kraatz.

Leibesübungen im alten Athen. Zürich 1963. Mit freundlicher Genehmigung der Artemis Verlags AG, Zürich – Stuttgart.

Lockington, William J., Durch Körperbildung zur Geisteskraft. München 1925. Mit freundlicher Genehmigung der Verlagsanstalt Tyrolia GmbH, Innsbruck, Wien, München.

Mehl, Erwin, Antike Schwimmkunst. München 1929. Mit freundlicher Genehmigung des Ernst Heimeran Verlags, München.

Mengden, Guido von, Die historische Entwicklung der Amateurfrage. Mit freundlicher Genehmigung von Herrn Guido von Mengden.

Metzner, Adolf, Sisyphos als Zuchtmeister. In: DIE ZEIT. Mit freundlicher Genehmigung von Herrn Prof. Dr. Adolf Metzner.

Nibelungenlied. Stuttgart 1873.

Niebuhr, Hermann, Vom türkischen Ringkampf. In: Leibesübungen und körperliche Erziehung, Heft 6, 1932. Mit freundlicher Genehmigung der Weidmannschen Verlagsbuchhandlung, Zürich.

Olympische Spiele 1936 in Berlin und Garmisch-Partenkirchen, Bd. I. Hamburg-Altona 1936.

Ortega y Gasset, José, Meditationen über die Jagd. Stuttgart 1966. Mit freundlicher Genehmigung der Deutschen Verlags-Anstalt GmbH, Stuttgart.

Philostratos, Über Gymnastik. Leipzig und Berlin 1909. Mit freundlicher Genehmigung des B. G. Teubner Verlags, Stuttgart.

Phlegon von Tralles, Die Fragmente der griechischen Historiker. Berlin 1929.

Popplow, Ulrich, Aufgabe und Sinn einer Urgeschichte der Leibesübungen. In: Leibeserziehung, Heft 10/11/12, Jg. 1959. Mit freundlicher Genehmigung des Verlags Karl Hofmann, Schorndorf bei Stuttgart.

Protokoll des Internationalen Frühschoppens vom 28. 4. 1968, Westdeutscher Rundfunk Köln. Mit freundlicher Genehmigung von Herrn Werner Höfer.

Protokoll des IOC, München wird Olympiastadt. Sitzungsprotokoll vom 25.–28. 4. 1966 in Rom.

Richter, Otto, Die Ansichten des Franzosen Montaigne auf dem Gebiet der erziehenden Leibesübungen. In: Deutsche Turnerzeitung, 13. 10. 1898, Leipzig.

Rittlinger, Herbert, Die neue Schule des Kanusports. Wiesbaden 1954. Mit freundlicher Genehmigung des F. A. Brockhaus Verlags, Wiesbaden.

Sachs, Hans, Gesammelte Werke, Bd. IV, hrsg. von Adalbert von Keller. Tübingen 1870.

Schmeling, Max, 8 – 9 – aus. München 1956. Mit freundlicher Genehmigung des Copress-Verlags, München.

Tacitus, Germania, deutsch von Curt Woyte. Stuttgart 1956. Mit freundlicher Genehmigung des Verlags Philipp Reclam Jun., Stuttgart.

Thiedemann, Fritz, Meine Pferde – mein Leben. Frankfurt, Wien 1962. Mit freundlicher Genehmigung der Wilhelm Limpert-Verlags GmbH, Frankfurt.

Ulbricht, Walter, Appell an alle. In: Sportecho am Wochenende, 19. 9. 1970. Mit freundlicher Genehmigung des Sportverlags, Berlin.

Vergil, Äneis, deutsch von Ludwig Hertel. Berlin o. J. Mit freundlicher Genehmigung der Ullstein Verlags GmbH, Berlin.

Walter, Fritz, Der Chef – Sepp Herberger. München 1964. Mit freundlicher Genehmigung des Copress-Verlags, München.

Weinmann, Nikolaus, Colymbetes. Berlin 1937. Mit freundlicher Genehmigung der Weidmannschen Verlagsbuchhandlung, Zürich.

Wildung, Fritz, Arbeitersport. Berlin 1929. Mit freundlicher Genehmigung der Weidmannschen Verlagsbuchhandlung, Zürich.

Wilhelm, H. E., Tägliche Gesundheitspflege. In: Leibesübungen und körperliche Erziehung, Heft 9, 1935. Mit freundlicher Genehmigung der Weidmannschen Verlagsbuchhandlung, Zürich.

Wilsdorf, Herbert, Körperliche Erziehung und Sport. In: Beiträge zur Sportwissenschaft, Heft 3. Würzburg 1939. Mit freundlicher Genehmigung des Konrad Triltsch Verlags, Würzburg.

In spannenden, fesselnden Erzählungen und Sachbüchern berichten
Arena-Bücher aus allen Wissensgebieten, sei es aus Geschichte, Natur,
Forschung oder Technik. Auf abenteuerlichen Wegen führen sie den
Leser durch die ganze Welt. Arena-Großbände und Arena-Sachbücher
vermitteln das Wissen unserer Zeit in lebensnaher, anschaulicher
Form. Auf den folgenden Seiten stellen wir einige Werke des Arena-
Verlages zu geschichtlichen Themen vor.
Wünschen Sie noch mehr über unser umfangreiches Buchschaffen
zu erfahren, dann verlangen Sie bitte das neue ausführliche Verlags-
verzeichnis. Es geht Ihnen umgehend kostenlos zu, wenn Sie es mit
einer Postkarte anfordern beim Arena-Verlag, 8700 Würzburg 2,
Postfach 1124.

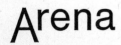

Ein Geschichtswerk besonderer Art

Carlo Schmid / Heinrich Pleticha
Zeitgeschichte aus erster Hand
Auf der Bestliste zum Deutschen Jugendbuchpreis!
»Es ist Historie als gebanntes Geschehen, was die Berichte wider-
spiegeln ... Das Buch will lebendig in die Geschichte der neuesten
Zeit einführen. Es läßt sich kaum jemand vorstellen, der aus dem Band
keinen Nutzen zöge.« Hessischer Rundfunk
512 Seiten, 32 Kunstdrucktafeln, Großformat

Heinrich Pleticha
Geschichte aus erster Hand
Auf der Bestliste zum Deutschen Jugendbuchpreis!
»Jeder der Augenzeugenberichte reißt mit, lehrt gleichsam im Neben-
bei Geschichte und wird zum Abbild einer Epoche.«
480 Seiten, illustriert, Großformat Norddeutscher Rundfunk

Heinrich Pleticha
Kulturgeschichte aus erster Hand
Auf der Bestliste zum Deutschen Jugendbuchpreis!
»Der Herausgeber hat die Texte treffend ausgewählt und jedem eine
kurze Einleitung vorausgeschickt. Von den Anfängen im Zweistromland
bis zur Gegenwart ist man dabei. Das alles liest man mit Spannung
und Interesse.« Die Welt
432 Seiten, 16 Kunstdrucktafeln, Großformat

Heinrich Harrer / Heinrich Pleticha
Entdeckungsgeschichte aus erster Hand
Auf der Bestliste zum Deutschen Jugendbuchpreis!
»Das Buch gehört in jede Klassenbibliothek der Mittel- und Oberschulen
und kann daheim einen ganzen Stapel ähnlicher Literatur ersetzen.«
416 Seiten, 16 Kunstdrucktafeln, Großformat Welt am Sonntag

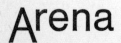

Mehr wissen durch Arena-Bücher

Georg Popp / Heinrich Pleticha
Wir leben seit fünf Sekunden
Dieser Arena-Großband zeichnet ein umfassendes Bild von den Aus-
maßen und dem Bewegungsablauf des Weltalls. Er ordnet unseren
Planeten Erde in diesen Gesamtzusammenhang ein, schildert ihre Ent-
stehung sowie die Entwicklung der Pflanzen- und Tierwelt. Dem
Menschen weist er seinen besonderen, ihm gebührenden Platz zu und
zeigt, zu welchen physischen und geistigen Leistungen er fähig ist.
Arena-Großband, 400 Seiten, zahlreiche Fotos auf 16 Kunstdrucktafeln,
Illustrationen, vierfarb. lamin. Schutzumschlag

Hermann Schreiber
Vom Experiment zum Erfolg
Dieses Buch schildert Leben und Werk von 38 Männern und Frauen,
die durch ihre wissenschaftliche Arbeit das Gesicht unserer Welt verändert haben. Ein besonderer Reiz des Buches liegt in der Verschie-
denheit, ja Gegensätzlichkeit der einzelnen Forscher. Allen gemeinsam
aber ist der ernste Griff nach einem Problem der Wirklichkeit, die
Geduld und das handwerkliche Können in der Verfolgung des wissenschaftlichen Ziels.
Arena-Großband, 408 Seiten, zahlreiche Fotos auf 16 Kunstdrucktafeln, Porträtskizzen, vierfarb. lamin. Schutzumschlag

Pieter Coll
Geschäfte mit der Phantasie
»Präzis zeigt Coll auf, wo Däniken pfuschte, wo er mit Retuschen
zeichnerische Realität und spekulative These in Übereinstimmung
brachte. Daten werden richtiggestellt, Befunde korrigiert, falsche Zitate
bloßgelegt. Die Fülle von gedeuteten kulturgeschichtlichen Befunden
heben Colls Buch weit über eine bloße Gegendarstellung hinaus.«
Die Welt der Literatur
Sachbuchformat, 184 Seiten, zahlreiche Fotos auf 16 Kunstdrucktafeln, 24 Textillustrationen, vierfarb. lamin. Schutzumschlag

---

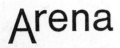

Arena-Bücher erschließen die Welt

Hermann Schreiber
Frankreich aus erster Hand
Hermann Schreiber, ein Frankreichkenner von Format, hat hier ein
Buch zusammengestellt, das eine Huldigung an unser Nachbarland im
Westen ist, zugleich aber auch eine Anleitung für alle, die Frankreich
kennen und schätzen lernen möchten. Ein Buch für Liebhaber, zum
Schmökern, beschwingt und mit überraschenden Akzenten.
304 Seiten, 16 Kunstdrucktafeln, Karten

Gudrun Pausewang
Südamerika aus erster Hand
Ein faszinierender und zugleich rätselhafter Kontinent ist Südamerika,
dessen Vergangenheit und Gegenwart dieses Buch anschaulich
dokumentiert. Es stellt einen Kontinent in seiner historischen Größe
und seinen modernen Problemen vor, der das Schicksal der Welt in
Zukunft mitgestalten wird.
328 Seiten, 16 Kunstdrucktafeln, Karten

Hans-Christian Kirsch
England aus erster Hand
Dieses Buch bietet eine Auswahl von ausführlich eingeleiteten
Texten, welche die Atmosphäre und den Geist von Epochen und Orten
widerspiegeln. So ist ein Werk entstanden, das ebenso in die Hand
des kulturgeschichtlich interessierten Englandtouristen gehört wie in
die Bücherecke junger Leser.
352 Seiten, 16 Kunstdrucktafeln, Karten

Heinrich Pleticha
Italien aus erster Hand
In diesen Texten wird die reiche und wechselvolle Geschichte Italiens
lebendig. Es sind Berichte von Reisenden wie von Einheimischen,
begeisterte und kritische Stimmen, und es sind Zeugnisse aus ernsten
Tagen, die das Geschick des Landes veränderten.
296 Seiten, 16 Kunstdrucktafeln

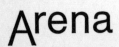